끝나지 않은 전쟁 · I
IMMOVABLE OBJECT

끝나지 않은 전쟁 · I

ⓒ 민플러스, 2022

초판 제1쇄 인쇄 2022년 4월 15일
초판 제1쇄 발행 2022년 4월 15일

글쓴이 | A. B. 에이브람스
옮긴이 | 박현주
펴낸곳 | 민플러스
펴낸이 | 김재하
등록 | 2017년 9월 1일 제300-2017-118호
주소 | 44717 서울시 종로구 청계천로 159, 670-2호 (장사동, 세운상가)
전화 | 02-844-0615
팩스 | 02-844-0615
전자우편 | minplus5.1@gmail.com

저자와의 협의에 의해 인지를 생략함.

ISBN 979-11-91593-06-8
      979-11-91593-05-1 (전2권)

끝나지 않은 전쟁 · I
북-미 대결 70년사

저자 _ A. B. 에이브람스
역자 _ 박현주

IMMOVABLE OBJECT

*North Korea's 70 Years at War
With American Power*

"A. B. 에이브람스는 미국과 북한이 맺어 온 다난한 관계의 역사를 주의 깊게 전해준다. 그의 작업은 김일성과 해리 트루먼에서부터 김정은과 도널드 J. 트럼프에 이르기까지 두 나라가 힘들게 공존해 나온 과정을 설명한다. 21세기의 남은 시간에 한반도가 어디로 가게 될지 이해하기 위해서는, 두 나라가 오늘날의 이 지점에 어떻게 이르렀는지 들려주는 에이브람스의 이야기를 반드시 경청해야 한다."

안키트 판다(Ankit Panda) _ <디플로매트The Diplomat> 수석 편집인, '미국과학자연맹 방위태세프로젝트의 부선임 연구원'

"시기적절하고 심오하다… 저자는 냉전기의 대결 및 탈냉전기 핵 위기는 물론이고 한국전쟁 시기 북-미 분쟁의 역사적 기원에 충분한 주의를 기울이면서도, 경제, 이념, 정보 전쟁이라는 새로운 전선들까지 탐사한다. 북한에 대한, 그리고 잘 알려지지 않은 그 나라와 끝도 없는 대결을 벌이고 있는 미국에 대한 탁월하고 정통한 정보에 입각한 소개이다."

찰스 K. 암스트롱 _ <북한의 혁명, 1945-1950> 저자

"만약 북한이 미국과의 관계의 역사를 그들의 관점으로 발표해야 한다면, 그 결과는 이 책과 유사할지도 모른다. 에이브람스는 논란이 많은 주제임에도, 자신의 주장을 주석과 참고문헌으로 뒷받침하고 있어 그의 결론이 구미에 맞지 않는다고 생각한 이들이라도 신중하게 따져볼 수밖에 없을 것이다."

존 에버라드 _ 2006-2008 북한 주재 영국대사 겸 조정관, 유엔안보리 대북제재 전문가 패널

"A. B. 에이브람스는 미국이 한반도에 살아가는 인민들의 문화와 주권에 터무니없이 개입해 들어간 다양한 방식에 대한 가장 포괄적인 역사를 써냈다. 이 역사적인 논문은 역사가 결코 과거일 수 없는 이유를 독자가 충분히 이해하게 해주면서, 미 제국주의의 이러한 시도에 대해 불편하고 끔찍하면서도 흥미를 돋우는 상세한 사실들을 제시할 것이다."

S. 브라이언 윌슨 _ .D. LL.D., 베트남 참전 용사(1966-1970), 공군 대위(퇴역), <나의 복무에 감사하지 말라: 베트남에서 눈뜬 미국의 오랜 거짓말의 역사> 저자

끝나지 않은 전쟁 · I
북-미 대결 70년사

Part. 1 한국전쟁

- 14 **1장. 기원**
- 59 **2장. 한국전쟁 발발의 전략적 함의**
- 94 **3장. 한국전쟁**
- 134 **4장. 북한으로 전장의 이동과 중국**
- 169 **5장. 절대적 파괴** : 북한의 참혹한 피해
- 213 **6장. 모든 코리안을 적으로 여겼다** : 남한 민간인들을 향한 미국의 전시 행동
- 245 **7장. 지울 수 없는 인상** : 북한 민간인과 전쟁포로를 대하는 서방의 태도
- 291 **8장. 전쟁 종결** : 최대 압박과 미국에 준 혹독한 교훈

Part. 2 냉전기

- 338 **9장. 평시의 전쟁** : 한국전쟁 이후 계속되는 전쟁
- 388 **10장. 대리전쟁** : 북한과 미국이 삼자를 통해 벌이는 전쟁
- 437 **11장. 주한 미군**

끝나지 않은 전쟁 · Ⅱ
북-미 대결 70년사

Part. 3 일극 시대 국가 생존

12장. **1990년대** : 고난의 행군과 새로운 세계질서

13장. **21세기, 새로워진 '최대의 압박'**

14장. **상호취약성의 도입** : 북한의 핵탄두 장착 ICBM 확보의 함의

15장. **2017 도널드 트럼프와 전쟁 위기**

16장. **북한이 승리했다?**

17장. **협상의 기술**

Part. 4 새로운 전선과 분쟁의 성격 변화

18장. **이데올로기 대결** : 북한의 회복탄력성

19장. **정보 전쟁(Information War)** : 마지막 접경

20장. **경제전쟁**

부록 2010년대 주요 사건들

부록 1. **김정남 암살**

부록 2. **한 미국인 학생의 죽음**

부록 3. **스페인 주재 북한 대사관 습격 사건**

들어가며

조선민주주의인민공화국(DPRK, 북한)과 미국 사이에서 현재진행형인 전쟁은 2020년으로 70주년을 맞이했다. 1950년 6월에 시작된 이 전쟁은 3년간의 공개적 적대행위에 이어, 67년에 걸쳐 취약한 휴전협정 아래서 여전히 계속되고 있다. 이 전쟁은 현대 산업국가 사이에서 치러진 것으로는 가장 긴 전쟁일 뿐만 아니라, 미국 역사상 가장 긴 전쟁이기도 하다. 소련과 냉전이 시작된 지 얼마 지나지 않은 데다 중화인민공화국이 성립하고 불과 몇 개월 지나 시작된 이 전쟁은 미국이 거대한 이 두 나라와의 적대가 사라진 후에도 오래도록 계속되고 있는 전쟁이다. 1950년 이래 미국은 파나마와 그레나다에서부터 이라크와 소말리아에 이르기까지 십여 개 나라와 격렬한 전쟁을 치렀다. 그러나 그 전쟁들은 한반도에서 벌어진 전쟁과는 본성상 확연히 달랐기 때문에 훨씬 더 빠르게 종결될 수 있었다.

1950년에서 1953년까지 북한과 미국 사이의 공개적 적대행위는 19세기 중반 이래 서방과 동아시아의 열강 간에 벌어진 유일한 대규모 재래식 지상전에 해당한다. 그 전쟁의 유산은 아시아-태평양 지역과 더 넓게는 냉전기 전 세계 다른 어떤 전쟁보다 훨씬 더 광범위하게 지속적인 영향을 미치고 있다. 북-미 갈등이 처음부터 특이한 측면은 그 포괄적인 속성과 더불어 두 당사국 간의 현저한 이데올로기와 문화의 차이에 있다. 코리아의 북쪽 절반은 서방의 지배 아래 놓인 적이 없는, 세계에서 가장 인구밀도가 낮은 곳 가운데 하나이고, 정치·군사적 측면에서는 물론 이데올로기 차원에서도 서방의 지배 질서에 가장 한결같이 도전하고 저항하는 모습으로 진화해 왔다. 38선 이북 코리아의 국가 정체성과 문화적·이데올로기적 뿌리— 유교, 사회주의, 그리고 그 밖의 면에서 —로 인해 미국은 다른 어떤 나라보다 다루기 힘든 완전히 독특한 형태의 적을 상대해야 했다. 70년 넘게 이어져 오는 동안 대결의 양상에는 상당한 변화가 일어났다. 1950년대 초반의 전면전에서 출발해, 이후 십 년에 걸쳐서는 저강도 도발과 벼랑 끝 정책으로 이어졌고, 오늘날에는 경제 및 정보 전쟁이 더 강조되는 양상이다.

이 책은 70년에 걸쳐 계속되는 미국과 DPRK 간 충돌의 본질과 양국 간 대결이 진화해 온 양상들, 그리고 양 당사국이 서로에 대해 가진 의도를 포괄적으로 탐구하게 될 것이다. 1부는 충돌의 기원을 살펴볼 것이다. 한반도에 명목상으로 분리된 두 국가의 형성과 한국전쟁의 발발, 전쟁 중 행위, 전쟁의 결말 등이 그 내용을 구성한다. 양 당사국의 민간인을 향한 태도 및 전쟁포로 처우, 미국의 전략적 폭격 작전과 비재래식 무기의 사용, 그리고 양 당사국이 적대행위를 개시·지속·종결하게 만든 동기들이 핵심적 측면들이다. 이 전쟁이 오늘날의 양국 관계에 남긴 유산, 특히 역사적 기억과 정체성이 어떻게 형성되어 이후 북한의 국가와 사회에 영향을 미쳤는지도 다룬다.

이 책의 2부는 한국전쟁의 여파와 주로 냉전기에 계속된 적대행위를 따져 볼 것이다. 여기에는 더 폭넓은 냉전이라는 맥락에서 그 대결의 진화하는 성격, 경제적·기술적 권력 균형의 변화, 그리고 이를 둘러싼 환경과 주요 무력 분쟁 중의 행위가 포함된다. 이 시기에 양 당사국 간 충돌의 중요한 측면으로서 대리전쟁이 출현한다. 양국은 1960년대 베트남 전쟁에서부터 2010년대 시리아 내 분쟁에 이르기까지 몇몇 주요 분쟁 속에서 반대편 세력에 상당한 물적 지원과 많은 경우 인력 기여를 거듭 제공하는데, 이에 대해서도 검토할 것이다. 한국전쟁의 여파로 인한 한-미 관계의 성격과 남한 민간인들을 향한 미군의 태도 또한 주로 미국이 DPRK와 맺은 관계와 대비를 보여주기 위해 상술한다. 북-미 갈등과 병행하여 살펴볼 때 미국과 남한 주민들과의 상호작용은, 코리아의 인민들에게 평양의 통치 아래서의 운명과 대비되는 가능한 대안적 운명을 상정해 볼 수 있게 해주는데, 이는 북-미 충돌의 본질을 이해하는 데 있어서 결정적인 맥락을 제공한다.

이 책의 3부는 냉전의 종식에서부터 오늘날까지 북-미 관계의 진화를 다룬다. 소련 붕괴 이후 평양의 핵 억지 프로그램 우선 방침, 평양의 양보를 압박하기 위해 워싱턴과 서울이 취한 DPRK 경제 위기 촉발 조치, 그리고 빌 클린턴 행정부의 '제네바 북미 합의(Agreed Framework)' 등을 탐구할 것이다. 미국의 역대 행정부 사이에 존재하는 정책의 차이점들 또한 평가할 것이다. 아울러 2002년부터 미국의 방위비가 갈수록 더 감당할 수 없는 수준으로 상승하는 데서 평양이 어떤 영향을 미쳤는지도 다룬다. 사이버 전쟁, 정보전과 같은 대안적 수단들을 사용하는 대결이 점증하고 있다. 늘어난 사거리와 더 정교한 핵 발사 능력을 추구하는 데서 북한이 이뤄낸 이런 진전이 어떤 함의를 가지는지도 다룬다. 트럼프는 북한이 완전히 소형화된 열핵 탄두 및 대륙간 탄도 미사일을 성공적으로 개발한 시점에 임기 첫해를 시작했다. 3부의 마지막은 2017년 이후 충돌의 성격과 도널드 트럼프 행정부 시절 DPRK와 미국의 관계를 다룰 것이다. 그해 양국이 전쟁의 벼랑 끝에 섰던 위기와 양국 관계의 진화, 그리고 북한 능력의 진화 또한 상세히 다룬다.

4부이자 이 책의 마지막 섹션은 양국의 군사 능력의 발전으로 인해 상대가 점점 상상하기 어려운 방식으로 운동적 공격을 벌이면서 양국이 갈수록 더 의존하게 될 비군사적 형태의 충돌에 초점을 맞춘다. 경제전쟁과 함께, 미국이 경제 제재에서부터 북한의 교역 상대국들을 압박하기 위한 수많은 수단을 통해 DPRK 내 경제 성장을 제약하고 생활수준에 대한 하향 압박을 노리는 시도 또한 상세히 다룬다. 북한의 이념적 기초에 대한 평가와 더불어, 북한을 미국의 다른 적대국들과 구분해주는 요인들 또한 다룬다. 북한의 사회적 변화와 서구화를 강제하기 위해, 북한의 정체성을 내부로부터 약화할 수 있는 수단으로서 정보전을 활용할 필요성에 대한 서방 내 합의가 점차 높아지고 있다. 이 책은 그 내용과 더불어 이를 방지하기 위해 평양이 취하는 조치들에 대해서도 조명한다. 정보전을 수행하는 수단들과 이를 수행하는 양국의 목표 역시 검토될 것이다.

Part. 1
한국전쟁

1장. 기원
2장. 한국전쟁 발발의 전략적 함의
3장. 한국전쟁
4장. 북한으로 전장의 이동과 중국
5장. 절대적 파괴 : 북한의 참혹한 피해
6장. 모든 코리안을 적으로 여겼다 :
남한 민간인들을 향한 미국의 전시 행동
7장. 지울 수 없는 인상 :
북한 민간인과 전쟁포로를 대하는 서방의 태도
8장. 전쟁 종결 :
최대 압박과 미국에 준 혹독한 교훈

1장
기원

미국, 초강대국이자 신흥 패권국으로 떠오르다

1945년 8월이 되면 미국은 태평양 지역에서 모두가 인정하는 패권 세력으로 떠오른다. 미국에 비길 만한 경쟁 상대로는 오로지 영국과 일본만이 남아 있었는데, 이 두 국가는 그 지역에서 벌어진 4년간의 총력전에서 막대한 비용을 치르면서 쇠락했다. 워싱턴 해군군축조약과 런던 해군군축조약의 당사국이었던 미국은 그들 가운데 마지막까지 남은 유일한 나라였다. 가장 자신감 넘치는 도전자였던 일본 제국은 완전히 파괴되고 강제로 해체되었다. 한편, 영국은 서유럽, 아프리카, 남아시아, 태평양 지역 등 다수 전선에서의 전시 지출 결과, 파산 직전인 상태로 미국의 지원에 크게 의존하고 있었다. 서방의 제국주의 통치와 "식민지적 저개발"의 상태가 일반적인 아시아 국가들 사이에서, 일본의 근대성과 주권은 오래도록 이례적으로 남아 있었다. 일본 제국의 패배로 이런 변칙성은 교정되고, 서방의 이익, 즉 서방 세계의 새로운 선두주자로서 미국의 이익에 좌우되는 지역 질서가 무한대로 지배하게 되었다. 그리하여 일본의 항복을 불러온 작전의 주역인 미 육군 극동 사령관 더글러스 맥아더 장군은 미국의 승리를 이렇게 선포했다.

"태평양은 이제 앵글로색슨족의 호수가 되었다." 1)

유럽에서는 소련이 서방 진영과 힘의 균형을 유지하고 있었지만, 아시아-태평양 지역은 오랫동안 대륙 세력보다는 해양 세력의 영역으로 서방 세력, 특히 미국이 강점을 발휘해 온 곳이었다. 따라서 미국의 막강하고 명백한 해군력의 우위와 권력투영 능력은 이 지역에서 도전받지 않는 서방 지배를 담보할 수 있었다. 제국주의 일본이 제해권을 두고 서방과 겨룰 만큼 해양 권력투영 능력에 충분히 투자한 반면, 소련이 최소 2대의 8만 톤급에 긴 항속시간을 가진 초대형 항공모함2)과 2만8천 톤 핵동력 순양함3)을 비롯한 여타 중량급 자산들을 포괄하는 원대한 프로젝트에 착수한 것은 1980년대 들어서였다. 하지만 국가 붕괴로 인해 결국 대부분이 미완으로 남았다. 그리하여 미국의 해상 지배는 오늘날까지 이론의 여지 없이 유지되고 있다.

전시 동원과 군사적 성공에 힘입어 신흥 초강대국으로 부상한 미국은 달라진 자신감을 확보했다. 먼로주의에 따라 1세기 넘도록 유지해 온 서반구는 물론이고, 미국이 개입함으로써 '로마-베를린-도쿄'의 축에 맞서 힘의 균형에 변화를 만들어낼 수 있었던 유라시아까지도 지배할 수 있는 능력을 보여주었기 때문이다. 1945년 도쿄의 항복으로, 미 해군이 지중해에서 동중국해에 이르는 해양을 제패하고 일본에 35만 명, 4) 유럽과 중국과 코리아에 수십만 명 이상의 병력이 주둔함으로써 미국식 세계질서가 구축되고 있었다.

미국이 획득한 세계 지도력은 서방 우위에 기반한 수백 년 된 세계질서에서 새롭게 달라진 단계로 볼 수 있었다. 그 세계질서에 따라 제국 건설과 패권 유지에 필요한 새로운 모델이 낡은 모델을 대체하면서 서방 열강들 사이에서 선두에 선 패권국의 지위가 바뀌어 왔다. 새로운 패권국 미국은 15세기에 거의 전적으로 폭력과 공포에 의지해 해외 영토를 지배한 포르투갈과 스페인 제국에서부터5) 19세기에 우위를 차지해 더 정교하고 교묘한 수단들을 도입해 지배력을 행사한 대영 제국에 이르기까지,6) 앞선 패권국들로부터 상당한 자산을 물려받았다. 미국은 앞선 모델들을 더 현대적인 발상과 전략으로 개량했다. 새로운 세계질서 아래서, 새 패권국 미국에 대한 예속은 앞선 패권국들에 비해 덜 직접적이었고 미국의 종속국들은 명목상의 자치권을 폭넓게 부여받았다.7)

어쩌면 미국의 패권적 지위의 가장 큰 원동력은 근래 성취한 세계적 규모의 군사력이나 대량파괴무기보다는 미국의 경제 규모 자체였을 것이다. 1945년 미국의 경제 규모는 전 세계 GDP의 대략 절반에 해당했다.8) 독일과 일본에서부터 소련과 영국에 이르기까지 주요 경쟁 세력들의 경제가 예외 없이 황폐해진 상태에서, 소련을 제외하면 거의 전 세계가 미국의 원조와 차관에 의존하는 것처럼 보였다. 미국은 전시 동원 기간인 1941년 12월부터 채 4년도 되지 않아 경제 규모가 두 배가 되었고,9) 방위 부문도 어느 정도는 영국의 기술이전과10) 독일 과학자들의 유입11)에 힘입어 경쟁 상대가 없었다.

경제적 우위에서 비롯된 미국의 영향력은 군대의 기술적 우위와 더불어, 본국에서 멀리 떨어진 유라시아 전역에 권력을 투영할 수 있는 장거리 폭격기, 해외 군사기지, 내구성 높은 해군 자산들을 통한 특유의 능력으로 더욱 강화되었다. 감히 미국 본토를 위협하겠다는 꿈을 꿀 수 있는 세력은 이제 존재하지 않았다. 미국이 일본에 첫 번째 핵폭탄을 터뜨린 후, 영국 정보 장교 피터 칼보코레시는 세계정세를 이렇게 관측했다. "세계 역사상 처음으로 한 나라가 나머지 모든 나라를 합한 것보다 더 강력한 힘을 갖게 되었다."12)

당시 사용 가능한 핵탄두 숫자는 제한적이었지만, 미국 전시 경제의 규모, 모든 도전자들로부터 사실상 벗어나 있는 본토의 안전성, 방위 부문의 정교화 수준까지 고려할 때, 칼보코레시의 표현에 과장된 측면은 있었을지라도 틀린 말은 아니었다.

총동원된 전시 경제가 미국에 안겨준 온전한 힘이 드러난 것은 B-29 4발 중폭격기 프로그램과 바로 그 B-29가 일본의 패배를 불러오는 역할을 해냈을 때였다. 완전히 독보적인 이 폭격기는 당시 대량 생산이 가능한 가장 크고 강력한 비행기였다. 6만 킬로그램의 폭탄을 적재할 수 있는 이 폭격기는 미국 전역에서 생산된 부품들로 4천 대가량 생산되었다. '주축국'의 패배로 독일13)과 일본14)의 계획이 종결되면서, 세계 어디에도 견줄 만한 비행기가 없었다.

수개월에 걸쳐 67곳의 인구 밀집 지역에 잔인한 집중 폭격 작전을 벌여 일본 본토를 폐허로 만드는 작전에서, 원자폭탄보다는 공중요새로 알려진 B-29가 훨씬 더 큰 역할을 했다. 사망자 추정치는 다양하게 제시되었지만, 가장 잔인했던 1945년 3월 9일 밤 도쿄 폭격에서는 단 몇 시간 사이에 사망한 주민의 숫자가 10만~12만 명으로15) – 일부에서는 사망자 수가 50만 명에 가깝다고16) – 추정되었다. 해외 기지들에 배치된 이 자산 덕택에 미국은 자국 본토를 비교적 안전한 상태로 남겨둔 채 전 세계 어느 곳에 있는 인구 밀집 지역과 산업 중심지도 파괴할 수 있게 되었다. 반면에 당시 소련의 전략적 억지력의 수준은 훨씬 더 낡고 가벼운 미국제 1만 1천 킬로그램의 A-20 폭격기에 의존하고 있었다. 그것은 미국의 무기대여법(U.S. Lend Lease)에 따라 원조의 일환으로 제공받은 것으로, B-29에 비해 항속거리가 짧고 폭탄 적재량도 적어 1945년경에는 폐물로 취급받는 비행기였다. 따라서 1945년에 미군의 파괴력은 당시 미국만 가졌던 원자폭탄을 고려하지 않더라도, 첨단 무기를 생산할 수 있는 규모와 그 무기들의 정교화 수준에서 경쟁 상대가 없었다.

해방과 새로운 코리아

1945년 미국은 그 어느 때보다 확고한 지위를 구축했지만, 일제가 패망한 후 코리아의 상황은 몹시 애매했다. 동아시아 최초로 서울에 가로등과 전기, 전차, 전화 시스템과 수도 설비를 들이는 등 경제적 근대화에 크게 투자한 이 나라는 1905년에 조선 왕조 아래서 최후의 독립을 유지하고 있었다.[17] 조선 왕조 치하에서 코리아는 실질적으로 미국과 영국의 피보호국 상태였다. 두 서방 국가의 시민들에게는 조선의 법률에 대한 실질적인 면책권인 치외법권이 부여되었고, 미국은 광범위한 무역 특권을 포함한 최혜국 지위를 보장받았다. 1882년에 미국과 체결한 조미수호통상조약(Shufeldt Treaty)과 1883년의 조영수호통상조약에 따라 특권이 공식화되었다. 전자의 1항은 제3국에 의해 "부당하거나 억압적인" 처우를 받게 되는 경우 워싱턴이 코리아를 지원하게 되어 있었다. 1890년대에 일본이 코리아를 병합하려는 의도를 드러냈을 때, 조선의 마지막 왕인 고종은 수차례 특사를 보내 독립이 보장될 수 있도록 지원을 요청했다.

워싱턴으로서는 일제와 합의에 도달하는 편이 이익이 더 크다고 보았기에, 필리핀에 대한 미국의 통치권이 인정된다면 코리아에 대한 도쿄의 통치권을 인정하기로 합의했다. 도쿄는 이를 카쓰라—태프트 협약으로 수용했다.[18] 영국도 유사한 합의에 도달하여, 주영 대사 하야시 다다스와 영국 외무성이 조인한 조약의 3항은 이렇게 명시했다. "일본은 조선에 정치·군사·경제적으로 특별한 지분을 보유하며, 영국은 일본이 조선에서 이러한 이권의 유도와 관리, 보호, 증진에 필요한 조치를 취할 권리를 묵인한다."[19] 일본은 인도에 대한 영국의 통치권을 인정함으로써 화답했다. 코리안들에게는 설상가상으로, 미국 대통령 시어도어 루스벨트의 중재로 러일전쟁의 합의가 성사되어 코리아는 일본의 피보호국 상태가 되었다. 루스벨트는 이 공로를 인정받아 노벨평화상을 수상했다. 1905년부터 피보호국 상태가 된 코리아의 주권은 심각하게 위태로워졌다. 군대의 95%가 강제로 감축되고 모든 경찰 업무가 코리아에 무기한으로 주둔하게 된 일본 헌병과 군대로 넘어갔다.[20] 그로부터 5년이 채 지나지 않은 1910년에 코리아는 일본에 공식적으로 합병되어 일본의 통치를 받게 되었다.

일본의 통치는 "내선일체(Japanification)" 방침에 따라 코리아의 언어와 전통문화를 불법화하는 가혹한 탄압으로 나타났다. 위안부로 알려진 코리아의 수많은 성노예들이 강제로 일본군에게 봉사해야 했다. 오늘날 남한에서 일반적으로 받아들여지는 숫자는 "20만 명에 이르는 여성들 대다수가 코리아 출신이지만 여기에는 아시아의 다른 지역 출신들도 포함된다." 이는 코리아 자체로는 20만 명 미만임을 의미하지만,[21] 가장 높은 추정치는 코리안만 대략 20만 명으로 추산한다.[22]

추가로 45만 명의 남성 노동자들이 일본으로 보내졌다.[23] 학자들은 코리아의 북방과 만주 지역으로 옮겨가 광산이나 공장에서 강제 노동에 종사한 인원을 포함해 일본 통치 아래서 실질적으로 노예화된 숫자를 1백만 명 이상으로 추산했다.[24] 그러나 프랑스령 인도차이나와 같은 아시아-태평양 지역의 서방 식민지들과 달리, 일본 통치 아래서는 "식민지적 비산업화"나 "저발전의 발전" 정책ㅡ 식민화된 나라에서 경제 개발과 교육을 고의로 저지함으로써 아시아인들 사이에 빈곤과 한계생존을 지탱시키는 방침 ㅡ이 나타나지 않았다.[25] 그와 달리 일본은 해외 식민지에서 농업[26]과 공업[27] 산출을 크게 증대시키려 했다. 이는 주로 일본 본토를 부강하게 하려는 것이었지만, 코리아, 대만, 만주 등의 주민 생활 수준에도 긍정적인 영향을 미쳤다. 대표적 사례가 농업 생산량 증대를 위해 코리아 북부에 건설한 세계에서 가장 큰 규모의 관개용 댐 시스템이었다. 일제강점기가 끝날 무렵, 훗날 북한으로 되는 지역의 미곡 생산 75%가 이런 효율적인 댐에 기반한 관개 시스템에 의존했다. 이런 관개 시스템의 일부로 건설된 수풍댐은 규모로 미국의 후버댐에 이어 세계에서 두 번째였다.[28]

코리아는 천년 넘게 널리 알려진 영토의 경계 내에서 이웃 나라들과 확연한 민족적·언어적·문화적 차이와 거의 독보적 수준의 민족 동질성이 결합해 독립된 나라를 유지해 왔다. 이는 민족주의 및 외부 예속을 거부하는 기반이 되었다. 따라서 식민지 시기 국내와 일본에 있던 코리아의 인텔리겐치아들 사이에서는 근대적이고 독립된 코리아를 위한 투쟁 사상이 널리 공유되었는데, 최초의 코리아 공화국에 대한 개념은 민족주의와 마르크스주의라는 두 사상에 크게 영향을 받았다. 1945년 8월 15일 일제의 항복으로, 민족주의자들은 반도 전역에서 새로운 정부를 조직하기 위해 빠르게 움직이면서 코리아의 독립을 위한 새로운 희망, 즉 조선인민공화국 건설로 나아갔다. 인민공화국은 일본이 항복한 지 채 한 달도 되지 않아 선포되었고, 추곡 수매, 식량 비축 및 과거 일본과 친일 부역자들이 보유한 토지의 재분배를 담당했다. 인민공화국 건설 운동은 전 주민을 포괄함으로써 정당성을 확보하고 큰 호응을 얻었다. 미군 보고서에 따르면, 조선인민공화국은 미국인들이 그 나라에 첫발을 딛기 전에 성공적으로 활동을 벌이고 있었다.[29] 조선인민공화국은 고려공산당 소속으로 일본 통치에 반대하는 강경한 활동가였던 여운형의 지도에 따라 코리아 전역에서 결성된 인민위원회에 의해 통치되고 있었다. 여운형은 중국 민족주의 정당인 중국국민당의 당원으로 활동하는 한편, 소련공산당과 긴밀한 관계를 갖고 1921년에 공식 자격으로 모스크바를 방문하기도 했다. 일본의 패망을 내다본 여운형은 1944년부터 새로운 독립 코리아 국가를 위한 기반을 마련하는 데서 – 건국동맹과 건국준비위원회를 결성하면서 –주도적 역할을 했다. 여운형은 민족독립이라는 대의 아래 좌에서 우까지 정치적 차이를 통합하는 운동에 매진했고, 이로써 조선인민공화국은 정치적 스펙트럼을 넘어 폭넓은 지지를 얻을 수 있었다.

뉴욕대학 역사 교수이면서 코리아 역사에 대한 전문가인 모니카 킴(Monicar Kim)은 자주적인 독립 국가 건설과 관련해 이렇게 말했다. "코리아의 대중들은 이미 확고히 자리잡은 인민위원회 네트워크를 활용해 그들이 보고자 하는 구조적 변화에 영향을 미쳐야 한다고 판단했다. 즉, 일제 식민통치의 흔적을 코리아의 권력으로 즉각 대체하겠다는 것이었다. 코리아의 대중들은 미군이 그들의 독립을 '허락'해 줄 것을 기다리고 있지 않았다."30)

미군 장교들은 1945년 11월 7일에 공안담당국에 남긴 비망록에 다음과 같이 기록했다.

> 농촌 지구의 인민위원회는 더 잘 조직되어 있고 규모도 크고 조직원들의 영향력도 크다… 그들은 깡패나 불량배, 혹은 조직의 "악질분자" 같아 보이지 않고, 오히려 코리아 인민의 대표 집단 같다.31)

미군정청에서 일했고 그에 대해 광범위하게 글을 쓴 에드워드 그랜트 미드는 조선인민공화국을 한반도에 설립된 "사실상의 정부"라 지칭하고, "코리아 대중 대다수의 견해를 꽤 정확하게 대변하는" 지위를 가진 기구라고 불렀다.32)

여운형의 노력은 조선인민공화국의 초기 성공의 열쇠였다. 코리아 역사에서 최초로 농민의 토지 소유권, 일본인과 그 부역자들의 자산 재분배, 주요 산업의 국유화를 포함한 양도할 수 없는 개인의 권리와 자유를 위한 조치로 매우 인기가 높았고 생존 가능성을 보여주었다. 인민공화국의 27대 강령은 다음과 같은 지침을 제시했다.

> 일본인과 그 부역자가 보유한 토지에 대한 보상 없는 몰수, 농민에게 그 토지의 무상 분배, 재분배되지 않은 토지에 대한 임대료 제한, 광업, 수

송, 은행, 통신과 같은 주요 산업의 국유화, 중소기업에 대한 국가 감독, …언론, 출판, 집회, 신앙을 포함한 기본적인 인권과 자유 및 18세 이상 성인에 대한 보통선거권 보장, 여성의 평등권, 하루 8시간 노동, 최저임금, 아동 노동 금지를 포함한 노동법 개혁… [그리고] 미국, 소련, 영국, 중국과 긴밀한 관계 수립 및 내정에 간섭하는 모든 외국 영향력에 대한 적극적인 반대.[33]

그러나 인민공화국의 생명은 길지 않았다. 더불어 인민공화국이 자주적이고 민족주의적이고 진보적인 정부를 가져다줄 거라는 희망도 남쪽 코리아에서는 오래 가지 못했다. 1945년 9월 미군의 도착과 함께 강제로 해체되었기 때문이다. 12월 12일 새롭게 선포된 주한 미군정청(USAMGIK) 아래서 인민공화국이 불법화되고, 군정청 사령관 존 R. 하지 중장이 워싱턴의 설계에 따라 남쪽 코리아를 통치했다.[34] 이로써 남쪽 코리아에서 진정한 자치의 전망은 수십 년 뒤로 미루어졌다. 미국의 지배가 자치를 대체함으로써, 그 후 남한의 모든 정부가 정도의 차이만 있을 뿐 수많은 정책 결정 영역에서 미국의 영향력에서 벗어나지 못한 것을 고려한다면 자치의 전망은 사실상 무기한으로 미루어졌다.[35]

효과적인 통치와 대중적 지지를 증명했음에도, 미국인들은 인민공화국을 불법화했다. 이는 코리아가 아직 민족국가가 될 수 없고 코리안들이 아직 시민의 자격이 없다는 이유에서였다. 즉, 정치적 정통성에 관한 판단이 전적으로 미국에 있기 때문이었다.[36] 인민공화국의 자주적이고 민족주의적인 성격은 하나의 민족 집단임에도 불구하고 코리아에 대한 미국의 기획에 위협으로 여겨졌다. 일제강점기 시절의 부당함을 바로잡는 것을 주된 목적으로 하는 토지개혁정책도 미국인들이 보기에는 공산주의 정부라는 딱지를 붙이기에 충분했다. 훗날 하지 중장은 인민공화국에 대해 이렇게 말했다. "공산주의 정부를 깨부수는 일은 우리의 임무 중 하나다."[37] 그러나 인민공화국의 토지 재분배 활동은 마르크스주의 이데올로기보다는 민족주의적 성격이 확연했다. 그리고 인민공화국에 공산주의적 요소가 포함되어 있었다 해도, 전반적으로 인민공화국은 뚜렷하게 공산주의에 경도되지 않은 민족주의자들의 통일전선이었다.

미군정은 인민공화국을 해체했을 뿐 아니라 인민공화국을 구성하는 인민위원회 활동에 대한 참여도 불법화했다. 인공의 휘장, 깃발이나 복장표시도 미군정의 포고령에 따라 금지되었다.[38] 이 포고령은 코리안들의 정치적 결사를 제약하고 코리안들이 미군정의 통치를 자유롭게 비판할 수 있는 권리도 크게 제약했다. 주한 미군정청이 큰 호응을 얻지 못하자 그에 대한 대응으로 그런 포고령들이 공표된 것이었다.[39] 비상계엄령이 선포되고 미군 방첩부대(CIC)가 행동에 나섰다. 군정에 반대하는 세력의 기반을 약화시키기 위해 미군이 불온하다고 간주하는 정치 집단의 독자적 회합이 금지되었다. 남로당을 비롯한 정당들의 활동도 금지되었다. 미국의 통치에 비판적인 활동을 범죄시하는 것은 코리아에 대한 외세의 개입에 반대하는 모든 평화적 저항을 범죄시하는 것이고, 좌익이나 민족주의를 비롯한 모든 활동을 범죄시하는 것이었다.

미군정이 그런 정책으로 일관한 결과, 코리안들은 CIC를 악명 높은 헌병대(Kempei Tai), 즉 일본 비밀경찰에 비유했다.[40] 미군정청 소속의 케네스 맥두걸 대위에 따르면, 그의 부대는 "현지 주민들에게 악명이" 높았고, "정치공작에 관여했다." 여기에는 '불온' 정당의 본부 급습,[41] 훈련된 정보원들을 활용해 '불온' 정당에 침투하는 활동 등이 포함되었다.[42] 점령기 동안 코리아에서 활동한 CIC 요원 윌리엄 J. 티그는 코리아의 주민들에 대한 CIC의 힘과 권위에 관해 이렇게 언급했다. "점령 초기 몇 달간, CIC는 경찰과 일반 대중들에 관한 한 코리아에서 신이었다."[43]

CIC에 대한 공포감은 코리아 대중들에 대한 미국인들의 지배를 확립하고 훗날 미국이 지명한 남한 정부의 통치를 확립하는 데서 결정적이었다. 미군정에 대한 대중적 지지와 정당성의 결여, 그에 이어 미군정이 지명한 정부에 대한 총체적인 악평에도 불구하고, 공포감이 그것을 가능하게 했기 때문이다.[44] CIC 제11 파견대 잭 셀스 중위가 말한 대로, "'CIC'라는 세 글자는 모든 코리안의 마음에 공포를 불어넣었다." 셀스 중위는 훗날 같은 임무의 수행을 위해 미국인들의 훈련을 통해 창설된 남한 방첩대(CIC)에 대해 이렇게 말했다. "남한 CIC는 완전히 무자비한 조직이다. 미군 CIC도 같은 견지에서 볼 수 있다."[45] 미군 CIC의 수장 조셉 고먼 상사 역시 남한 방첩대를 "몹시 공포스러웠다"[46]고 묘사했다.

미국의 신탁통치

미국의 신탁통치 아래서 인민공화국의 권력이 강제로 해체되자, 이는 국내 민족주의자들과 상하이에 근거지를 둔 임시정부로부터 격렬한 저항을 불렀다. 1943년 카이로 회담에서, 미국의 프랭클린 D. 루스벨트, 영국의 윈스턴 처칠, 중국국민당 *의 장제스는 일본 제국의 무장해제를 위한 계획과 코리아를 포함한 일제의 해외 영토들의 운명을 설계한 카이로 선언의 초안을 작성했다. 최초의 초안에는 "이른 시일 내에(at the earliest moment)" 코리아에 독립이 보장되어야 한다고 명시되어 있었다. 그런데 11월 25일에 루스벨트 대통령이 "이른 시일 내에"라는 문구를 "마땅한 때에"로 대체했다. 이는 코리아의 운명에 상당히 다른 함의를 가졌다. 얼마 지나지 않아 처칠 수상이 "마땅한 시점에(at proper moment)"라는 문구를 "적절한 시점에(in due course)"로 변경하자고 제안했고, 이 문구가 최종안으로 확정되었다. "적절한 시점에"라는 문구는 해석의 여지가 있고 매우 모호했다. 그렇게 하여 서방 세력은 코리아의 독립 문제에 구속받지 않을 수 있었고, 자신들이 정책 결정에 계책을 부릴 여지를 남겼다. 카이로 선언이 발표된 지 사흘 후인 1943년 12월 4일, 상해임시정부 요인들이 중국 주재 미 대사관을 방문했다. 그들은 "적절한 시점에"라는 문구의 의미를 해명하라고 요구했다. 대사관은 답변을 내놓지 않았지만, 워싱턴에 그들의

---

* 당시 중국은 경쟁하는 3대 정부가 지배하고 있었다. 지지와 세력권을 놓고 서로 다투고 있던 이들은 서방 노선을 따르는 국민당, 공산주의 정부에 기반을 둔 옌안, 일본의 지원 아래 구성된 난징 국민정부였다.

요구 사항을 보고했다. 미국, 영국, 중국국민당 모두 공식적으로 어떤 해명도 거부했다.

그 후 루스벨트가 코리아 문제를 언급하면서 코리아의 독립에 불길한 조짐이 나타났다. 루스벨트는 코리아의 독립이 필리핀과 똑같은 경로― 구체적으로 "40년간의 피후견국"[47] ―를 따를 것이라고 단언함으로써, 코리아의 민족주의자들에게 수많은 불길한 우려를 사실로 확인시켰다. 1945년 2월 얄타회담에서 그는 "약 50년"이라는 숫자를 제시했다. 반면에, 소련 지도자 이오시프 스탈린은 더 짧은 기간을 고려할 것을 강력히 촉구했다.[48] "필리핀 모델"에 관해 말하자면, 동남아시아 군도의 민족주의 운동의 결과인 필리핀 제1공화국은 미군 작전에 따라 잔인하게 진압되었다. 그 결과로 발발한 필리핀―미국 전쟁은 1899년부터 3년간 계속되었고, 저항에 나선 투사들은 특히 "물고문"으로 죽음에 이르는 일이 빈번했다.[49] 수많은 주민이 불결한 수용소―미군 지휘관들은 그곳을 "지옥 부근"이라 불렀다 ―에 끌려 들어가야 했다.[50] 140만 명[51] 혹은 그 이상[52] [53]이 전쟁에서 사망했는데, 당시 필리핀 주민이 6백만~8백만 명[54]이었다. 필리핀인들이 마침내 독립을 달성했을 때, 그것은 정치적·군사적으로는 물론이고 무역과 관련해서도 미국에게 광범위한 양보를 함으로써 가능했다. 미 CIA는 필리핀의 정치과정에 깊숙이 개입했다.[55] 미국이 코리아에 부여하기로 한 독립은 명목상의 것이었고, 과거 일제보다 더 열악한 처지에 놓일 게 분명했다.**

** "저개발의 개발"은 아시아-태평양 지역의 서방 제국들에게 일반적이었고, 식민지나 종

일본의 항복이 이튿날로 예견된 1945년 8월 14일, 미 국방성 전략정책단(Strategy Policy Committee)의 딘 러스크와 찰스 본스틸은 미국과 소련의 신탁통치 아래 두기 위해 한반도를 쪼개는 임무를 맡았다. 그들은 한반도를 분할하는 데 활용할 수 있는 지형지물은 아예 무시한 채 오로지 〈내셔널 지오그래픽〉의 지도를 이용해 적도면에 따른 위도권을 사용하기로 했다. 애초에 두 사람은 39도선을 고려했으나, 그 안은 한반도의 대부분을 미국이 차지할 수 있게 되어 소련이 받아들이지 않을 것 같았다. 그리하여 그들은 더 낮은 38도선을 선택하여, 미국이 남쪽 절반을, 소련이 북쪽 절반을 차지하게 했다. 이미 소련의 붉은 군대는 일본이 장악하고 있던 만주를 점령한 상태였고, 코리아 전체를 점령할 태세를 갖추고 있었다. 미국인들은 붉은 군대가 한반도 북부에 당도한 지 한 달이 지나서야 남부에 도착했다. 모스크바가 미국인들에게 한반도의 남반부를 양여한 것은 세계의 두 강대국 사이에 전후 세력 균형이 보장되리라는 ― 그리고 미국이 일본에 대한 공동 신탁통치로 화답하리라는 ― 선의에서 나온 것이었다. 하지만 미국은 다르게 나왔다.[56)]

인민공화국 해체 이후 미군정이 보인 행동은 한반도에 "필리핀 모델"을 적용할 구상이었음을 시사한다. 한반도 배치를 위해 선발된 초대 미군 민정 장교들이 필리핀 배치에 대비하여 9개월간의 훈련을 받았

속국가의 경제적 근대화를 단호히 막았다. 필리핀이 대표적 사례였고, 또 다른 사례로 프랑스령 인도차이나가 있었다. 수많은 잘못에도 불구하고, 전술한 대로 일본은 코리아에서 교육과 근대화, 산업화에 투자했다. 이는 서방 제국들이 다른 아시아 식민지에서 했던 방식과 다른 점이었다.

던 반면 – 주한 미군정청의 부영사였던 그레고리 헨더슨에 따르면 – "코리아에 관해서는 고작 1시간에 불과한 강의만을 듣고" 파견되었다.57) 미군정청이 창설한 군대의 성격은 미국이 필리핀에 세운 군대와 거의 흡사했다. 점령군의 정책에 반대하는 세력들을 겨냥한 내부치안 확립이 양국 군대에 주 임무로 주어졌다.58)

코리아의 민족주의자들은 일본 식민기구의 해체를 요구했지만, 하지 중장은 일본의 총독과 국장들을 포함해 식민 지배 기구를 그대로 유지한다고 발표했다. 이는 엄청난 대중적 항의를 촉발했다.59) 나아가 미군정청은 이미 인민공화국이 상당한 대중적 지지를 바탕으로 폐지한 일제 식민지 시기의 법규들이 미국의 통치 아래서 그대로 유지된다고 포고했다.60) 거센 대중적 압력에, 총독 아베 노부유키가 미국인으로 교체되고 국장들이 물러났다. 하지만 일제 관료들에서부터 특권을 유지한 부역자들과 일본군을 지휘한 친일 장교들에 이르기까지 일본의 식민지 지배체제는 전체적으로 온전히 유지되었다. 그 결과, 일제 부역자들은 그 후로 수십 년간 남한 정치의 중심세력으로 남았다. 2000년대 초반에 남한 정부가 수행한 연구 결과에 따르면, 1990년대 이전 남한 엘리트의 90% 이상이 부역자 혹은 부역자 가족에 연루된 것으로 나타났다.61)

미국의 통치 아래서 창설된 남한군 내에는 일제 부역자들의 존재가 훨씬 더 확연해서, 거의 모든 장교가 도쿄의 일본 육군사관학교 혹은 만주국 육군 군관학교 출신이었다. 미 해병대 대령으로 해병대장교협회 의장이었던 군사사학자 앨런 밀레는 그들이 "일본군 퇴역군인들이며, 북한 공산주의자들에게는 '계급의 적'"이라고 묘사했다. "그들은 대체로 기독교인들이고, 교육받은 중산층이었다."⁶² 1945년 11월 5일 미군정청은 "그들의 배경- 일본군, 만주군, 혹은 중국군이든 -에 상관없이, 전직 장교들은 누구라도 군에 참여할 수 있도록 등록하라"고 지시했다.⁶³

CIA의 전신인 미 전략사무국(OSS)은 미국이 세운 새로운 남한 정부의 대통령직에 미국에 25년간 거주한 반체제 인사 이승만 박사를 선정했다. 이승만은 이전에 권한 남용으로 임시정부에서 탄핵당했고, 한반도에 대한 그의 시각은 서방의 이익에 긴밀하게 맞추어져 있을 뿐 국내에서는 입지가 약했다.⁶⁴ 프린스턴 대학에서 공부한 이승만은 강한 친미·친서방 성향에, 독실한 기독교인이자 완고한 반공주의자였다. 이승만은 미 태평양 사령부의 수장 맥아더에 의해 신생 남한 정부를 책임질 적임자로 여겨졌다. 그는 1945년 10월 중순에 워싱턴에 있는 자신의 집에서 도쿄로 날아가 맥아더를 만난 다음 맥아더의 전용기에 실려 서울에 내렸다. CIA는 이승만이라는 인물을 "그 나라[코리아]를 장악하겠다는 궁극적 목표"에 "자신의 온 일생을 바쳤다"고 평가했다. "이 목표를 밀고 나가면서, 그는 개인의 출세를 위해 필요한 요소라면 무엇이든 기꺼이 활용하는 데서 일말의 가책도 보이지 않았다. 공산주의자들과 상대하기를 늘 거부해 왔다는 점이 중요한 예외였다… 이승만은 자만과 허영심 때문에 미국에서건 코리아에서건 꾸며낸 아첨이나 사리사욕에 너무 흔들리기 쉬웠다. 그는 매우 얕은 지성을 가진 인물이고, 행동은 비합리적인 경우가 많고 심지어 유치할 때도 있다."⁶⁵ 이승만의 측근으로 큰 권력을 행사하는 지위에 오른 이들은 일제강점기에 적극적으로 협력했던 가장 악명높은 부역자들이 다수였다. 그들은 미군정의 통치에 반대하는 자들을 진압하는 데서 매우 유용함을 증명했다. 이 부역자들은 미국의 개입 덕분에 지위를 보전했는데, 그렇지 않았다면 권력을 잃었거나 상당수는 재판에 넘겨졌을 것이다. 그들은 미국의 설계에 따라 남한 통치에 불가결한 기구를 구성했다.[66] 훗날 미국의 한국경제사절단 고문이 된 일제 부역자 박흥식은 남한에서 군은 전직 일본군 지휘관들이 이끌었다고 증언하면서, 이렇게 말했다. "국방을 담당하는 핵심 인사들은 대부분 일본의 사관학교 졸업자들이었다."[67] 초대 육군 참모총장 이응준이 하나의 사례로, 그는 일왕에게 피로 충성을 맹세한 인물이었다. 그리고 일본군 장교로 필리핀과 뉴기니에서 복무했던 김종원은 잔혹한 책략을 인정받아 신생 정부에서 군 지휘관이 되었다. 미 대사 존 무초는 김종원을 "무자비하고 유능하다"[68]고 평가했다. 남한 및 미국의 보고서들에 따르면, 그런 인사들은 남한 내 주민들을 겨냥한 수없이 많은 만행— 정치범들에 대한 학살에서부터 여자와 아이들을 포함한 민간인들에 대한 무자비한 구타에 이르기까지 —에서 핵심 역할을 실행한 자들이었다.[69] 그들은 미군정의 의도를 집행해 나갔고, 나중에는 미국이 자리에 앉힌 이승만 정부의 의도를 집행했다.[70]

맥아더 태평양사령관은 미국의 점령이 "불운한 민족들에 대한 온정적 태도를 발전시켜 온 오랜 민주주의 유산을 가진 나라에 의해 이끌어질 것"이라고 천명했고, 미국은 그들이 민주주의 국가를 만들어낼 능력이 충분하다고 공언했다. 그러나 미군정청은 이미 존재하던 민주적인 (인민) 공화국을 해체했을 뿐만 아니라 코리아 인민의 자치를 부정하는 대표성 없는 체제를 강력히 선호하는 것처럼 보였다.[71] 미군정청과

CIC는 코리아의 전 주민에 대한 인종차별적 이론을 내세움으로써, 법의 지배를 건너뛰어 통치할 핑계로 삼았고, 미국이 선택한 자들을 위해 코리안들이 발전시킨 정치구조를 해체할 구실로 삼았다.72)

코리안들이 자치에 부적합하다는 사고는 미국의 이익과 합치되었다. 즉, 그들의 의지를 강제로 주입할 명분이 되었고, 이미 자리를 잡은 인민공화국을 해체하는 구실이 되었다. 서방 세력은 세계 곳곳의 비서방 민족들에 대해 "자치를 할 수 있는 준비가 되어 있지 않다"는 똑같은 결론을 내렸고, 그 결론이 한 세기가 넘도록 서방의 지배를 확고히 하는 구실로 쓰여 왔다.73) CIC 요원으로 파견되어 활동한 시어도어 그리만은 코리아의 주민들을 관찰한 결과를 이렇게 표현했다. "그들은 자치의 기술을 포함한 어떤 기술도 훈련받지 못했다. 누군가가 그들에게 뭘 할지 어떻게 할지 알려주더라도 제대로 할 수 있는 자는 극소수에 불과했다. 민주적인 정부이건, 아니면 다른 어떤 정부라 해도, 독재가 아닌 한 혼돈만을 초래했을 것이다."74) 인민공화국의 유능한 통치는 그러한 주장과 상충하는 것이었다. 그리고 앞서 언급한 서방 관찰자들이 직접 체험으로 작성한 보고서들은 북쪽 코리아의 공화국이 이룩한 상당한 경제적 및 사회적 진보가 사실임을 증명했고, 이 또한 그런 주장들을 강력히 반박하는 것이었다. 코리안들은 수천 년 동안 해왔던 것처럼 충분한 자치 능력이 있다는 것을 보여주고 있었지만, 이를 인정하는 것은 미국의 이익에 어긋났다.

미군정청에서 복무한 제임스 하우스만 대위도 같은 취지로 이렇게 말했다. "우리에게 진정한 민주주의를 이룬다는 환상이란 없었다. 초보자들에게는 너그러운 독재가 필요할 것이다."75) 코리안들에 대해 유사하게 평가한 요셉 파렐 중위 또한 미국의 의지를 강제로 관철해야 한다는 주장을 지지하며 이렇게 말했다. "남한인[시민]의 평균적 사고방식을 묘사하자면… 나는 평균적인 한국인[의 수준]을 일곱 살 소년의 수준으로 판단하겠다."76) 이승만 정부 관리들조차 자국민들이 "정부를 책임지기에 적합지 않"고 "해외에서 살아본 사람들에게나… 올바른 태도를 기대해볼 수 있다"며 유사하게 차별적 태도를 보였다.77) 실질적으로, 일본 제국주의 체계 내에 속했던 이들, 그리고 이승만처럼 철저히 서구화된 코리안 망명자들만이 미국의 형상대로 개조되고 있는 새로운 코리아를 통치하기에 적합하다고 여겨졌다. 하지만 후자의 부족은 결국 전자에 대한 심한 의존을 낳았다. 대다수 코리아 대중들은 그 문제에 대해 아무런 발언권이 없었다.

평판이 높았던 인민공화국이 사실상 무력화된 후, 남쪽 코리아의 주민들이 받게 된 통치 – 그들의 서방 동맹들조차78) 비효율적이고 부패했다고 묘사했다.79) –는 미군정에 반대하는 폭동을 낳았다. 미국이 직접 통치권을 행사하는 대신, 미군정이 설치한 기구들이 점차로 통치에 대한 책임을 떠맡게 되면서 폭동은 더 확대되었다. 결국 "너그러운 독재"는 미국이 극단주의 청년단체들을 지원함으로써 남한 내 민족주의 및 좌파 세력들에 대한 잔인한 탄압에 이르렀다. 미국은 종종 이 극단주의 단체들을 테러리스트로 묘사했고80) 저항 세력을 진압하기 위해 그들이 어떤 수단을 쓰는지도 빤히 알고 있었음에도, 극우 단체들을 직접 지원했다.

미국인 학자로 훗날 CIA의 고문으로 잘 알려진 찰머스 존슨은 그런 단체 중 하나인 서북청년회(NYL, 약칭 '서청')를 "불법 무장단체인 자경

단으로… 미군이 그들의 악명 높은 야수성을 충분히 잘 알고서도 용인한 조직"81)이라고 지칭했다. 서북청년단과 그보다 정도가 덜한 대한청년단과 대동청년단이 이들 단체 가운데서 가장 유명했다. 이 청년단체들은 미군정에 이어 이승만 정권의 생존에 사활적이었다. 미 CIC는 그들을 "경찰 자체보다 경찰력을 더 많이 행사했고, 그들의 잔인한 행위는 주민들의 깊은 분노를 불러 일으켰다"82)고 지적했다. 불법 무장세력으로서 이 청년단체들의 가치는 폭력의 사용— 이것이 가장 중요하기는 했지만 —에 그치지 않았다. 그들의 역할은 CIC를 위해 정보를 모으고 공격 대상들의 블랙리스트를 작성하는 데서 필수적이었는데, 표적들의 명단은 미군정청에 위협이 되는 정치 단체에 소속된 인사들이었다.83)

미국의 보고서들은 이 청년단체들이 반대자들을 탄압하기 위해 사용하는 수단들을 미군정청이 잘 알고 있었으며 암암리에 승인했다는 사실을 거듭 보여주었다.84) 실제로, 청년단체들 대다수가 미 CIC와 연계되어 있고 그들과 긴밀히 협력하고 있다는 점을 통해 권위를 얻었다. 미 방첩 부대장 도널드 니콜스는 이 청년단체들의 행위와 관련하여 이렇게 언급했다. "많은 경우, 나는 우리의 협력자들이 신문 중에 사용하는 수단들을 수용할 수밖에 없었다… 무심한 태도를 유지하거나 심지어는 승인해야 하는 때도 있었다." 그는 그 사건들 가운데 일부를 소름끼치도록 상세히 묘사하면서, 그들이 저지른 잔혹 행위가 너무 혹독해 어떤 것들은 그의 기억에서 "결코 지워질 수 없을" 것이라고 말했다.85) 미국의 역사가이자 저명한 코리아 전문가인 브루스 커밍스는 점령 정책에 반대하는 좌파 및 민족주의 활동을 지지한다고 의심받는 시민들을 대상으로 미국과 연계된 청년단체들이 저지른 행위와 관련하여 이렇게 말했다. "예컨대, 학의마을에서는 남편이 반란에 가담했다는 의심을 받는 21세의 문 씨라는 임신부를 우익청년들이 붙잡아 집에서 끌어냈다. 그러고는 창으로 열세 차례를 찔러 아기를 유산시켰다. 그녀는 반쯤 분만된 아기와 함께 죽도록 방치되었다. 그리고 다른 여성들을 대상으로 때로는 마을 주민들이 보는 앞에서 연달아 강간한 다음, 생식기에 수류탄을 넣어 터뜨렸다"[86]

뉴욕대 역사 교수 모니카 킴은 좌익성향의 시민들을 살해하고 잔인하게 고문했다는 사실이 확인되었을 때조차 미 CIC와 이승만 정부가 테러를 저지른 청년단체 대표들을 공개적으로 지지한 사실에 주목하면서, 자신의 연구에서 이렇게 결론지었다. "1945년 이후 시기에 남쪽 코리아에서는 이처럼 공공연하게 저질러지는 너무도 야만적인 폭력 행위가 관행적으로 벌어지면서 반공 정책을 완성했다. 다르게 말하자면, 서북청년단(NYMA)이 폭력을 행사하고 동원하는 행위는 미군정청이 지원하는 체제 아래서 펼쳐진 일상적인 정치 지형의 일부에 불과했다"[87] 따라서 주민들을 향한 청년단체들의 행동에는 미군이 인민공화국을 대체하고 실행한 미국의 통치방식 및 체계의 실체가 반영되어 있었다.

미국의 지배에 맞섰던 가장 악명높은 단일 사건 가운데 하나가 제주도에서 발생한 항쟁이었다. 그곳에서 정치적 시위자들을 향해 청년단체, 즉 서북청년회와 경찰력이 자행한 극단적인 탄압과 학살은 1948년 농촌 주민들 사이에서 공공연한 반란의 도화선이 되었다.[88] 미군은 뒤이어 일어난 분쟁을 제주 내전이라 불렀지만, 미국 소식통들은 1949

년 3월에 종료된 13개월간의 충돌에서 섬 주민 1만5000~2만 명이 학살당했다고 주장했다. 남한이 발표한 공식 사망자 수는 27,719명이었지만, 북한은 3만 명 이상의 섬 주민들이 정부의 대응으로 "살육당했다"고 주장했다. 더 최근의 남한 학술 자료는 사망자 수를 3만8천 명으로 추산했다. 기밀해제가 이루어진 정보보고서들에 따르면, 제주의 군정장관이 직접 미국의 정보기관에 6만 명의 섬 주민이 사망했으며 4만 명에 이르는 사람들이 일본으로 달아나야 했다고 말했다. 공식적으로 39,285채의 가옥이 부서졌고, 군정장관은 "중산간 지역의 집들은 대부분" 사라졌다고 말했다. 4백 개 마을 중 170개만이 남았고, 주민의 5분의 1이 사망했다.[89] 보도에 따르면, 미국은 제주의 섬 주민들을 대상으로 작전을 펼치기 위해 미국이 점령 중인 일본에서 과거 제국주의 일본의 폭동진압군이 한반도로 돌아오도록 준비시켰다.[90] 학자 황수경은 미 CIC 및 그들과 긴밀한 관계를 맺고 경찰의 지원을 받은 청년단체들이 제주도 주민들을 대상으로 자행한 "징벌" 작전을 "20세기 코리아 역사에서 가장 폭력적인 사건 중 하나"라고 불렀다.[91]

또 다른 대표적인 반란은 1946년 9월 대구 항쟁이었다. 남부 해안 도시 부산에서 시작되어 동북쪽의 경상북도에서 남서쪽의 전라남도까지 남부 지역 전역을 휩쓸어 수도 서울에까지 이르렀다. 시위자들은 인민공화국의 해체로 폐지된 정치적 권리와 노동자들의 권리, 정치범 석방을 요구했다. 대응하는 과정에서 보이는 잔혹함이 제주 사건보다는 덜했지만, 미군정은 반란을 진압하기 위해 전투용 전차를 동원하고 과격해진 청년단체들에 대거 의지했다. 시위 참가자들에 대해 대규모 검거 작전을 벌이고 잔인하게 고문했다. 많은 경우, 시위 참가자들의 집과

재산을 영구히 몰수하여 비참한 상태로 만듦으로써 장래 반대자들에 대한 경고로 삼았다.[92]

1948년 8월 15일, 이승만 정부는 미군정청의 전적인 승인에 따라 일방적으로 대한민국(Republic of Korea)을 선포했다. 이는 북쪽에서 집권 중인 인민위원회나 소련과 상의 없이 이루어졌다. 이로써 애초에 계획되었던 양 강대국에 의해 관리되는 코리아 재통합 과정에 대한 전망이 실질적으로 종말을 맞았다. 이승만 정부는 이내 인기 없는 정책들로 인해 나라 곳곳에서 전면적 저항에 직면했다. 이에 대해 정부는 공산주의와 사회주의 경향을 가진 사람들 및 이전의 인민공화국에 대한 민족주의 동조자들을 겨냥한 공포정치로 응답했다. 1950년에 이르렀을 때, 전직 일본군 장교들과 그들과 연계된 군사화된 청년단체들이 이끄는 정부군이 살해한 남한 내 민간인 숫자는 10만 명— 당시 인구의 2% —에 달했다.[93]

수십 년이 지나 남한 정부가 설치한 '진실화해위원회'가 발간한 보고서를 통해, 이 숫자가 "매우 보수적"이었다는 사실이 드러났다. 2년에 걸쳐 민간인 학살을 연구했고 남한의 정부 위원회 상임위원으로도 활동한 김동춘은 사망자 수를 남한에서 이승만 정부에 의해 강제수용소에 수감된 30만 명의 절반으로 추정했다.[94] 2000년대 초반에 나온 남한의 보고서들은 60만 명에서 1백20만 명 사이로 훨씬 더 높은 사망자 수를 보여준다.[95]

1950년 초에 〈뉴욕타임스〉 특파원 월터 설리번은 남쪽 코리아의 거의 모든 곳이 "아마도 세계에서 전대미문일 공포의 먹구름으로 어두워졌다"고 썼다. 게릴라들의 완강함은 갈등의 "극단적인 야만성"만큼이나

"이곳의 수많은 미국인을 당혹스럽게 한다." 계속해서 그는 "부의 엄청난 양극화"로 인해 심지어 농민들 가운데 비교적 나은 삶을 살았던 사람들까지 "한계적 실존" 상태로 내몰렸다고 주장했다. 제주에서는 물론이고 남한 지역 전부를 통틀어 정부와 지주들이 소작농들로부터 가져가는 양이 연간 수확량의 70%에 이르렀다. 설리번은 사회정치적 불안의 주요 원인은 바로 제주를 비롯해 나라 전체에서 횡행하는 대다수 주민을 대상으로 한 이러한 억압과 착취라고 생각했다.[96]

이승만이 미국의 지지를 받았고 그 정부가 일제 식민기구 대부분을 그대로 물려받기는 했지만, 이승만에 대한 너무 나쁜 평판 때문에 선거 실적이 형편없었다. 이승만이 1948년 대통령 선거에서 이기기는 했으나, 이것이 그의 대중적 인기의 지표가 될 수도 없었고, 자유로운 선거나 공정한 선거로 간주할 수도 없었다. 그것은 미국의 소식통들에 의해 광범위하게 보도된 대로 정치적 반대파들에 대한 협박 때문이기도 했고, 미국의 OSS와 맥아더 장군이 선택한 유일한 후보에 맞서 출마한 야당 후보가 없었기 때문이기도 했다. 이승만의 적수였으며, 임시정부를 이끌었던 민족주의자인 한국독립당의 김구는 남한 단독정부를 구성하고 한반도를 둘로 나눈다는 전제 아래 실시되는 선거에는 참여하지 않겠다고 선언했다. 물론 김구는 공산주의의 영향력이 점점 커가는 현실을 크게 우려했다. 그럼에도 불구하고 그는 한반도에 대한 미소 공동 신탁통치에 반대하면서, 미국이나 소련과 관계없이 평화적인 재통합의 전망을 논의하기 위해 한반도 북쪽의 지도부와 김일성 위원장을 만났다. 이승만과 달리 김구는 한반도 재통합을 우선시했고 외세의 내정간섭에 반대했다. 그는 CIA의 암살 표적이 되었고, 선거 후 채

1년이 지나지 않아 살해되었다.97)

미군 심리전 부서가 수집한 목격자 증언은 선거 기간 중 이승만 정부의 행동을 조명해주는 수많은 자료 중 하나다. 대표적 사례로 한 대학생의 다음과 같은 증언을 들 수 있다. "정부는 청년들을 투표소에 동원했다. 사람들이 적절한 후보들에게 투표하기를 거부하는 경우에는 구타당했다… 선거철이면 사방에 몽둥이를 든 폭력단이 보였다… 온통 공포 분위기였다." 정치적 통제 수단과 관련하여 그는 이렇게 덧붙였다. "이승만 정부는 학내에 테러리스트들을 심었다. 그들의 목적은 공부가 아니었고 다른 학생들에 대한 감시를 지속하려는 것이었다… 누구라도 정치에 관해 이야기하면 모두 공산주의자로 간주했다." 청년단체 성원들은 다양한 종류의 활동에 관여했다. 심리전 부서의 보고서에 따르면, 정치적으로 의심스러운 교수들에 대한 살해 작전을 대신 수행하는 것도 포함되었다. 현지의 다른 소식통들의 설명도 거의 같은 상황을 들려주었다. 그러한 행위들은 주민 대다수의 마음을 돌려세웠다. 그 직접적 결과가 1950년에 북한군이 내려오자 다수의 대중이 이를 미국인들과 이승만의 지배로부터 해방으로 여겨 지지하려는 태도로 나타났다.98) CIA의 정보보고서에 따르면, 수도 서울에서조차 학생들 대다수가 북한군의 도착을 환영하고 적극적으로 활동에 나섰다. 미군정청과 이승만 정부가 저지른 행위의 직접적 결과였다.99)

이승만 정부는 평판이 떨어지자 선거에서 경쟁을 다투기 위해 협박에 의지하는 수밖에 없었다. 이승만의 권한 강화를 위한 헌법개정에 반대한 국회의원들을 다룬 방식이 대표적 사례이다. 선거에 유리한 결과를 보장하기 위해 그들을 구금하고 "공산당과의 연계" 혐의로 기소했다.100) 유엔의 두 개 위원회가 이승만 정부의 선거 부정 및 협박에 의존한 매표 행위를 보고했다. 유엔 감시단에 따르면, 주민 대다수가 생계를 의지하고 있는 쌀 배급 카드를 몰수하겠다는 협박은 온건한 강압 축에 속했다.101) CIA 또한 이승만 정권에 대해 유사한 견해를 밝혔고, 1950년 보고서에 이렇게 기록했다. "이승만과 그의 정권은 설사 공산주의자가 아닌 남한인 거의 전부는 아니라 할지라도, 다수에게 평판이 나빴다."102)

1950년 5월 30일, 대통령 선거 2년 후 실시된 대한민국 제2대 국회의원 선거에서, 이승만의 집권 자유당이 거둔 실적은 210석 중 128석을 무소속에 내주어 이승만의 당이 불과 22석에 그치는 대참패로 나타났다.103) 이승만 정부가 야당을 협박하기 위해 폭력을 사용했는데도 압도적으로 패했다는 사실이 거센 대중적 반감을 입증했다. 제2대 국회의원 선거에서 이승만 정부가 참패한 것이 한국전쟁이 발발하기 불과 한 달 전이었다.

코리아의 독립을 지킨 조선민주주의인민공화국

남쪽 코리아에서 미군정이 통치한 데 이어 1948년부터는 이승만 정부가 대한민국을 통치하게 되면서, 코리아 민족주의 운동이 기대해 온 민족의 미래에 대한 열망이 좌절되었다는 사실이 더욱더 분명해졌다. 하지만 매우 다른 형태의 정부가 들어선 북쪽 코리아에서 이 미래가 적어도 부분적으로는 실현되었다. 소련군이 한반도 절반에 대한 통치권을 행사하기 위해 1945년 8월 24일 북쪽 코리아에 도착했을 때, 그들 역시 그곳이 인민공화국 산하 인민위원회들 아래 통치되고 있는 모습을 확인했다. 북쪽에서도 소련의 신탁통치에 대한 광범위한 반대가 있었지만, 모스크바는 남쪽의 미국과 달리 군정을 시행하지 않았다. 게다가 소련의 민정은 남쪽의 미 군정과 달리 인민공화국을 전면 폐지하지도 않았고 인민위원회들을 불법화하지도 않았다. 오히려 이 통치기구들은 임시인민위원회(PPC)로 통합되었다. 소련이 완전히 승인한 이 위원회 아래서 일제 식민 체제의 철폐가 계속 추진되는 가운데, 부역자들은 재판을 받고 도쿄의 지배 아래 획득한 그들의 재산은 재분배되고 특권은 제거되었다.104)

코리아에서 미국과 소련의 신탁통치가 보여주는 차이점이자, 더불어 그 통치에 따라 각기 출현한 두 개의 정부 간에 중대한 차이로 이어지게 되는 가장 큰 상이점이 있었다. 아마도 그것은 소련이 최소의 간섭으로 코리아 민족주의 프로젝트가 계속될 수 있게 했던 반면, 미 군정은 이를 진압하기 위해 무슨 일이든 서슴지 않았다는 데 있을 것이다. 저명한 코리아 전문가인 컬럼비아 대학의 찰스 암스트롱 교수는 이렇게 판단했다. "동유럽에서는 소련 점령 당국이 미국 측보다 훨씬 더 강압적이었다. 그러나 코리아에서는 그 반대가 진실이었다." 나아가 그는 "북한의 내정에 대한 소련의 개입"이 유럽 지역과 몽골의 소련 종속국가들 혹은 38선 이남에 자리 잡은 미국의 종속국가와도 극명하게 대비될 만큼 드물었던 점에 주목했다.105) 북쪽 코리아에서 통치를 맡은 인민위원회들은 소련의 지시에 따라 설치되거나 운영되지 않았고,106) 소련이 도착하기 전에 이미 경찰력을 포함한 통치기관들에 대

한 조직화가 시작된 상태였다.[107]

소련이 북한 내정에 대한 영향력이 없다는 사실[108]이 특히 눈에 띄게 드러난 것은 1950년대였다. 당시 모스크바가 니키타 흐루쇼프 수상 치하에서 과거에 견지하던 입장을 수정한 후, 평양은 정부 안에서 지나치게 "소련 친화적인" 인사들을 숙청하고 모스크바와 이념적·정치적 연계를 단절했다.[109] 남한에서는 북쪽 코리아와 유사한 미국과의 단절이 결코 일어날 수 없었다. 미국은 훨씬 더 큰 영향력을 성공적으로 관철하고 무기한으로 유지했기 때문이다. 북한이라는 국가의 두드러진 특성은 모스크바의 인위적인 창조물이 아닌 코리아 민족주의 운동의 계승이었다. 이것은 소련과 뚜렷하게 차이나는 이데올로기와 더불어 모스크바가 몽골과 바르샤바 조약국들에 도입한 것과는 다른 독특한 이데올로기를 통해[110] 증명되었다. 궁극적으로, 소련의 쇠락에 이은 결정적 붕괴로 인해 종속국가들이 소련과 함께 무너진 가운데도 북한이 결국 살아남음으로써 더욱더 증명되었다. 북한에서 이 시기를 직접 목격한 남한 학자 김남식은 38선 이북에서 국가 형성의 자립적 성격과 관련해 이렇게 논평했다. "북한의 인민 정권은 해방 이후 자발적으로 조직된 인민위원회들을 기반으로 삼았다… 인민위원회는 중앙이 아니라 아래로부터 조직되었다."[111]

비록 3년간 소련군의 주둔을 받아들일 수밖에 없었지만, 조선인민공화국의 강령을 대부분 이행할 수 있었던 북쪽 코리아의 임시인민위원회는 남쪽의 민족주의자들과 해외 한인 공동체들로부터 폭넓은 찬사와 지지를 받았다. 이 정부 아래서 인민공화국의 초기 27개 조항의 강령 중 2개 조항을 제외한 거의 전부가 이행되었다. "미국, 소련, 영국,

중국과의 긴밀한 관계 수립"과 "나라의 내정에 개입하려는 모든 외국의 영향력에 대한 적극적 반대"가 그 2개 조항이었다. 소련 민정은 평양을 임시 수도로 삼은 북쪽 코리아의 새 정부가 소비에트 동맹 체제에 편입될 것임을 분명히 했다. 그것은 내정에 대한 간섭은 제한적이지만, 도래하는 냉전체제에서 서방 진영과의 긴밀한 관계 형성 및 중립적 입지는 실질적으로 배제된다는 의미였다. 그러나 설사 평양의 새 정부에 외교적 교섭이 허용되었다 하더라도 임시인민위원회의 독자적인 특성이나 좌파 성향으로 인해, 앞선 인민공화국과 마찬가지로 서방 세력, 특히 미국이 내보이는 적대감은 확실시되고 있었다. 냉전 초기에 이르면, 그것은 그 지역을 넘어서 다른 좌파 및 민족주의 집단들도 이내 깨닫게 된다.[112]

임시인민위원회의 지도력 또한 인민공화국과 마찬가지로 항일 독립 투쟁에 뿌리를 두고 있었다. 임시인민위원회 위원장 김일성은 항일 게릴라 투쟁의 지도자였고, 유명한 민족주의자 김형직과 강반석의 아들이었다. 북한 소식통에 따르면, 김 위원장의 부모는 조선어가 금지되고 일본어가 강제되었던 시점에 비밀 조선어 교실을 운영했고, 항일 무장 게릴라 운동의 창건에 참여했다. 김 씨와 강 씨의 운동이 공산주의 이념에 친화적이었는지 혹은 기본적인 코리아 민족주의를 유지했는지는 확실치 않지만, 장남 김일성은 부모의 활동에 크게 영향을 받았다. 그는 1926년에 당시의 만주 지역- 오늘날에는 소수민족인 조선족이 높은 비율로 거주하는 중국의 일부 -에서 '타도제국주의동맹(ㅌㄷ)'을 결성하는데로 나아갔다. 'ㅌㄷ'는 일본의 점령에 맞선 저항을 촉진하려는 의도로 만들어졌고, 당시 일본 지배 이전의 봉건 군주제를 대체할 수 있는 코리아 국가의 미래를 위한 활동으로서, 갈수록 더 마음을 끌고 있던 마르크스주의 사상에 크게 영향을 받았다.113) 훗날 북한 지도부에 따르면, 'ㅌㄷ'는 "코리아의 공산주의 운동과 코리아 혁명의 새 출발"이었고 "새로운 형태의 당 건설을 위한 투쟁의 시작"이었다. 'ㅌㄷ'는 "대중에 의거하는 항일 민족 해방 투쟁"을 위한 수단으로 불렸다.114) ***

김일성이 지도자로 부상하는 과정을 살펴볼 때, 이 또한 남쪽 코리아의 이승만과는 크게 대조를 보인다. 일본 자료들은 김일성이 연배가 높고 노련한 빨치산들을 누르고 코리아 유격대의 지도자로 선출되었으며,115) 일제에 맞선 그의 활동 및 부모의 활동으로 반도 전역에서 이미 잘 알려져 있었음을 보여준다. 이런 특성이 해방 이후 그의 지도력을 위한 길을 열어주었다. 찰스 암스트롱이 해방 직후 시대에 관한 자신의 연구에서 역설했듯이, "해방 당시, 33세의 지도자 김일성은 소련

*** 예나 지금이나, 정통성이라는 측면에서 두 정부를 동일시하기는 힘들다. 하나는 외세의 개입 이전에 코리안들이 선택하고 압도적으로 지지했던 공화국 체제의 존속을 대표하는 정부였다. 반면에 다른 하나는 외세에 의해 인위적으로 세워졌다는 점이 매우 분명했고 38선 이남에서 광범위한 저항과 내전을 초래한 정부였다. 북쪽 코리아의 정부가 국내는 물론 남쪽에도 지지 기반이 있었던 반면, 남쪽 정부는 대다수가 자신을 이승만 그리고 일제 부역자들과 동일시하는 독실한 기독교인들로 구성되었다. 일제 부역자들은 생존을 위해 이승만과 미국의 보호에 의존했다. 남쪽 정부는 북쪽 정부가 민족주의적 전망으로 훨씬 더 폭넓은 지지를 받았던 것과 강하게 대비되었다. 전술한 다수의 미국 보고서들이 당시에 입증했듯이 이 정부의 지지층은 극히 소수였다. 미국 군용기를 타고 워싱턴에서 유럽인 아내와 함께 날아온 서구화된 망명객이라는 이승만의 이미지는 ─ 수십 년간 일제에 맞서 유격대를 이끌어 온 매우 잘 알려진 해방 투사인 ─ 김일성과 강하게 대비되었다.

극동부에서 활동한 만주 빨치산 망명객들 가운데서 가장 중요한 코리안이었다. 코리안 그룹의 지도자로서 김일성의 등장은, 예나 지금이나 서방 관측자들의 추정과는 달리, 점령 정부를 위해 소련이 직접 골라 선택한 존재로서 생겨난 것이 아니었다."116)

임시인민위원회는 1946년 2월에, 조선민주당, 독립동맹, 조선공산당, 직업동맹, 농민동맹 출신 각 2인의 대표자 및 여성연맹과 민주청년동맹 출신 각 1인의 대표자를 포함하여, 조선인민공화국의 지도자들이 대다수인 대표자 137명으로 구성된 회의에서 조직되었다.117) 회의 둘째 날인 1946년 2월 9일에는, 23명의 임시인민위원회 위원들이 선출되었다. 이 위원에는 공산당 6명, 민주당 5명, 독립동맹 2명을 포함하여, 23명의 임시인민위원회 구성원이 선출되었다. 3월 23일에, 이제 조선공산당의 지도자이기도 한 임시인민위원장 김일성은 북쪽 코리아에서 개혁과 탈식민화를 위한 '20개조 정강'을 발표했다. 이것은 일제 지배의 유산 종식이라는 위임 사항을 완수하고, 인민들에게 양도할 수 없는 권리를 제공하고 나라의 경제를 현대화하는 등 인민공화국의 27개 강령과 거의 흡사했다. 이 정강은 임시인민위원회의 관할 아래 북쪽 코리아 전역에서 이행되었다. 명기된 조항들은 다음과 같다.

(1) 조선의 정치경제 생활에서 과거 일제 통치의 온갖 잔재를 철저히 숙청할 것.
(2) 국내에 있는 반동분자와 반민주주의적 분자들과의 무자비한 투쟁을 전개하며 파쇼적, 반민주주의적 정당, 단체, 개인들의 활동을 절대 금지할 것.

(3) 전체 인민에게 언론, 출판, 집회 및 신앙의 자유를 보장할 것. 민주주의적 정당, 노동조합, 농민조합 기타 민주주의적 사회단체의 자유로운 활동조건을 보장할 것.

(4) 전 조선 인민은 일반적, 직접적, 평등적, 비밀 투표에 의한 선거로써 지방의 일체 행정기관인 인민위원회를 결성할 의무와 권리를 가질 것.

(5) 성별, 신앙 및 재산의 유무를 불문하고 정치경제 생활에서 동등한 권리를 보장할 것.

(6) 인격, 주택의 신성불가침, 공민의 재산과 개인의 소유물을 법적으로 보장할 것.

(7) 일제 통치 시 사용하였으며 그 영향을 받고 있는 법률과 재판기관을 폐지하고 인민재판기관을 민주주의 원칙에서 선거할 것이며 일반공민에게 법률상 동등권을 보장할 것.

(8) 인민의 복리를 향상시키기 위하여 공업, 농업, 운수 및 상업을 발전시킬 것.

(9) 대기업소, 운수기관, 은행, 광산, 산림을 국유로 할 것.

(10) 개인수공업과 상업의 자유를 허락하며 장려할 것.

(11) 일본인, 일본국가, 매국노 및 계속 소작을 주는 지주들의 토지를 몰수할 것이며 소작제를 철폐하고 몰수한 일체 토지를 농민들에게 무상으로 분배하여 그들의 소유로 만들 것. 관개업에 속한 일체 시설을 무상으로 몰수하여 국가가 관리할 것.

(12) 생활필수품에 대한 시장가격을 제정하여 투기업자 및 고리대금 업자들과 투쟁할 것.

(13) 단일하고도 공정한 세납제를 제정하며 누진적 소득세제를 실시할 것.
(14) 노동자와 사무원에게 8시간 노동제를 실시하며 최저임금을 규정할 것. 13세 미만의 소년 노동을 금지하며 13세로부터 16세까지의 소년에게는 6시간 노동제를 실시할 것.
(15) 노동자와 사무원들의 생명보험을 실시하며 노동자와 기업소의 보험제를 실시할 것.
(16) 전반적 의무교육제를 실시하며 국가경영인 소, 중, 전문, 대학교들을 광범히 확장할 것. 국가의 민주주의적 제도에 따라 인민교육제도를 개혁할 것.
(17) 민족문화, 과학 및 예술을 적극적으로 발전시키며 극장, 도서관, 라디오 방송국 및 영화관의 수효를 확대할 것.
(18) 국가기관과 인민 경제의 각 부문에 요구되는 인재들을 양성하는 특별학교들을 광범히 설치할 것.
(19) 과학과 예술에 종사하는 인사들의 사업을 장려하며 그들에게 방조를 줄 것.
(20) 국가병원 수를 확대하며 전염병을 근절하며 빈민들을 무료로 치료할 것.

3월 8일 일본인과 부역자 들의 토지 몰수를 시작으로, 이듬해까지 20개조 정강이 순차적으로 이행되었다. 6월 24일에 8시간 노동제가 실행되고 14세 미만 아동 노동이 금지되었다. 7월 22일에, 성평등에 관한 법률이 제정되었다. 9월 10일에는, 1천 개 넘는 주요 산업 시설, 즉 한반도 북쪽 산업의 90% 이상이 국유화되었다. 양도할 수 없는 민주적 권리에서부터 인민위원회를 결성할 주권과 성평등 실현에 이르기까지, 20개조 정강에 따른 개혁 조치는 코리아 역사에서 전례가 없었다.****

새로운 국가를 위한 세입을 거두기 위해 인민위원회는 12월 27일 농민들에게 농업세로 수확의 25%를 도입했다. 높은 비율이기는 했지만, 남쪽에서 정부와 지주가 소작농들로부터 강제 징수한다고 알려진 70%와는 비교될 수 없었다.[118] 인민위원회의 성공적인 정책 실행과 이승만 치하 38선 이남의 총체적인 경제적 실책의 결과, 1948년이 되자 두 코리아는 삶의 질에서 상당한 격차를 보였다. 그해 8월 15일 남쪽은 이승만을 대통령으로 하는 대한민국 수립을 선포했다. 1945년에 5년 이내에 한반도를 재통일하기 위한 전국적 선거를 시행한다는 것을 전제로 미국과 소련 세력권으로 분할되었지만, 미국과 남한 소식통들은 남한에서 이승만 정부의 선거 전망을 극도로 어둡게 보았다. 선거가 자유롭고 공정하게 치러지는 경우 대패할 것으로 예측했다.[119] 따라서 미국은 유엔 코리아 임시위원단 아래 선거의 시행을 완강하게 고집했다. 하지만 소련은 유엔 위원단의 강한 친서방 편향으로 인해 서방 진영이 그들에게 유리하도록 결과를 조작할 수 있다고 믿었다. 그 후 북한은 재통합을 위한 선거는 남북에 의해 함께 결정되어야 한다는 반대제안을 했다. 결국, 미국의 위협에 서울이 따르면서, 북한의

**** 미군정에 의해 인민공화국이 강제로 해체된 후 38선 이남에서는 그와 유사한 어떠한 탈식민 프로그램도 실행될 수 없었고, 이것이야말로 두 국가 사이에 중요한 차이를 만들어낸 요점이었다는 사실에 주목할 필요가 있다.

제안은 거부되었다.[120]

통일 선거를 향한 워싱턴의 우려는 더 큰 냉전이라는 추세와 강하게 연동되어 있었다. 즉, 미국이 의미하는 민주화 과정은 오로지 서방 진영의 이익에 유리한 후보들을 배출하는 경우에만 보장될 수 있었다.[121] 이는 코리아에서 자유롭고 공정한 통일 선거를 통해 예상할 수 있는 결과와는 거리가 멀었다. 이와 거의 똑같은 일이 베트남에서 재발하였다. 매우 억압적인 데다 프랑스 식민지 시기의 수많은 정책을 추진한 남베트남 정부가 제네바협약에 따라 1954년으로 예정된 통일 선거를 치른다면 압도적으로 패배할 것으로 예견되었다. 미국은 남베트남의 철회를 부추겼는데, 아이젠하워 대통령의 말 속에 그 이유가 들어 있었다. "만약 선거가 치러졌다면… 주민의 80%가 자신들의 지도자로 공산주의자 호치민에게 투표했을 가능성이 컸다."[122] CIA는 자체 보고서에서 "만약 1956년 7월에 예정된 전국 선거가 시행된다면… 베트민의 승리는 거의 확실할 것이다."[123] 라고 예측했다. 통일을 위한 선거를 미연에 방지하는 것이 분단된 동아시아 두 국가에서 서방의 예속 정권들이 권력을 유지할 수 있는 유일한 수단이었다.

이승만 정부의 낮은 평판에는 이유가 없지 않았다. 주민들에 대한 권력 남용, 대량학살과 더불어 서울의 경제적 무능 말고도, 북쪽의 급속한 경제적·사회적 진보와 극적인 대비가 뚜렷했다. 대통령 12년의 재임 기간에 이승만은 국가의 경제정책을 도입한 적이 없었고, 그 결과 나라의 경제 발전은 보잘것 없었다. 서울이 나라를 온전하게 유지하는 데 결정적으로 보이는 생명선인 예산의 3분의 1을 미국에 의존할 수 있었던 반면, 그 사용에 대한 감시는 거의 이루어지지 않아 대부분이 관리들의 개인 용도로 전용되고 있었다.[124] 허욱 교수와 테렌스 로릭 교수가 남한 정치사 연구를 통해 지적한 대로, 극심한 부패 말고도 "이승만은 경제 발전에 전문성도 관심도 없다시피 했고, 그의 경제 부서 장관들 역시 마찬가지로 경험이 부재하고 경제정책 입안에 미숙했다."[125] 그리하여 미국 시사주간지 〈타임〉은 이승만 치하 남쪽을 이렇게 불렀다. "경제적 황무지… 사실상 세계에서 가장 가난한 나라 중 한 곳."[126] 이승만 정부의 경제적 실패가 가져온 한층 더한 결과는 미군을 위한 매춘의 홍보와 강력한 장려로 나타났다.[127] 이는 서울이 필요로 하는 외화벌이 수단으로서 이승만의 통치 말기에는 국민총생산(GNP)의 25%에 달했다.[128] 이와 함께 인신매매와 성노예의 동반 상승은 남한 사회에서 혐오의 대상이었고,[129] 이는 미국뿐 아니라 이승만 정부의 평판마저 훼손했다.

두 코리아 정부가 성취한 결과에서 나타난 상당한 격차는 만약 전국적인 통일 선거가 치러지는 경우 인민위원회의 압도적인 승리를 널리 예견하게 했다. 따라서 CIA[130]에서 〈뉴욕타임스〉[131]에 이르기까지 미국 소식통들은 자유 선거를 통해 재통일된 한반도는 거의 확실하게 이승만의 몰락과 함께 북쪽에 자리 잡은 것과 유사한 정부 형태로 나아갈 것이라고 널리 보도했다.[132] 남쪽 정부가 토지 분배에서부터 군 조직과 민정에 이르기까지 일제 식민지 체계의 중요한 측면들을 승계한 반면, 평양은 조선인민공화국의 민족주의적 강령을 고수함으로써 남쪽 코리아에서 폭넓은 지지를 보장받고 있었다. 그 같은 선거 결과가 나오게 된다면, 이승만은 정치 지도자와 군 지도부의 대다수를 구성하는 일제 부역자들과 함께 권력에서 제거되고 재판을 넘겨질 가능성이 컸다. 그뿐 아니라, 미국이 조선인민공화국의 기반을 무너뜨리고 친서방 종속국가를 세우기 위해 투자한 모든 것들도 무용지물이 되었을 것이다. 북쪽의 정부는 지도부에서부터 궁극의 목표에 이르기까지 인민공화국의 여러 측면을 그들 나름의 통치방식으로 통합했다. 이는 그들이 남쪽을 통치하게 되었다면 38선 이남에 미 군정이 도입되기 전 인민위원회들의 통치와 매우 유사했을 것이라는 의미다.

미국이 지지하는 남쪽 정부가 서울에 수도를 둔 대한민국(ROK)을 선포하고 전체 코리아 민족에 대한 통치권을 갖는다고 일방적으로 주장하자, 평양에 수도를 둔 인민위원회는 이승만 정부의 통치권에 맞서 주권을 지키기 위해 조선민주주의인민공화국(DPRK) 수립을 선포했다. 그 결과는 두 개의 독자적인 코리아 국가의 형성으로 나타났고, 각자가 전체 코리아 민족을 대표한다고 주장했다. 하나는 민족주의적이고 진보적인 탈식민 근대화를 향해 빠르게 나아갔다. 다른 하나는 미국에 대한 과도한 의존과 굴종적 태도로 일관하면서 극심한 부패와 경제 실책의 결과로 시달렸고, 일제강점기에서 이어받은 기구를 통해 통치하면서 사실상의 내전 상태로 들어섰다.

1. Hopkins, William B., The Pacific War: The Strategy, Politics, and Players that Won the War, Minneapolis, MN, Zenith Press, 2011 (p. 345).

   James, Doris Clayton, The Years Of MacArthur, Volume III, Boston, Houghton Mifflin, 1985 (p. 401).

2. Huard, Richard, 'Meet the Ulyanovsk: Russia's 85,000 Ton Monster Aircraft Carrier,' National Interest, September 28, 2019.

3. Farley, Robert, 'Russia's Kirov-Class Battlecruiser Might Be The World's Last Living Battleship,' National Interest, November 21, 2019.

4. Talmdage, Eric, 'U.S. troops used Japan brothels after WWII,' Seattle Times, April 26, 2007.

5. Adamson, John, 'The Reign of Spain was Mainly Brutal,' Telegraph, December 2, 2002. Goodwin, Robert, Spain: The Centre of the World 1519–1682, London, Bloomsbury, 2015. Gady, Franz-Stefan, 'How Portugal Forged an Empire in Asia,' The Diplomat, July 11, 2019. '"Colonial-era mass grave" found in Potosi, Bolivia,' BBC, July 27, 2014.

6. Kaul, Chandrika, Communications, Media and the Imperial Experience: Britain and India in the Twentieth Century, London, Palgrave MacMillan, 2014. Darwin, John, Unfinished Empire: The Global Expansion of Britain,' London, Penguin Books, 2012. Bowen, H. V., The Business of Empire: The East India Company and Imperial Britain, 1756–1833,' New York, Cambridge University Press, 2006.

7. 'The Philippines: Early Years of the Republic,' Background, Office of Public Affairs, Department of State, June 1951. Morgan, Gordon D., Toward an American Sociology: Questioning the European Construct, Westport, Praeger, 1997 (p. 160).

8. The Development Dimensioin Fostering Development in a Global Economy, Paris, Organization for Economic Co-Operation and Development, 2005(p. 49)

9. Harrison, Mark, The Economics of World War II: Six Great Powers in International Comparison, Cambridge, Cambridge University Press, 2000 (pp. 1–42).

10. Ellis, Guy, Britain's Jet Age: From the Meteor to the Sea Vixen, Stroud, Amberley, 2016 (Chapter 3: Ignored, Rejected and Given Away). Wade, Andrew, 'September 1946: the Miles 52, the supersonic aircraft that never was,' The Engineer, September 19, 2016.

11. O'Reagan, Douglas M., Taking Nazi Technology: Allied Exploitation of German Science after the Second World War, Baltimore, John Hopkins University Press, 2019. Gibel, John, 'Project Paperclip: German Scientists, American Policy, and the Cold War,' Diplomatic History, vol. 14, no. 3, Summer 1990 (pp. 343–365).

12. Calvocoressi, Peter, World Politics Since 1945, Abingdon, Routledge, 2008 (p. 5).

13. Wulf, Dieter, 'Hitler's "Amerikabomber,"' The Atlantic, May 2004.

14. Nakajima G10N Fukagu; Imperial Japan's Intercontinental Bomber Made to Strike America,' Military Watch Magazine, April 24, 2019.

15. Wilson, Ward, 'The Bomb Didn't Beat Japan···Stalin Did,' Foreign Policy, May 30, 2017.

16. Selden, Mark, 'A Forgotten Holocaust: U.S. Bombing Strategy, the Destruction of Japanese Cities & the American Way of War from World War II to Iraq,' The Asia-Pacific Journal, vol. 5, issue 5, 2007.

17. Cumings, Bruce, Parallax Visions: Making Sense of American-East Asian Relations, Chapel Hill, NC, Duke University Press, 2002 (p. 72).

18. Sung Chol, Ryo, Korea; The 38th Parallel North, University Press of the Pacific, 2004 (p.10).

19. Ibid. (p.10). Paine, S.C.M., The Japanese Empire: Grand Strategy from the Meiji Restoration to the Pacific War, Cambridge, Cambridge University Press, 2017 (pp. 79–80).

20. Railroads in Korea: From United States Consul-General Paddock, Seoul, Korea (p. 4) in: Daily Consular Reports, Department of Commerce and Labour, no. 2147, January 3, 1905.

21. 'Japan PM urges S. Korea to remove "comfort woman" statue,' The Korea Herald, January 8, 2017.

22. Moon, Katherine H. S., Sex Among Allies, New York, Colombia University Press, 1997 (pp. 15–16).

23. Kim, Seong-hwan, 일제의침략전쟁과병참기지화, (Japanese War of Aggression and Logistics Base), Paju, SaKyejul, 2004 (p. 173).

24. Cumings, Bruce, Parallax Visions: Making Sense of American-East Asian Relations, Chapel Hill, NC, Duke University Press, 2002 (p. 74).

25. Ngô, Vĩnh Long, Before the Revolution: The Vietnamese Peasants under the French, Cambridge, MA, The MIT Press, 1973 (pp. 73–74). Cumings, Bruce, Parallax Visions: Making Sense of American-East Asian Relations, Chapel Hill, NC, Duke University Press, 2002 (pp. 83–86).

26. Hsiao, Mei-Chu W. and Hsiao, Frank S. T., Taiwan in the Global Economy—Past, Present and Future in: Chow, Peter C., Taiwan in the Global Economy: From an Agrarian Economy to an Exporter of High-Tech Products, Westport, Praeger, 2002 (Section V: 'Taiwan in the Global Economy During the Japanese Period').

27. '朝鮮総督府統計年報 昭和17年 [Governor-General of Korea Statistical Yearbook 1942],' Governor-General of Korea, March 1944.

28. Williams, Christopher, Leadership Accountability in a Globalizing World, London, Palgrave Macmillan, 2006 (p. 185).

29. History of the United States Armed Forces in Korea, Volume III, United States Far East Command, 1948 (Chapter 4, Part I, p. 50). Cumings, Bruce, Origins of the Korean War, Volume 1: Liberation and the Emergence of Separate Regimes, 1945–1947, Volume One, Yeogsabipyeongsa Publishing Co, 2004 (pp. 702–703).

30. Kim, Monica, The Interrogation Rooms of the Korean War: The Untold History, Princeton, NJ, Princeton University Press, 2019 (p. 58).

31. Meade, Edward Grant, American Military Government in Korea, New York, King's Crown Press, 1952 (p. 188).

32. Ibid. (pp. 56, 72).

33. Hart-Landsberg, Martin, Korea: Division, Reunification, & U.S. Foreign Policy, New York, Monthly Review Press, 1998 (pp. 65–66).

34. Henderson, Gregory, Korea: The Politics of Vortex, Cambridge, MA, Harvard University Press, 1968 (p. 126). Kim, Monica, The Interrogation Rooms of the Korean War: The Untold History, Princeton, NJ, Princeton University Press, 2019 (p. 48).

35. Henderson, Gregory, Korea: The Politics of Vortex, Cambridge, MA, Harvard University Press, 1968 (p. 127).

36. Kim, Monica, The Interrogation Rooms of the Korean War: The Untold History, Princeton, NJ, Princeton University Press, 2019 (p. 55).

37. Cumings, Bruce, Korea's Place in the Sun: A Modern History, New York, W. W. Norton & Company, 1997 (p.202).

38. Mi Kunjongch'ong kwanbo: Official Gazette, United States Army Military Government in Korea, Seoul, Wonju Munhwasa, Ordinance 72.

39 Kim, Jinwung, 'A Policy of Amateurism: The Rice Policy of the U.S. Army Military Government in Korea, 1945–1948,' Korea Journal, vol. 47, no. 2, Summer 2007 (pp. 208–231). Kim, Inhan, 'Land Reform in South Korea under the U.S. Military Occupation, 1945–948,' Journal of Cold War Studies, vol. 18, no. 2, Spring 2016 (pp. 111, 117).

40 Kim, Monica, 'The Intelligence of Fools: Reading the US Military Archive of the Korean War,' Positions Asia Critique, vol. 23, issue 4, November 2015 (p. 708). Kim, Monica, The Interrogation Rooms of the Korean War: The Untold History, Princeton, NJ, Princeton University Press, 2019. (pp. 61–63, 66). CIC 1945.9–1949.1, vol. 1, report dated April 19, 1946, included in 971st Counter Intelligence Corps Detachment Annual Progress Report for 1947 (p. 386).

41 'Interview with Kenneth E. MacDougall, Capt, MPC, October 5, 1954, Bldg 22, Ft Holabird,' Folder 228–1 Macdougall, Kenneth E.—CIC during Occupation of Korea—(1947–1948) Box 6, Counter Intelligence Corps Collection, Assistaint Chief of Staff, G-2 (Intelligence), RG 319, NARA, College Park, Maryland. Kim, Monica, The Interrogation Rooms of the Korean War: The Untold History, Princeton, NJ, Princeton University Press, 2019 (pp. 61–63, 66).

42 1948 Annual Progress Report of the 971st CIC Detachment in Korea, Box 14856, WWII Operations Report, 1941–48, Central Intelligence, RG 407, NARA, College Park, Maryland.

43 Tigue, William J., Box 6, Records of the Army Staff, Assistant Chief of Staff, G-2 (Intelligence), Counter Intelligence Collection, Record Group 319, NARA, College Park, Maryland.

44 Foreign Relations of the United States, 1950, vol. VII, Korea, Washington D.C., Government Printing Office, 1976 (p. 602). Laurie, Clayton, Baptism by Fire: CIA Analysis of the Korean War: a Collection of Previously Released and Recently Declassified Intelligence Documents, CIA Historical Review Program (p. 41).

45 Interview with 1st Lt. Jack D. Sells, 111th Counter Intelligence Corps Detachment, Folder: 228–01 EEI: CIC Operations in Korea, 1952, Box 6, Counter Intelligence Corps Collection, Assistant Chief of Staff, G-2 (Intelligence), RG 319, NARA, College Park, Maryland, Folder 228.

46 Interview with M/Sgt. Joseph P. Gorman, 111th Counter Intelligence Corps Detachment, Folder: 228–01 EEI: CIC Operations in Korea, 1952, Box 6, Counter Intelligence Corps Collection, Assistant Chief of Staff, G-2 (Intelligence), RG 319, NARA, College Park, Maryland, Folder 228.

47 Pacific War Council Minutes, January 12, 1944, Roosevelt Paper (cited in: Louis, William Roger Louis, Imperialism at Bay: The United States and the Decolonization of the British Empire, 1941–1945, Oxford, Clarendon Press, 1944 (p. 355).)

48 'Bohlen Minutes,' in: Foreign Relations of the United States, Diplomatic Papers, Conferences at Malta and Yalta, 1945, ed. Barron, Bryton, Washingotn D. C., United States Government Printing Office, 1955, (Document 393).

49 Tucker, Spencer, Almanac of American Military History, Volume 1, Santa Barbara, CA, ABC-CLIO, 2012 (p. 1248). Palitto, Robert M., Torture and State Violence in the United States: A Short Documentary History, 3.12 Letter from Secretary of War Elihu Root to Henry Cabot Lodge, February 27, 1906. Lens, Sydney, and Zinn, Howard, The Forging of the American Empire: From the Revolution to Vietnam: A History of American Imperialism, London, Pluto Press, 2003 (p. 189).

50 Welman, Frans, Face of the New Peoples Army of the Philippines: Volume Two, Booksmango, 2012 (pp. 138–139). 51 Francisco, Luzviminda, The End of an Illusion, London, AREAS, 1973.

52 Ahmed, Eqbal, 'The Theory and Fallacies of Counter-Insurgency,' The Nation, August 2, 1971.

53 San Juan, Epifanio, 'U.S. Genocide in the Philippines: A Case of Guilt, Shame, or Amnesia?,' Medium, March 22, 2005.

54 Boot, Max, The Savage Wars Of Peace: Small Wars And The Rise Of American Power, New York, Basic Books, 2002 (p. 125).

55 Burkholder Smith, Joseph, Portrait of a Cold Warrior, New York, Putnam, 1976 (p. 95). Blum, William, Killing Hope: U.S. Military and C.I.A. Interventions Since World War II, London, Zed Books, 2003 (p. 43). Bonner, Raymond, Waltzing With a Dictator: The Marcoses and the Making of American Policy, New York, Times Books, 1987 (pp. 39–41).

56 Kim, Monica, The Interrogation Rooms of the Korean War: The Untold History, Princeton, NJ, Princeton University Press, 2019 (pp. 43–44).

57 Henderson, Gregory, Korea: The Politics of the Vortex, Cambridge, MA, Harvard University Press, 1968 (p. 124).

58 Man, Simeon, Soldiering through Empire: Race and the Making of the Decolonizing Pacific, Oakland, University of California Press, 2018 (p. 23).

59 Kim, Monica, The Interrogation Rooms of the Korean War: The Untold History, Princeton, NJ, Princeton University Press, 2019 (p. 48). G-2 Periodic Report/ United States Army Forces in Korea, Headquarters, G-2, 1945–1948, vol. 1, September 12, 1945. G-2 Periodic Report/ United States Army Forces in Korea, Headquarters, G-2, 1945–1948, vol. 1, October 23, 1945.

60 Kim, Monica, The Interrogation Rooms of the Korean War: The Untold History, Princeton, NJ, Princeton University Press, 2019 (p. 55).

61 Millett, Alan R., 'Captain James H. Hausman and the Formation of the Korean War, 1945–950,' Armed Forces and Society 23, no. 4, 1997 (p. 515).

62 Millett, Alan R., 'Captain James H. Hausman and the Formation of the Korean War, 1945–950,' Armed Forces and Society 23, no. 4, 1997 (p. 515).

63 Ibid. (p. 506)

64 Breen, Michael, 'Syngman Rhee: president who could have done more,' The Korea Times, 2 November, 2011.

65 CIA, Prospects for the Survival of the Republic of Korea, ORE 44–48, October 28, 1948, Appendix A, 'Personality of Syngman Rhee.'

66 Cumings, Bruce, The Korean War: A History, New York, Modern Library, 2010 (p. 58).

67 Rozman, Gilbert, and Armstrong, Charles K., Korea at the Center: Dynamics of Regionalism in Northeast Asia, Abingdon, Routledge, 2005.

68 Cumings, Bruce, The Korean War: A History, New York, Modern Library, 2010 (Chapter 7: Part 5, 'Mr. Massacre').

69 Ibid. (p. 172).

70 Shaines, Robert A., Command Influence: A Story of Korea and the Politics of Injustice, Parker, Outskirts Press, 2010 (p. 395).

71 Kim, Monica, The Interrogation Rooms of the Korean War: The Untold History, Princeton, NJ, Princeton University Press, 2019 (p. 44).

72 Ibid. (pp. 67–68).

73 United States Philippines Commission (1899–1900), Report of the Philippine Commission to the President, Volume II, Testimony and Exhibits, Washington, Government Printing Office, 1900 (p. 352). Liddle, Joanna and Joshi, Rama, 'Gender and Imperialism in British India,' Economic and Political Weekly, vol. 20, no. 43, October 1985 (pp. WS72–WS78).

74. Folder 228-01, Griemann, Theodore E., CIC during Occupation of Korea—1947-49, Box 6, Counter Intelligence Corps Collection, Assistant Chief of Staff, G-2 (Intelligence), RG 319, NARA, College Park, Maryland.
75. Interview with James Hausman, Box 141, Series VI, 'In Mortal Combat,' Toland Papers, Franklin D. Roosevelt Presidential Library and Archives.
76. Second Lieutenant Joseph H. Farell of the 116th CIC Detachment, Folder : 228-01 EEI: CIC Operations in Korea, 1952, Box 6, Counter Intelligence Corps Collection, Assistant Chief of Staff, G-2 (Intelligence), RG 319, NARA, College Park, Maryland.
77. 'Memorandum for the Ambassador, date December 27, 1948, by Bertel, Kuniholm,' Reel XIII, 'Internal Affairs of Korea, 195-1949' Microfilm. Department of State Decimal File 895. Records of the U.S. Department of State relating to the Internal Affairs of Korea, 1945-9.
78. Cumings, Bruce, The Korean War: A History, New York, Modern Library, 2010 (p. 179).
79. Heo, Uk and Roehrig, Terence, South Korea Since 1980, Cambridge, Cambridge University Press, 2010 (p. 18)
80. Meyers, Samuel M., and Biderman, Albert D., Mass Behaviour in Battle and Captivity: The Communist Soldier in the Korean War, Chicago, University of Chicago Press, 1968 (pp. 280-281).
81. Johnson, Chalmers, Blowback: The Costs and Consequences of American Empire, New York, Henry Holt, 2004 (p. 99).
82. G-2 Weekly Summary no. 116, November 23-30, 1947. Seoul Times, June 15, 1950. Seoul Times, June 18, 1950.
83. Kim, Monica, The Interrogation Rooms of the Korean War: The Untold History, Princeton, NJ, Princeton University Press, 2019 (pp. 231-232, 236).
84. Ibid. (p. 229).
85. Nichols, Donald, How Many Times Can I Die?, Brooksville, FL, Brooksville Printing, 1981 (pp. 119-120).
86. Cumings, Bruce, The Korean War: A History, New York, Modern Library, 2010 (p. 119). Kim, Seong Nae, 'The Cheju April Third Incident and Women: Trauma and Solidarity of Pain,' paper presented at the Cheju 4.3 Conference, Harvard University, April 24-26, 2003.
87. Kim, Monica, The Interrogation Rooms of the Korean War: The Untold History, Princeton, NJ, Princeton University Press, 2019 (p. 231).
88. United States Forces in Korea (USFIK) G-2 Intelligence Summaries nos. 134-142, April 2-June 4, 1948. Seoul Times, April 7 and April 8, 1948. Office of the Chief of Military History, History of United States Army Forces in Korea (HUSAFIK), vol. 2, part 2, 'Police and National Events, 1947-948.'
89. 'The Background of the Present War in Korea,' Far Eastern Economic Review, August 31, 1950 (pp. 233-237). Cumings, Bruce, Korea's Place in the Sun: A Modern History, New York, W. W. Norton & Company, 1997 (p. 221). Hwang, Su Kyoung, Korea's Grievous War, Philadelphia, University of Pennsylvania Press, 2016 (p. 29).
90. Cumings, Bruce, Korea's Place in the Sun: A Modern History, New York, W. W. Norton & Company, 1997 (p. 221).
91. Hwang, Su Kyoung, Korea's Grievous War, Philadelphia, University of Pennsylvania Press, 2016 (p. 29).
92. 'We must properly understand and define the 1946 Daegu uprising,' Hankyoreh, January 22, 2013.
93. Cumings, Bruce, The Korean War: A History, New York, Modern Library, 2010 (pp. 70, 133). McCann, David R. and Strauss, Barry S., War and Democracy: A Comparative Study of the Korean War and the

Peloponnesian War, Abingdon, Routledge, 2015 (p. 59).

94 Hanley, Charles J., and Change, Jae-Soon, 'Summer of Terror: At least 100,000 said executed by Korean ally of U.S. in 1950,' The Asia-Pacific Journal, vol. 7, issue 7, July 2, 2008.

95 '최소 60만명, 최대 120만명!,' ['More than 600,000, less than 1,200,000!,'] Hankyoreh, June 20, 2001.

96 New York Times, March 6, 1950.

97 Blum, William, Killing Hope: U.S. Military and C.I.A. Interventions Since World War II, London, Zed Books, 2003 (Appendix III). Chambliss, William J., Power, Politics and Crime, Abingdon, Routledge, 2018 (Part 3: Implications, Chapter 7: Crime Myths and Smoke Screens, Section 5: State Organized Crime).

98 Meyers, Samuel M. and Biderman, Albert D., Mass Behaviour in Battle and Captivity: The Communist Soldier in the Korean War, Chicago, University of Chicago Press, 1968 (pp. 280–281).

99 Hanley, Charles J. and Choe, Sang Hun, and Mendoza, Martha, The Bridge at No Gun Ri: A Hidden Nightmare from the Korean War, New York, Henry Holt and Company, 2001 (pp. 195–196).

100 Heo, Uk, and Roehrig, Terence, South Korea Since 1980, Cambridge, Cambridge University Press, 2010 (p. 17).

101 Stone, I. F., Hidden History of the Korean War, Amazon Media, 2014 (Chapter 17, 'Free Elections?').

102 Foreign Relations of the United States, 1950, vol. VII, Korea, Washington D.C., Government Printing Office, 1976 (p. 602). Hanley, Charles J. and Choe, Sang Hun and Mendoza, Martha, The Bridge at No Gun Ri: A Hidden Nightmare from the Korean War, New York, Henry Holt and Company, 2001 (p. 170).

103 Gunther, John, The Riddle of MacArthur, New York, Harper and Row, 1951 (p. 163).

104 <New York Times>, February 20, 1946.

105 Armstrong, Charles, The North Korean Revolution, 1945–1950, Ithaca, Cornell University Press, 2003 (Chapter 2: Liberation, Occupation and the Emerging New Order).

106 Chŏn'guk inmin wiwonhoe taep'yoja taehoe ŭisarok [Record of the National People's Committee Representative Conference], Seoul, Chosŏn chongp'ansa, 1946 (pp. 68–0).

107 Van Ree, Eric, Socialism in One Zone: Stalin's Policy in Korea, 1945–947, Oxford, Berg, 1989 (p. 89).

108 Cumings, Bruce, The Origins of the Korean War, Volume 1: Liberation and the Emergence of Separate Regimes, 1945–1947, Princeton, NJ, Princeton University Press, 1981.

109 Szalontai, Balazs, The Failure of De-Stalinization in North Korea, 1953–1964: The DPRK in a Comparative Perspective, Budapest, Central European University, 2003. Radchenko, Sergey S., The Soviet Union and the North Korean Seizure of the USS Pueblo: Evidence from Russian Archives, Washington D.C., Woodrow Wilson International Center for Scholars. David-West, Alzo, 'Between Confucianism and Marxism-Leninism: Juche and the Case of Chŏng Tasan,' Korean Studies, vol. 35, 2011 (pp. 93–121). Buzo, Adrian, The Guerilla Dynasty: Politics and Leadership in North Korea, Boulder, CO, Westview Press, 1999 (p.67).

110 David-West, Alzo, 'Between Confucianism and Marxism-Leninism: Juche and the Case of Chŏng Tasan,' Korean Studies, vol. 35, 2011 (pp. 93–121).

111 Kim, Namsik, 'Rethinking the Pre- and Post-Liberation North Korean History,' Haebang chŏnhusa ŏi insik [Understanding Pre-and Post-Liberation History], vol. 5 (pp. 21–22).

112 Abrams, A. B., Power and Primacy: The History of Western Intervention in the Asia-Pacific, Oxford, Peter Lang, 2019 (pp. 119–120).

113 Matray, James K., The Reluctant Crusade: American Foreign Policy in Korea, 1941–1950, Honolulu, University of Hawaii Press, 1985 (p. 7).

114 Kim, Jong Il, The Workers' Party of Korea is a Juche-Type Revolutionary Party Which Inherited the Glorious Tradition of the DIU, Pyongyang, Foreign Languages Publishing House, 1982.

115 Wada, Haruki, Kin Nichisei to Manshu konichi senso [Kim Il Sung and the Anti-Japanese War in Manchuria], Tokyo, Heibonsha, 1992 (pp. 337–38).

116 Armstrong, Charles, The North Korean Revolution, 1945–1950, Ithaca, Cornell University Press, 2003 (Chapter 2: Liberation, Occupation and the Emerging New Order).

117 'Establishment of the Provisional People's Committee of North Korea,' National Institute of Korean History.

118 Sullivan, Walter, New York Times, March 6, 1950.

119 Hanley, Charles J. and Choe, Sang Hun and Mendoza, Martha, The Bridge at No Gun Ri: A Hidden Nightmare from the Korean War, New York, Henry Holt and Company, 2001 (p. 170). Stone, I. F., Hidden History of the Korean War, Amazon Media, 2014 (Chapter 17, 'Free Elections?').

120 Gupta, Karunakar, 'How Did the Korean War Begin?,' The China Quarterly, no. 52, October–December 1972 (pp. 699–716).

121 'The Kissinger Doctrine,' New York Times, February 27, 1975.

122 Eisenhower, Dwight, Mandate for Change, 1953–1956; The White House Years, New York, Doubleday, 1963 (p. 372).

123 Kolko, Gabriel, Vietnam: Anatomy of a War, 1940–1975, New York, Harper Collins Publishers, 1987 (p. 85).

124 Heo, Uk, and Roehrig, Terence, South Korea Since 1980, Cambridge, Cambridge University Press, 2010 (p. 18).

125 Ibid. (p. 18). Henderson, Gregory, The Politics of the Vortex, Cambridge, MA, Harvard University Press, 1968 (pp. 348–349).

126 'Is South Korea the greatest success story of the last century,' Time, December 6, 2012.

127 Choe, Sang-Hun, 'After Korean War, brothels and an alliance,' New York Times, January 8, 2009. Lee, Na Young, 'The Construction of U.S. Camptown Prostitution in South Korea: Trans/Formation and Resistance,' University of Maryland, Department of Women's Studies, 2006. Cho, Hyoung, and Chang, P'ilhwa, 'Perspectives on Prostitution in the Korean Legislature: 1948–989,' Women's Studies Review, vol. 7, 1990 (p. 95). Moon, Katherine H. S., Sex Among Allies, New York, Colombia University Press, 1997 (pp. 44–45).

128 Ibid. (p. 44).

129 Maynes, Katrin, 'Korean Perceptions of Chastity, Gender Roles, and Libido; From Kisaengs to the Twenty First Century,' Grand Valley Journal of History, vol. 1, issue 1, article 2, February 2012.

130 Hanley, Charles J., Choe, Sang Hun and Mendoza, Martha, The Bridge at No Gun Ri: A Hidden Nightmare from the Korean War, New York, Henry Holt and Company, 2001 (p. 170).

131 Stone, I. F., Hidden History of the Korean War, Amazon Media, 2014 (Chapter 17, 'Free Elections?').

132 Weathersby, Kathryn, '"Should We Fear This?" Stalin and the Danger of War with America,' Cold War International History Project, Working Paper No. 39, 2002.

2장
한국전쟁 발발의 전략적 함의

두 개의 코리아와 전쟁의 발발

1948년 8월 15일 대한민국(ROK)을 선포한 결과, 하나의 민족집단인 코리아를 두고 중복된 통치권을 주장하는 두 개의 이웃하는 국가가 등장했다. 이승만 치하 새로운 남한 국가가 일방적으로 코리아의 전부에 대한 권리를 주장하자, 북쪽의 임시 정부와 헌법제정 인민위원회는 자신들의 국가ㅡ 평양을 기반으로 하는 조선민주주의인민공화국(DPRK)ㅡ를 선포함으로써 겨루는 것 외에 달리 선택의 여지가 없었다. 이승만 정부의 선언으로부터 채 한 달이 지나지 않은 9월 9일에 선포된 DPRK 역시 한반도 전체에 대한 통치권을 주장했다. 두 국가의 사명이 서로 대립하면서, 특히 무엇보다도 두 국가의 뿌리와 정체성이 일본 및 미국의 제국주의적 기획인지 아니면 코리아의 민족주의 운동인지에 따라 상충하면서, 그들 사이에 평화적 공존이 유지될 가망은 없어 보였다.

이승만 정부가 경제 사정에 대해 거의 전적으로 관심을 두지 않았다는 것은 미국의 다양한 소식통들이 입증한 대로이고, 이것이 극심한 부패와 결합해 생활 수준에 계속 부정적인 영향을 미침으로써 수많은 사람들을 절망적 빈곤 상태로 몰아갔다. DPRK의 경제 상황은 달랐다. 북한은 노동력 부족 문제에 직면했기 때문에, 1949년까지는 공업과 농업 생산량을 높인다는 매우 야심적인 국가 계획 목표 달성을 위해 분투해야 했다. CIA에서 나온 보고서들에 따르면, 1940년대 말이 되자 북한은 생활 수준에서 상당한 진전을 보였다.[1] 일제 치하 산업 기반 시설에 상당한 전시 피해가 있었음에도 불구하고, 1949년까지는 제조업이 이전 수준을 크게 초과했다. 1949년 공업 생산량과 국영산업은 각각 1946년 수준의 340%와 420%로, 단지 회복에 그치지 않고 일제 강점기보다 20% 늘었다.[2] 농촌 경제 또한 1945년의 전시 불황에도 불구하고, 1944년부터 1949년 사이에 농업과 축산 분야의 총산출이 40% 늘면서 상당한 향상을 보였다. 공장 노동자와 사무직 노동자의 평균 연봉은 83% 증가했다.[3] 그리하여 두 국가 간 생활 수준 격차가 빠르게 커지면서 DPRK에 크게 유리한 상황이 되었다.

내부 갈등이 계속되고 이승만의 자유당이 선거에서 초라한 성적을 내면서 남쪽 정부가 취약해진 사정을 고려할 때, 평양이 승리를 거두기 위해 할 일은 오직 상대편의 몰락을 기다리기만 하면 될 것 같았다. 시간이 흐를수록 두 국가 사이의 경제적 격차는 더욱 커지고 ROK에 비해 DPRK의 입지가 강화될 수밖에 없었다. 남쪽에서는 여기저기 폭동이 벌어지고 주민들 사이에 불만이 광범위하게 확산되는 데다, 대통령이 격렬하게 거부하는 평화 통일을 요구하는 운동이 강력하게 일어났다. 한국전쟁 발발을 채 한 달도 남겨두지 않은 1950년 5월 30일 치러진 제2대 국회의원 선거에서 이승만의 자유당은 재앙적인 성적을 받았고, 대중과 경쟁 정당들은 평화 통일에 착수하라는 압박을 가하고 있었다. 이런 상황은 평양이 평화적 수단을 통한 접근이 유리한 해법이라고 인식하는 계기가 되었다.

미국은 두 코리아의 평화적 통합이 일어난다면 원조를 철회하겠다고 협박하고, 그런 취지로 1950년 2월 의회를 통해 대한원조법안을 통과시켰다. 하지만 ROK 내 거의 모든 정치세력은 평화 통일을 향한 즉각적 조치를 강력히 선호했다. 부정 선거와 미국의 지지만이 이승만을 여태껏 지탱해주고 있었을 뿐 이승만 정부는 대중의 지지를 거의 받지 못하고 있었다. 이런 환경에서,[4] 평양으로서는 특히 5월 선거 후에는 남한 내 중대한 정치적 변화를 기대할 만한 상당한 이유가 있었다. 군사적 해법은 직접적이건 대리를 통해서건 필요하지 않았다. 평양이 이 점을 잘 알고 있었다는 것은 당시 38선을 쉽게 드나들 수 있는 환경이었는데도 남쪽 반정부 게릴라들에게 무기를 제공하지 않은 사실에서 가장 잘 드러난다. 만약 그렇게 했더라면, 제주에서와 같은 그런 항쟁들의 결과가 전혀 달라졌을지도 모른다. 남한의 국회의원 선거 결과가 평양에서 제시한 것과 유사한 조건의 상호 협력 및 평화 통일에 유리하게 나오면서, 유혈 참사 없는 평화 통일이 곧 가능할 것처럼 보였다. 그것은 무력으로 달성할 수 있는 통일보다 훨씬 더 바람직한 결과였다. 특히 CIA의 보고서와 〈뉴욕타임스〉 보도 내용도 통일을 위한 선거 결과가 북쪽 정치체제에 크게 유리하게 나타날 것으로 예측했다.[5]

선거 후 이승만 정부는 권력 장악력이 약해지고, 원조에 의존하는 경제는 부진하고 부패가 만연했다.[6] 또한, 정부에 대한 대중적 지지도는 형편없었고[7] 규모가 큰 폭동들도 계속되고 있었다. 이제 군부만이 그들의 생존을 보장해줄 유일한 수단으로 남았다. 이처럼 정부가 직면한 현실의 배경에는 정적에 대한 위협, 강제수용소 설치, 대량 체포와 정치범에 대한 고문, 반대 의견을 진압하기 위해 주민 2% 이상에 대한 대량학살8)도 있었다. 그런데 이승만 정부는 이 상황을 북한을 끌어들이는 방식으로 구체화했다. 이승만은 협상의 가능성을 "양보"라거나 "재앙으로 가는 길"이라며 일축하고 무력 통일을 강하게 주장했다. 1950년 6월 7일 북한의 김일성 수상이 8월에 전국적인 선거를 실시하자며 이를 논의하기 위해 6월 15일에서 17일까지 해주에서 회의를 개최하자고 요구했다. 이 요구는 이승만과 미국이 모두 강경하게 반대하여 거부되었다. 나흘 후 DPRK는 통일에 관한 회의를 시작하자는 평화의식으로 대표 3인을 남측에 파견했지만, 이 또한 이승만에 의해 즉각적으로 거부되었다.9)

이승만 정부는 제대로 감당할 수 없는 군사화를 우선시했고, 1949년 여름에는 군 병력 규모를 10만 명으로 증강하여 북쪽에 대해 수적 우세를 확보했다. 이 대통령과 ROK의 군부 지도부가 DPRK를 상대로 분쟁을 개시하려는 현저한 경향을 보이면서, 그 목적을 위해 38선을 넘어 빈번히 도발을 감행한 사실이 서방 및 국제적인 관측자들의 보고서에서 확인된다.10)

윌리엄 매튜스는 저명한 정치가와 동행하는 기자로, 존 포스터 덜레스 국무장관이 이승만과 만나는 자리에 동행했다. 그는 두 사람의 회동 직후, 이승만이 "코리아의 통일에 대해 보이는 태도는 호전적이다. 전쟁이 곧 일어나야 한다고 공공연하게 말한다."고 전했다. "그는 북쪽으로 쳐들어가는 것이 정당하다고 주장한다. 며칠 내에 성공을 거둘 수 있다고 생각하면서… 만약 우리의 도움을 받아서 그 일을 할 수 있다면, 그는 그렇게 할 것이다." 나아가 매튜스는 남한 대통령이 설사 "전면전을 초래하게 될지라도" DPRK에 대한 공격에 기꺼이 착수할 것이라고 경고했다.11)

남한 지도부의 공격적 구상에 대한 기록들은 그들이 벌인 작전에 고스란히 반영되어 나타났다. 1949년 5월에서 12월까지 38선을 따라 대한민국 국군(ROKAF)과 KPA(조선인민군) 사이에 여러 차례의 소규모 접전이 벌어졌다. 미국의 내부 자료에 따르면 거의 모든 접전이 남한이 개시한 것이었다. 주한미군군사고문단(KMAG) 단장 윌리엄 L. 로버츠 장군은 그런 국경 충돌에서는 ROK가 더 호전적 당사자였다고 평하면서, 이렇게 말했다. "거의 모든 사태가 남한 보안대의 도발로 벌어졌다."12) 로버츠 장군은 DPRK 내 국경 마을들을 향한 여러 차례의 공격에 관해 별도로 보고하면서, 이렇게 말했다. "우리 견해로는 모든 접전이 38선 북쪽으로 돌출한 철각에 주둔한 남한 소부대가 야기한 것이었다… 남한 부대들은 북쪽으로 침공하려고 했다."13) DPRK 자료들은 이승만의 막역한 친구 김석원 준장이 이끄는 남한 병력 수천 명이 수차례 국경을 건넜고, ROKAF의 부대들을 이끌고 이유 없는 습격에 나섰다— 결국 6개월에 걸친 국경 분쟁을 개시했다 —고 주장한다. 김석원은 전직 일본군 포병 장교로 일제의 만주 침공에서 중요한 역할을 했다. ROK가 지배하는 통일에 이르기 위해 북쪽과의 전쟁을 요구하는 장군들의 발언이 이 주장을 뒷받침한다. 김석원은 이렇게 말했다. "우리는 1945년 이래 존재하게 된 38선을 뚫고 나감으로써 우리의 잃어버린 땅 북한을 되찾을 계획이 있어야 한다." 그는 전쟁 발발 직전 유엔 코리아위원단(UNCOK)에 큰 전투의 순간이 "빠르게 다가오고 있다"고 말했다.14) 김 장군의 수개월에 걸친 북한으로의 급습이 조선인민군의 견고한 저항을 만나지 않았다면, 그의 지휘 아래 ROKAF가 한층 더 진격해 어쩌면 전면적 침공으로 평양 점령을 시도하는 것까지도 얼마든지 가능한 일이었다.

북쪽 국가를 섬멸한 후 ROK의 통치를 실행할 작정으로 DPRK를 공격하자는 것이 김석원 장군 혼자만의 구상이 아니었음은 물론이다. 주한 미군사고문단(KMAG)의 고문들이 "38선을 따라 자리 잡은 진지들을 지휘하는" 대한민국 국군(ROKAF)의 "장교들이 지나치게 공격적"인 까닭에 "사소한 국경 분쟁이… 내전으로 치달을 수 있는" 심각한 위험을 안고 있다는 우려를 표명한 사실을 영국 소식통들이 보도한 것이 전쟁 발발을 불과 몇 주 앞둔 시점이었다.15) 마찬가지로 또 다른 영국 정보기관들도 남한 지휘관들의 수뇌부가 "정복을 통해 북쪽을 수복하겠다는 생각에 골몰하고 있다"고 언급하는 등 남쪽 지도부가 기꺼이 공격 전쟁을 개시하려 한다고 결론지었다.16)

유엔 외교관으로 유엔 코리아위원단 출신 전문가인 에곤 란쇼펜-베르트하이머도 전면전을 기꺼이 개시하겠다는 남한의 명백한 의지가 한반도 평화에 초래하는 중대한 위험에 관해 논평했다. 그는 1949년 9월 이렇게 썼다.

> 어쩌면 ROK는 점증하는 김일성의 군사력 때문에 북한을 흡수할 기회가 다달이 줄어가고 있다고 느꼈을지도 모른다… 따라서 이승만은 북한을 침공하려는 유혹을 참을 수 없게 되었거나 그에게 북한을 침공하라고 압

박하는 힘을 억누를 수 없게 되었을 수도 있다. 대한민국 최고위 군사 당국은… 선수를 쳐서 38선을 넘어가야 한다고 끊임없이 이승만에게 압박을 행사하고 있었다."17)

이처럼 단기적으로도 장기적으로도 힘의 저울추가 북쪽에 유리했기 때문에, 남쪽의 이익은 오로지 물리적 충돌에 착수하는 데서만 나올 수 있었다.

누구의 말을 들어보아도 이승만과 군 지도부 대다수는 DPRK에 대한 그들의 지배를 실현하기 위해 전쟁에 착수하려는 열의가 높았다. 따라서 그들에게는 미국의 전폭적 지지가 필요했고 가능한 한 그런 공격에 미국의 참여를 보장받는 것이 절실했다. 다수의 미국 고위급 보고서들은 이것을 실행 가능하게 하는 방안들을 보다 분명하게 밝혔다. 전직 OSS 부국장으로 이승만과 개인적으로 친구 사이였던 M. 프레스톤 굿펠로우 대령은 이전에 서울에서 이승만을 자주 방문했고 한국에 주둔할 것을 권고 받았다.18)

그는 대만 대사와의 논의에서, 이승만 정부와 미국 내 강경 반공주의 세력에 유리한 결론은 북한의 남한 침공일 것이라는 점을 분명하게 밝혔다. 이것은 미국의 군사적 개입을 위한 명분을 제공할 것이고, 이승만의 구상을 실현할 수 있는 북한에 대한 전면적 합동 침공에 착수하는 데 활용될 수 있을 것이었다. 굿펠로우는 대만 대사에게 공격에 필요한 추동력이 달라졌다고 말했고, 대사는 그들의 회동 결과를 이렇게 기록했다.

남한은 북한으로 쳐들어가기를 갈망했는데, 그 이유는 그들의 잘 훈련된 10만 명의 군대가 든든하다고 자부하기 때문이었다. 하지만 미국 정부는 남한에 의한 어떤 도발도 억제하겠다는 의지가 강했고, 굿펠로우가 최근 남한에 간 이유는 오로지 그 때문이었다. 코리아에서 전쟁 발발 가능성 혹은 위험성이 어느 정도인지 물었을 때, 굿펠로우는 미국 정부의 입장을 이렇게 설명했다. 즉, 남한 측에서 북한을 공격하려는 어떠한 계획도 피한다. 하지만 만약 북한이 남한을 침공한다면 남한이 이를 저지하고 곧장 북한으로 진군해 들어간다… 그런 경우, 그 공격은 북한에서 개시한 것이고, 미국 대중들이 이를 이해할 것이다.19)

이승만 정부가 북한 침공에 나서려면 미국의 지지가 필요했다. 그래서 국제 관측통들이 이승만의 군대가 끊임없이 도발하고 있다고 보고했던 국경 분쟁들을 통해서, 혹은 최소한 조선인민군이 전쟁을 시작했다는 인상을 만들어냄으로써 어떻게든 북한의 공격이라는 목표를 달성하는 것이 사활적이었다.

누가 보아도 남한이 더 호전적인 당사자였고 북쪽을 향해 수차례, 때로는 몇 달에 걸쳐 계속되는 공격에 나섰다. 그런데 굿펠로우의 발언은 ROK에서 더 공격적인 당사자들이 북한의 공격이나 반격을 도발하려는 강한 동기가 있다는 점을 설명해준다. 다시 말해, 그것은 자신들의 공격 계획에 대한 지지를 얻기 위한 것이다. 이승만은 직접 "한반도 분단의 군사적 해결책에 대한 미국의 지지를 얻기 위해 영향력을 행사"했으며, 국경에서 조선인민군의 공격이 DPRK를 효과적으로 무너뜨리기 위한 전면적 침공에 착수할 수 있는 구실로 이용될 수 있다고 언급한 것으로 알려졌다. 이승만은 또한 조선인민군의 국경 공격이 일어나면, "그들을 물리칠 뿐 아니라, 퇴각하는 그들의 군대를 공격하고, 그렇게 함으로써 북쪽의 노예화된 우리의 동포들을 해방하기 위해서도" 미국의 지원이 필요할 것이라고 말했다.[20]

북한이 공격할 가능성이야말로 이승만 정부의 팽창주의적 목표에도 이로운 일이었고, "공산주의의 위협"에 직접 맞설 구실을 찾는 미국 내 강경파 반공주의자들에게도 유리했다. 맥아더 장군을 포함한 미국 지도부 내 다수의 입장에서 볼 때, 코리아의 전쟁은 동아시아의 공산주의 세력과 더 큰 대결을 펼칠 수 있는 효과적인 수단이었다. 그리하여, 이웃한 중국에서 공산당의 승리를 뒤집고 베이징의 권력을 서방의 노선에 부합하는 국민당의 종속 정부에 되돌려줄 수 있었다. 주한 미 대사 존 무초는 자신의 의견을 이렇게 피력했다.

> 군부 내 자신감은 점점 더 높아가고 있다. 공격적이고 호전적인 기운이 생겨나고 있다. 지난 몇 개월 동안 날카로웠던 신경과 초조함 대신에 새로운 기운이 그 자리를 차지했다. 군부 내 상당수는 간절히 북진을 열망한다. 더욱더 많은 이들이 통일을 불러올 수 있는 유일한 방도는 무력을 앞세워 북쪽으로 밀고 올라가는 것뿐이라고 느낀다… 장제스는 국민당의 공군이 북진을 지원할 수 있고, 자신들은 한반도를 거쳐 만주를 향해 공세를 시작할 가능성까지 논의가 되어 있다고 이승만에게 말했다. 중국 공산주의자들이 여념이 없는 사이에 북진할 때가 드디어 왔다는 분위기가 감돌고 있다. 이승만이 북으로 진군하라는 명령을 맑은 정신으로 내

릴 수 있을지 의심스럽다… 하지만 우리가 개성이나 웅진을 더 공격한다면, 반격은 모든 종류의 예측할 수 없는 전혀 새로운 국면을 초래할 수도 있다.21)

이승만 정부는 전쟁을 일으킴으로써 모든 것을 얻을 수 있었고, 가능하다면 북한이 침공했다는 인상까지 얻을 수 있었다. 그것은 서울에 미국의 지지를 보장해주고, 대만에 있는 상당 규모의 국민당 군대와 필시 서방 진영 군대들의 지원까지 보장해줄 것이었다. 그리고 이는 이승만의 무너져 가는 정권을 구원하고, 그들의 팽창주의적 구상을 실현할 수 있게 해줄 것이다. 6월 말 코리아에서 전쟁 발발은 적어도 부분적으로는 이런 동기에서 그 원인을 찾을 수 있다.

1950년 6월 25일 교전이 발생했을 때 국제 관측통들은 어느 쪽이 먼저 발포했는지 판단할 수 없었다. 이는 서울에 있는 미국 대사도 다르지 않았다. 남한의 국영 라디오가 국경 도시 해주에 대한 ROKAF의 성공적인 공격을 보도하고, 북한도 이를 확증했다. 그런데 남한이 나중에 이를 번복한 사실은 국경을 침범한 ROKAF의 도발이 교전의 도화선이 되었을 수 있다는 것을 시사한다.22) 그 후 남한은 한참 지나서, 즉 해주 함락에 성공했다고 발표한 지 한참 지난 후에 자신들이 실제로 해주를 공격했다는 주장을 바꿨다. 런던대학 역사학 교수인 카루나 카르 굽타가 세밀한 연구를 통해 보여주는 대로, 당시 황급히 퇴각 중이던 남한 군대의 위치나 어수선한 상태를 고려한다면 해주 점령은 사실상 불가능한 일이었다. 따라서 ROKAF의 해주 공격이 있었다면, 그것은 한국전쟁이 발발한 시간대였을 수밖에 없다.23) 전술한 영국과 미국의 보고서들이 대부분의 국경 충돌을 개시한 쪽이 남한이었다는 것을 보여줌으로써 이를 설득력 있게 뒷받침한다는 것도 한국전쟁에서 먼저 적대행위를 개시한 것은 ROK였을 가능성이 크다는 강력한 암시를 준다. 뒤이어 북한이 대규모 반격으로 대응하면서 충돌이 격화되었다. 북한 지도부가 해주 공격에 대한 대응으로 ROK를 상대로 전면 공격에 착수하라는 명령을 내리면서 전쟁은 전에 없던 방식으로 확대되었다.

미국의 이해관계와 전쟁의 발발

한국전쟁 발발은 이승만 정권을 구제하는 데서 핵심적인 역할을 했지만, 미국 역시 그 전쟁으로부터 막대한 이익을 얻었다. 비록 인구 1천만이 채 안 되는 작은 저개발 국가의 공격이라 하더라도 공산주의자들의 공격이라는 혐의가 제기되면서, 이 전쟁은 공산군에 맞서 싸우는 전쟁이라는 명분을 얻었다. 그리하여, 미국으로서는 새로운 위협에 맞서 미국 경제를 다시 전시체제로 동원하고 이전에 불리했던 냉전의 형세를 서방 진영에 유리하게 역전시킬 충분한 구실로 삼을 수 있었다. 따라서 트루먼 대통령은 전쟁 발발 몇 시간도 지나지 않아 어느 쪽이 전쟁을 개시했는지 어떤 증거도 없는 상태에서, "이제 공산주의가 주권 국가들을 정복하기 위한 수단은 정부 전복을 뛰어넘었다. 이제는 무력 침공과 전쟁이라는 수단에 의지할 것이다."라고 단언했다. 이는 냉전을 격화시키고 서방의 이익을 꾀하기 위한 광범위한 조치들을 취할 수 있게 해주는 주장이었다.[24] 두 코리아가 전쟁을 일으킨 책임을 서로 상대편에 떠넘기며 비난한 초기 충돌 이후, 북한군은 결정적 우위를 점한 채 남쪽으로 공세를 취할 수 있었다. (그 전쟁의 초기 공세와 관련한 상세한 내용은 3장에서 다룬다) 전술적으로는 미국의 동맹인 남한이 영토를 내주고 퇴각했지만, 전략적으로는 소련을 상대하는 미국의 입지가 상당히 견고해졌다. 미국으로서는 한 해 전 처참하게 "중국에서 패배"한 후 어느 정도 만회할 기회가 주어진 것이기도 했다. 딘 애치슨 국무장관은 이와 관련해 한국전쟁이 "우리를 구원했다"고 말했다.[25]

전쟁 발발로 미국의 대외정책과 관련한 가장 중요한 문서 중 하나인 국가안전보장회의 보고서 NSC 68의 초안 작성이 이루어졌고, "1950년부터 1990년대 초 소련 붕괴 시점까지 냉전의 군사화를 위한 청사진이 제시되었다."[26] NSC 68은 최우선으로 열핵무기의 개발 및 대규모 배치와 그 무기들을 소련 영토 전역에 발사할 방안이 필요하다고 주창했다. 나아가 엄청난 수준의 군비 지출 확대를 요구했다. 이는 한국전쟁 발발 후 4배로 증액되었다. 최초로 평시 징병제도가 실시되어, 미군 상비군 3백만 명이 세계 전역에 배치되었다. 사전에 상당한 논란이 있었음에도 불구하고, 공산주의와 싸운다는 새로운 지상명령에 따라 한국전쟁에 대한 대응이라는 명목으로 서독[27]과 일본[28]의 재무장도 가능해졌다. 미국은 나아가 프랑스 식민 세력 편에 서서 베트남에 대한 개입을 더욱 확대함으로써, 앞으로 다가올 더 큰 분쟁의 씨앗을 뿌렸다.[29] 서방 진영 세력을 통합하면서 근래 결성된 미국 주도의 나토(NATO) 군사동맹은 한국전쟁이 가져다준 또 다른 결과물이었다.[30]

연말이 되자 트루먼 대통령은 한국전쟁을 구실로 무기한 비상사태를 선포하고, 영구적인 냉전 상태에 대비해 미국을 전시동원체제로 개편했다. 그리고 대통령으로서 "우리 농부들, 산업계 노동자들, 기업인들이 국가의 국방 수요를 충당하기 위해 강력한 생산 활동에 나서 달라"고 요청했다. "모든 개인, 모든 지역사회가 국가의 번영을 위해 어떠한 희생이 요구될지라도, 이웃사랑의 정신으로 감당해 달라고" 했다. 또한 "모든 주, 그리고 현재의 지도자들과 관리들이 국가방위계획에 따라 미국의 군민 방위 당국에 적극적으로 협력해 달라고" 요구했다.[31] 미국은 물론이거니와 전체 서방 진영도 얼마간 공산 세계와의 전쟁 상황에 전념했다. 코리아의 미래에 대한 두 개의 전망, 즉 민족주의적, 자주적, 탈식민 인민공화국의 계승이라는 기획으로서의 하나의 전망과 경제적 혹은 사회적 진보를 위한 비전이 거의 보이지 않는 외세에 의해 강요되는 종속적 체제로서의 다른 하나의 전망 간의 축소판 대결이 지구적 차원의 주도권 확보를 위한 명분으로 활용되었다.

당시 냉전의 가장 사활적인 작전지역으로 여겨지던 유럽에서는, 한반도 내 전쟁 발발로 소련의 이익이 손상되고 미국의 입지가 크게 강화되었다. 소련으로서는 최초로 핵폭발 장치를 실험한 지 불과 9개월 후 전쟁이 발발했을 때, 핵무기는 아직 실전에 폭넓게 배치되지 않았고 미국과 핵의 전략적 균형에 이르지도 못한 상태였다. 맥아더 장군과 CIA 보고서들까지 미국의 핵전력 우위에 대해 강조했다. 특히 CIA 보고서는 "소련이 가진 원자탄은 25개가 채 넘지 않은 상태로", 미국이 가진 "5백 개가 넘는 원자탄과 핵 탑재 가능한 최소한 264개의 폭격기"의 일부에 불과하다고 기술했다.[32] 코리아에서 일어난 전쟁에 기반한 공산주의의 위협이라는 구실은 미국이 핵 우위를 활용할 수 있게 해주었다. 당시 미국은 소련으로서는 대적할 수 없을 만한 대량의 핵무기를 유럽에 전면 배치할 수 있었기 때문이다. 그렇게 함으로써 전략적으로 사활적인 지역에서 미국에 유리하도록 세력 균형에 변화를 가져올 수 있었다. 유명한 신보수주의 싱크 탱크 '새로운 미국의 세기 프로젝트'의 보고서는 한국전쟁 덕분에 미국이 유럽 내 핵 우위라는 능력을 보여줄 수 있게 된 것이라고 언급한 자료 가운데 하나였다.[33] 미국 정부와 군부 내 강경한 반공산주의 정파는 한국전쟁 발발로 그들이 오랫동안 주창해 온 전시동원체제를 구축하고 냉전에 맞서 싸울 수 있게 되었다.[34] 한편, 그들만큼 큰 수혜를 입은 분야가 바로 당시 침체를 겪고 있던 미국 경제였다. 제2차 세계대전 중에 미국 경제는 번영을 구가했고 규모도 두 배로 성장했지만,[35] 미국 지도부 가운데는 미국의 과도한 전쟁 지향성 경제에 평화가 가져올 잠재적 대재앙에 대한 공포가 크게 자리 잡고 있었다. 주축국 세력과 전쟁을 치르는 동안 전시생산이 차지하는 비중이 과도하게 성장했고, 그것은 전후 5년간 심각한 불황으로 이어졌다. 다수의 고위 소식통에 따르면, 미국 경제계와 군부를 지배한 사고는 평화에 대한 공포감이었다. 이는 평화가 미국의 경제적 번영에 끼치는 부정적 의미를 설명해준다. 경기 위축을 피하고 높은 고용을 유지하기 위해 "영구적인 전시경제"가 필요하다는 사고방식은 전시생산이 최고조에 달했던 1944년에 등장했다. 나중에 다수의 저명한 전문가, 정치인,[36] 학자[37]들은 높은 고용률을 유지하고 경제성장을 촉진하기 위해 높은 방위 지출을 유지해야 한다는 이 같은 견해를 "군사 케인즈주의" 혹은 "무기화된 케인즈주의"로 불렀다. 한국전쟁이 휴전협정으로 적대행위가 종식되고 나서 1954년 미국 경제가 다시 깊은 불황으로 빠져들었을 때, 그 중요성이 다시 부각되었다.

핵심적인 산업들에 활력을 불어넣는 데서 전시수요가 갖는 중요성을 말해주는 대표적 사례로, 항공기, 선박, 고무, 강철, 알루미늄의 연간 생산량 증대를 들 수 있다. 이런 분야는 미국이 참전하기 한 해 전인 1940년부터 전시생산이 절정에 달했던 1944년까지 − 각각 1045%, 276%, 89%, 50%의 성장률로 − 호황을 맞았다. 이런 생산의 호황과 더불어 군수품 생산에서 훨씬 더 큰 붐이 일어나면서 미국 경제 전반의 추세를 이끌었다.[38] 이 시기 동안 인구 대비 및 노동력 대비 실업률이 1940년에 각각 8.1%, 14.6%에서, 1944년에 0.7%, 1.2%로 아주 급격히 하락했던 것이 1945년부터 무기 생산이 서서히 멈추면서 1950년까지 이어지자 동시에 다시 상승했다.[39] 군수품 생산이 민수품 생산보다 훨씬 더 많은 이윤을 낼 뿐 아니라, 더 많은 일자리를 창출할 수 있다고 간주하기는 예나 지금이나 마찬가지다.[40]

제2차 세계대전 이후 미국 경제는 크게 위축되었고, 1944년 GDP에서 군수품 생산이 최고조에 이른 이듬해에는 4% 하락했다. 냉전이 본격화하기에 앞서 거의 완전한 평화에 이른 해인 1946년에는 실질 GDP가 20.6% 하락했다. 이것은 대공황 시의 하락을 능가하는 미국 역사상 최악의 하락이었다.[41] 1949년에도 미국 경제가 위축되고 있었지만, 소폭이기는 해도 1950년부터 확장세로 돌아서, 그 해 8.7%의 상승률을 보여주었다.[42] 전쟁 일선의 요구와 소비에트 진영에 맞선 더 큰 전쟁에 대비해야 한다는 요구, 그리고 그 결과로 나타난 미국의 무기 생산 붐은 강력한 자극제 역할을 했다. 자금고갈로 인해 종료를 목전에 두고 있던 몇몇 대규모 무기 프로젝트가 한국전쟁 발발로 되살아났다. 예컨대, 벨 항공회사는 B-29 폭격기 프로그램에서만 2만8천 명 이상의 노동자를 고용했고, 그것은 조지아주에 소재한 단 하나의 공장에서 전체 폭격기의 불과 17% 미만을 제조하는 노동자 숫자였다. 벨 공장은 1945년부터 고용이 하락했지만, B-29 폭격기의 정비 계약이 체결된 1950년부터 다시 상승하기 시작했다. 더 많은 자금으로 신형 폭격기 프로그램에 속도가 붙고 더 확대되면서 생산을 촉진하고 고용률이 상승했다.[43]

남부 캘리포니아 지역에서만, "전략 폭격기, 항공모함 개발과… 콘베어 사와 계약 취소된… 공군용 대륙간 로켓 개발을 위한" 프로젝트들이 재개되었다. 1952년 방대한 전시 항공기제조 산업에 다시 호황이 찾아왔고, 미국 전역에서 노동력과 부품을 조달하는 이런 방위 프로젝트들이 경제 발전에는 절대적이었다. 예컨대, 로스앤젤레스에서는 항공기 제조 분야에 고용된 인원만 16만 명으로, 방위 및 항공우주 산업 종사자가 총 고용의 55%를 차지했다. 샌디에이고에서는 이 수치가 80%에 육박했다. 전쟁에 기대어 수요를 자극하는 방위산업이 미국 전역에서 수십만 개의 공장을 쉬지 않고 가동했다.[44]

많은 수상 경력을 가진 저널리스트 I. F. 스톤은 미국 경제의 방향과 전쟁의 관계에 관해 통찰력 있는 의견을 제시했다. 그는 한국전쟁 발발 직후 이렇게 썼다.

> 미국 지도부는 군비 경쟁, 만연한 인플레이션, 비용 상승 앞에서, 여전히

평화가 경제에 초래할 결과에 대한 공포에 사로잡혀 있었다. 이런 공포가 정치인들과 거대 기업인들의 태도에 영향을 미치고 있었다. 인플레이션 마취 주사에 길이 든 경제는 그 치명적인 흥분제가 차단될 수도 있다는 생각에 마음을 졸였다… 미국 정계와 경제계, 군부 인사들의 사고를 지배하는 경향은 예나 지금이나 평화에 대한 공포심이다.45)

경제가 군비 지출에서 나오는 자극에 크게 의존하는 상황에서, 전쟁 혹은 상존하는 전쟁 위협은 매우 편리하게 작용했다. 맥아더 장군은 평화에 대한 미국의 공포와 전시경제에 대한 지나친 의존 현상을 사실로 인증한 수많은 미국 지도부 가운데 한 사람이다. 그는 한국전쟁이 발발한 지 4년이 지나 이렇게 말했다. "이 나라는 지금 무기 경제에 맞추어져 있다. 이 무기 경제는 인위적으로 만들어진 전쟁 공포의 심리에서 태어나 끊임없는 공포의 프로파간다가 키워냈다. 이것은 그릇된 정책의 전형이다." 그는 이런 경제적 지향 때문에 "우리의 정치지도자들 사이에는 전쟁에 대한 두려움보다 평화에 대한 공포감을 더욱 크게 느끼는 현상이 나타난다"고 경고했다.46) 미국 대통령 아이젠하워도 과도하게 전시생산에 편향된 미국 경제가 다른 선진국들에 비해 지나치게 높은 군비 지출에 의존하는 현상47)에 대해 확인했다. 1953년 취임한 아이젠하워는 이렇게 말했다.

오늘날 우리의 군사기구는 평화 시의 전임 대통령들이 알고 있던 것과는 전혀 다르다… 우리는 어쩔 수 없이 상설적 군수산업을 엄청나게 큰 비중으로 만들어내는 수밖에 없다. 여기에 더해, 350만 명의 남녀가 방위

산업에 직접 종사하고 있다. 우리는 매년 군사 안보에 모든 미국 기업이 벌어들이는 순소득보다 더 큰 비용을 들이고 있다. 막대한 상비병력과 대규모 군수산업의 이 같은 결합은 미국 역사에서 전혀 새로운 것이다. 경제적, 정치적, 심지어 정신적 영역에도 미치는 전면적인 영향력은 모든 도시, 모든 주의회 의사당, 연방정부의 모든 집무실에서 느낄 수 있다.

유럽연합군 최고사령관으로 복무했던 아이젠하워는 미국 경제의 번영을 위해 그처럼 군수산업에 지나치게 의존하는 것은 민주화 과정을 위태롭게 하는 위협이 된다고 경고했다. 전쟁 물자의 대규모 생산을 끝없이 지속해야 하는 무한대의 필요성에 의해 국가 정책이 실질적으로 영향을 받을 수 있었다.48) 그렇기에 한반도에 대한 군사적 개입뿐 아니라, 애초에 두 개의 코리아 사이에 무력 분쟁이 발생하기 쉬운 상황을 교묘하게 조작할 만한 충분한 유인도 있었다. 빈번하게 북한을 향해 급습에 돌입했던 ROKAF의 지나치게 호전적인 장교들을 허용한 것이 대표적 사례다. 또 다른 사례로 1950년 1월 미국은 남한이 동아시아 내 미국의 방위선 밖에 있다고 강조했다.49) 이것은 향후 남한의 도발에 평양이 압도적 무력으로 대응하라는 청신호까지는 아닐지라도 일정한 여지를 준 것이었다.50)

한국전쟁의 발발은 미국의 방대한 전시경제가 다시 작동하게 해주었고, 그 후로도 계속 무기한으로 작동함으로써 이란에서부터 일본에 이르기까지 미국과 그 동맹국들을 무장시키는 방향으로 나아갔다. 이제 전 세계 미국의 종속적 군사동맹 세력들은 북한의 침공이라는 혐의에 기반한 "공산주의자들의 침략"을 두려워하면서, 훨씬 더 거대한 상비군과 함선들을 유지하고 "적색 공포(red menace)", 즉 공산주의의 위협을 봉쇄하기 위한 훨씬 더 개입주의적인 대외정책을 채택하는 방향으로 나아갔다. 이것은 미국의 방위산업에 더욱더 활기를 불어넣었다.51) 그 결과, 미국에서는 여태껏 본 적 없는 최대규모의 상설적 군산복합체가 성장하고 번창하면서, 1950년부터 정부지출이 GDP 성장을 대폭 부양하는 요소가 되었다.52) 이로 인해 한국전쟁 발발 전에는 불가피해 보였던 전후 불황이 무기한 늦추어졌다.

소련과 중국의 이해관계

한국전쟁 발발은 남쪽에서 이승만 정권의 생존 보장에 중요하게 작용하면서 동시에 미국에는 전략적·경제적으로 크게 유익했다. 반면에, 모스크바와 베이징에는 엄청난 난관을 초래했다. 아직 1년이 채 되지 않은 신생 중화인민공화국(PRC)은 국민당이 장악한 대만을 탈환해 내전을 끝낼 마지막 기회의 창이 재빨리 닫히는 것을 지켜봐야 했다. 또한, 타이베이로 가져간 국보들과 상당한 금 보유량53)을 되찾을 기회도 함께 사라지는 것이었다. 영국과 미국의 정보기관이 중국 내전의 "마지막 전투"라 이름 붙인 전장이 수주 안에 펼쳐질 것으로 예견되었고, 중화인민공화국은 압도적 승리를 예견하고 있었다. 한국전쟁은 대만해협에 대한 미국의 개입을 정당화했다. 이로써 친서방 국민당 잔당은 보호받게 되었고, 이는 훗날 냉전기에도 계속되었다.54) 미국 저널리스트이자 기자인 존 군터는 한국전쟁의 발발과 그것이 북한의 공격에 기인한다는 주장과 관련한 베이징의 입장에 대해 도쿄발로 이렇게 보도했다. "지금으로서는 이상해 보일지 몰라도, 그들은 개탄했다. 적어도 당분간은, 북한의 공격으로 마오쩌둥은 그가 원했던 소중한 것- 대만(Formosa) —을 잃어야 했기 때문이다."55)

다른 모든 강경파 중에서도 맥아더 장군이 오랫동안 주창해 온 대로 1950년 6월부터 국민당의 잔당 보호가 미국의 공식 방침이 되었고, 중국에 전략적으로 중요한 영토를 허락하지 않게 됨으로써 미국 지도부 내 더 극단적 반공주의자들의 생각대로 일이 돌아갔다. 맥아더 장군의 앞선 발언에 따르면, 만약 중화인민공화국이 대만을 지배하게 되면 미국의 적들이 10개에서 20개의 비행 부대를 배치할 수 있게 되고, 잠수함용 전진 작전 기지 역할을 하게 되는 것이었다. 또한, 서방이 통제하는 선박 항로에 대해서는 물론이고 오키나와처럼 완벽한 미군 기지를 겨냥해서도 적군이 공군력을 늘릴 수 있게 된다. 나아가 맥아더는 베이징이 소련의 붉은 군대에 대만 기지를 제공할 수 있으며, 그 경우 소련은 압도적인 육군력에 취약한 해군력을 보완해 막대한 군사력을 갖게 된다고 경고했다. "대만이 공산당 수중에 들어가면 소련의 공세 전략을 완수할 이상적인 입지에서 불침(unsinkable) 항공모함 혹은 잠수정 보급 정비함에 비견될 수 있고, 동시에 오키나와와 필리핀 기지에 있는 미군의 반격 작전을 좌절시킬 수도 있다."56) 그렇기에, 대만에 대한 중화인민공화국의 권리가 부정됨으로써 미국은 한국전쟁 발발로 중대한 전략적 이익을 얻었다. 중국과 공산권으로서는 크나큰 손실이었다.

더 나아가 타이베이는 유엔 안전보장이사회에서 5개 상임이사국 중

하나로서 중국의 자리를 차지할 수 있게 되었다. 이것은 20년 넘게 베이징이 손실을 감내하게 되는 중요한 자산이었다. 미국은 타이베이에 국민당 정부를 존속시킴으로써, 수많은 종속국가들에게 신생 중화인민공화국을 승인하지 말라고 압박하면서 중화인민공화국을 더욱더 고립시킬 수 있었다. 이런 관행은 오늘날에도 어느 정도 지속되고 있다. 즉, 서방의 종속국가들 다수가 타이베이를 전 중국을 대표하는 정부로 계속해서 인정하고 있어, 만약 그들이 베이징과 관계 개선을 도모하려 하는 경우 미국의 반격을 우려해야 한다.57) 타이베이에 베이징의 주장에 대적할 수 있는 친서방 대안 정부가 존재하지 않았다면, 서방 진영은 중화인민공화국 승인 거부 작전을 펼칠 명분이 없었을 것이다.

한반도에 전쟁이 발발한 결과로, 동북아시아뿐 아니라 전 세계적 차원에서 소련은 중국보다 더 심각한 타격을 받았다. 당시 모스크바는 이오시프 스탈린 서기장이 트루먼 대통령과 만나고 싶다는 의사를 직접 내비치면서 워싱턴과 관계를 개선하고 평화를 추구하고자 했다. 미국과는 달리, 모스크바의 이익에 부합하면서 냉전에서 소련의 입지를 강화해 주는 것은 전쟁 발발이 아니라 평화로운 현상 유지였다. 수많은 나라가 유럽의 식민 지배로부터 독립했고 당시 스탈린식 산업화와 발전계획의 상당한 성공 덕분에 소비에트 이데올로기가 광범위한 호소력을 갖게 되었다. 소련은 그들의 이념, 특히 경제적 근대화 모델이 갖는 견인력으로 인해 발전도상 국가들을 동맹국으로 끌어들이는 연성 전쟁에서 승리할 수 있는 유리한 위치에 서 있었다.58) 미국이 불경기에 더 깊이 빠져들고 있을 때 소련은 경제적 성장을 구가하고 있었고,59) 이로 인해 평화의 지속에 대한 소련 지도부의 지지는 한층 더 강화되었다. 그러나 이 추세는 전쟁 발발로 종료되었다.

미국의 봉쇄정책에 관한 영향력 있는 분석서인 〈전쟁과 평화〉의 저자로, 얼마 지나지 않아 미 국무장관으로 부임하게 되는 존 포스터 덜레스는 소련의 "평화공세(Peace Offensives)"가 미국에 목전의 위협이 된다며 이를 "기만적인 냉전 전략"이라 불렀다. 이제 그는 자신이 명명했던 개념이 가치가 없다며 스스로 기각했다. 제3세계 내 명망과 영향력, 경제적 성장과 군사적 근대화의 견지에서 볼 때, 소련은 과거 서방 진영이 누렸던 압도적 이점을 – 총 한 방 쏘지 않고 – 심각하게 훼손하고 있었다. 한국전쟁이 일어나기 전에, 덜레스는 세계적으로 힘의 저울추가 소련에 유리하다고 조명하면서, "지금으로서는 우리가 더 나은 방안을 개발해야 한다… 소련은 그들이 열전으로 얻을 수 있었을 모든 것을 냉전으로 얻고 있다."고 단언했다.[60] 그러나 한국전쟁의 발발로 이처럼 성공적이던 "평화공세"의 칼날은 순식간에 뭉툭해졌고, 소련의 입지는 크게 약화되었다.

나아가 한국전쟁은 미국이 일본에 해군 기지와 공군 기지를 무기한으로 유지할 수 있도록 명분을 제공했다. 일본 내 기지들은 블라디보스토크, 소련 극동을 비롯한 동아시아 전역의 도시들을 타격할 수 있는 전략핵 탑재 폭격기들을 들여놓기에 최적의 입지였다. 그 기지들은 또한 소련을 겨냥한 또 하나의 항구적인 대공방어선을 열어주었는데, 이를 유지하기 위해서는 상당한 투자가 필요한 것이었다. 중국 또한 상시 사격권 안에 둘 수 있게 해주었다. 그와 동시에 유럽 내 핵무기 배치 확대가 이루어졌고, 일본이 독립하는 시점인 1952년에 예상되는 미군 자산에 대한 일본의 철수 압력도 일축할 수 있게 해주었다.[61] 소련과 평화조약을 체결하자는 일본 내 요구는 미국의 권위에 밀려 무기한 유예되었다. 그 영향＊은 오늘날에도 여전하다.62)

소련은 한반도에서 전쟁이 일어나지 않도록 최선을 다했고, 이어 확전을 방지하기 위한 조치를 취했다. 전쟁 발발 전, 소련 주둔군의 임무와 관련한 소련군 원수 마트베이 자하로프 장군의 강연이 있었다. 당시 그는 조선인민군을 위해 1천 대가량의 비행기를 가진 공군을 조직하는 것은 어렵지 않은 일이며 훈련된 북한 비행사도 부족하지 않다고 하면서도, 그것이 정치적인 이유로 삼갈 필요가 있음을 분명히 했다. 자하로프 장군은 강력한 조선인민군 비행단의 출현은 역내 긴장을 격화시켜 군비 경쟁으로 이어질 수 있고, 결과적으로 "미국과의 전쟁을 불러올 수 있다"고 우려하면서, "우리는 그러한 전쟁을 촉발하는 일에 전혀 관심이 없다"고 말했다. 이런 이유로 소련은 정확히 남쪽과 힘의 균형을 유지하기 위해 방어에 꼭 필요한 만큼의 무기만을 북한에 제공하겠다고 확약했다.63) 하워드 알렉산더 스미스 상원의원이 상원 외교위원회에 보낸 개인 보고서는 한반도 긴장에 관한 소련의 입장과 전쟁을 막기 위해 모스크바가 취한 조치들과 관련해 이렇게 언급하고 있다. "그들은 코리아처럼 중요치 않은 지역에서 분쟁을 일으켜 제3차 세계대전이 시작되는 것을 원하지 않는다."64)

한반도에서 전쟁은 베이징과 모스크바 양국의 이익을 심각하게 훼손하는 것이었다. 따라서 한반도 내 전쟁 개시에 중국이나 소련이 연루

＊ 러시아 연방은 여전히 일본과 평화조약을 체결하지 않은 상태이고, 제2차 세계대전 시의 영토 분쟁이 해결되지 않은 채 남아 있다.

되지 않았다는 것은 전쟁이 시작된 후에도 그들이 조선인민군을 지원하지 않은 사실로 가장 잘 입증될 수 있을 것이다. 미국의 주도로 주로 서방 세력으로 구성된 중무장한 연합군의 참전이 확대되던 전쟁 초기에, 수적으로 크게 열세였던 조선인민군은 소련이나 중국 어느 쪽에서도 절박하게 필요했던 물자 지원을 받지 못했다.[65] 코리아 남단 부산 인근에서 교착 상태에 빠져 조선인민군이 더 이상의 진군을 중단한 것은 한계에 이른 병참과 보급품 부족이 낳은 직접적 결과였다. 이런 제약 요인이 아니었다면, 설사 초반에 미국과 유럽의 증원군이 있었다 해도 1950년 7월 말에는 조선인민군이 온 한반도를 통제할 수 있었을 것이다. 그랬다면 서방 병력의 추가 증원을 위한 계산은 완전히 차원이 달라졌을 것이다.[66] 서방 진영은 "김일성 체제"를 "국제 공산주의 음모"의 대리인으로 간주하고 모스크바와 베이징의 명령에 따라 움직이는 침략자로 묘사했다. 하지만 조선인민군으로서는 절박했고 사실상 전쟁의 판세를 바꿔놓을 수도 있었을 물질적 원조가 없었다는 사실에서, 서방의 그런 서사는 근거를 상실한다.

1950년 10월 6일 미 시사주간지 〈타임〉은 DPRK 전쟁 활동과 관련하여 소련과 중국의 지원이 없었다면서 이렇게 보도했다. "만약 러시아[소련]나 중국이 한반도에 개입하려는 의지가 있었다면, 좀 더 일찍 그들이 유엔군을 바닷속으로 밀어 넣어버릴 수 있었을 때 그랬어야 했다."[67] 한국전쟁 작전의 최고사령관 맥아더 역시 1950년 9월 조선인민군이 방향을 돌린 후 비슷한 취지로 말했다. "그들[중국이나 소련]이 [전쟁의] 첫 한두 달 사이에 개입했다면 결정적이었을 것이다. 우리는 이제 더는 그들의 개입이 겁나지 않는다."[68] 조선인민군의 무기 재고 상태— 연료 부족으로 탱크를 포기해야 했고, 1차 세계대전 시대의 구식 소총을 사용해야 했다 —는 세계 두 번째 규모의 군산경제로부터 지원을 받지 않았음을 여실히 보여주었다. 모스크바와 베이징이 북한군에 지원을 제공하기를 꺼렸다는 것이야말로 양국이 서방 진영과의 대결이나 확전을 피하는 데 중점을 두었다는 유력한 증거라고 할 수 있다.

도쿄 본부의 한국전쟁 브리핑 당시 극동사령부 대변인은 조선인민군이 병력과 장비 부족을 겪고 있으며, 이는 그들이 외부의 물자 지원을 받고 있다면 있을 수 없는 일이라고 설명했다. 대변인은 또한 "북한의 탱크 손실로 볼 때, 애초의 기갑 장비를 공급했고 북한 사람들에게 사용법을 가르칠 교관을 파견했던 소련으로부터 이것들을 대체해줄 추가적인 공급이 이루어지고 있다는 징후가 전혀 보이지 않았다."69)고 설명했다. 도쿄 본부는 같은 날 늦게 부연하여 이렇게 발표했다. "북한군으로부터 노획한 무기들은 가지각색이어서, 심지어 1차 세계대전 시대의 소총도 있었다… 가장 최근의 평가로는… 북한의 육군과 공군 어디에도 전후에 소련이 생산한 무기는 전혀 없었다." 덧붙여, 소련의 물자 원조에 관한 보도들을 일축하면서, "남한 상공에서 공산주의자들이 탄 제트기가 목격되었다는" 최근의 보도는 "현재 식별 오류라는 평가"70)로 확인했다고 발표했다.

정보기관들은 〈뉴욕타임스〉에 "북한 침략자들이 전쟁이 시작된 이래 소련으로부터 실제로 새로운 공급을 받았다는 정보를 (우리는) 갖고 있지 않다"고 밝힘으로써 도쿄 본부의 브리핑을 뒷받침했다. 소련은 무기를 보내지 않았을 뿐 아니라, 조선인민군에 단 한 명의 군사고문도 파견하지 않았다.71) 이런 보도들은 조선인민군의 공세가 소련과 공모의 일환이라거나 북한군이 모스크바의 명령에 따라 움직이고 있다는 관념에 대한 신빙성을 떨어뜨린다.

만약 소련이 북한의 침공을 후원했다면, 단순히 자신들의 동맹 세력을 적절히 무장시키는 데서 그치지는 않았을 것이다. 오히려 서방 진영이 수렁에 빠져 옴짝달싹할 수 없도록 세계 곳곳에서 유사한 도발을 유발했을 것이다. 북한이 모스크바의 지령에 따라 정당성 없는 침공을 실행했다는 주장을 근거로, 서방 지도자들은 그런 조치가 취해졌을 거라고 널리 예측했다.72) 하지만 소련의 행동은 어떤 대가를 치르더라도 충돌을 피하려 했다는 근거들을 끊임없이 보여준다. 1952년 11월의 CIA 보고서에 따르면, 서방의 군사력이 코리아에 집중됨으로써 아주 좋은 기회를 제공했음에도 불구하고, 소련은 전 세계 다른 어디에서도 좌파 혹은 반식민 투쟁을 지원하지 않았고 공격받은 종속국가도 없었다. 만약 북한의 공격이 모스크바의 조종에 따른 것이었다면 당연할 법한 공격들이었다.73) 이는 당시 서방에서 널리 주장되고 있던 것과 달리, 모스크바가 서방의 군사력을 한반도에 묶어놓기 위해서 분쟁 전반을 기획했다는 주장에 근거가 없음을 보여준다. 몇 달에 걸쳐 조선인민군이 미군을 상대로 계속되는 승리를 거두어 서방 진영을 망연자실하게 만들고(3장을 볼 것) 민족해방운동의 위신을 새롭게 높이던 때, 확전이나 추가적인 분쟁을 피하기 위한 소련의 조치들은 그들이 어느 정도로 대결을 피하려고 했는지 보여준다.74) 돌이켜보면, 한반도 전쟁의 여파로 소비에트 진영75)과 서방이 주도한 반소 동맹에 합류하기를 거부한 비동맹 국가들— 대표적인 사례로, 인도네시아,76) 이란,77) 가나

78) 등 —을 상대로 서방 진영이 취한 공격적 조치들을 고려할 때, 모스크바 편에서 저지른 실수는 자신들의 지위를 최대한 활용하지 못한 것이었을지도 모른다.

내전이 계속되고 있었다 : 1950년 6월이 실제로 시작일까?

코리아에서 38선 남쪽과 북쪽에 새로 형성된 두 개의 국가 – 두 국가 어느 쪽도 유엔 회원국이거나 의미있는 국제적 승인을 받지도 않았고, 서로가 상대의 주권이나 존재할 권리를 인정하지도 않았다 – 사이에 전쟁이 발발하자, 당시 각계의 일반적 반응은 남한에서 이미 5년 동안 진행 중이던 내전의 연장이라는 것이었다. ROKAF 장교들이 내린 북진 명령은 이승만을 비롯한 그의 동료들의 열망에 따라 한반도에서 공산주의와 반미민족주의를 근절하기 위한 작전의 연장으로 보였다. 한편, 조선인민군의 남진은 38선 양쪽 주민들의 눈으로 볼 때 미국이 세운 정통성 없는 정부 아래에서 자행되는 남한 인민에 대한 학살을 끝내기 위한 – 아마도 인도주의적 차원의 – 개입으로 인식될 수 있었다.79)

혹자는 한국전쟁을 개시한 첫 번째 총성이 ROKAF 혹은 조선인민군에 의해 38선을 가로질러 갔던 것이 아니라 오히려 5년 전 한반도 남쪽에서 시작된 사건이라고 주장할 수도 있다. 그것은 조선인민공화국을 강제 해체한 사건이었고, 그 후 미군정 치하에서 인공의 잔존 세력을 상대로 극우 청년단체들– 그들의 동맹인 미국인들조차 테러 세력이라고 묘사한[80] —을 동원해 야만적으로 탄압한 사건이었다. 미국은 그런 행위를 통해 주민들이 세운 공화국과 그 기구들을 강제로 해체함으로써 인민의 자결권을 부정했을 뿐만 아니라 일제의 식민통치 체계를 강제로 지속시키고 주민 대다수의 희생 속에 일제 부역자들의 막대한 특권들을 보호했다.

미군 방첩부대(CIC)도 자체 보고서를 통해 이런 해석을 내놓았다. "여러모로, 1950년 6월에 한반도에서 터진 무력 충돌은 지난 5년 동안 은밀하고 교묘하게 지속되어 온 전쟁의 새로운 국면일 뿐이다. 초기 단계에서 이 전쟁은 언론에 크게 보도되지도 않았고 이목을 끌지도 못했다. 그러나 주둔 중인 CIC 요원들은 이 은밀한 전쟁을 잘 알고 있었다. 그것은 첩보전(war of espionage)이었다"[81] 이 해석에는 전에 보지 못한 설득력 있는 논리가 있었다.

미국의 탁월한 역사가이자 한반도 전문가인 브루스 커밍스는 한국전쟁을 1945년 이래 하나의 국가 안에서 진행 중인 내전의 일부로 보고 미국의 내전인 남북전쟁과 유사하다고 평가했다. CIC의 그런 평가가 "김[일성]이 대외 침략을 저질렀다는 미국의 공식 입장"의 기반을 흔든다는 점에 주목하면서, "미국의 논리는 무너지고 그런 설명은 권위를 잃는다"고 말했다. 그는 1950년 6월에 시작된 전쟁과 1945년 9월에 시작된 전쟁을 가능한 한 인위적으로 구별하려는 시도에 관해 이렇게 논평했다.

> 미국인들은 이 전쟁을 1950년 6월부터 1953년 7월까지라는 시간 단위에 한정된 별개의 분리된 사건으로 바라본다. 이런 해석은 이전까지의

모든 일을 단지 전 단계에 불과하다고 밀쳐버린다. [북한의] 6.25[침공이라는 혐의]가 원죄가 되어, 그 후에 일어난 일들은 모두 전후(postbellum)의 일로 간주해 버린다. 게다가 미국이 적극적으로 개입한 시기에 선을 그어 이를 사실로 간주한다… "시작한 쪽이 어디인가"에만 초점을 맞추는 미국의 관점은 정치적이고 때로는 이데올로기적이기도 하다. 이는 명예에 관한 문제이기도 한데, 1950년 6월 25일에 워싱턴의 공식 서사에서 시작된 정치적 판단으로부터 추상화해 쉬운 논리로 만들어낸 것이기 때문이다. 한국전쟁은 내전이었(고 내전이)다. 1991년에 소련이 망각 속으로 사라진 후 평양에 자리 잡은 모스크바의 꼭두각시는 당연히 무너지고 말 거라고 다들 추정했다. 하지만 1950년 6월 이전에 남한에서 10만 명이 목숨을 잃은 데다 오늘날까지 이어지고 있는 그 전쟁은 오로지 이 개념으로만 설명할 수 있다.[82]

1945년 말부터 미군 방첩부대와 현지의 동맹군이 남한 내 인민공화국의 남은 세력, 민족주의 및 좌파 세력을 상대로 작전을 벌이기 시작했다. 정당과 정치적 조직체의 성원들이 살해당하고, 고문받고 강제수용소에 끌려 들어갔다. 아이들을 포함한 가족들까지 같은 운명에 처하는 일이 다반사였다. DPRK는 인민공화국과 인민위원회 구성에 참여했던 민족주의 세력과 좌파 세력의 통일전선이었다. 다시 말해, 미국이 남한에서 제거한 인민공화국의 직접적 계승자였다. 따라서 DPRK를 상대로 한 전쟁은 미국의 지배에 반대했던 남한 내 민족주의 및 좌파 세력과 벌인 전쟁의 연장이었고, 미국인들이 1945년에 인민공화국, 인민위원회, 이른바 "불온" 정당을 상대로 작전을 펼치며 시작한 전쟁의 연장이었다. 그것은 미국인들의 보고서마저 인민공화국이 코리아 대중들의 의지를 모은 대표 기구라고 간주했음에도 불구하고 벌어진 전쟁이었다.[83]

하지만 한반도 북쪽에 진주한 소련은 그와 달리 국내 정치에 강압적으로 개입하지 않았고, 당시 통치하고 있던 사실상의 정부인 인민위원회를 강제로 해산하려 하지도 않았다.[84] 따라서 조선의 민족주의는 소련과 갈등을 빚을 만한 이유가 없었던 반면, 미국은 인민공화국을 제거하고 미국의 의지를 야만적으로 강요함으로써 1945년 말 사실상의 전쟁을 개시했다. 그때부터 갈등은 끊임없이 격화되어 갔다. 남한 내 민족주의 및 좌파 세력에 대한 가혹한 탄압에 이어 이승만 정부가 들어서고 나아가 거듭되는 이승만 정부군의 38선 너머로의 급습을 포함한 수많은 작전에 이르기까지, 분쟁의 양상은 광범위하게 나타났다. 미국의 지배권과 코리아 민족주의자들의 자주권 및 자결권을 사이에 두고 벌이는 대결은 1945년 가을에 처음 모습을 드러냈다. 그리고 DPRK와 미국의 대결을 통해 냉전을 거쳐 21세기에 이르도록 이어지고 있다.

1   미국 CIA, 북조선 체제의 현재 능력, ORE 18-50, 6월 1950 (p. 10).   찰스 암스트롱(Armstrong, Charles), 북조선 혁명, 1945–1950, Ithaca, Cornell University Press, 2003 (Chapter 5: Planning the Economy).

2   Kuark, Yoon T., '전후 북조선의 산업발전' The China Quarterly, no. 14, April 1963 (p. 52).

    주한미군, 참모차장, G-2, Record Group 332, box 57, North Korea Today (pp. 21–23)

3   Kuark, Yoon T., '전후 북조선의 산업발전' The China Quarterly, no. 14, April 1963 (p. 52).

4   Hanley, Charles J. and Choe, Sang Hun and Mendoza, Martha, 노근리 다리: 6.25 전쟁의 감춰진 악몽, New York, Henry Holt and Company, 2001 (p. 170).   Graham, Edward M., 한국의 재벌개혁, Washington D.C., Peterson Institute for International Economics, 2003 (p. 12).

5   찰스 j 헨리, 최상훈, 마사 멘도사(Hanley, Charles J, and Choe, Sang Hun and Mendoza, Martha), 노근리 다리: 6.25 전쟁의 감춰진 악몽(The Bridge at No Gun Ri: A Hidden Nightmare from the Korean War), New York, Henry Holt and Company, 2001 (p. 170).

    Stone, I. F., 6.25전쟁의 숨겨진 비화, Amazon Media, 2014 (Chapter 17, 'Free Elections?').

6   Heo, Uk, and Roehrig, Terence, 1980년이후의 남한(South Korea Since 1980), Cambridge, Cambridge University Press, 2010 (p. 18).   Henderson, Gregory, 소용돌이 정치(The Politics of the Vortex), Cambridge, MA, Harvard University Press,1968 (pp. 348–349).

7   미국의 대외관계(Foreign Relations of the United States), 1950, vol. VII, Korea, Washington D.C., Government, Printing Office, 1976 (p. 602).   Hanley, Charles J. and Choe, Sang Hun and Mendoza, Martha, 노근리다리(The Bridge at No Gun Ri): 6.25전쟁의 감춰진 악몽(A Hidden Nightmare from the Korean War), New York, Henry Holt and Company, 2001 (p. 170).

8   부르스 커밍스(Cumings, Bruce), 6.25전쟁(The Korean War): 하나의 이야기(A History), New York, Modern Library, 2010 (pp. 70, 133).   McCann, David R. and Strauss, Barry S., 전쟁과 민주주의(War and Democracy): 6.25전쟁과 펠로포네손스 전쟁의 비교연구(A Comparative Study of the Korean War and the Peloponnesian War), Abingdon, Routledge, 2015 (p. 59).

9   카루나카르 굽타(Gupta, Karunakar), 6.25전쟁은 어떻게 시작되었는가?('How Did the Korean War Begin?),' The China Quarterly, no. 52,OctoberDecember 1972 (p. 699).

10 Did You Know, Land of the Morning Calm, The Korean War, Veterans Affairs Canada, Government of Canada. (http://www.veterans.go.ca/eng/remembrance/history/koreanwar/land-morning-calm/didyouknow)   부르스 커밍스(Cumings, Bruce), 한국 현대사(Korea's Place in the Sun: A Modern History), New York, W. W. Norton &Company, 1997 (p. 247).   Boose, Donald W., Jr., and Matray, James I., The Ashgate Research Companion to the KoreanWar, Farnham Ashgate, 2015 (p. 28)

11 Mathews Papers, box 90, Korea with the John Foster Dulles Mission, June 14–29, 1950.

12 National Records Center, USFIK 11071 file, box 62/96, G-2 'Staff Study,' February 1949,

    signed by Lieutenant Colonel B. W. Heckemeyer of Army G-2.

13 부르스 커밍스(Cumings, Bruce), 한국현대사(Korea's Place in the Sun: A Modern History), New York, W. W. Norton &Company, 1997 (Chapter 5)

14 UN Archives, BOX DAG-1/2.1.2, box 3, account of briefing on June 15, 1949

15 부르스 커밍스(Cumings, Bruce), 한국현대사(Korea's Place in the Sun: A Modern History), New York, W. W. Norton & Company, 1997 (p. 257).

16 영국 외무성(British Foreign Office) (FO 317), piece no. 76259, Holt to FO, Sept. 2, 1949. Washington to Canberra, memorandum 953, August 17, 1949.

17 National Archives, 895.00 file, box 7127, Ranshofen-Wertheimer to Jessup, September 22,1949.

18 United States of America Department of State, Office of the Historian, Foreign Relations of the United States, 1946, The Far East, vol. 7, The Political Adviser in Korea (Benninghoff) to the Secretary of State, January 28, 1946.

19 부르스 커밍스(Cumings, Bruce), 한국전쟁(The Korean War: A History), New York City, Modern Library, 2010 (p. 140).Wellington Koo Papers, Colombia University, box 217, Koo Diaries, entry for Jan. 4, 1950

20 Lee, Steven Hugh, Outposts of Empire: Korea, Vietnam, and the Origins of the Cold War in Asia, 1949-1954, Quebec,McGill-Queen's University Press, 1995 (p. 33).

21 National Archives, 895.00 file, box 946, Muccio to Butterworth, August 27, 1949.

22 제임스 커튼, 이안 니어리 (Cotton, James and Neary, Ian), 조선전쟁(The Korean War in History), Manchester, Manchester University Press, 1989 (pp. 49-50).   김한길(Kim, Han Gil), 조선근대사 (Modern History of Korea), Pyongyang, Foreign Languages Publishing House,1979 (pp. 306-307). 윌리엄 블룸(Blum, William), 희망을 죽이는 것(Killing Hope): 제2차 세계대전 이후의 미군과 CIA의 개입(U.S. Military and C.I.A. Interventions Since World War II), London, Zed Books, 2003 (p. 48)

23 카루나카르 굽타(Gupta, Karunakar), 조선전쟁은 어떻게 시작되었나?('How Did the Korean War Begin?),' The China Quarterly, no. 52, October-December 1972 (pp. 699-716).

24 위 책(Ibid). (p. 699)

25 월터 라페 버(LaFeber, Walter), 미국, 러시아, 냉전(America, Russia, and the Cold War), New York, John Wiley, 1976 (p. 100).

26 마이클 힐(Heale, Michael), 긴 20세기 미국: 1900년 이후의 정치와 사회(The United States in the Long Twentieth Century: Politics and Society Since 1900), London, Bloomsbury, 2015 (p. 174).

27 딘 에치슨(Acheson, Dean), 역사의 현장(Present at the Creation), New York, Norton, 1969 (p. 437)

저프리 워른(Warner, Geoffrey),미국과 서독의 재무장('The United States and the Rearmament of West Germany), 1950-4,' Royal Institute of International Affairs, vol. 61, no. 2, Spring 1985 (pp. 279-286).

28 프랭크 코왈스키(Kowalski, Frank), 공격적이지 않은 재무장 : 전후 일본군의 구성(An Inoffensive Rearmament: The Making of the Postwar Japanese Army), Annapolis, MD, Naval Institute Press, 2014 (Chapter 3: 'Basic Plan').

29 찰스 j 헨리, 최상훈, 마사 멘도사(Hanley, Charles J, and Choe, Sang Hun and Mendoza, Martha), 노근리 다리: 6.25 전쟁의 감춰진 악몽(The Bridge at No Gun Ri: A Hidden Nightmare from the Korean War), New York, Henry Holt and Company, 2001 (p. 222).

30 Lafeber, Walter, 'NATO and the Korean War: A Context,' Diplomatic History, vol. 13, no. 4, Fall 1989 (pp. 461-477).

31 헨리 트루먼(Truman, Harry S.), 국가비상사태 선포('Proclaiming the Existence of a National Emergency,') December 16, 1950

32 멜빈 P. 레플러(Leffler, Melvyn P), 권력의 우세(A Preponderance of Power), Stanford, Stanford University Press, 1992 (p.369).   부르스 커밍스(Cumings, Bruce), 한국전쟁의 기원(Origins of the Korean War): The Roaring of the Cataract, 1947-1950,Volume Two, Princeton, NJ, Princeton University Press, 1990 (p. 749).   다니엘 P. 스콧(Scott, Daniel), 초기 냉전에 관한 노병의 견해(An Old Soldier's View Of The Early Cold War, 1949-1953), Theses and Dissertations, Illinois State University, 2015.

33 미국방위 재건(Rebuilding America's Defenses), 새로운 미국의 세기를 위한 프로젝트(A Report of The Project for the New American Century),September 2000 (p. 20).

34 마이클 제임스 레이시(Lacey, Michael James), 트루먼 대통령(The Truman Presidency), Cambridge, Cambridge University Press, 1989 (p. 390).   미국무성(United States State Department), 미국의 외교사료집(Foreign Relations of the United States), U.S. G.P.O., 1948, vol. 6: Asia and the Pacific (p. 711).

35 마크 해리슨(Harrison, Mark), 제2차 세계대전의 경제학(The Economics of World War II): Six Great Powers in International Comparison, Cambridge, Cambridge University Press, 2000 (pp. 1–42).

36 폴 크루그먼(Krugman, Paul), 무기화된 케인즈주의('Weaponized Keynesianism,') New York Times, June 24, 2009.

37 제임스 M 사이퍼(Cypher, James M.), '미국에서 군사케인즈주의의 기원과 진화(The origins and evolution of military Keynesianism in the United States,') Journal of Post Keynesian Economics, vol. 38, no. 3, 2015.

38 앨런 밀워드(Milward, Alan S). 전쟁, 경제 및 사회, 1939–1945(War, Economy, and Society, 1939–1945), Berkeley, University of California Press, 1979 (p. 69).

39 노동통계국(Bureau of Labor Statistics), 민간인 비기관 인구의 고용상태('Employment status of the civilian noninstitutional population),1940 to date.' (http://www.bls.gov/cps/cpsaat1.pdf).

40 루이스 우치텔(Uchitelle, Louis), '미국의 철강산업은 군산복합체에 의존하고 있다'('The U.S. Still Leans on the Military-Industrial Complex,') New York Times, September 22, 2017.

41 로버트 힉스(Higgs, Robert), 디플레션, 전쟁, 그리고 냉전(Depression, War, and Cold War): Studies in Political Economy, Oxford, Oxford University Press, 2006 (pp. 102–103).   리챠드 J 캐롤(Carroll, Richard J.), 대통령 재임기간 중 경제성적표: 트루먼에서 부시까지(An Economic Record of Presidential Performance: From Truman to Bush),Westport, Praeger, 1995 (p. 41).

42 1929년 이후 미국의 인플레이션과 GDP에 비교한 실업률 평가(The Balance, Unemployment Rate by Year Since 1929 Compared to Inflation and GDP, U.S).Unemployment Rate History (<https://www.thebalance.com/unemployment-rate-by-year-3305506>).

43 보잉 B-29 폭격기 조립공장 및 생산번호('Boeing B-29 Superfortress Assembly Plants, & Production Numbers,') b29-superfortress.com.

44 브르스 커밍스(Cumings, Bruce), 한국전쟁(The Korean War: A History), New York, Modern Library, 2010 (pp. 199–200).

45 I. F.스톤(Stone, I. F.), 한국전쟁 비사(Hidden History of the Korean War), Amazon Media, 2014 (pp. 347–348)

46 미시간 주 의회연설(Speech to the Michigan legislature), in Lansing, Michigan, May 15, 1952, published in:Imparato, Edward T, General MacArthur Speeches and Reports 1908–1964, Nashville,Turner, 2000 (p. 206).

47 미국경제에 대한 전쟁의 영향('Economic Consequences of War on the U.S. Economy,') Institute for Economics and Peace,2011.

48 아이젠하워 대통령의 고별사(Farewell Address of President Dwight D. Eisenhower), January 17, 1961.

49 딘 에치슨(Acheson, Dean), 에치스 선언(Speech on the Far East), January 12, 1950.

50 I. F.스톤(Stone, I. F.), 한국전쟁 비사(Hidden History of the Korean War), Amazon Media, 2014 (Introduction: Korea is Near).

51 뉴욕타임스 1950년 12월 22일자(December 22, 1950, New York Times). 프랑크 코알스키(Kowalski, Frank), 비공격적 무장(An Inoffensive Rearmament): 전후 일본군의 건설(The Making of the Postwar Japanese Army),Annapolis, Naval Institute Press, 2014 (Chapter 3: Basic Plan)

52 미국 경제에서 전쟁의 경제적 영향('Economic Consequences of War on the U.S. Economy),' Institute for Economics and Peace, 2011

53 마크 오닐(O'Neill, Mark), 장제스는 어떻게 공산세력으로부터 중국의 금을 강탈했는가?('How Chiang spirited China's gold away from the Reds,') South China Morning Post, June 6, 2010.

54 FO317, piece no. 83297, comment or 'minute' on Gascoigne to FO, Jan. 13, 1950; piece no.83243, memo on invasion of Formosa, Jan. 25, 1950, minute by Burgess; piece no. 83247,report on Formosa, April 14, 1950, minute by Burgess.

55   I. F. 스톤(Stone, I. F.), 한반도 전쟁의 비사(Hidden History of the Korean War), Amazon Media, 2014 (Chapter 10: The Best Army in Asia

56   미국무성, 미국의 대외관계(United States State Department, Foreign Relations of the United States), U.S. G.P.O., 1948,vol. 7: The Far East and Australasia (pp. 162-163).   더글라스 맥아더(MacArthur, Douglas), 군인의 말 : 더글러스 맥아더 육군 장군의 공개 문서 및 연설(A Soldier Speaks: Public Papers and Speeches of General of the Army Douglas MacArthur), New York, Praeger, 1965 (pp. 218-222).

57   해리스 가디너(Harris, Gardiner), 미국은 중국을 지지한 엘살바도르를 제재했으며, 그후 지지를 철회했다('U.S. Weighed Penalizing El Salvador Over Support for China, Then Backed Off,') New York Times, September 29, 2018.   미국은 대만 문제로 엘살바도르, 파나마, 도미니카 공화국 대사를 소환했다. ('U.S. recalls diplomats in El Salvador, Panama, Dominican Republic over Taiwan,') Reuters,September 8, 2018

58   S. C. M. 페인(Paine, S.C.M.), 일본 제국 : 메이지 유신에서 태평양 전쟁까지의 대전략(The Japanese Empire: Grand Strategy from the Meiji Restoration to the PacificWar), Cambridge, Cambridge University Press, 2017 (p. 111).   앨런 J. 레빈(Levine, Alan J.), 스탈린의 마지막 전쟁: 조선 그리고 제3차 세계대전으로 접근 (Stalin's Last War: Korea and the Approach to World War III), Jefferson, McFarland & Company, 2005 (pp. 10-11).

59   G.I.카닌(Khanin, Grigorii Isaakovich,), 1950 년대-소련 경제의 승리('The 1950s: The Triumph of the Soviet Economy,') Europe-Asia Studies, vol. 55, no. 8, 2003 (pp. 1187-1211).

60   I. F. 스톤(Stone, I. F.), 한국전쟁 비사(Hidden History of the Korean War), Amazon Media, 2014 (Chapter 4: The Role of John Foster Dulles).

61   위의 책(Ibid). (Chapter 7: The Stage Was Set).

62   주일미군은 피비린내 나는 비극으로 이어질 것이다- 전 일본수상('Stationing American troops in Japan will lead to bloody tragedy—ex-PM of Japan,)' RT,(televised interview), November 6, 2016.

63   I. F.스톤(Stone, I. F.), 한국전쟁 비사(Hidden History of the Korean War), Amazon Media, 2014 (Chapter 7: The Stage Was Set).

64   위의 책(Ibid). (Chapter 7: The Stage Was Set).

65   부르스 커밍스(Cumings, Bruce), 한국현대사(Korea's Place in the Sun: A Modern History), W. W. Norton and Company,New York, 1997 (p. 266).

66   맥스 헤이스팅스(Hastings, Max),한국전쟁(Korean War), London, Michael Joseph, 1988 (p. 98).

67   타임지 1950년 10월 6일(Time Magazine, October 6, 1950)

68   트루맨맥아더 웨이크 섬회견(The Truman-MacArthur Wake Island Conference), October 15, 1950.

윌리암 B.홉킨스(Hopkins, William B.), 나팔 하나 드럼 없음(One Bugle, No Drums): 장진호에서 해병(The Marines at Chosin Reservoir), Chapel Hill, Algonquin Books, 1986 (p. 46).

69   I. F.스톤(Stone, I. F.), 한국전쟁 비사(Hidden History of the Korean War), Amazon Media, 2014 (Chapter 13:MacArthur's Blank Check).

70   위의 책(Ibid). (Chapter 13: MacArthur's Blank Check)

71   부르스 커밍스(Cumings, Bruce),한국현대사(Korea's Place in the Sun: A Modern History), New York, W. W. Norton & Company, 1997 (p. 266).

72   샤키 도크릴(Dockrill, Saki), 서독 재무장에 대한 영국의 정책 1950-1955(Britain's Policy for West German Rearmament, 1950-1955), Cambridge, Cambridge University Press, 1991 (p. 32).   스탠리 샌들러 (Sandler, Stanley), 한국전쟁: 핵심의 역사(The Korean War: An Interpretative History), London, UCL Press, 1999 (p. 4).

73   숀 N. 칼릭(Kalic, Sean N.), 스파이: 냉전에서 21세기까지 미국과 러시아의 스파이 게임(Spies: The U.S. and Russian

Espionage Game from the Cold War to the 21st Century), Santa Barbara, Praeger, 2019 (pp. 61-62).

74 위의 책(Ibid). (pp. 61-62).

75 윌리엄 블룸(Blum, William), 희망을 죽이는 것(Killing Hope): 제2차 세계대전 이후의 미군과 CIA의 개입(U.S. Military and C.I.A. Interventions Since World War II) London, Zed Books, 2003 (Chapter 17: Soviet Union late 1940s to 1960s: From spy planes to book publishing).

위의 책 (Ibid). (Chapter 7: Eastern Europe 1948-1956: Operation Splinter Factor).

76 위의 책 (Ibid). (Chapter 14: Indonesia 1957-1958: War and pornography). A. B.에이브람스(Abrams, A. B.), 권력과 권위(Power and Primacy): 아시아 태평양지역 서구 개입의 역사(The History of Western Intervention in the Asia-Pacific,Oxford), Peter Lang, 2019 (Chapter 4: Chapter 4: Sukarnoism and the Rise and Fall of an Independent Indonesia: Wars both Overt and Covert to Return an Asian Power to Western Clienthood).

77 윌리엄 블룸(Blum, William), 희망을 죽이는 것(Killing Hope): 제2차 세계대전 이후의 미군과 CIA의 개입(U.S. Military and C.I.A. Interventions Since World War II),London, Zed Books, 2003 (Chapter 9: Iran 1953: Making it safe for the King of Kings). 베타니 알렌-에브라히미안(Allen-Ebrahimian, Bethany), 64년 후 CIA는 마침내 이란 쿠데타의 세부사항을 밝히다('64 Years Later, CIA Finally Releases Details of Iranian Coup,') poreign Policy, June 20, 2017.

78 존 스톡웰(Stockwell, John), 적을 찾아서(In Search of Enemies): A CIA Story, New York, W. W. Norton & Company,1978 (p. 201). 존 프라도스(Prados, John), 민주주의를 위한 안보:CIA의 비밀전쟁(Safe For Democracy: The Secret Wars of the CIA), Chicago, Ivan R. Dee, 2006(p. 329). 세이모어 엠 허쉬(Hersh, Seymour),CIA는 가나에서 느쿠마흐를 전복시킨 음모를 도왔다고 한다('CIA Said to Have Aided Plotters Who Overthrew Nkrumah in Ghana,'), New York Times, May 9, 1978.

79 미국의 대외관계(Foreign Relations of the United States), 1950, vol. VII, Korea, Washington D.C., Government Printing Office, 1976 (p. 602).

찰스 j 헨리, 최상훈, 마사 멘도사(Hanley, Charles J, and Choe, Sang Hun and Mendoza, Martha), 노근리 다리: 6.25 전쟁의 감춰진 악몽(The Bridge at No Gun Ri: A Hidden Nightmare from the Korean War), New York, Henry Holt and Company, 2001 (p. 170).

80 사무엘 M.메이어스, 알버트 D. 비더만(Meyers, Samuel M., and Biderman, Albert D.), 전투와 포로에서 대중행동: 한반도 전쟁에서 공산주의 병사들(Mass Behaviour in Battle and Captivity: The Communist Soldier in the Korean War), Chicago, University of Chicago Press, 1968 (pp. 280-281).

81 Counter Intelligence Corps, 1945.9—1949.1, vol. 1, CIC, vol. 1, U.S. Army Intelligence Centre, History of the Counter Intelligence Corps Volume XXX, 'CIC during the Occupation of Korea, March 1959 (p. 24).

82 브루스 커밍스(Cumings, Bruce), 한국전쟁(The Korean War: A History), New York, Modern Library, 2010 (pp. 65-66).

83 에드워드 그랜트 미드(Meade, Edward Grant), 한반도에서 미군정(American Military Government in Korea), New York, King's Crown Press, 1952 (pp. 56, 72, 188).

84 찰스 암스트롱(Armstrong, Charles), 북조선 혁명,1945-1950(The North Korean Revolution, 1945-1950), Ithaca, Cornell University Press, 2003 (Chapter 2: Liberation, Occupation and the Emerging New Order).

3장
한국전쟁

동북아시아에서 벌어진 지상전

한국전쟁은 19세기 중반 이래 서방 세력과 동아시아 세력이 재래식 무기로 싸운 유일한 지상전이다. 일본 제국주의가 항복한 후 처음으로 벌어진 대규모 전쟁인 한국전쟁은 발발과 함께 국가 간 협력의 평화로운 새 시대를 향한 희망을 닫아버렸다. 한국전쟁은 미국이 일제를 무장해제시킨 후로는 가장 잔혹하게 싸운 전쟁으로 남았고, 미군 사상자만 베트남 전쟁의 4배를 넘겼다. 다양한 증언들에 따르면, 파괴를 초래한 양상이나 저지른 만행의 정도로 볼 때 제2차 세계대전 당시 유럽이나 태평양 지역의 어느 전장도 능가하는 참상이었다. 주한 미군과 유엔군의 최고사령관이자 미군 극동 사령관으로서 일제에 맞서 전쟁을 이끌었던 맥아더 장군은 코리아에서 그 전쟁을 직접 목격한 다음 이렇게 증언했다. "그런 참화는 지금껏 본 적이 없다. 나는 살아 있는 그 누구보다 많은 죽음과 참화를 경험했다고 생각하지만, 지난 전쟁을 직접 겪으면서는 속이 울렁거렸다." 그는 그 전쟁을 "인류 역사상 들어본 적 없는 살육"[1]이라고 불렀다. 두 전쟁을 모두 직접 목격한 미국 지도부 내 수많은 명망가들도 비슷한 느낌을 공유했다.[2]

전쟁 중 북한이 입은 손실은 역사상 비교 대상이 없다. 보수적으로 잡아도 사망자가 인구의 20%에 이르렀고,3) 혹자는 30%로 추산한다.4) 현대사에서 다른 어떤 나라가 겪은 전시 피해 수준도 능가했다. 북한에 투하된 폭탄은 63만5천~69만8천 톤이었다.5) 태평양 전쟁 중 일본에 투하된 폭탄이 총 50만3천 톤이었던 것에 견주어볼 수 있다.6) 폭격작전이 어느 정도로 격렬했는지 보자면, 미국이 12만㎢에 불과한 작은 나라에 3년간 쏟아부은 폭탄이 300만㎢가 넘는 일본에 4년에 걸쳐 투하된 폭탄의 양보다 더 많았다. 히로시마와 나가사키에 대한 핵 공격7)을 포함하더라도 마찬가지였다. 훗날 베트남 전쟁에 투하된 폭탄보다는 적은 양이었다고 하지만, 국토가 훨씬 더 작았고 기간도 더 짧았으며 주요 주거지마다 인구 밀집도가 훨씬 더 높았다는 점에서 북한에 대한 폭격을 세계 전쟁 역사상 가장 혹독한 것으로 추산하는 평가를 낳았다. 그 전쟁은 특히 DPRK에서 코리안으로서의 정체성에 큰 영향력을 행사했다. 그리하여, 그 영향이 교육과 대중예술에서부터 대외정책에 이르기까지, 나아가 더 최근에는 북한의 핵 억지력 추구에까지 폭넓게 나타난다.

민족집단으로서 코리아에 더 넓게는 전 세계에 오늘날에도 여전히 영향을 주는 한국전쟁의 결과로는, 적어도 1백 년 동안 북한 주민들이 계속 위험에 처할 것으로 예견되는 데다 현재도 제거 작전이 진행 중인 미국제 불발탄 문제8)부터 조선인민군의 방위 원칙에 이르기까지 수없이 많다. 세계적으로는, 미국의 핵과 화학무기 프로그램9) 및 운반 장치의 개발, 서방이 중국과 북한의 군사력을 바라보는 관점, 세계 전역에 상시 주둔하는 미군까지 모두 그 전쟁이 근본적이고 지속적으로 영향을 미치고 있는 또 다른 사례들이다. 하지만 한국전쟁이 발발한 근원이야말로 여전히 훨씬 더 이해하기 힘든 문제로 남아 있다. 처음부터 미국과 동맹세력들은 적대행위 개시가 평양의 단독책임이라는 사실에 반박의 여지가 없다고 선언했다. 하지만 어떤 배경에서 그런 결론에 이르게 되었는지, 미국은 어떻게 하여 광범위한 연합군을 전쟁으로 이끌었는지 평가할 때, 지구적 차원의 냉전에서 한국전쟁이 어떤 역할을 하고 또 얼마나 중요한 역할을 하는지 맥락을 파악할 수 있다.

누가 먼저 침략했는가 : 북한을 겨냥한 유엔군 창설

전쟁이 터지자마자 미국은 북한을 상대로 무력개입에 나서는 데 필요한 물질적·외교적 지원을 확보하려는 목적으로, 창립한 지 얼마 되지 않은 유엔을 통해 연합군 창설을 추진했다. 미국 대표는 조선인민군의 "이유 없는 도발"은 "모든 회원국이 유엔 안에서 보유한 가장 중요한 이익"[10]에 대한 공격이라고 주장했다. 유엔은 제2차 세계대전이 끝나갈 무렵 미 국무부가 처음 개념화하여 뉴욕에 본부를 두게 된 조직이었다. 따라서 당시 미국과 동맹들의 영향력은 압도적이었다. 이것이 갖는 의미는 워싱턴이 한반도에서 벌어진 사태를 그들만의 서사로 기획하고 유엔의 지지를 얻는 데 아무런 문제가 없다는 것이었다. 당시 유엔 안전보장이사회의 4개 상임이사국은 미국, 영국, 프랑스, 타이베이의 중화민국이었다. 4개국 모두 반공 국가였고, 미국을 제외한 3개국은 모두 미국의 원조에 크게 의존하는 미국의 긴밀한 동반자들이었다. 당시 노르웨이 출신 유엔 사무총장 트뤼그베 리(Trygve Halvdan Lie)는 중립적 외부자가 아닌 확고한 반공주의자였다. 그는 회고록에서 자신이 서방의 이익에 부합하도록 계략을 써서 소련과 DPRK를 비롯한 여타 비서방 국가들에 불리한 결정을 이끌었다고 밝혔다.11) 그는 또한 워싱턴에 비우호적 정치 성향을 가진 인물을 유엔에 고용하지 않기로 1949년 미 국무부와 합의했고, 이 사실도 훗날 밝혀졌다.12)

소련은 유엔안보리 5번째 상임이사국이었지만, 당시 유엔에서 중화인민공화국의 승인을 거부하고 베이징에 안보리나 총회 회원 자격을 부여하지 않겠다고 결정하자 이에 항의해 안보리 회의 참석을 거부하고 있었다. 중국의 상임이사국 자리를 차지한 타이베이의 친서방 정부가 통치하는 범위는 중국 영토의 0.5%에도 미치지 못했다. 이를 고려할 때, 모스크바를 비롯한 비서방 세계 대다수 국가의 눈에는 중화인민공화국에 대한 승인 거부가 서방 세력의 정치적 개입에 의한 결정이자 유엔 안에서 서방의 영향력이 지나친 것으로 비쳤다. 소련이 회의 참석을 거부하고 있었다는 것은 서방이 북한에 불리한 내용으로 입안한 결의안을 비토할 수 없게 되었다는 의미였다. 당시 가입절차의 특성상, 그 결의안이 통과되는 시점에 소비에트 진영의 4개국만이 유엔 회원국이었고 그 중 안보리 회원국은 하나도 없었다.13) 이런 요인들이 작용한 결과, 미국은 유엔을 지배할 수 있었고 사실상 의제를 결정할 수 있었다.

미국의 압도적 영향력에도 불구하고, 유엔 조사단은 북한에 침략의 책임을 물을 수 없었다. 조선인민군이 적대행위를 시작했다는 것을 입증할 증거가 없었기 때문이다. 서울의 유엔 파견단이 보내온 전보는 국경의 감시단원들이 두 코리아의 어느 쪽이 적대행위를 개시했는지 판단할 수 없다는 사실을 분명히 했다. 유엔 조사단은 남한은 자신들이 공격을 받았다고 주장했다는 것, 북한 라디오 방송은 남측이 먼저 공격했고 북측 군대는 침략자들을 격퇴한 다음 반격에 착수했다고 주장했고 서울이 이를 부인했다는 것을 단순 보고했다. 누가 전쟁을 시작했는지와 관련해 조사단 자체의 견해는 표명하지 않았다.[14]

북한 공식 소식통들은 국군(ROKAF) 병력이 공격해 들어와 38선상의 북측 자산을 포획한 다음 국경 인근 소도시 해주를 점령했다고 주장했다.[15] 이 같은 주장은 애초에 ROK 공보원이 ROKAF가 북측 도시를 장악했다고 발표함으로써, 이를 보도한 남한 소식통들에 의해 입증되었다.[16] 북한 소식통들에 따르면, 조선인민군 병력은 해주를 탈환하고 국경에서 동시적으로 발생한 다른 공격들을 격퇴한 데 이어 반격으로 나아갔다고 하였다. 해주 점령으로, 북한의 이유 없는 공격이라는 남한 서사의 기반이 무너졌다. 그러자 훗날 서울은 해주에 대한 성공적 공격을 실행했다는 사실 자체를 부정했다. DPRK의 주장을 뒷받침한 남한 공보원의 초기 보도를 철회한 것이다.[17] 앞서 언급한 대로 미국과 영국 정보기관들은 한국전쟁이 있기 전 ROKAF가 북측 국경 거주지들을 빈번하게 공격했다는 사실을 공식화했다.[18] 그리고 전술했듯 서울로서는 조선인민군의 반격을 도발함으로써 중대한 이익을 얻을 수 있었다. 이런 사실들은 해주 공격이 이유 없는 도발에 따라 발생한 것이라는 평양의 주장에 신빙성을 부여한다.

미 국무부는 DPRK를 상대로 한 무력개입을 요청하면서 유엔안보리에 고의로 증거 제출을 보류했다. 미국이 서울로부터 받은 171개의 단어로 이루어진 전보는 미국이 유엔안보리에 제출한 38개의 단어로 크게 바뀐 문장과는 매우 달랐다.19) 전쟁이 어떻게 발생했는지에 대해 한층 더 상세하게 설명한 전보와 초기 보고들의 전문은 아무런 설명 없이 모두 제출되지 않았다. 주한 미 대사 무초는 북한의 침공에 대한 ROK의 규탄을 자신은 그저 "부분적으로만 확증"할 뿐이라고 보고했다. 몇 주가 지나서도 무초는 북한에 적대행위를 시작한 책임이 있다는 증거를 제시하거나 그렇다고 주장하려 하지 않았다. 미국이 유엔안보리에서 DPRK가 단독으로 공격을 개시했다고 주장한 내용에 대해서도 마찬가지로 뒷받침하지 않았다. 국경에서 남한군과 함께 복무한 미국 군사 고문들의 발언은 ROK의 주장을 확증할 출처로 인용되지 않았다.20) 증거가 전적으로 부재함에도, 미국은 DPRK를 단독 침략자로 낙인찍도록 유엔안보리에 요구했다. 그뿐 아니라, 미국이 제출한 유엔안보리 결의안 82호는 조선인민군에게만 단독으로 정전을 요구했다. 인도 대표단은 제출자가 제공한 불충분한 증거를 언급하면서 "'침략행위'라는 용어의 사용을 두고" 문제를 제기했다. 그리하여, 델리는 서방이 주도하는 전쟁계획에 참여하기를 거부했다.21) 유고슬라비아는 미국의 원조와 정치적 지지에 크게 의존하고 있었고 소련과는 적대적 관계였다. 그런데도 유고슬라비아 대표단은 북한을 침략국으로 공표해야 한다는 미국의 요구에도 불구하고 "유엔안보리에서 책임을 명확히 물을 수 있는 정확한 정보가 부족해 보인다"고 주장했다.22) 나아가 유고슬라비아는 안보리가 전쟁의 원인에 대해 객관적인 평가를 하기에는 북한이 연루되었다는 증거나 정보가 부족하다면서, 이를 고려한 합당한 절차를 위해 평양 측이 견해를 제시하도록 DPRK 대표단을 초청하자는 의견을 내놓았다. 하지만 그런 방침은 안보리 상임이사국들의 이익에 부합되지 않았고, 아시아 본토에 대한 무력개입을 가능하게 해줄 전쟁 발발의 서사에 대한 자신들의 재량권을 훼손할 수도 있었다. 그 경우 미국이나 그들의 동맹들은 북한을 연루시킬 만한 증거를 제시할 수 없었을 것이다. 만약 안보리에서 평양이 의견을 피력하도록 했다면, 북한이 자신들이 무죄라는 주장을 입증할 수 있었을지도 모른다. 어쨌거나 제시한 증거를 모두 확보하지 못한 상황에서는 한쪽 편을 지지해 국제적으로 개입할 근거를 찾지 못했을 것이다.

전쟁이 발발하고 3개월이 지나 소련이 유엔안보리에 복귀했을 때, 소련 외무상 뱌체슬라프 몰로토프는 남북한 양측 대표를 유엔에 불러 의견을 청취하자는 동의안을 제출했다. 이 제안은 타이베이와 서방 세력의 완강한 반대에 부딪혔고, 서방이 우세했던 안보리는 남한 대표만 단독으로 초청할 것을 결의했다.23) 그리하여 미국과 동맹들은 유엔에 제출한 서사의 독점권을 유지했다. 전쟁 발발이라는 사안에 관해 미국이 보유하고 있던 수많은 전보 및 보고서들은 — 아마도 단독 침략자로서 북한을 가리키지 않았다는 이유로 — 안보리에 증거로 제출되지 않았다.24) 유엔 감시단이 북한이 침략국이라는 아무런 증거도 갖고 있지 않았고 또 그런 주장을 내놓지 않았는데도, 서방 세력의 지시에 따라 DPRK를 상대로 "평화유지peacekeeping" 작전이 착수되었다. 이것이 도쿄의 미군 태평양 사령부와 그곳의 최고사령관 맥아더 장군의 직접 지휘 아래 배치된 유엔군이었다. 그리고 이 유엔군은 유엔이 아닌, 오직 워싱턴에만 책임을 지게 되어 있었다.

1950년 7월 7일 통과된 안보리 결의안 84호는 한반도에서 미국의 목표를 지원하기 위한 자산으로서 유엔 연합군 창설을 결정했다. 그리고 "모든 회원국은 군대를 비롯한 여타의 지원을 제공한다… 미국의 통일된 지휘에 따라 그러한 군대 및 지원이 반드시 가능하게 한다"고 명기하고, 미국은 자유롭게 "그 군대의 지휘관을 지정"할 것이고, 그 역할에 맥아더가 선정되었다고 덧붙였다.[25] 미국의 직접 지휘 아래서 미군의 보조 병력으로서 유엔의 개입은 훗날 아이젠하워 대통령이 "유엔 연합군의 진정한 목적은 일방에 치우치게 보이지 않으면서 개입할 수 있는 수단을 미국에 제공하기 위한 것"이었다고 결론짓기에 이르렀다. 그는 이렇게 말했다. "한반도에서처럼 다른 국가들로부터 제공된 '시늉에 불과한 형식적인 무력'은, 그렇게 하지 않는다면 제국주의의 야만적 사례로 보일 수도 있는 속셈에 도덕적 지위를 부여할 것이다."[26] 그리하여 미국은 동북아시아의 작은 나라를 상대로 벌이는 전쟁에 중요한 외교적 위장과 인적 참여를 획득했고,[27] 그야말로 북한을 철저하게 파괴하고 그곳에 이승만 종속 정부를 세우고자 했다.

공격과 반격 : 유엔군에 맞서 싸우는 조선인민군

한국전쟁 발발 후 남한군의 전투 역량은 조선인민군의 반격에 직면하여 거의 즉각적인 붕괴로 나타났다. 북한군은 해주를 탈환한 후 무력으로 한반도를 재통일하기 위해 남쪽으로 진격했다. 수적 우세에도 불구하고 며칠 지나지 않아, 남한군은 부대를 떠나 조선인민군으로 집단 전향하는 상황에 직면했다. 남은 군인들은 퇴각했다.[28] 한 주가 지나지 않아 최고사령관 맥아더 장군은 신병 확인이 가능한 ROKAF 병력이 4분의 1에 불과하다고 워싱턴에 전보를 보냈다.[29] 한 달이 채 지나지 않은 시점에, ROKAF 절반이 죽거나 포로로 붙잡혔고, 실종되었다. 두 개 사단만이 장비를 갖추고 있었고, 약 70%에 해당하는 나머지 병력은 장비를 잃었거나 유기했다.[30] 붕괴에 가까운 ROKAF의 상태는 5년 전 중국 내전에서 국민당 군대와 닮아 있었고,[31] 20년 후 남베트남 군대와도 닮은 꼴이었다. 모두 미국에 의해 조직되고 훈련되었으며 막대한 물질적 우세에도 불구하고 지도부의 부패와 도덕적 정당성의 상실로 제 기능을 할 수 없게 되었고 동기부여가 더 잘 되어 있는 적과 마주했을 때 집단 전향과 탈주를 낳았다.[32]

영국 기자 필립 나이틀리는 미군 대령으로부터 ROKAF의 전과와 관련해 남한군 병사들이 전투에서 미국인들에게 좋지 않은 인상을 남겼다는 이야기를 전해 들었다. "남한인과 북한인은 생김새가 똑같다. 그런데 왜 북한인은 호랑이처럼 싸우고 남한인은 양처럼 달아나는가?"[33] 이런 대비는 양쪽 군대의 사기와 지도력의 격차에 기인한 것일 수 있었고, 각자 정부의 정당성과 대의에 대한 인식 차이 때문일 수도 있었다. 남한의 정보부 수장인 김형욱 준장은 이것이 수적으로나 장비에서나 상당히 불리한 상황이었는데도 북한 병력이 남한군에 승리할 수 있었던 가장 큰 요인이라고 확증했다. 대한민국 정부의 실체는 결국 목숨을 걸고 기꺼이 싸우려는 이들이 거의 없다는 것으로 나타났다.[34] 이것을 보여주는 사례로, 1950년에 ROKAF의 모든 사단이 예외 없이 전직 일본군 장교의 지휘하에 있었다는 사실은 주목할 만하다.[35] 전선 곳곳에서 모르스 부호 "HA"가 "서둘러 달아나는(hauling ass)"

남한군을 가리키는 데 사용되었다. 조선인민군에게 불리하게 전세가 바뀐 전쟁의 후기 국면에서도 남한군 부대들은 신뢰할 수 없는 모습을 계속 확인시켰다.

1951년에 매슈 B. 리지웨이 미 8군 사령관은 남한인들은 자신들의 자유를 위해 벌이는 전쟁에서 기꺼이 싸우려 하지 않는다며 실망을 담아 이렇게 기록했다. "나는 서울 북쪽으로 차를 몰다가 경악스러운 광경을 만났다. 트럭마다 가득 탄 ROK 병사들이 줄줄이 남쪽으로 이동하고 있었다. 질서도, 무기도, 지휘관도 없는 상태로 총 퇴각 중이었다… 그들은 자신들의 소총과 권총을 내던져 버리고, 모든 대포, 박격포, 기관총, 모든 공용화기를 유기했다."36) 뒤늦은 깨달음이었지만, 대량 탈영과 ROK의 붕괴는 예견할 수 있었다. 1949년에 2개 대대 전 병력과 남한의 전함 1척이 월북한 사건이 있었다. 이승만 정부의 특성에 기인한 것이었으므로 이러한 사건이 한 차례에 그치지는 않았다. 1년 앞서 남서부 해안 도시 여수에서 2천 명의 남한군 병사들과 상당수의 지역 주민이 대규모 무장봉기에 나섰다. 미군 장교들이 이끄는 ROK 부대들이 봉기 진압에 성공했지만, 살아남은 병사들과 민간인들에 의한 유격대 활동이 한국전쟁 발발 당시 진행 중이었다. 여수 반란에 대한 이승만 정부의 극단적이고 무차별적인 진압은 대규모 사상자와 함께 집을 잃은 주민들이 2만 명 넘게 남겨졌고, 이는 지역주민들을 한층 격앙시켰다.37)

남한군이 조선인민군과의 교전에 성공적으로 임하지 못했던 반면, 그와 달리 미군은 훨씬 더 전과를 냈을 것으로 예견되었다. 퓰리처상 수상자인 미국인 기자 데이비드 할버스탐은 전장에서 미군 내 지배적인 태도 및 미국 병사들을 보기만 해도 북한인들이 항복할 것이라는 예측과 관련하여 이렇게 썼다. "자신들이 남한군이 아닌 미군과 싸우고 있다는 사실을 알게 되는 순간 북한인들은 황급히 달아날 것이라는 생각을 미군 내 꼭대기에서부터 바닥에 이르기까지 거의 모두가 공통되게 갖고 있는 것처럼 보였다. 그것은 인종적 편견에서 나온 오만이었다."38) 최고위급 지휘관들 사이에서도 그런 태도가 지배적이었다. 조선인민군은 동아시아 인종 집단이고, 따라서 그들이 감히 서방인들과 싸우기에는 무능력하다고 추정되었다. 최고사령관 맥아더 역시 적의 인종적 특질을 당연시하면서 이를 확실한 정보와 뒤섞은 채 군사정보에 직관적으로 접근했다. "중국인들은 싸울 줄 모른다." 그는 언젠가 이렇게 말한 적이 있었고, 북한인들이 그보다 더 잘 싸울 것이라는 기대도 없었다. 전쟁이 발발한 날에 맥아더는 자신만만한 태도로 안주하며, 조선인민군과 관련해 이렇게 말했다. "나는 한쪽 팔이 등 뒤로 묶인 채로도 그들을 다룰 수 있다." 이튿날 그는 존 포스터 덜레스에게, 만약 미 기병 1사단만 한반도에 배치해도 "그 친구들[조선인민군]이 허겁지겁 국경 넘어 만주까지 너무 서둘러 달아나 버리면, 당신은 그들의 뒤꽁무니도 구경하지 못할 것"39)이라고 말했다.

전쟁 발발 후 열흘도 되지 않아 미군은 조선인민군과 최초의 큰 전투를 벌였다. 70년 넘게 이어질 긴 전쟁의 첫 야전이었다. 그 오산 전투에서 52 야전 포병대대를 배속받은 21보병연대 제1대대는 조선인민군의 전문성과 훈련 정도에 깜짝 놀라, 신속하게 퇴각해야 했고 큰 사상자를 냈다. 진지는 구축하기도 전에 포기하고 떠나야 했고, 부상당한 병사들과 함께 엄청난 장비를 은닉한 채 그대로 달아나는 바람에 미군 병사 82명이 조선인민군에 포로로 붙잡혔다.40) 전투는 3시간도 걸리지 않아 끝났다. 이것은 이후 계속될 수개월에 걸친 연속적 패배의 시작이었고, 미군과 연합군은 한반도 동남단의 방위선으로 빠르게 밀려났다. 이튿날 미 보병 34연대는 평택 전투에서 조선인민군에 대적하기 위해 2천 명의 병력을 배치했지만, 조선인민군과 교착상태를 만들지도 못했고 중요했던 며칠간의 지연에도 실패하면서, 또다시 큰 사상자를 내고 퇴각해야 했다.41) 그 전투의 여파로 34연대장이 교체되어 북쪽으로 부대들을 다시 올려보냈다. 그러나 미국의 보도에 따르면, 34연대는 조선인민군의 저항에 직면하자 즉각 혼란에 빠지면서 다시 퇴각하게 되었다.42) 다음날 밤 천안 전투에서, 또다시 34보병연대는 조선인민군에 완패하여 큰 사상자를 내고 무질서하게 퇴각할 수밖에 없었다. 또다시 막대한 양의 장비를 유기하고 많은 병사가 포로로 붙잡혔다.43)

조직이 흔들려 거의 완전히 무력해진 남한군과 그보다 나을 것이 없는 미군을 대적하며 북한군은 남쪽으로 계속 진격했다. 한 영국인 기자는 미군 병력의 전과와 관련해 이렇게 논평했다. "북한군과 처음 조우했을 때, 그들은 압도되었고 철저히 패배했다. 후퇴 말고는 다른 수가 없었다."44) 천안에서 승리를 거두고 일주일이 지난 7월 14일, 조선인민군은 대전에서 윌리엄 F. 딘 소장의 지휘를 받는 미군 19, 21, 34연대 대규모 미군 병력과 맞닥뜨렸다. 당시 미군 병력은 재편성된 남한군 부대로부터 약간의 지원을 받아 대략 9천 명정도였다. 대전으로 퇴각할 수 있었던 미군은 대전에 상당한 피해를 초래한 일련의 시가전을 맹렬하게 벌이며 조선인민군의 진격을 지연시키는 데 성공했다. 하지만 일주일이 되지 않아 사망자 922명, 부상자 228명 등 1천 명이 훨씬 넘는 사상자를 남기고 퇴각해야 했다. 거의 2,400명이 작전 중 실종되거나, 탈주했을 가능성이 크지 않은 조건에서 병력 대부분의 신병을 확보할 수 없었다는 것은 3천 명 넘게 사상자를 냈다는 의미였다.45) 딘 장군은 직접 북한의 T-34 탱크를 추적해 파괴하려고 자신의 지휘소를 버리고 떠났다고 알려진 후, 전쟁포로로 억류되었다.46)

계속되는 미군의 퇴각, 막대한 피해, 멈출 수 없어 보이는 북한의 진격이라는 흐름은 수개월에 걸쳐 계속되었다. 미군은 전투에서 패배를 장비 탓으로 돌리는 한편, 분위기를 전환하기 위해 우수한 장비로 무장된 기병연대를 배치했다.* 이 엘리트 증원부대는 7월 말경 작전에 투입되었는데, 그 부대 역시 지상전에서 조선인민군을 격퇴할 수 없다는 게 드러났고 빠르게 무너졌다. 연합군 전시 보도에 따르면, 제7 기병연대가 북한군과 교전을 벌인 지 이틀이 채 되지 않아 몇 명의 아군을 향해 총을 쏘는 실수를 저질렀다. "그 다음 날[사흘째]인 7월 25일, 전선에서 몇 마일 떨어진 산허리에 요원들이 배치되었다. 북한 병사들이 대규모 혼란을 유발하여 돌파구를 마련하려 한다는 소문이 돌았다. 다음 날 아침 그 부대의 중무기 상당수와 함께 기병 119명이 행방불명되었다" 인터뷰에 응한 한 병사는 이렇게 말했다. "그것은 그저 대혼란

---

* 미국 매체들은 종종 초기 패배를 불충분한 장비 탓으로 돌리는데, 당시 미군은 조선인민군을 대적할 수 있는 최상의 장비를 갖추고 있었다. 3.5인치 M20 수퍼바주카포가 대표적 사례로, 대전 전투에서 집중적으로 사용되었다. 그 무기는 전쟁 발발 바로 2주 전에 생산을 시작했고, 당시 그런 종류의 무기로는 세계 최상급으로 알려져 있었다. 반면에 조선인민군 부대는 30년 전에 생산된 낡은 소총을 사용하고 있었다.

에 불과했다. 아무것도 하지 못했다. 그냥 멈춰서 꾹 참고 견디면서 그저 대기하다가 그냥 떠나야 했다. 아무도 무슨 일이 일어나고 있는지 몰랐다. 사실상 그 시간 거의 내내 우리한테 소대장이 있는지조차 몰랐다. 중사가 있었는지도 정말 모르겠다. 아무도 책임질 사람이 없었다."[47]

조선인민군의 압도적 승리 앞에서, 최고사령관 맥아더와 미국 지도부는 자신들이 북한인들의 능력을 크게 과소평가했던 현실과 마주해야 했다. 그들은 장비와 보급의 열세, 국제적 지원의 결여에도 불구하고 전투에서 미군보다 분명히 한 수 위였다. 맥아더는 처음에 한반도에 연대전투단을 요청했고, 그다음 2개 사단을 요구했다. 그는 일주일이 지나지 않아 조선인민군이 "탁월한 최고위급의 지도하에서 작전을 전개했고, 뛰어난 전략 전술 원리에 따른 지휘 능력을 보여주었다"고 워싱턴에 전보를 보냈다. 7월 초가 되자, 그는 최소 3만 명의 미군을 원했다. 이는 4개 보병사단, 3개 전차 대대와 그에 상응하는 대포 부대를 의미했다. 일주일 후 그는 온전한 8개 사단을 요청했다.[48]

7월 말에 이르러 병력과 장비의 지속적인 유입으로 미국 측은 14만 명의 병력을 갖춤으로써 조선인민군 7만 명과 비교해 2배에 가까운 압도적인 수적 우세를 점하게 되었다. 미 해군과 새로 구성된 미 공군은 이미 비교할 수 없을 정도의 해군 무력과 공군 무력의 기존 우세를 더욱 보완할 수 있었다. 또한, 해외에서 반입된 지원물자들은 상당한 기술적 우세와 보급 측면에서 우위를 갖게 해주었다.[49] 이러한 물적·인적 조건의 우세에도 불구하고 9월 중순까지 미국은 비록 속도는 느려졌지만 계속 퇴각할 수밖에 없었고, 방어선이 줄어드는 것을 감내해야 했다. 전투는 한반도 동남단에서 130km와 80km로 직각을 이룬 전선인 부산 방어선에서 고정되었다. 7월 5일 조선인민군 최고사령관으로 공표된 북한의 김일성 수상은 군 지휘부가 7월 말경 전쟁을 끝낼 계획이었다고 훗날 회고했다. 목표를 달성하기 직전, 부산에 미 증원군이 어마어마하게 투입되면서 결국 이루지 못하게 된 계획이었다.50) 이 방어선 인근에서 벌어진 교전들은 항공모함을 포함한 미국의 군함과 일본에 기지를 두고 있는 미군 폭격기의 사정거리 안에서, 조선인민군이 극복할 수 없을 정도의 막강한 화력의 우세 아래서 이루어지는 경우가 많았다. 소형 무기와 산재한 경포, 그리고 탱크 수준인 북한의 화력은 무시해도 될 정도로 보잘것 없었다.

전쟁 발발 두 달이 지난 8월 말에 2주일에 걸쳐 조선인민군이 적의 중무장한 방어선을 크게 압박하는 "놀랄만한 성과들"을 연속해서 거둔 결과, 미국과 연합군은 여전히 방어에 압박을 받고 있었다. 북한군은 경주, 마산, 대구 세 지점에서 동시에 적들을 강하게 압박해, 방어선을 "거의 한계지점"으로 몰아갔다. 미군이 해안 가까이 밀려나게 되면서 해상 폭격의 역할이 계속 더 커졌다. 소수의 미 전함조차 조선인민군 전체 화력보다 더 큰 화력을 자랑할 정도였고, 여기에 공중 폭격과 포병 포격이 결합하면서 상당한 사상자를 냈다. 엄청나게 큰 5만8천 톤 아이오와급 전함– 당시 세계에서 가장 크고 강력한 –이 전쟁 중 보복 거리를 훨씬 넘어선 곳에서 막강한 화력으로 조선인민군을 타격함으로써 수차에 걸쳐 이동포병의 역할을 했다.51) 그것은 세계에서 가장 막강한 화력이, 비록 잘 훈련되었으나 주로 휴대용 무기를 들고 빈약한 무장으로 싸우는 지상군을 상대하는, 완전히 어울리지 않는 조합이었다. 하지만 이런 연합군의 인력과 병참, 여타 무장력의 우세에 해상, 공중, 야전 포대에서 쏟아지는 화력조차, 초반에 부산을 향한 북한의 진격을 멈춰 세우지 못했다.

조선인민군은 9월의 첫 두 주 동안에 낙동강을 건너 포항과 진주를 함락하면서 적의 방어선을 무너뜨리고 다시 퇴각시켰지만,[52] 동시에 자체 보급선에서 받는 압박은 더 커졌다. 미국인 역사가 로이 애플맨은 두 도시가 함락된 후 부산의 상황과 관련하여, "2주에 걸친 가장 치열한 전투 후에" 유엔군은 "북한군의 대공세를 가까스로 되돌릴 수 있었다"고 썼다. 9월 15일에 가장 격렬한 전투를 치른 미군은 2만 명의 사상자를 냈다.[53] 9월 9일 조선인민군 총사령관 김일성은 전쟁이 "극도로 엄혹하고 결정적인 단계"[54]에 접어들었다고 말했고, 2주 후 미 8군 월튼 워커 장군은 방어선이 구축된 이래로 전선 상황이 가장 위험하다고 보고했다.[55]

서방 세력은 조선인민군을 "국제공산주의 음모"의 대리자로 널리 묘사했지만, 미군을 부산에서 꼼짝하지 못하게 만들어 워싱턴이 패배를 예견하고 한반도 철수를 현실적으로 심각하게 고민했던 그 시점이야말로 베이징이나 모스크바가 물적·인적 지원으로 서방 세력을 코리아에서 몰아낼 최적기였다. 특히 맥아더 장군에 따르면, 그런 작전은 결정적이었을 것으로 판명되었다.[56] 하지만 중국과 소련이 그렇게 하지 않으면서, 북한군은 인적·물적으로 열세에 놓인 채 싸워야 했고 갈수록 더 보급품 부족에 시달리면서 결정적으로 적을 궤멸할 기회를 놓쳤다.[57] 실제로 훗날 미 육군전쟁대학의 연구 결과에 따르면, 조선인민군의 진격을 저지하고 그들이 한반도 전체를 차지할 수 없게 만든 결정적 요인은 심각한 병참 문제였다.58) 만약 중국과 소련의 물적 지원이 있었다면 쉽사리 피할 수 있는 일이었다.

전 세계 GDP의 거의 절반을 차지하고 북한보다 15배 많은 인구를 가진 데다 이미 영국과 호주의 군대와 함대가 도착하는 등 서방 진영의 지원이 증대되고 있던 미국은 점점 더 늘어만 가는 엄청난 보급품을 전선으로 보낼 수 있는 막대한 물질적 이점으로 매우 유리한 처지였다. 그러나 조선인민군이 가하는 위협이 너무 큰 나머지, 독일에 배치된 82 공수사단을 제외한 미국의 모든 전투 준비 사단이 한반도에 배치되었다.59) 연료 부족으로 탱크를 내버릴 수밖에 없을 만큼 갈수록 더 공급 부족에 시달리던 조선인민군을 대적하는 미국의 광대한 군수 산업 기반은 연합군에 필요한 모든 장비를 공급하는 임무를 부여받았다. 이는 미군이 군사력의 양적 측면만이 아니라 질적 수준에서도 막대한 우세를 점하게 해주었다. 미국은 최고성능의 탱크인 M26 퍼싱을 한반도에 배치하기 시작했지만, 당시 소련의 최고성능의 탱크인 T-55와 IS-3은 조선인민군에 공급되지 않았다. 이로 인해 북한군은 소수의 낡고 가벼운 1940년형 T-34로 싸워야 했다. 미국의 M26은 60%나 더 무겁고 훨씬 더 최신식이었다. 9월 초에는 이런 고성능 탱크가 부산에 5백 대 이상 배치되어, 탱크 수로만 조선인민군의 5배 이상이었다.60) 탱크는 조선인민군을 불리하게 만든 일반적 경향의 대표적 사례였다. 도쿄 본부의 보고에 따르면, 조선인민군은 "제1차대전 당시 쓰던 구식소총"에 의존해야 했으며 "전후 소련의 최신 무기"는 전혀 공급받지 못했다.61)

가능하지 않은 역경을 이겨내고 불가능하게 여겨진 것들을 성취하면서, 조선인민군이 이룬 성과는 미군 지도부에 지울 수 없는 인상을 남겼다. 도쿄를 점령한 지 5년도 채 안 되는 사이에 – 각각 동아시아와 유럽을 대표하는 제국주의 세력이었던 – 일본 제국과 독일 제3 제국을 해체한 제2차 세계대전의 승자로서, 미국은 스스로 천하무적의 나라라고 생각했다. 그런 미국이 북한의 거듭되는 승리에 직면해 3개월 동안 계속해서 후퇴할 수밖에 없었던 것은 너무 충격적이고 믿기 힘든 현상이었다. 전쟁 초기 미 보병 24사단을 이끈 딘 소장은 맥아더 사령관에게 "북한군, 북한 병사, 그 정신 상태와 훈련 정도, 장비의 질이 저평가 되었었다는 것을 깨달았다"고 보고했다.[62] 미8군 사령관 리지웨이는 조선인민군의 성과에 당황하여, "조선인민군이 그처럼 잘 훈련되고, 뛰어나게 규율이 서고, 전투 준비가 잘 되어 있는 군대라는 사실은 상상도 할 수 없었다"고 말했다.[63] 사령관 맥아더마저, 과거에는 자신도 그랬지만, 북한 병사와 북한군 지도부의 능력에 대한 과소평가의 위험성을 경고했다.[64] 그는 그 점에 대해 이렇게 말했다. "북한 병사들이 과소평가 되어서는 안 되며, 그들은 강인한 적수이고 훌륭하게 지휘를 받고 있으며 일본인의 침투 전술과 제2차대전 당시 러시아의 탱크기술을 잘 결합해 싸우고 있다. 그들은 단결력을 갖춘 행군과 기동, 야간 습격에 능하고… 탱크 기술은 매우 유능하고 숙련되었다."[65]

전세가 역전되다 : 미 해병대의 인천 상륙

9월 중순, 조선인민군의 보급선은 감당할 수 없을 정도로 무리한 상태였고 점점 더 많은 미군 폭격기들이 한반도 전선에 배치됨에 따라 미군의 공습 압력은 갈수록 더 커가고 있었다. 중요한 해군력을 전혀 갖추지 못한 북한은 부산을 봉쇄할 수도 없고 보급이나 증강을 차단할 수도 없어, 전선의 후방에 수많은 미군과 연합군 병력이 배치되는 것을 허용할 수밖에 없었다. 따라서 북한의 수적·물적 불리함이 날이 갈수록 커갔지만, 여전히 전세가 미군과 연합군에 유리하게 역전되기에는 충분치 못했다.66) 북한군이 전쟁 3개월 만에 처음으로 적의 압도적 능력에 의해 방어에 나설 수밖에 없었던 것은 조선인민군의 후방에서 맥아더 장군이 미군 병력 8만 명으로 야심적인 상륙 작전을 직접 감독하고 나섰을 때였다.

인천항 상륙에 앞서 미국과 영국의 해군 자산을 동원하여 조선인민군 진지들에 대한 집중 폭격이 이루어졌다. 9월 10일부터, 월미도처럼 조선인민군의 방어진지라고 의심되거나 북한군이 주둔한다는 의혹을 받는 인근 마을들에 미군 비행기의 네이팜에 뒤따른 집중 폭격이 가해졌다. 추후 남한 정부 기관에 의한 집중 조사에 따르면, 이 공격은 고의로 마을 주민들을 겨냥해 이루어져 수백 명의 사상자를 냈다.67) 9월 13일에 2척의 영국 중형 순양함과 6척의 미국 구축함으로 편성된 함대가 거의 1천 발의 122mm 포탄을 쏟아부어 월미도 인근 조선인민군 방어진지를 초토화하여 조선인민군의 방어를 무력화했다. 이어 대규모 수륙양용 공격을 감행했다.68) 인천 인근의 조선인민군 병력은 눈에 띄는 자체 해군력이나 공군력을 갖추지 못해 반격이 불가능했다.

인천상륙작전에 참가한 미군의 대부분은 뛰어난 미 1해병사단이었다. 여타 미 7보병사단과 지원부대들도 이 전투에 참여했고 미 해군의 함선 270척이 동원되었다. 인천은 38선에서 남쪽으로 100km, 평양에서 200km도 떨어지지 않은 거리에 있어 미국의 기계화부대가 하루 만에 타격할 수 있는 아주 이상적인 상륙 지점이었다. 그리고 조선인민군 주력부대가 있는 부산에서는 300km 거리였다. 미군이 대규모로 증원됨에 따라 북한은 수적 열세를 극복할 수 없게 되었고, 적 병력의 3분의 1이 북진함에 따라 그들의 영토를 지키기 위해 부산 방어선으로부터 전략적 후퇴를 하지 않을 수 없었다.

부산 방어선 교체가 조선인민군의 전술적 패배로 널리 묘사되었지만, 갈수록 더 빈약해지는 무장에도 동남부에서 전투 경험으로 다져진 분견대는 전투에서 패배했다기보다는 큰 손실 없이 그들의 자산을 질서정연하게 철수한 것이었다. 하지만 연료 부족과 산악지형에 부적합한 T-34의 특성상 북한은 기갑장비 대부분을 내버려야 했다. 미국 항공모함 USS 밸리포지(Valley Forge)의 항공단이 원산에 있는 대형 정유공장을 파괴하고 수천 톤의 석유제품을 파괴하면서 연료 부족 사태가 더욱 심각해졌다. 조선인민군 대부분은 북쪽으로 철수했고, 조선인민군 10사단을 포함한 유격부대는 포를 버리고 38선 남쪽 산속으로 사라져 그곳에서 전쟁 중 내내 미군을 괴롭히는 역할을 했다. 9월에 낙동강 도하 공격의 선봉에 서기도 했던 그들은 1950년 초에 베테랑 장교들로 창설된 기간요원들이었다.

인천 상륙으로 미군은 전세 역전에 성공했고 인원과 장비 면에서 압도적 우세를 확보했다. 하지만 북한군이 무력화되었다는 초기의 낙관적 보도는 훗날 사실이 아닌 것으로 드러났다. 만약 미국이 이끄는 유엔군이 이승만 정권을 복귀시키고 두 코리아 사이 분단선을 38선으로 복원시켜 대한민국을 재건한다는 사명에 충실했다면, 인천 상륙과 서울 수복 후 조선인민군을 더는 만나지 않았을 것이다. 서울 수복 전투는 9월 25일에 4만 명이 넘는 미군이 8천 명의 경무장한 조선인민군 수비대와 맞서 싸우며 1,500명의 사상자를 내고 9월 28일 서울 수복에 성공했다. 하지만 DPRK의 정부 붕괴를 통한 완전한 파괴와 이승만 정부의 한반도 전역 통치를 가져오기 위해 무한정 북진하겠다는 맥아더의 결정은 철수하던 북한군이 재편성을 마치고 10월 중순부터 전투를 계속하게 만들었다. 이 재편성은 북한의 북쪽 국경 인근에서 이루어졌고, 그곳의 기후는 매우 혹독했다. 조선인민군의 재편성 속도와 효율성은 매우 놀라워 그들의 적들은 물론이고 이웃의 중국군에게도 강한 인상을 남겼다.

영국인 특파원이자 작가인 러셀 스퍼는 "중국인은 북한인들이 흩어져 있던 병사들을 재조직하는 속도에 정말 깜짝 놀랐다"고 썼다.[69] 조선인민군의 전투력이 완전히 고갈되었다고 여겼던 바로 그 시점인 1950년 10월, 미국인 조종사들은 대규모의 완벽한 조선인민군의 대형을 다시 목격하기 시작했다. 당시 맥아더 사령부 해군정보장교인 휴 딘은 "실제로는 재건된 몇 개 사단의 조선인민군이 막 미군과 전투를 재개하려고 하는 바로 그 시점에" 맥아더 장군이 "그들을 완전히 궤멸시켰다고 발표했다"[70]고 보도했다.

북한 관리들은 북쪽으로 후퇴가 미군을 끌어들여 그들을 포위하기 위해 인천 이후 채택한 전략의 일환이었다고 주장했다. 맥아더의 의도가 연합군의 진격을 38선에서 멈추는 것이 아니라 북한을 침공해 파괴하려는 것이었다는 사실을 조선인민군 지도부가 얼마나 알고 있었는지는 여전히 불분명하다. 조선인민군 8사단 정치위원 박기송은 인천 이후의 후퇴에 대해 "적들의 주력이 아직 완전히 파괴되지 않고 온전히 남아 있다. 그들은 우리의 군사력에 대해 전혀 알지 못한 채 압록강까지 그들의 보병을 전진시켰다. 이것은 우리를 저평가하고 있다는 것을 가리켰다. 이러한 모든 조건은 적들을 가까이 유인하기에 유리했다."[71] 나중에 포로로 붙잡힌 한 조선인민군 장교는 그의 주장이 조직적 후퇴의 본질이었다면서 이렇게 말했다.

> 혹자는 부산까지 밀고 내려갔다가 압록강까지 후퇴한 것은 완벽한 패배라고 말할지도 모른다. 하지만 그렇지 않다. 그것은 계획된 후퇴였다. 유엔군이 우리를 뒤따라 이곳까지 따라올 것이며, 그렇게 되면 매우 넓은 지역에 그들의 군대를 엷게 흩어 놓을 수밖에 없으리라는 것을 알고 있었기 때문에 조직적으로 후퇴했다. 이제, 이 군대를 포위해 섬멸할 시간이 온 것이다.[72]

그 장교의 주장은 패배의 인정 또는 병사들의 사기 저하를 회피하기 위한 그럴듯한 변명일 수 있다. 하지만 그것은 당시 서방 기자들의 보도와 일치했다. 당시 인천에 머물렀던 영국인 기자 레지날드 톰슨은 그곳에 있던 2천 명의 조선인민군 병력이 20배가 넘는 상륙부대에 순식간에 패배하고 대부분 포로로 붙잡혔다고 보도했다. 그런데 이 북한군 병사들은 아주 어리고 경험이 전혀 없는 미끼로 드러났고, 노련한 병사와 지휘관 들을 포함한 조선인민군 주력은 "마치 유령처럼 언덕으로 사라져버렸다." 맥아더가 놓은 함정은 "닫혔으나 비어 있었다." 조선인민군은 전략적 퇴각의 기술을 완전히 통달했으며, 미국의 대규모 공세에서 큰 손실 없이 빠져나간 것으로 드러났다.[73]

조선인민군 장교가 주장한 전술은 중국인민해방군의 전략적 사고에서 특히 두드러졌다. 최소 3개의 조선인 사단이 중국 내전 중에 중국인민해방군(PLA)에 소속되어 전투에 참여했다가 고국에 돌아와 조선인민군의 핵심부대로 편성되었다. 특히 PLA의 "적을 깊숙이 유인하라"는 전략은 조선인민군의 전략적 후퇴와 상당히 유사했다. 중국공산당 지도자 마오쩌둥은 이를 이렇게 묘사했다. "우리는 항상 '적을 깊숙이 유인하라'는 정책을 지지합니다. 왜냐하면, 전략적으로 수세에 몰린 약한 군대가 강한 적과 싸울 때 사용할 수 있는 가장 효과적인 군사전략이기 때문입니다."[74] 총사령관 김일성을 비롯한 조선인민군 지도부는 마오쩌둥을 비롯한 PLA와 연대해 투쟁을 벌여 왔고, 많은 전략적 개념을 공유하고 있었다. 따라서 조선인민군이 이 전략에 따라 재정비된 사단을 드러내기 전에 유엔군을 그들의 영토 깊숙이 유인했다는 것은 여전히 타당해 보인다.

전쟁을 지속할 수밖에 없었던 이유 : '무조건 항복'이라는 조건

9월 28일 서울을 탈환하고 38선 이북으로 북한 자산의 신속한 철수가 이루어진 후, 미군과 연합군이 남북의 애초 경계선이었던 38선에서 멈출 것인지 아니면 백악관 혹은 도쿄 본부가 북쪽으로 밀고 올라가 남한의 이전 국경 너머로 그들과 서울의 지휘권을 행사할 것인지 질문이 남았다. 후자는 이승만과 서방 진영 내 강경파 반공주의자들이 강력히 주창한 주장이기는 했지만, 유엔안보리 결의 84조의 결정 사항을 넘어선 것이었고, 미군이 중국과 소련의 국경– 중국 국경은 38선에서 300km에 못 미치는 거리였다 –에 이를 위험을 무릅써야 했다.
2차 서울 전투 전날인 9월 21일 기자회견에서 트루먼 대통령은 38선 너머로 진격할지 여부와 관련해 질문을 받았다. 다음날 유피아이 통신은 이렇게 보도했다.

> 그는 자신이 아무런 결정도 내리지 않았고 그것은 전적으로 유엔이 결정할 문제이며, 미군은 북한과 싸우는 유엔군의 일부일 뿐이라고 말했다. 그는 유엔이 도달하는 어떠한 결론에도 따르겠다고 약속했다.

맥아더를 비롯한 강경파로부터 강한 압력을 받게 되자, 침공에 관한 트루먼의 공식 입장도 신속히 바뀌었다. 그다음 주 기자회견에서 투르먼은 "더글러스 맥아더 장군의 군대가 38선을 넘을지 여부를 자신이 공식적으로 밝힐 수 없다고 말했다." 유엔의 결정이 아직 내려지지 않은 상태에서도 맥아더가 취할 행동을 대통령이 어느 정도 인지하고 있었다는 것이 "공식적으로"라는 표현에 함축되었다.[75] 38선을 넘으라고 명령을 내릴 권한이 맥아더에게 있는지 묻자, "트루먼 씨는… 맥아더 장군은 대통령과 합참의장의 명령 지휘 계통에 있으며, 그러한 명령에 따를 것이라고 언급했다." 이것은 언론을 오도하기 위해 대통령이 그 질문에 똑바로 답변하기를 회피하고 있다는 의혹을 불러일으켰다. 비슷한 시점에 워싱턴으로부터, 총사령관이 "달아나고 있는 북한군의 전력을 붕괴시키는 데 군사적 수단이 필요하다면 유엔군을 북한 지역으로 들여보내는"76) 권한을 워싱턴으로부터 재가받았다고 말하는 "책임 있는 정보 제공자"를 인용한 3단 급보가 타전되었다. 연합군에 의한 DPRK 침공 여부가 유엔의 손이 아니라, 북한에 대한 강경한 이념적 반대파인 매파 장군의 재량권에 달려 있었던 것으로 보인다. 맥아더는 결국 9월 27일에 38선을 넘을 수 있는 권한을 부여받았지만, 이미 최고사령관의 재량권으로 38선 너머에 미군이 배치되어 침공은 기정사실이 된 시점이었다.77)

한반도 평화의 조기 정착 전망을 결정적으로 끝내버린 맥아더의 절묘한 행동은 평양의 무조건적 항복을 일방적으로 요구하는 것이었다.78) 그는 그렇게 함으로써 유엔의 협상 가능성 타진을 선제적으로 차단했다. 일방적 항복 요구는 그 상황에 완전히 부적절한 것이었다. 평양이 그 요구에 응하지 않으리라는 것은 너무도 명확했기 때문이다. 이것은 전쟁의 지속과 미군의 북한 침공을 의미했다. 무조건 항복을 요구하는 것의 본질과 그 요구가 전쟁을 장기화했는지와 관련하여 미 육군 역사 자문분과위원장 로버트 시티노는, "자존감이 있는 어떠한 군대나 국가도 무조건 항복을 수용할 리 없다. 그것은 국가로서 존재 자체를 부정하는 것— 이 주장은 전쟁사가들 사이에 널리 공유된 합의사항이다—과 같다."79)고 언급하였다. 유엔은 북한에 직접 협상을 요구하거나, 명확한 조건에 따른 항복을 요구하거나, 국제적 감시 아래 전국선거를 통한 정부의 교체를 추구할 수도 있었다. 해방된 지 얼마 되지 않은 나라의 미래를 자신의 수중에, 그리고 이승만의 수중에 둔다는 조건에 서명하라고 요구한 맥아더의 자유재량보다 이런 것들이 평양에 의해 수용될 가능성이 훨씬 컸을 것이다.

훗날 맥아더는 처음부터 미국의 목표는 전쟁 이전 상태로의 복귀가 아니라, 오히려 "코리아를 통일하고 해방시키기 위해 북한을 완전히 정리하는 것이 사명이었다."[80]고 확증했다. 맥아더는 2년 전 이승만의 취임식에서 열정적 연설을 통해, 한반도를 갈라놓는 "인위적 장벽"은 "반드시 철거되어야 하며, 꼭 그렇게 될 것"이라고 다짐했다.[81] 그리고 그는 공산국가에 대한 봉쇄보다 공세적인 "반격" 작전을 항상 선호했다. 일찍이 7월에 미군이 퇴각하면서 여전히 많은 인적 물적 피해를 겪고 있던 시점에, 맥아더는 "전쟁을 수습하고 코리아를 통일하는" 것을 반격의 최종 목표로 삼았다. 그 시점은 정치가들이 아직 그런 목소리를 공개적으로 내지도 않았고, 그러한 흐름에 동조하지도 않은 때였다.[82] 훗날 오마르 브래들리 장군은 워싱턴이 정치적 성격의 명령을 내려보낸 적이 없었고, 맥아더의 유일한 임무는 북한군의 붕괴에 있었을 뿐이었다고 주장하였다.[83] 따라서 맥아더는 스스로 정치적 목표를 추구하기로 했던 것으로 보인다.

맥아더가 스스로 항복의 조건들을 작성하고 북한으로 군대를 보내는 동안, 미국 내에서는 침공에 대한 평판이 나쁘지 않아서 정치인과 일반 대중 양쪽에서 압도적 지지를 받았다. 미국인 역사가이자 한반도 전문가인 제임스 매트레이는 이렇게 언급했다.

> 맥아더의 북한으로의 공세에 대해 반대하는 미국인은 거의 없었다. 실제로, 논평가 대다수가 코리아에서 "최종"해결을 요구했다. 한 상원 연설에서, 상원 외교위원장 톰 코넬리는 통일된 코리아 건설에 전념할 것을

유엔에 재확인해달라고 요청했다. 공화당원들은 코리아에서 승리를 거둘 전망에 대해 한층 더 열광적이었다. [존 포스터] 덜레스는 개인 서신에서 "우리가 다르게 만들 수 있는데도 38선에서 나뉘어진 코리아로 되돌리는 것은 매우 어리석은 일이 될 것"이라고 썼다. 그는 자신의 견해를 수석 정책기획위원 폴 니체에 보내는 비망록 형식으로 행정부에 제출했다. 그는 "만약 정치적 분단선을 지울 기회가 우리에게 주어진다면, 그 지역의 평화와 안전을 도모하기 위해 반드시 그렇게 해야 한다."[84]고 썼다.

또 다른 유명한 침략 옹호자는 동아시아 담당 차관보 존 M. 앨리슨이었다.[85] 미국의 좌파[86] 역시 국방부나 국무부[87]와 비슷한 목소리로 지지를 표명했다. 따라서 매트레이가 언급했던 "북한의 완전한 파괴를 추구한다는 결정"은 미국 내 정치적 스펙트럼을 뛰어넘어 폭넓은 지지를 받았다.[88]

항복 조건을 발표하면서 맥아더는 이렇게 선포했다. "나는… 당신[북한군 사령관]과 당신 휘하의 군대에 요구한다. 한반도의 어느 쪽에 있든지 '내가 지휘하게 될 수도 있는 군사적 통제에 따라' 즉각 무기를 내려놓고 적대행위를 중지하라." 무조건 항복이 북한인들에게 다가간 의미는 미국이 남쪽에 세운 이승만 아래서, 즉 자신의 국민을 대량으로 학살했다고 알려진 종속적 독재정권 아래서 미국의 점령이 이루어지게 되는 것이었다.[89] 이승만 정부는 지난 5년 동안 가장 보수적인 추산으로도 인구의 2%를 학살했다.[90] 훗날 남한 학자들의 연구에 따르면, 사망자가 60만 명에서 120만 명에 이른다고 밝혀졌다.[91] 정부와 관변 청년단체들은 북쪽에 있는 조선노동당과 그들의 폭넓은 지지층에 대한 복수심을 갖고, 남한 내 좌파, 민족주의 동조자로 의심되는 사람들과 그 가족들을 무차별적으로 공격했다. 이승만 정부는 전체 한반도에 대한 통치권을 주장했고, 그의 군인들과 무장청년단체들은 매우 야수적인 방법으로 공산주의자들은 물론이고 동조할 가능성이 있는 사람들까지도 대량학살했다고 널리 알려졌다.[92] 이승만은 북한을 점령하겠다는 의지를 분명히 하면서, 이렇게 말했다.

> 나는 공산주의자들을 다룰 줄 안다. 빨갱이들은 자신들의 총을 묻고 자신들의 제복을 불태울 수 있겠지만, 우리는 그들을 찾아내는 법을 안다. 불도저로 땅을 파고 거대한 구덩이와 도랑을 만들 것이다. 그리고 그곳을 공산주의자들로 채울 것이다. 그런 다음 덮을 것이다. 그러면 그들은 정말로 지하로 들어가게 될 것이다.[93]

이승만의 위협은 단순한 수사가 아니었다. 그의 군대는 실제로 평시에 정확히 그가 묘사한 대로, 공산주의 혐의자, 정치적 반대세력, 어린이를 포함한 그들의 가족들을 남한 곳곳의 공동묘지에 수만 명을 살해하여 묻었다.[94] 이런 학살은 전쟁 발발 후 빠르게 증가했다. 전쟁 발발 직후 〈로이터〉 특파원은 "오늘 남한 경찰청장 김태선은, 전쟁 발발 후 1,200명의 공산주의자 및 그 혐의자들이 남한 경찰에 의해 처형되었다고 전했다"고 짧게 보도했다.[95]

공산주의자 혐의를 받은 사람들과 그 가족들을 공동묘지에 묻는 이승만 정부의 관행은 정부 및 그와 관련된 미국 소식통들에 의해 널리 증명되었다. 그런 사건을 목격한 미군 제3공병대의 도널드 로이드 일병은 ROKAF 군인들의 행동을 이렇게 떠올렸다. "우리는 기관단총 소리를 들었고, 그들을 큰 구덩이에 묻는 것을 보았다. 아기를 안고 있는 여성들이 그 구덩이에 있었다. 100명 정도였다고 말할 수 있다."[96] CIA 요원인 도널드 니콜스 대령은 자신의 저서에서 1950년 7월 첫 주에 수원 근교에서 있었던 정치범에 대한 조직적 처형 장면을 상세히 기록했다.

> 나는 무력하게 선 채로 그 사태의 전 과정을 목격했다. 두 대의 커다란 불도저가 쉴새없이 움직였다. 한 대는 도랑 형태의 무덤을 만들었다. 처형될 사람들을 실은 트럭들이 도착했다. 그들의 손은 이미 뒤로 묶여 있었다. 그들은 새로 판 무덤의 가장자리를 따라 긴 줄을 그리며 허둥지둥 끌려갔다. 그들은 곧바로 머리에 총을 맞고, 무덤 속으로 떨어졌다.[97]

남한 정부의 진실화해위원회는 이승만 정권이 무너지고 수십 년이 지나 남한에서 민주적 통치를 실행하게 된 후에 이런 사건들에 대한 철저한 조사를 진행했다. 진실화해위원회는 이승만 정부가 미국이 전적으로 수락한 가운데 반정부 인사들과 그 가족들을 겨냥한 절멸 프로그램을 추진했다는 사실을 비밀 제한이 해제된 기록들을 통해 밝혀냈고, 많은 어린이를 포함한 수천 구의 시신을 매장한 대규모 매장지들을 발굴해냈다.[98] 미국은 고의로 대규모 학살과 매장을 북한의 행위로 돌렸다. 그 대표적인 사례가 험프리 보가트가 내레이션을 맡은 영화로 알려진 〈코리아의 범죄〉[99]로, 이 영화에서는 적들이 벌인 전쟁범죄의 증거로 유골 영상을 공개했다. 그러나 남한 정부의 조사 결과, 이는 실제로 이승만 정부가 가해자였다는 사실이 밝혀졌다. 한국전쟁 발발 이후 몇 주 동안에만 남한에서 수십만 명의 민간인이 학살로 희생되었다.100)

심지어 영국과 프랑스도 만약 한반도가 무력으로 통합되는 경우에 한반도 북쪽에 대한 이승만의 지배에 반대하면서 이승만 정부가 코리아를 위해 적합한 관리자인지에 대해 강하게 의문을 제기했다. 그들은 남한 정부가 취약하고 부패했으며 매우 억압적이라는 게 드러났고, 십중팔구 "광범위한 테러를 도발"하게 될 것이라고 주장했다. 또한, 그 정부가 북에 대한 통제권을 가져도 될 것인지는 물론이고, 전쟁 이후 남쪽에 대한 지배를 유지하게 두어도 될 것인지도 의문을 제기했다.101)

남한의 인민공화국과 제주도의 인민위원회를 강제로 해산했던 만큼이나 DPRK를 인정하지 않았던 이승만 정부가 과연 공산주의 세력을 패배한 적으로 명예롭게 대우했을까, 아니면 "코리아의 유일한 합법 정부"의 전복을 시도한 반역 교사자들로 취급했을까? 거의 틀림없이 후자일 것이다. 무조건 항복이 북한인들의 운명을 이승만의 동맹들마저도 반역 혐의자들과 그 가족들에 대한 야만적이고 비인도적인 학대를 비난하는 그런 지도자의 처분에 넘긴다는 것을 고려할 때, 그것은 – 단지 자부심 때문만이 아니라 생존의 기본적 요구 때문에도 – 싸워서 잃을 것이 없었을 것이다. 맥아더 장군의 항복 조건은 결코 받아들여질 수 없고, 따라서 전쟁이 계속된다는 것은 분명했다. 북한인들은 최후까지 싸우려 했다.

만약 강제적으로 통합되는 경우 북한이 취할 행동과 관련해, CIA는 북한 침공에 반대한다는 의견, 특히 북한 인민들에 대한 이승만 정부의 통치에 반대한다는 의견을 강하게 담아 백악관에 조언했다. 하지만

CIA는 만약 이승만 정부의 통치 대신 남북을 통일하기 위한 자유 선거가 시행된다면, 코리아 전체에 공산정권이 들어설 가능성이 농후하다고 지적했다.102) 〈뉴욕타임스〉도 한반도에서 자유 선거가 실시된다면 "공산주의자들이 다수파가 될 것이며, 그렇게 되면 마치 유엔이 개입하지 않은 것과 마찬가지의 결과가 초래될 것"103)이라며 CIA와 유사한 기조로 보도했다. 미국은 민주주의적 가치에 대한 세계적 옹호자로 자처해 왔지만, 서방의 이익과 배치되는 결과가 예견되는 경우 해외의 민주화 과정을 기꺼이 뒤집어엎고도 남았다. 미국 정치권의 좌우를 망라한 모든 의원과 남한의 관료들은 DPRK의 강제적 붕괴와 그 후 다가올 한반도 재통일을 모두가 말하면서도, 공산주의자들의 정권 참여를 허용하는 진정한 민주화 과정이 허용될 수 없다는 것을 잘 알고 있었던 것 같다.104) 8월 17일에 워런 오스틴 유엔 주재 미국 대사는 "미국은 대한민국의 관할권이 자동으로 북한까지 확대된다는 전제하에 선거가 치러지기를 원한다고 밝히는" 연설을 했다. 이승만 정부가 선거 과정의 감독자로 지명됨에 따라, 조선노동당원 수십만 명을 처형하고 나아가 그 가족들까지 처형한 후 유리한 결과를 조작할 수 있을 것으로 예견되었다.105)

북한 지도부 눈에 무조건 항복은 여성의 성노예화,106) 수십만 명 이상의 집단학살,107) 미군의 무기한 주둔108)을 포함해 정확히 남한의 이승만 정부 치하에서 일어난 상상할 수 있는 모든 것을 의미했다. 그리고 주민들을 궁핍한 상태로 버려두고, 집권 12년 동안 그 어떤 경제정책도 세우지 않았던 무능한 행정부109)의 수중에 빠르게 산업화하고 있으며 현대화하고 있는 나라를 맡긴다는 의미였다. 그렇게 함으로써 북한인들은 그들의 미래에 대한 결정권을 잃게 될 것이었다.

그처럼 가혹한 맥아더의 항복 조건은 북한이 받아들이지 않을 것으로 예견되는 가운데 제시되었다. 공산주의 "격퇴"와 국민당 재집권 구상에 따라 중국 국경을 향해 진격하는 확전을 향한 맥아더 장군의 욕망은 전쟁이 지속되기만을 간절히 바라고 있었다. 맥아더는 공개적으로 무력을 통해 중국 내전의 결과를 뒤집겠다는 구상을 말했고, 이를 위해서는 코리아를 통제하는 것이 핵심이었다.110) 맥아더가 국방성과 국무부 내 많은 이들과 함께 신생 중화인민공화국을 뒤집을 수 있는 공격적 행동을 취할 계기를 코리아의 충돌에서 찾아야 한다고 주장했다는 기록이 남아 있다.111) 그는 대만과 긴밀한 관계를 유지했고, 상당수의 국민당군을 한반도 전선에 배치해 미국 주도의 공세112)에 참여시키자고 계속 주장했다. 그것은 미국 내 다른 지도자들도 요구한 사항이었다.113) 중국 국경까지 북쪽으로 밀고 올라가는 것은 중국군과 충돌할 위험성이 매우 높다고 알려져 있었기에, 몇몇 분석가들은 맥아더의 열망과 전술한 요인들을 결부시켜 맥아더의 최종 목표가 무엇인지 보여주는 지표로 조명했다.114)

자신의 저서를 통해 강경파 반공주의자임을 숨기지 않았던 미국 역사학자 앨런 레빈은 서방세계에 침략을 옹호하는 주장이 폭넓게 존재했던 것과 관련해 "한반도에 대해 전혀 관심조차 없던 사람도 공산주의자들을 때림으로써 갖게 되는 감정적 만족을 발견했다."115)고 썼다. 북한인들이 미군에게 전혀 예상치 못했을뿐더러 굴욕감마저 느끼게 만든 수개월에 걸친 완패를 안김으로써, 북한과 그 인민들을 응징하려는 욕구 또한 동기부여의 요인이 되었다. 이것은 DPRK의 주민들을 향한 미군의 행동이 끔찍하게 표출된 데서 확인할 수 있다(7장을 참조할 것). 비록 DPRK가 아니라 ROK 인민과 관련한 것이기는 했지만 "그들은 노예로 살기보다 차라리 죽음을 무릅쓰기를 택했다."[116]라는 맥아더의 말은, 당시 제시된 항복 조건을 고려한다면 DPRK에 적용할 때 놀라울 정도로 사실적이다.

1. Congressional Record: Proceedings and Debates of the 82nd Congress, First Session, Appendix, vol. 97, part 15, September 18, 1951, to. October 20, 1951 (p. A6817).

2. 칼 보그스(Boggs, Carl), 전쟁의 지배자(Masters of War): Militarism and Blowback in the Era of American Empire, Abingdon, Routledge, 2003 (p.205).

3. 블레인 하드(Harden, Blaine), 북조선은 미국의 전쟁범죄를 잊지 않을 것이다('The U.S. war crime North Korea won't forget,') Washington Post, March 24,2015.

4. 스벤 린드스비스트(Lindqvist, Sven), 폭격의 역사(A History of Bombing), New York, The New Press, 2001 (p. 131).   미셸 초서도프스키(Chossudovsky, Michel), 사실을 알자: 북조선은 1950년대 미국의 폭격으로 인구의 30%정도를 잃었다.('Know the Facts: North Korea Lost Close to 30% of its Population as a result of the U.S. Bombings in the 1950s,') Centre for Research on Globalization, November 27, 2010.   휴딘(Deane, Hugh), 한국전쟁, 1945-1953(The Korean War, 1945-1953), San Francisco, CA, China Books and Periodicals,1999 (p. 191).

5. 부르스 커밍스(Cumings, Bruce), 한국전쟁(The Korean War: A History), New York, Modern Library, 2010 (p. 152).

6. 드와이트 가너(Garner, Dwight), 'Carpet-Bombing Falsehoods About a War That's Little Understood,' New York Times, July 21, 2010.   마릴린 B. 영(Young, Marilyn),20세기부터 21세기까지 민간인폭격(Bombing Civilians from the Twentieth to the Twenty-First Centuries), in Bombing Civilians: A Twentieth Century History, Tanaka, Yuki and Young, Marilyn, New York, New Press, 2009 (p. 157).

7. 존 S. 마릭(Malik, John S.), 히로시마 나가사키 원자폭탄 투하(The yields of the Hiroshima and Nagasaki nuclear explosions), Los Alamos National Laboratory report number LA-8819, 1985.

8. 애릭 탈매지(Talmadge, Eric), 한국전쟁이 끝난지 64년이 지났지만, 북조선은 아직도 폭탄을 발굴하고 있다. ('64 years after Korean War, North Korea still digging up bombs,') Associated Press, July 24, 2017.

   테러의 유산: 평양 종합 병원 건설 현장에서 발견된 수십개에 달하는 폭발하지 않은 미국의 폭탄 ('Legacy of Terror: Dozens of Unexploded American Bombs Found at Construction Site ofPyongyang General Hospital,') Military Watch Magazine, May 19, 2020.

9. 에드먼드 러셀(Russell, Edmund), 전쟁과 자연:제1차 세계대전 때부터 침묵의 봄까지 화학약품으로 싸우는 사람과 곤충(War and Nature: Fighting Humans and Insects with Chemicals from World War I to Silent Spring), Cambridge, Cambridge University Press, 2001 (pp. 187-188).

10. I. F. 스톤(Stone, I. F.), 한국전쟁 비사(Hidden History of the Korean War), Amazon Media, 2014 (Chapter 7: The Stage Was Set).

11. 트뤼그베 리(Lie, Trygve),평화를 위해: 유엔에서의 7년(In the cause of peace: seven years with the United Nations), New York, The MacMillan Company, 1954 (Chapters 18 and 19).

12. 설리 하자드(Hazzard, Shirley), 진실 대면(Countenance of Truth): 유엔과 발트하임 사건(The United Nations and the Waldheim Case), NewYork, Viking Penguin, 1990 (pp. 13-22).

    트뤼그베 리(Lie, Trygve),평화를 위해: 유엔에서의 7년(In the cause of peace: seven years with the United Nations), New York, The MacMillan Company, 1954 (p. 389).

13. I. F. 스톤(Stone, I. F.), 한국전쟁 비사(Hidden History of the Korean War), Amazon Media, 2014 (Chapter 24: The China Lobby Responds).

14. I. F. 스톤(Stone, I. F.), 한국전쟁 비사(Hidden History of the Korean War), Amazon Media, 2014 (p. 50).

15. 제임스 코튼, 이안 니어리(Cotton, James and Neary, Ian), 역사 속의 한국전쟁(The Korean War in History), Manchester, Manchester University Press, 1989 (pp. 49-50).

    김한길(Kim, Han Gil), 조선근대사(Modern History of Korea), Pyongyang, Foreign Languages Publishing House,1979 (pp. 306-307).

16　윌리엄 블룸(Blum, William), 희망을 죽이는 것(Killing Hope): 제2차 세계대전 이후의 미군과 CIA의 개입(U.S. Military and C.I.A. Interventions Since World War II),London, Zed Books, 2003 (p. 48).

17　윌리엄 블룸(Blum, William), 희망을 죽이는 것(Killing Hope): 제2차 세계대전 이후의 미군과 CIA의 개입(U.S. Military and C.I.A. Interventions Since World War II),London, Zed Books, 2003 (pp. 46-48).

　　뉴욕타임스, 1950년 6월 25일 (1면 대한민국 보도에 대해, 3면 북조선 보도에 대해)

18　National Records Center, USFIK 11071 file, box 62/96, G-2 'Staff Study,' February 1949,signed by Lieutenant Colonel B. W. Heckemeyer of Army G-2.

19　I. F. 스톤(Stone, I. F.), 한국전쟁 비사(Hidden History of the Korean War), Amazon Media, 2014 (Chapter 7: The Stage Was Set).

20　I. F. 스톤(Stone, I. F.), 한국전쟁 비사(Hidden History of the Korean War), Amazon Media, 2014 (Chapter 7: The Stage Was Set)

21　로버트 반스(Barnes, Robert, 블록 사이: 인디아, 유엔 한국전쟁의 종식('Between the Blocs: India, the United Nations, and Ending the Korean War,') Journal of Korean Studies, vol. 18, no. 2, 2016 (pp. 266-267).

22　뉴욕타임스, 1950, 6, 26(New York Times, June 26, 1950)

23　뉴욕타임스, 1950, 10,1(New York Times, October 1, 1950) (p. 4).

24　I. F. 스톤(Stone, I. F.), 한국전쟁 비사(Hidden History of the Korean War), Amazon Media, 2014 (Chapter 7: The StageWas Set)

25　유엔안보리 결의안 84(UN Security Council Resolution 84), July 7, 1950

26　드와이트 아이젠하워(Eisenhower, Dwight), 백악관 시절: 변화를 위한 위임.1953-1956(The White House Years: Mandate for Change, 1953–1956), New York, Doubleday, 1963 (p. 340).

27　존 할리데이(Halliday, Jon), 한반도에서 유엔(The United Nations in Korea), in: Baldwin, Frank, Without Parallel: TheAmerican-Korean Relationship Since 1945, New York, Pantheon, 1974 (pp. 130-33).

28　제임스 L. 스톡스베리(Stokesbury, James L.), 한국전쟁에 대한 짧은 역사(A Short History of the Korean War), New York, William Morrow andCompany, 1988 (pp. 39, 42-43).

29　존 무어 앨리슨과의 인터뷰(Interview with John M. Allison), New York, April 20, 1969, conducted by Richard D. Challenger, John Foster Dulles Oral History, Seely G. Mudd Manuscript Library, Princeton University Archives

30　부르스 커밍스(Cumings, Bruce), 한국전쟁(The Korean War): A History,New York, Modern Library, 2010 (p. 24).

31　A. B. 에이브람스(Abrams, A. B.), 권력과 우세(Power and Primacy): The History of Western Intervention in the Asia-Pacific, Oxford, Peter Lang, 2019 (Chapter 3: Emergence of a People's Republic in China: Efforts to Undermine the Rise of an Independent Asian Power).

32　Hearing Before the Subcommitteee on International Organisations of the Committee on International Relations, House of Representatives, Ninety-Fifth Congress, First Session, Part 1,June 22, 1977 (pp. 13-14)

33　브루스 커밍스(Cumings, Bruce), 한국전쟁(The Korean War: A History), New York, Modern Library, 2010 (p. 14).C

34　Hearing Before the Subcommitteee on International Organisations of the Committee on International Relations, House of Representatives, Ninety-Fifth Congress, First Session, Part 1,June 22, 1977 (pp. 13-14).

35　브루스 커밍스(Cumings, Bruce), 한국전쟁(The Korean War: A History), New York, W. W. Norton &

Company, 2005 (p. 212).

36 피터 로우(Lowe, Peter), 동맹의 좌절(The Frustrations of Alliance): Britain, The United States, and the Korean War,1950–1951, in Cotton, James, and Neary, Ian, The Korean War in History, Manchester,Manchester University Press, 1989.

37 송광성(Kwang Sung Song), 미군점령 4년사(The Impact of U.S. Military Occupation (1945–1949) on Korean Liberation, Democratization and Unification) (Ph.D Dissertation), Los Angeles, University of California, 1989 (pp. 155–160).   칼럼 맥도날드(MacDonald, Callum),너무도 끔찍한 해방- 유엔의 북조선 점령("'So terrible a liberation'—The UN occupation of North Korea,') Bulletinof Concerned Asian Scholars, no. 23, vol. 2 (pp. 3–19).

38 데이비드 할버스탐(Halberstam, David), 50년대(The Fifties), New York, Ballantine Books, 2012 (p. 71)

39 브루스 커밍스(Cumings, Bruce), 한국전쟁(The Korean War: A History), New York, Modern Library, 2010 (p. 27).

40 T. R. 페렌바하(Fehrenbach, T.R.), 이런 종류의 전쟁: 전통적 한국전쟁사(This Kind of War: The Classic Korean War History)—Fiftieth Anniversary Edition, Lincoln, Potomac Books Inc., 2001 (p.71)

41 러셀 A. 구겔러(Gugeler, Russell A), 한국에서의 전투행동(Combat Actions in Korea), University Press of the Pacific, 2005 (p.16).   T. R. 페렌바하(Fehrenbach, T.R.), 이런 종류의 전쟁: 전통적 한국전쟁사(This Kind of War: The Classic Korean War History)—Fiftieth Anniversary Edition, Lincoln, Potomac Books Inc., 2001 (p.78)

42 베빈 알렉산더(Alexander, Bevin), 조선: 우리가 패배한 첫 전쟁(Korea: The First War We Lost), New York City, Hippocrene Books, 2003(p.66).

43 베빈 알렉산더(Alexander, Bevin), 조선: 우리가 패배한 첫 전쟁(Korea: The First War We Lost), New York City, Hippocrene Books, 2003(p.67).

44 "'Kill 'Em All": 한반도에서 미군범죄(American War Crimes in Korea,)' Timewatch, February 1, 2002.

45 리차드 E. 에커(Ecker, Richard E.), 한국전쟁의 전투(Battles of the Korean War): A Chronology, with Unit-by-Unit United States Casualty Figures & Medal of Honor Citations, Jefferson, NC, McFarland & Company, 2004(p.6)

46 스티븐 잘로가(Zaloga, Steven J.), T-34-85 vs M26 Pershing; Korea 1950, Oxford, Osprey, 2010 (p. 56)

47 "'Kill 'Em All": 한국에서 미군범죄(American War Crimes in Korea,)' Timewatch, February 1, 2002.

48 프린스턴 대학 , 덜레스 인터뷰 기록(Princeton University, Dulles Papers), John Allison oral history, April 20, 1969.   브루스 커밍스(Cumings, Bruce), 한국전쟁(The Korean War: A History), New York, Modern Library, 2010 (pp. 14–15).

49 맥스 헤이스팅스(Hastings, Max), 한국전쟁(Korean War), London, Michael Joseph, 1988 (p. 103)

50 브루스 커밍스(Cumings, Bruce), 한국전쟁(The Korean War): A History, New York City, Modern Library, 2010 (p. 29).

51 'USS 뉴저지(BB 62)역사'('USS New Jersey (BB 62) History' in Dictionary of American Naval Fighting Ships, United States Navy.

52 T. R. 페렌바하(Fehrenbach, T.R.), 이런 종류의 전쟁: 전통적 한국전쟁사(This Kind of War: The Classic Korean War History)—Fiftieth Anniversary Edition, Lincoln, Potomac Books Inc., 2001 (p.139).

   로이 E. 애플맨(Appleman, Roy E.), 남쪽으로 낙동강, 북쪽으로 압록강: 한국전쟁에서 미군(South to the Naktong, North to the Yalu: United States Army in the Korean War), Washington, D.C., Department of the Army, 1998 (p. 416)

53 브루스 커밍스(Cumings, Bruce), 한국전쟁(The Korean War: A History), New York, Modern Library, 2010 (p. 31)

54 브루스 커밍스(Cumings, Bruce), 한국 현대사(Korea's Place in the Sun: A Modern History), New York, W. W. Norton &Company, 1997 (p. 275).

55 브루스 커밍스(Cumings, Bruce), 한국 현대사(Korea's Place in the Sun: A Modern History),, New York, W. W. Norton & Company, 1997 (p. 275).

56 The Truman-MacArthur Wake Island Conference, October 15, 1950 윌리엄 B. 홉킨스(Hopkins, William B.), 나팔하나 드럼없음(One Bugle, No Drums): The Marines at Chosin Reservoir, Chapel Hill, Algonquin Books, 1986 (p. 46).

57 타임지 1950년10월 6일(Time Magazine, October 6, 1950.)I. F. 스톤(Stone, I. F.), 한국전쟁비사(Hidden History of the Korean War), Amazon Media, 2014, Chapter 13, 'MacArthur's Blank Check.'

58 앤드류 스코벨, 존 M. 샌포드(Schobell, Andrew and Sanford, John M.), 북조선의 군사적 위협: 평양의 재래식 전력, 대량살상무기, 대륙간 탄도미사일, 미국의 전쟁(North Korea's Military Threat: Pyongyang's Conventional Forces, Weapons of Mass Destruction, and Ballistic Missiles, U.S. Army War) College Strategic Studies Institute, April 2007 (p. 62).

59 부르스 커밍스 (Cumings, Bruce), 한국전쟁(The Korean War: A History), New York, Modern Library, 2010 (p. 30).

60 앨런 J. 레빈(Levine, Alan J.), 스탈린의 마지막 전쟁: 한국전과 제3차 세계대전에 접근(Stalin's Last War: Korea and the Approach to World War III), Jefferson, McFarland & Company, 2005 (p. 71)

61 I. F.스톤(Stone, I. F.), 한국전쟁 비사(Hidden History of the Korean War), Amazon Media, 2014 (Chapter 13: MacArthur's Blank Check).

62 한국전쟁에서 미군(United States Army in the Korean War): Volume 4, Washington, DC, Government Printing Office, 1961 (p. 84).

63 맥스 헤이스팅스(Hastings, Max), 한국전쟁(Korean War) London, Michael Joseph, 1988 (p. 22)

64 부르스 커밍스(Cumings, Bruce), 한국전쟁의 기원(Origins of the Korean War): The Roaring of the Cataract, 1947–1950,Volume 2, Princeton, NJ, Princeton University Press, 2004 (p. 693).

65 부르스 커밍스(Cumings, Bruce), 한국전쟁의 기원(Origins of the Korean War): The Roaring of the Cataract, 1947–1950, Volume 2, Princeton, NJ, Princeton University Press, 2004 (p. 693).

제임스 F. 쉬나벨과 로버트 J. 워트슨(Schnabel, James F., and Watson, Robert J.), 한국전쟁(The Korean War), part I, History of the Joint Chiefs of Staff (pp. 178–181).

66 로이 E. 애플맨(Appleman, Roy E.), 남으로 낙동강, 북으로 압록강: 한국전쟁에서 미군(South to the Naktong, North to the Yalu: United States Army in the Korean War). Washington, D.C.: Department of the Army, 1998,(p. 393)

67 최상훈(Choe, Sang Hun), '남한은 미국이 수백명의 주민들을 죽였다고 한다"('South Korea Says U.S. Killed Hundreds of Civilians,') New York Times, August 3, 2008.

길버트 로즈맨(Rozman, Gilbert), 미국의 지도력, 역사 그리고 동북아시아에서의 쌍무관계(U.S. Leadership, History, and Bilateral Relations in Northeast Asia), Cambridge, Cambridge University Press, 2011 (p.61).

68 커티즈 우츠(Utz, Curtis), 바다로부터 공격; 인천상륙작전(Assault from the Sea: The Amphibious Landing at Inchon), Washington D.C., Naval Historical Center, 1994 (p. 25).

69 러셀 스퍼(Spurr, Russel), 용쟁호투: 조용한 중미전쟁 1950-1951 (Enter the Dragon: China's Undeclared War Against the U.S. in Korea, 1950–1951), New York, William Morrow and Company, 2011 (p. 284).

70 휴 딘(Deane, Hugh), 한국전쟁,1945–1953(The Korean War, 1945–1953), San Francisco, CA, China Books and Periodicals,1999 (pp. 112, 118).

71 부르스 커밍스(Cumings, Bruce), 한국전쟁(The Korean War: A History), New York, Modern Library, 2010 (p. 32).

72 위의 책(Ibid.) (p. 32)

73 레지날드 톰슨(Thompson, Reginald), 조선을 외치다(Cry Korea), London, Macdonald & Company, 1951 (pp. 39, 72).

74 스튜어트 R. 슈람(Schram Stuart), 마오의 권력에의 길: 혁명적 저작들(Mao's Road to Power: Revolutionary Writings), 1912–1949, Volume 4: The Rise and Fall of the Chinese Soviet Republic, Abingdon, Routledge, 1997 (p. 374).

75 I. F. 스톤(Stone, I. F.), 한국전쟁비사(Hidden History of the Korean War), Amazon Media, 2014 (Chapter 16: Reversal on the Parallel).

76 위의 책(Ibid). (Chapter 16: Reversal on the Parallel).

77 제임스 코튼과 이안 니어리(Cotton, James and Neary, Ian), 한국전쟁(The Korean War in History), Manchester, Manchester University Press, 1989 (p.67).

78 I. F.스톤(Stone, I. F.), 한국전쟁비사(Hidden History of the Korean War), Amazon Media, 2014 (Chapter 16: Reversal on the Parallel).

79 로버트 시티노와 사무엘 바이어스(Citino, Robert and Byers, Samuel), 왜 독일군은 끝까지 싸웠는가?('Why Did the German Army Fight to the End?,')Talk forthe Project of Military and Diplomatic History at the Centre for Strategic International Studies, Headquarters, Washington D.C., March. 6, 2018.

80 제임스 I.매트레이 (Matray, James I.), 트루맨의 승리 계획: 민족자결과 한반도에서 38선결정('Truman's Plan for Victory: National Self-Determination and the Thirty Eighth Parallel Decision in Korea.) The Journal of American History, vol. 66, no. 2, 1979 (p.332)

81 뉴욕타임스 1948년 8월 18일(New York Times, August 18, 1948)

82 MacArthur to Joint Chiefs of Staff, July 7, 1950, Korea File 1, Box 2, RG 6, MacArthur Papers. Truman, Harry S., Memoirs, Vol. II: Years of Trial and Hope, Garden City, Doubleday, 1956 (p. 347).   MacArthur, Douglas, Reminiscences, New York, McGraw, 1964 (p. 337).   Collins, J. Lawton, War in Peacetime: The History and Lessons of Korea, Boston, Houghton Mifflin, 1969 (pp. 82–83).   Schnabel, James F., Policy and Direction: The First Year, Washington, Office of the Chief of Military History, United States Army, 1972 (pp. 106–7).

83 제임스 I.매트레이 (Matray, James I.), 트루맨의 승리 계획: 민족자결과 한반도에서 38선 결정('Truman's Plan for Victory: National Self-Determination and the Thirty Eighth Parallel Decision in Korea.) The Journal of American History, vol. 66, no. 2, (p332)

84 위의 책(Ibid). (p. 331).

85 John M. Allison to Dean Rusk, July 1, 1950, Washington, Department of State, Foreign Relations of the United States: 1950, vol. VII: Korea, 1976 (p. 272).

86 알론조 L 햄비(Hamby, Alonzo L.), 뉴딜을 넘어(Beyond the New Deal): Harry S. Truman and American Liberalism, New York, Colombia University Press, 1973 (p. 407).

87 Bodenheimer, Thomas and Gould, Robert, Rollback!: Right-wing Power in U.S. Foreign Policy, Boston, South End, 1989 (p. 18).

88 제임스 I.매트레이 (Matray, James I.), 트루맨의 승리 계획: 민족자결과 한반도에서 38선 결정('Truman's Plan for Victory: National Self-Determination and the Thirty Eighth Parallel Decision in Korea.) The Journal of American History, vol. 66, no. 2, 1979 (p.331)

89 한반도 전쟁의 배경('The Background of the Present War in Korea,') Far Eastern Economic Review,

August 31, 1950. 부르스 커밍스 (Cumings, Bruce), 한국전쟁(The Korean War: A History), New York, Modern Library, 2010 (p. 189).

90 위의 책 (Ibid). (p. 189). 찰스 J. 핸리와 장재순(Hanley, Charles J., and Change, Jae-Soon), 'Summer of Terror: At least 100,000 said executed by Korean ally of U.S. in 1950,' The Asia-Pacific Journal, Volume 7, Issue 7, July 2, 2008.

91 '최소 60만명, 최대 120만명!,' ['More than 600,000, less than 1,200,000!,'] Hankyoreh, June 20, 2001.

92 김 모니카(Kim, Monica), 한국전쟁의 심문실: 알려지지 않은 이야기(The Interrogation Rooms of the Korean War: The Untold History), Princeton,NJ, Princeton University Press, 2019 (pp. 231–232, 236).

김성내(Kim, Seong Nae), 제주 4.3 항쟁과 여성("The Cheju April Third Incident and Women): Trauma and Solidarity of Pain," paper presented at the Cheju 4.3 Conference, Harvard University, April 24–26, 2003.

Nichols, Donald, How Many Times Can I Die?, Brooksville, FL, Brooksville Printing, 1981 (pp. 119–120).

93 Rhee quoted by president of United Press International Hugh Baillie in: Baillie, Hugh, High Tension: the Recollections of Hugh Baillies, London, Thomas Werner Laurie, 1960.

MacDonald, Callum, '"So terrible a liberation"—The UN occupation of North Korea,' Bulletin of Concerned Asian Scholars, no. 23, vol. 2 (pp. 3–19).

94 The Times (UK), December 18, 21 and 22, 1950. Cumings, Bruce, The Korean War: A History, Modern Library Edition, 2010 (pp. 168, 181)

95 I. F.스톤(Stone, I. F.), 한국전쟁 비사(The Hidden History of the Korean War) (Chapter 16: Reversal on the Parallel).

96 찰스 J. 헨리, 최상훈, 마르타 멘도자(Hanley, Charles J. and Choe, Sang Hun, and Mendoza, Martha), 노근리 다리: 한국전쟁의 감춰진 악몽(The Bridge at No Gun Ri: A Hidden Nightmare from the Korean War), New York, Henry Holt and Company, 2001 (p. 169).

97 도널드 니콜슨(Nichols, Donald), 나는 몇 번 죽을 수 있을까?(How Many Times Can I Die?) Brooksville, FL, Brownsville Printing Co.,1981.

98 리챠드 스펜서(Spencer, Richard), 한국전쟁기간중 동맹에 의해 10만명 이상이 학살되었다('More than 100,000 massacred by allies during Korean War,') The Telegraph, December 29, 2008.

99 부르스 커밍스(Cumings, Bruce), 한국전쟁(The Korean War: A History), Modern Library Edition, 2010 (p. 177).

100 로버트 A. 쉐인스(Shaines, Robert A.), 명령의 영향: 한국과 부정의 정치 이야기(Command Influence: A story of Korea and the politics of injustice), Denver, CO, Outskirts Press, 2010 (p. 54)

101 부르스 커밍스(Cumings, Bruce), 한국전쟁(The Korean War: A History), 2010 Modern Library Edition (p. 179).

102 찰스 J. 헨리, 최상훈, 마르타 멘도자(Hanley, Charles J. and Choe, Sang Hun, and Mendoza, Martha), 노근리 다리: 한국전쟁의 감춰진 악몽(The Bridge at No Gun Ri: A Hidden Nightmare from the Korean War), New York, Henry Holt and Company, 2001 (p. 170).

103 I. F.스톤(Stone, I. F.), 한국전쟁 비사(The Hidden History of the Korean War) , Amazon Media, 2014 (Chapter 17, 'Free Elections?').

104 제임스 I.매트레이 (Matray, James I.), 트루맨의 승리 계획: 민족자결과 한반도에서 38선 결정('Truman's Plan for Victory: National Self-Determination and the Thirty Eighth Parallel Decision in Korea.) The Journal of American History, vol. 66, no. 2, 1979 (p.331-332)

105 I. F.스톤(Stone, I. F.), 한국전쟁 비사(The Hidden History of the Korean War), Amazon Media, 2014 (Chapter 17: Free Elections?).

106 캐서린 HS 문(Moon, Katherine H. S.), 동맹국 사이의 섹스(Sex Among Allies), New York, Colombia University Press, 1997. Sex Among Allies, New York, Colombia University Press, 1997.

107 부르스 커밍스(Cumings, Bruce), 한국전쟁(The Korean War: A History), New York, Modern Library, 2010 (p. 189).

108 더그 밴도우(Bandow, Doug), 왜 미군은 여전히 한국에 있는가?('Why Are U. S. Troops Still in Korea?') Forbes, May 3, 2011.   새로운 세기를 위한 미국의 방어, 전략, 병력, 자원 재구축(Rebuilding America's Defenses, Strategy, Forces and Resources For a New Century), A report of the Project for the New American Century, September 2000 (p. 18) (see for U.S. intention to maintain forces on the Korean Peninsula even after reunification to project power on the Asia mainland).

109 Heo, Uk, and Roehrig, Terence,Heo, Uk, and Roehrig, Terence, 1980년이후의 남한(South Korea Since 1980), Cambridge, Cambridge University Press, 2010 (p. 18).   그레고리 헨더슨(Henderson, Gregory), 소용돌이의 정치학(The Politics of the Vortex), Cambridge, MA, Harvard University Press,1968 (pp. 348-349).

110 스티브 필립(Philips, Steve), 냉전: 유럽과 아시아에서의 분쟁(The Cold War: Conflict in Europe and Asia), Oxford, Heinemann, 2001 (pp. 71-72).

111 이스라엘 엡스타인(Epstein, Israel), My China Eye : 유태인과 언론인의 회고록(My China Eye: Memoirs of a Jew and a Journalist), San Francisco, Long River Press, 2005 (p. 251).

토마스 보덴하이머와 로버트 굴드(Bodenheimer, Thomas and Gould, Robert), 롤백!: 미국의 외교정책에서 우익정권(Rollback!: Right-wing Power in U.S. Foreign Policy), Boston, South End, 1989 (p. 18).

112 알레 J. 레빈(Levine, Alan J.), 스탈린의 마지막 전쟁: 한국전쟁과 3차 대전으로 접근(Stalin's Last War; Korea and the Approach to World War III), Jefferson, McFarland & Company, 2005 (p. 193)

113 BBC Summary, Far East, No. 221, January 23, 1953.

114 다니엘 스콧(Scott, Daniel), 한 노병의 초기 냉전에 대한 견해,1949-1953('An Old Soldier's View Of The Early Cold War, 1949-1953,') Theses and Dissertations, Illinois State University, 2015.

115 알레 J. 레빈(Levine, Alan J.), 스탈린의 마지막 전쟁: 한국전쟁과 3차 대전으로 접근(Stalin's Last War; Korea and the Approach to World War III), Jefferson, McFarland & Company, 2005 (p. 93)

116 Douglas MacArthur's Farewell Address to Congress, April 19, 1951.

4장
북한으로 전장의 이동과 중국

교전국 명명에 관한 메모

서방 학계에서 양측 교전 당사자를 지칭하여 더 흔히 사용되는 용어가 "공산주의자들"과 "유엔군"이지만, 이런 용어들을 검토해 보면 교전 집단 및 분쟁 자체의 본질에 관해 다소 오도하고 있음을 알 수 있다. 북한 혁명과 중국 혁명의 근본 원인이나 북한인들과 중국인들이 투쟁하는 주된 이유는 특정한 사회·경제적 체제를 유지하기 위해서라기보다는 서방이 주도하는 질서 아래서 아시아 국가들에 오래도록 부정되어 온 민족적 존엄과 주권, 독립을 단호히 주장하려는 것이었다. 따라서 그들의 혁명과 투쟁은 이데올로기적 제휴관계보다는 민족적 정체성에 의해 식별될 것이다. 이것이 그들의 투쟁의 성격에 더 잘 들어맞는다.

한편, "유엔의 무력(forces of UN)"은 일종의 국제적 합의와 세계 강대국 공동의 대의를 가리키게 된다. 하지만 그 무력의 실체는 결코 그런 것이 아니다. 전술한 대로, 유엔이라는 조직은 미 국무부 주도로 창설되었고 과도하게 서방 지배적인 조직이었다는 게 틀림없다. 안전보장이사회 상임이사국 4개국은 서방 국가 3개국과 중국 내전에서 패한

쪽— 중국 영토의 5% 미만을 지배하는 사실상의 서방 보호국 —이었다. 인도와 유고슬라비아처럼 서방의 영향력에서 훨씬 더 자유로운 국가들은 양국 모두 미국 원조에 크게 의존하고 있었음에도 유엔군(UN force)을 지지하지 않았다. 유엔군은 유엔이 아니라 워싱턴에 책임을 다하는 미군의 지휘 아래 놓여 있었다.

그러므로, 그 전쟁을 유엔이 싸운 전쟁으로 지칭한다면 그 실체, 즉 서방 진영이 그들의 종속 국가들과 함께 서방의 지배에 맞선 동아시아의 저항을 진압하기 위해 싸운 전쟁이라는 실체를 감추게 된다. 따라서 여기서는 교전국들의 본질을 더 정확하게 묘사해주는 "동아시아 동맹"과 "미국 주도의 연합"이라는 용어를 쓴다. 이는 각각 중국과 북한의 동맹군과 미국의 지휘 아래 움직이는 서방이 우세한 연합군을 지칭한다.

북한을 침공하고 중국을 도발하다 : 미국의 두 번째 패주

미군 병력이 처음 북한 영토에 들어간 것은 9월 26일로, 일본 내 다치카와 공군기지에서 출발한 21 공수대대의 낙하산 부대원들이었다. 합동참모본부와 트루먼 대통령은 다음날 침공을 정식으로 허가했을 뿐이다.1) 이어 미국 주도 연합군이 북한 곳곳으로 급속히 진격해 들어갔고, 조선인민군은 저항을 거의 하지 않은 채 전략적 후퇴를 계속했다. 이웃의 중국은 미군의 진격에 대해 크게 우려했다. 저우언라이 수상은 10월 1일 중화인민공화국 창건 1주년 기념식 연설에서, 북한 침공을

"가만히 앉아 두고 보지는" 않겠다고 경고했다. 이처럼 강한 수사에도 불구하고, 베이징은 간절히 전쟁을 피하고 싶었고 자국의 영토 보전이 직접 위협받을 때만 개입하려고 했다.

10월 12일 CIA는 중국이 북한 방어에 개입할 가능성과 관련해 '중국의 코리아 전면개입 위기'(ORE 58-50)라는 제목의 극비 보고서를 트루먼 대통령에게 제출했다. 그 안에는 "저우언라이의 연설과 만주로의 병력 이동에도 불구하고… 코리아에서 중국 공산주의자들이 실제로 전면개입에 나설 것이라는 확실한 징후는 아직 보이지 않는다"고 쓰여 있었다. CIA의 보고는 계속해서 "1950년에는 그런 작전이 있을 법하지 않다… 코리아에서 개입의 최적기는 이미 지나갔다"고 썼다. 많은 이들이 당시 그러했듯이 CIA 역시, 만약 중국이 DPRK를 지원하려 했다면 — 대규모 인력지원이었다면 말할 나위도 없었겠지만 — 소규모의 물적 지원만으로도 8월에 부산 방어선의 전세를 바꾸어놓았을 것이라고 보았다.

신생 중화인민공화국에 공공연하게 적대적인 미국 주도 연합군이 접근해 오고 그 지도자들이 공산주의의 "격퇴"를 맹세함에 따라, 베이징은 두 나라가 공동으로 사용하는 핵심적인 발전소들이 포함된 북한과 접경한 만주 산업 중심지의 안전을 우려했다. 일본 제국주의가 13년에 걸쳐 지배하면서 그들의 동북아시아 영토에서 공업 발전을 우선에 두고 성과를 만들어낸 결과, 만주는 중국의 공업화와 발전을 가장 앞서서 이끄는 산업지대이자 국가 경제의 필수적인 지역이었다. 그 당시 〈뉴욕타임스〉 특파원은 북한과의 국경에 자리 잡은 압록강 발전소가 중국이 전국 차원의 공업화를 위한 "특구"로 여기는 "만주의 공업화

계획에 전력을 공급하고 있다"는 점을 지적했다. 따라서 이 공업 지구는 베이징에 매우 중요했다. 베이징에 사활적인 산업 이익을 지킬 수 있도록 북한 국경에 엷은 완충지대를 만들기 위해 중국 보병 파견대가 배치되어 있었다. 미국과의 직접적 충돌 위험을 방지하기 위해, 이 병력은 중국인민해방군(PRC) 주력부대가 아닌 팽더화이 장군이 지휘하는 13군단의 중국인민지원군(PVA) 휘하로 배치되어 있었다.

미국 주도 연합군은 중국 지상군의 존재를 이미 알고 있었는데도 산업지대 안보와 관련한 중국의 우려를 무시한 채 매우 빠르게 계속 북진했다. 10월 16일 팽더화이 장군은 인민지원군 42군을 배치해 국경부대를 보강했으며, 뒤이어 370연대의 병력을 투입하였다. 이런 조치도 미군이 10월 20일에 함락된 북한 수도 평양에 대한 공격을 선봉에서 펼치면서 동시에 계속 북상하는 연합군의 진격을 멈춰 세우지 못했다. 미 공군의 집중 폭격으로 DPRK는 수도에서부터 작은 촌락에 이르기까지 인구 밀집 지역은 완전히 파괴되었고, 조선인민군은 적들의 압도적 힘과 직접적 대결을 피하면서 거점 방어에 힘을 쏟기보다 북쪽으로 질서정연한 퇴각을 계속했다. 따라서 평양 함락은 신속히 이루어졌고 침략군은 비교적 손실이 적었다.

발전소를 지킬 수 있는 완충지대를 국경 남쪽에 형성하기 위해 중국이 인민지원군을 조기 배치한 것과 관련해 아마도 가장 주목할 만한 점은 그 배치에 관한 보도가 미국 매체에서 검열·삭제된 일일 것이다. 그 결과, 이에 관한 보도가 중국군이 코리아에 참전하고 나서야 비로소 이루어짐으로써 마치 중국이 국경 너머 자국 영토에서 갑자기 연합군을 공격한 것처럼 보이게 되었다. 실제로, 미국 주도 연합군이 중국 국경에 접근한 것이 10월 25일이었고, 인민지원군은 북—중 국경 가까이서 일주일 넘게 작전 중이었다. 그 결과로 발생한 전투는 남한의 제2 보병연대의 완전한 궤멸과 더불어 미국 장교 2명이 포로로 붙잡히면서 중국 측의 승리로 끝났다.2) 선발대의 패배에도 연합군은 북진을 계속했다. 미국·영국·호주 군대로 이루어진 연합군은 10월 29일 북—중 국경에서 80km 떨어진 정주에서 소수의 조선인민군의 저항에 부딪혔지만 계속 북으로 진격했다.

미국 주도 연합군이 중국 국경 쪽으로 계속 전진함에 따라 직접 충돌 가능성이 점점 커갔다. 10월 25일에 시작된 운산 전투는 인민지원군과 남한군의 지원을 받는 미 기병 5연대, 8연대 사이에 열흘간 계속되었다. 결과는 1,680~2,000명의 큰 사상자를 낸 – 그 대부분이 미군이었다 –미군과 연합군의 대패였다.3) 유엔사령부 평가에 따르면 중국군은 이 전투에서 600명 이상의 사상자를 냈다.4) 이 전투는 인민지원군이 중국 국경에서 진격해 나와 퇴각하는 연합군으로부터 영토를 획득하기 시작하면서 11월 4일에 끝났다. 힘을 과시하기 위해 중국군은 11월 1일부터 미그—15 제트 전투기를 국경 지역 상공으로 운항하기 시작했다. 중국은 확전을 피하고자 했다. 그들의 진지에 대한 적대적 공격을 격퇴하는 데서 유능함을 입증해 보이면서도, 여전히 그들의 비행기와 미군이 직접 교전하게 되는 것만은 피하고자 했다.

인민지원군은 운산에서 압도적 승리를 거둔 여파로 평화협상을 추진할 생각이었다. 자신들의 우세를 이용해 압박하는 대신 11월 5일 돌연히 공격을 중단한 것이다. 맥아더 장군은 북—중 국경 지역 산업시설들이 베이징에 얼마나 중요한지 명백히 알고 있음에도 불구하고, 다음

날 중국군이 무조건 북한에서 철수하지 않는다면 만주 경제에 핵심적인 압록강 수력발전 댐을 파괴할 것이라고 천명했다.5) 수풍댐은 일본 제국주의 시대 만주에서 가장 큰 산업시설 중 하나에 해당했다. 그 댐은 세계에서 세 번째로 큰 발전소이며, 미국 바깥에서는 가장 큰 발전소였다. 중국의 긴장 완화 움직임은 유엔에서 긍정적 반응을 이끌어냈다. 11월 7일 유엔 한국임시위원회는 "중국 공산주의자들에게 조선-만주 국경 지역에 그들이 갖는 관심과 관련하여 확신을 주는" 성명을 냈다. 중국은 재빨리 응답했고, 같은 날 도쿄 본부는 이렇게 발표했다. "오늘 아침 안주 북쪽 방어선에서 기습 작전 중이던 중국과 북한 군대가 유엔군과 교전을 중단했다."6) 중국의 이런 움직임은 미국 분석가들 사이에서 유엔과의 평화회담을 여는 데 도움이 되도록 자신들의 유리한 위치를 포기하고 긴장을 완화하려는 의도로 널리 해석되었다.7)

맥아더 사령부는 전투 종료를 환영하지 않았던 듯했고, 철수가 "퇴각이라기보다는 새로운 맹공을 위한 공산당 군대를 재편성"할 의도로 이루어지고 있는 것이 명백하다고 주장했다. 전투에서 철수한 일은 호전적 의도로 묘사되어야만 했다.8) 그러나 인민지원군이 방어선만 유지함에 따라 이런 서사는 급속히 힘을 잃어 2주가 채 되지 않아 대부분의 미군 사령부 인사들은 중국의 의도가 공격적이지 않다는 의견에 일치를 보았다. 미 8군사령부 성원들은 점점 더 중국 개입의 동기가 압록강에 있는 수풍발전소를 비롯해 산업기반시설 보호일 뿐이라고 여기게 되었다.9) 인민지원군이 유엔군과 교전을 중단한 지 2주가 지나, 미 육군 10군단 정보기관은 11월 22일 중국군이 "현재의 위치에서 방어 위치를 준비 중인 것으로 보인다"고 보고했다. 그리고 "초기 증강

이후 의미 있는 숫자의 [인민지원군] 부대원들이 국경을 건넜다는 어떠한 증거"도 없다고 보고했다.10)

이전 승리를 발판으로 상당한 여세를 몰아 남하하거나, 부대를 추가로 증강해 전력을 강화할 기회를 포기하면서까지 베이징은 직접 협상을 통해 평화를 정착시킬 수 있는 소강상태를 만들어냈다. 11월 8일 중국 대표가 유엔과의 평화협상장에 도착하게 되어 있었고, 협상은 일주일 후인 11월 15일 열릴 예정이었다. 맥아더로서는 이제 중국 국경에 다가섰고, 한반도에서 인민지원군을 몰아낼 뿐 아니라 중화인민공화국의 완전한 항복을 받아낼 수 있는 충분한 자산을 확보한 시점이었다. 협상을 통한 평화협상 전망이 그가 갈망했던 공산주의 격퇴를 위한 전망을 위협하고 있었다. 특히 북한에 주둔 중인 미군에 대해 최소한 부분 철군 문제가 합의되어 협상 결과로 나올 가능성이 컸다. 이것은 그의 구상에 대한 실질적 위협이었다. 그리하여, 11월 8일 유엔 평화협상의 첫 번째 회의가 열리기 불과 몇 시간을 앞두고 매우 중대한 도발이 새롭게 발표되었다.

11월 8일, 워싱턴의 미 공군 대변인이 이렇게 발표했다. 중국의 도발을 막기 위해 취해졌던 "초기 만주로부터 3마일 이내 비행 금지"가 해제되었으며, "한반도 내 미군 조종사들이 압록강을 따라 곧장 중국 국경까지 작전을 벌일 것이다." 통상적으로 어떤 규제를 풀 때 사용하는 "작전을 벌일 수도 있다(may operate)"가 아닌, "작전을 벌일 것이다(are operating)"라는 용어를 사용한 이유는 그날 곧이어 있었던 극도로 파괴적인 공격에서 명백히 드러났다. 공격의 과녁은 바로 중국 국경에 접한 북한 도시 신의주였다. 79대의 B-29 전폭기와 3대의 전투기들이 바로 그날 신의주 상공을 비행했다. 이 대규모 비행단은 수백 톤의 폭탄을 싣고 와서 그 도시를 무차별적으로 파괴했다. "로켓포탄, 폭탄, 85,000개의 소이탄을 사용한" 미국의 공격으로 "신의주의 90% 이상이 파괴되었다."[11] 그 광경은 5년 전 도쿄에 대한 소이탄 공격을 연상케 했다. 똑같은 무기가 동아시아의 인구 밀집 도시를 파괴하기 위해 사용되었다.

맥아더는 11월 5일에 직접 북한에 있는 "모든 통신수단, 모든 군사시설, 공장, 도시와 마을"에 폭탄 투하를 명령했으며, 이것은 합동참모본부가 승인한 것으로 추후 드러났다.[12] 그날 밤 북한의 야코블레프-9(Yak-9) 전투기 8대가 미국의 폭격 부대를 공격했다. 소련은 B-26 5대와 B-29 폭격기 1대가 파괴됐다고 주장했고, 미군은 단지 두 대의 폭격기가 손상을 입었을 뿐이라고 주장했다. 북한은 아무런 피해를 입지 않았다.[13] 중국과 달리 조선인민군은 공군력을 이용해 적을 상대할 수 있는 여력이 한참 부족했다. 보충이 이루어진 것 같았지만 여전히 제한적이었다. 북한 인구 밀집 지역 및 기반시설에 대한 맥아더의 무차별적 폭격 명령은 3일 후인 11월 8일에 발표되었고, 바로 그날 신의주를 폐허로 만들면서 시작되었다. 결과는 북한 주민들을 겨냥해 새롭게 시작된 폭격 작전으로 나타났다.

대규모 공습이 초래한 파괴는 ─ 탄두, 기후 조건, 표적이 된 인구 밀집 지역의 건축 자재에 따라 ─ 핵 공격에 버금가기도 했고 종종 이를 능가하기도 했다. 〈뉴욕타임스〉는 11월 8일 신의주 공습에 대해 이렇게 썼다. "국경침범 가능성을 피할 의향이었다면 국경에서 3마일 남쪽 지점을 유지했을 것이다. 그러나 그 대신, 미군 조종사들의 공습은 만주 국경에 바로 폭탄을 투하해도 좋다고 허가가 났다는 워싱턴의 공군 대변인 발표와 거의 동시에 이루어졌다."14) 그 같은 대규모 공습부대 조직에 필요한 준비, 공습의 적절한 시간과 조건을 고려해 봤을 때, 설사 폭격기들이 이미 그 시각에 급파되어 있지는 않았다 할지라도 공식 발표 훨씬 이전에 공습이 기획되었을 가능성은 충분해 보였다. 평화의 기회가 열리고 중국이 명백히 긴장 완화와 협상을 통한 해결을 모색하고 있던 바로 그 시점에 맥아더 사령부가 도발을 벌였다는 것, 이것이 또 하나의 기정사실(fait accompli)이었다. 특별히 민감한 지역의 인구 밀집 지역을 겨냥한 대규모 공습은 평화협상 과정에 지장을 주는 가장 효과적인 방법이었다.

미국인 저널리스트 I. F. 스톤은 맥아더 사령부의 정책과 그것이 민간인들에게 미치는 영향을 평가하면서, 그 공격은 중국과의 평화협상에 대한 전망을 잠재우기 위한 시도였다고 결론지었다.

> 전투가 소강상태에 접어들고, 평화가 가능할 것처럼 보이던 바로 그 시점에, 맥아더는 중국 국경 바로 건너편에 대규모의 무시무시한 공습을 벌였고, 국경침범 논란을 피하기 위해 설정된 폭격 금지구역 내 한 도시의 거의 전부를 파괴했다. 그는 공군이 폭격 제한을 해제하게 했다. 언제, 어떻게, 왜 그렇게 했는지 아무도 모른다. 아마도 먼저 폭격을 하고 나중에 승인을 요청하는 방식으로 했을 것이다… 전쟁이 일어난 바로 그 주에 그가 한 것으로 알려진… 대통령에게 자신이 38선 이북에 폭격하도록 "재가"하라고 강요했던 것처럼 말이다. 〈뉴욕타임스〉는 "맥아더 장군은 워싱턴의 승인 없이 북한 도시들에 대한 최초의 폭격을 지시했다."

고 보도했다.

공습의 구실은 "물자와 통신의 최후 거점인 신의주를 없애기 위한" 것이었다. 극동아시아 공군 사령관 조지 E. 스트레이트메이어 중장이 나중에 발표한 성명에서 직접 이렇게 언급했다. 도쿄의 브리핑에 기초한 묘사는 기분 좋은 읽을거리가 아니었다. 그 공격은 "전투기들이 기관총, 로켓, 네이팜탄으로 그 지역을 휩쓸어버린" 아침에 시작되었다. 뒤이어 "1천 파운드의 고폭탄"을 "10대의 B-29 폭격기가 압록강을 가로지르는 철교와 고속도로, 그리고 다리 접근로에 투하했다."(설사 다리가 아니라 그 입구에 떨어뜨렸더라도, 폭격기들이 강 위의 국경선 바로 상공에서 작전을 벌였다는 것이다.) 그런 다음, "나머지 비행기들은 압록강 남동쪽 둑을 따라 4km 떨어진 시가지에 순전히 소이탄만을 사용했다." 스트레이트메이어 장군은 표적은 모두 군사적 성격을 가진 것이었고, 폭격은 "그 도시의 병원 지구를 피해서 이루어졌다."고 주장했다. 그러나 동시에 나온 공군의 주장에 따르면 신의주의 90%가 파괴되었다. 이러한 발언들이 어떻게 양립할 수 있는지 나는 도저히 모르겠다. 미국인의 한 사람으로서 나에게 깊이 수치심을 느끼게 한 그날, 신의주에서 일어난 일의 행간에서 읽히는 인간적 고통에 대한 무심함이 있었다.

도쿄 본부는 정전 문제가 한참 논의 중일 때 워싱턴의 묵인 아래 또는 묵인 없이 한 도시를 파괴했다. 그것은 고의로 3차 대전을 초래할지도 모르는 작전을 — 그들이 그토록 불만스러워하는 참전의 당사자인 중국이 철수하던 시점에 — 벌인 것이었다. 군이 자신들이 무슨 일을 벌이고 있는지 잘 알고 있었다는 사실은 같은 날 신의주에 대한 대규모 공습 뉴스로 발행된 서울발 AP통신 속보에서 드러났다. 미8군 대변인은 "한국전쟁의 향방에 큰 영향을 줄 수 있는 고위급 외교적 움직임이 진행되고 있는 동안, 중국 공산당 군대는 북한에서 전투를 회피할지도 모른다."고 말했다. 이 대변인은 북서쪽에서 중국의 철수는 "4일에 걸쳐 단계적으로 이루어졌다"고 언급했다. 반면에 북동쪽에서는 "10군단 대변인이 중국 184사단이 거대한 장진 수력발전단지로부터 퇴각 중"이라고 말했다. 만약 중국이 그들의 댐마저 포기하는 것이라면, 그들은 평화를 아주 절박하게 원했던 것이 틀림없다. 그 집중 폭격은 그들을 전쟁으로 내몰 작정이었을까?

11월 8일 신의주에 대한 집중 폭격은 평화세력과 전쟁세력 간 투쟁의 시작이었다. 자신들의 이름으로 그러한 일들이 벌어지는 것을 그토록 힘없이 용인한 서방 세계의 국민들을 위협한다는 것은 끔찍한 일이었다. 왜냐하면, 전쟁광들은 바로 그러한 수단을 통해 눈부신 성공을 거두기를 원했기 때문이다.15)

전쟁이 지속됨에 따라 수혜를 입는 자들은 베이징이 11월 8일에 발생한 신의주 주민에 대한 대량 학살에 분노해 평화협상에서 철수하거나 펑더화이 장군의 지휘 아래 있는 인민지원군에 다시 공격을 개시하라고 명령을 내릴 것으로 기대했다. 그러나 기대와 달리, 중국과 북한은 큰 반응없이 도시의 소멸을 인내하는 것처럼 보였다. 집중 폭격으로 평화에 대한 기대가 줄어들자, 미국의 가장 강력한 동맹 파트너인 영국이 분쟁을 신속히 종결시킬 수 있는 평화구상 초안을 작성하기 위해 재빨리 움직였다. 초안은 클레멘트 애틀리 수상과 어니스트 베빈 외무장관에 의해 제출되었다. 이 구상은 북한 영토에 인민지원군과 미군 주도 연합군 사이에 완충지대를 설치하자는 것이었다. 그리고 완충지대를 북—중 국경인 압록강으로부터 남쪽으로 60마일에서 100마일까지로 확대하자는 것이었다.16) 미국은 이 평화 제안을 강하게 비판했다. 나치 독일의 체코 병합을 인정한 1938년의 뮌헨협정에 비유하면서 서방의 새로운 적들에게 근본적인 양보를 한 것이라고 했다.17) 특히 맥아더는 평화구상에 대해 분노에 차서 목소리를 높였다. "그처럼 부도덕한 제안에 굴복하는 것은 아시아 지역에서 우리의 지도력과 영향력을 붕괴시킬 것이며, 정치·군사적으로 우리의 지위를 위태롭게 할 것이다."18)

궁극적으로, 이승만과 마찬가지로 맥아더는 동아시아의 국가들을 자기 뜻대로 지배할 수 있는 군사적 해결책만을 추구했다. 생명을 구하는 타협 가능성은 항상 배제되었다. 브래들리 합동참모본부장은 "잃어버린 권위와 군사적 평판을 되찾기 위해 지금 맥아더에게 남은 유일한 수단은 그를 바보로 만든 빨갱이 중국 장군에게 압도적 패배를 선사하는 것뿐이다. 이를 위해 그는 붉은 중국, 더 나아가 가능하면 소련과의 전면전으로 우리를 완전히 몰아넣으려 하고 있다"는 의견을 냈다.19) 이처럼 맥아더는 비공격적인 적에 대한 도발을 통해 공세를 압박하는 쪽을 선택했고,20) 인민지원군을 겨냥해 폭탄과 소이탄을 쏟아붓고 부대들을 – 미 육군 10군단 7사단이 11월 21일에 잠시 공적을 세운 – 중국 국경까지 보내려고 시도했다.21) 펑더화이 장군은 계속 신중하게 자제했으며, 인민지원군은 필요한 경우 기본적으로 방어적인 작전은 수행할지언정 결정적 반격은 삼갔다. 도쿄 본부가 갖은 수단을 다 써서 전투 정지를 막으려 하는 사이, 중국은 빠른 평화적 해결을 모색하기 위해 할 수 있는 모든 것을 다 하려 했다. 중국군은 11월 22일 선의의 표시로 미군 부상병 포로를 석방해 미국 쪽에 인도했다.[22] 이에 대한 미국의 응답은 확전으로 나타났다.

11월 22일 맥아더 장군은 한국전쟁이 그해 말까지 끝날 것이라고 호언장담했다. 평화 제안을 거절한 것으로 봤을 때, 이는 자신의 말대로 항복을 받아내기 위한 새로운 총공세를 준비하고 있음을 암시했다. 나아가 그는 북쪽 코리아를 대한민국에 공식적으로 통합할 계획을 발표했다. 한반도가 자신의 통제 아래 들어온 순간부터 통합이 시작되는 방식이었다.[23] 공세는 11월 24일 중국 진지에 대한 총공세로 가시화되었다. 그것은 인민지원군이 7일 전 긴장 완화를 도모하기 위해 기울인 수많은 노력에 대한 응답, 즉 전쟁의 확대였다. 이른바 "크리스마스 대공세"에 수십만 명의 연합군을 투입했는데, 기본적으로 미 육군 1군단과 9군단이 이 전투에 참여했고 그 밖에 소수의 영국군, 터키군, 남한군이 지원했다. 미 5공군의 대규모 공중지원을 받으면서 북으로 압박해 들어갔다.

조선인민군에 의해 3개월 동안 밀려났고 인민지원군과의 전투에서 많은 사상자를 냈음에도 불구하고, 미군 지도부는 또다시 동북아시아의 적들을 크게 오판하는 실수를 저질렀다. 막대한 물적 우세에도 불구하고 "크리스마스 대공세"는 연합군 측의 대패로 끝났다. 그 공세가 남긴 것은 중국의 인내력을 끝장낸 것뿐이었다. 중국은 한반도에서 인민지원군과 미군이 전면적으로 대결하는 일 없이 협상을 통해 조기 종결에 이를 가능성에 대한 기대를 완전히 버렸다. 그 시기부터 중국군 지도부는 북쪽 코리아의 영토 수복과 38선 복구에 전력을 다했다.

미군의 두 번째 참패

야심적인 "크리스마스 대공세"의 운명은 청천강 전투에서 결정되었다. 11월 25일부터 일주일 동안 인민지원군과 벌인 전투였다. 25만4천 명의 연합군과 23만 명의 인민지원군이 정면으로 맞붙었다.24) 장비와 인원 면에서 열세였던 인민지원군은 이 전투에서 반격을 시도했다. 반격이 성공한다면 미군의 공세를 무디게 하고 미군을 겨냥해 더 다양한 작전을 벌일 계기가 될 수 있었다. 인민지원군은 제공권을 다투면서 공습을 펼칠 만한 실질적인 공군력이 없었기 때문에 어둠에 의존할 수밖에 없었다. 인민지원군은 미 8군의 오른쪽 측면을 무너뜨리고 남한군 2군단을 붕괴시킴으로써 적들을 측면에서 포위할 수 있었다. 전투 개시 8일째인 12월 2일 오후, 그들은 결정적으로 승리를 거두고 연합군을 궤멸시켰다.

연합군은 수적으로 우세했지만, 그들의 우세는 그것만이 아니었다. 전쟁으로 중요한 공업력에 어떤 피해도 입지 않은 미국 방위 부문의 엄청난 생산능력이 무기 면에서 월등한 우위를 보장한 것이다. 미국의 승리를 확실히 해준 것은 바로 이것이었다 그에 반해 중국은 일본과 벌인 전쟁과 내전, 그보다 앞서 군벌 간 전쟁과 외세와의 전쟁으로 나라가 폐허가 된 상태였다. 따라서 중국의 산업시설과 군수공장은 무시해도 될 만한 수준이었고 중무기, 항공기 또는 해군 함대 등을 만들어내지도 못했을 뿐만 아니라 미국의 능력에 맞먹는 소형 무기조차 만들 수 없었다. 인민지원군은 일제로부터 노획한 무기 혹은 중국 내전 당시 장제스 국민당 군대에 원조해준 미국제 무기에 의지할 수밖에 없었다.[25] 미군에는 방탄조끼와 같은 기본 장비조차 사상자를 약 30% 낮춰줌으로써 큰 강점이 되었다. 중국은 그러한 호사를 누리지 못했다.[26] 따라서 수적 열세에다, 장갑차, 대포, 공중지원이 없는 가운데서도 이뤄낸 인민지원군의 승리는 청천강의 이변으로 다가왔다. 이는 중국 군대가 1세기 만에 서방 군대와 싸워 거둔 최초의 대승이며, 신생 중화인민공화국의 군대가 최초의 대규모 전투에서 거둔 승리였다.

청천강 전투에서 입은 손실로 터키 여단, 남한군 4개 사단, 미 8군 대부분이 전투 참여가 불가능해져 전투가 가능한 건 2개 군단뿐이었다.[27] 이 싸움에서 미 8군만 해도 11,000명의 사상자를 낸 것으로 집계되었고,[28] 터키와 남한 군대도 수백 명을 잃었다. 양차 대전의 참전 용사였던 로렌스 B. 카이저 소장은 다음 전투를 마친 뒤 직위 해제되었다.[29] 청천강 전투 패배로 미국 주도 연합군은 38선 이북에서 중국 국경까지 북한 영토를 장악할 수 있다는 기대가 허물어졌고, 미8군 사령관 워커는 12월 3일 전투가 끝난 후 북한 영토로부터 완전히 퇴각하라는 명령을 내렸다.[30]

청천강 전투가 벌어지고 있던 시각에 동시적으로 장진호에서 10만 명이 넘는 두 세력이 서로 맞붙는 – 그보다는 작은 – 전투가 벌어졌다. 청천강 전투가 시작된 지 이틀 후에 벌어진 그 전투는 그로부터 16일 후 다시 수많은 역경을 이겨낸 인민지원군과 조선인민군의 압도적 승리로 끝났다. 눈에 띄는 공중 자산이나 방공 자산이 없었던 중국군과 북한군은 미 공군 부대에 엄청난 인명 손실을 허용할 수밖에 없었고, 폭격은 매우 심했다. 최소 24대 이상의 F4U 콜세어 전투기가 기관단총과 네이팜탄으로 그들의 진지를 공격했고, 때로는 그 숫자가 60대에 달했다. 난관은 미국의 공중 작전만이 아니었다.31) 동상으로 고통을 받은 인민지원군이 90%에 이른 결과, 27군의 경우 수천 명의 비전투 사상자가 났다. 이로써 연합군에는 압도적인 물질적 이점이 추가되었다.32) 1950년 12월에 미군이 생포했다고 주장하는 인민지원군 27군 병사는 장진호에서 직면한 어려움을 이렇게 묘사했다. "수송 수단과 인력의 부족으로 부대의 공급 임무를 수행할 수 없었다. 그 결과, 우리 병사들은 항상 굶주렸고… 차디찬 음식을 먹었으며, 때로는 이틀간 감자 몇 조각으로 견뎠다. 병사들은 전투에 필요한 체력을 유지할 수 없었고, 부상자들은 후방으로 후송될 수 없었다. 우리의 전체 화력은 보잘것없었다." 인민지원군 보고서에 따르면, 진동성 이명(tinnitus)과 더불어 전적으로 부족한 신호통신망은 중국의 전쟁 수행 능력을 더욱 떨어뜨렸다.33)

영국인 군사사학자 막스 헤이스팅스는 인민지원군이 겨울철에 직면했던 난관에 대해 이렇게 썼다.

> 유엔군 병사들은 적뿐 아니라 모진 추위와도 싸워야 하는 어려움에 대해 불만을 토로했다. 그러나 겨울은 중립이었다. 중국인들은 그들의 적들보다 훨씬 더 부족한 장비로 그 같은 조건에 직면해야 했다. 그들이 가진 것은 단지 캔버스 신발뿐, 슬리핑 백과 같은 방한용품이 없었다. 동상으로 인한 팽 장군 측 사상자는 미군 사상자를 왜소해 보이게 만들었다. 그리고 중국인들은 즉각적인 후송이나 치료를 기대할 수 없었다.34)

연합군은 신속하고 압도적인 승리를 기대했지만 "크리스마스 대공세"는 결정적 패배로 끝났고, 청천강과 장진호 두 곳의 주요 전장에서 수많은 사상자를 냈다. 그 밖에 사흘에 걸친 함흥 전투와 같은 작은 전투들에서도 많은 사상자를 냈다. 미군은 '대탈주(The Big Bugout)'로 알려지게 되는 전면 퇴각에 나설 수밖에 없었다.

헤이스팅스는 미 8군의 몰락을 1940년 프랑스의 몰락, 1942년 싱가포르에서 영국의 몰락에 비유했다. 두 경우 모두 물리적 우세에도 불구하고 대군이 적 앞에서 전투 부대로서 기능을 멈추었다. 그는 인민지원군과 조선인민군의 기적적 승리에 대해 이렇게 썼다.

> 미군 대다수가 중국인들을 난쟁이라고 예상했던 것과 달리 어느 순간 그들은 6피트 이상의 남자들이 포함된 부대들의 공격을 받고 있다는 사실을 알게 되었다. 미 8군을 아수라장으로 만든 적들은 대다수 서방 군대에서 기본적이라고 여기는 그 모든 중화기 없이도 기본적으로 대규모 유격전을 벌이고 있었다. 그것은 단순히 공산주의의 승리일 뿐 아니라 아시아 군대의 승리였다… 워커 [장군의] 본부에서부터 도쿄 [지휘 본부], 나아가 국방성 내 합참에 이르기까지, 미 8군의 붕괴에 당혹스러워했고 몹시 비통해했다. 대중 매체들에서는 중국군의 공세가 기습적이고 압도적이라는 점이 강조되었다. 그러나 해상과 공중에서 절대적으로 우세한 데다, 공산주의자들은 꿈도 꾸어볼 수 없는 규모의 화력을 가진 군대가 곧 두박이치는 완패를 이런 점들로 설명하기에는 충분치 않다는 사실을 노련한 군인들은 잘 알고 있었다. 중국의 승리는 소총과 박격포와 같은 연대 지원 화기— 무엇보다도 박격포 —를 지닌 보병들이 거두고 있었다. 미군은 포격에 노출되는 경우가 거의 없었을뿐더러 공습은 받아본 적조차

없었다.35)

미국의 로이 E. 애플맨 중령은 물리적으로 매우 불리한 조건에서도 스탈린그라드 전투 때보다 더 혹독한 기후에 미군과 연합군을 전투에 끌어들이는 중국군의 능력에 관해 이렇게 썼다.

> 건너편 산을 바라보고 있으면… 누구나 자신의 임무를 수행하기 위해 그토록 노력하고 헌신하는 중국인 농부들에게 존경과 인간적 연민을 가질 수밖에 없다. 송 장군의 9군단이 눈부신 일을 해냈다고 말해야 한다. 그들은 공중지원이나 탱크도 없고, 중형 박격포도 없다시피 하고, 하루나 이틀 전투가 끝나면 군수품과 식량도 떨어지고, 한번 압록강이 닫히면 군수품의 재보급도 없는 채로, 그렇게 전투를 벌였다… 실제로 경보병의 농민군과 현대적이고 기계화된 부대가 벌이는 전투 자체가 완전한 부조화이고 상상이 되지 않는다. 하지만 그들은 기동성이 매우 뛰어나고 야간 전투에 능통했다. 중국군이 가진 최고의 무기는 장제스 국민당군으로부터 노획한 미국제 톰슨 기관단총과 81밀리 박격포, 수류탄과 소총이었다… 그런데도 그들은 미군 10군단을 북한에서 완전히 몰아내고 그 지역을 탈환했다. 그 후로 미군은 그곳으로 돌아가지 못했다.36)

연합군의 결정적 패배로 미군 지도부의 구상은 극적으로 바뀌었다. 그들은 북한에서 결정적 승리를 거둔다는 야심적인 목표를 포기했을뿐더러 한반도에서 전면 철수라는 긴급 대책도 세워놓았다.37) 1951년 1월 12일 트루먼 대통령은 격분한 맥아더를 안심시키기 위해 마음을 다

잡으라는 편지를 보냈다. 편지에서 그는 설사 한반도에서 패하더라도, 최고사령관이 본토 밖의 섬에서 작전을 계속할 수 있도록 하겠다고 보증했다.[38] 이것은 한 해 전 중국 내 상황과 매우 닮은 것으로, 그곳에서 미국과 국민당 군대는 대만을 거점으로 삼아 때로는 물리적 공격을 벌이기도 하면서 20년 이상 중국 본토를 괴롭히게 되었다.[39] 두 번째 대안은 중국과 북한의 자산들을 겨냥한 핵무기 사용으로, 11월 30일 트루먼 대통령은 이를 적극적으로 고려하고 있다고 확인해 주었다.[40] 과거 조선인민군의 승리가 그랬듯, 모든 물적 불리함에도 그들과 중국군이 거둔 승리의 전과는 서방 진영의 간담을 서늘하게 했다.[41] 서방의 군대를 상대로 아시아 군대가 거둔 압도적 승리는 수 세기에 걸쳐 지역적·세계적 질서의 기반이 되어 왔던 서방의 우월함이라는 지론을 훼손했다. 막스 헤이스팅스는 중국인들이 막대한 물질적 불리함을 보완하기 위해 전술적 수완과 전투기술을 사용한 방법과 관련해 이렇게 논평했다.

> 전술가, 야간 전투원, 진로 안내자, 야외생활과 위장의 대가로서 중국인들이 보유한 의심할 여지 없는 기능 덕분에, 많은 유엔군 고위 지휘관들은 적들이 보급과 화력 면에서 엄청난 열세에 놓여 있다는 사실을 잊곤 한다. 설상가상으로 한반도 내 유엔군 지휘관들은, 일대일로 비교할 때 병사 대부분이 그들의 적인 공산주의자들만큼 전장에서 강인하고 능숙하고 단호하지 못하다는 냉혹한 진실과 마주하고 있다는 사실을 깨달았다. 이런 결론의 심리적 효과가 전략·전술적 의사결정에 미치는 영향을 과소평가하기는 어렵다.[42]

중국인 병사들의 강점과 훨씬 부족한 화력과 보급품으로도 작전을 해내는 능력과 관련해 미 보병 2사단은 공개적으로 이렇게 발표했다.

> 그들은 소규모 단위로 이루어지는 지휘에 대담하고 노련하게 움직인다. 이런 단위의 작전 결과는 그들이 철저한 훈련을 거쳤다는 명확한 증거이다. 그들의 방어 작전은 유엔의 제공권, 유엔의 연락기, 그리고 열악한 통신장비에도 불구하고 제대로 수행된다. 교전이 끝날 때마다 전장에서 끌어모은 잡동사니 장비들에서 보이듯 위태위태한 기반 위에서 그들의 작전은 수행되고 있다.[43]

이것은 전쟁 전 동아시아의 군사적 잠재력에 대한 인식과는 극명하게 대비되는 것이었다. 맥아더의 후임 총사령관 매튜 리지웨이는 어려운 조건에서 성과를 내는 중국군의 능력과 대조적으로 미군 병사들은 "제멋대로의 병력"일 뿐이라고 말했다.[44] 그는 "육체적 쾌락을 포기할 의향이 없는 군대, 좁은 길에서도 차 안에서 버티려는 소심함, 유무선 통신 없이는 이동하지도 않으려는 태도, 화력에서 밀리고 공중과 해상에서 포위된 적들을 다룰 수 있는 상상력의 결여"를 지적했다.[45]
인민지원군이 처음으로 장기 공세를 취하자, 연합군은 미군 역사상 가장 긴 후퇴를 할 수밖에 없었다.[46] 중국군이 집중적인 공중폭격을 받는 가운데서도 연합군을 북쪽 코리아에서 몰아내기 위해 진격하는 동안, 베이징은 전쟁을 끝내기 위한 외교적 노력을 끊임없이 계속했다. 미 해군이 조선인민군 주둔이 의심된다는 이유로 공중폭격으로 흑수 마을을 "지도에서 지워 버렸다"47)고 발표한 바로 그 날인 12월 3일, 중국은 부상을 입은 미군 포로들을 대부분 석방했다. 역시 같은 날 영국군 병사 4명은 평양 북쪽에서 그들의 무기 운반차의 시동이 꺼지는 상황- 퇴각 중인 수송차에서 내릴 수밖에 없는 상황 -에 처했다. 체포 아니면 죽음을 예견했던 그들은 인민지원군이 영국인들을 도와 트럭을 밀어 엔진이 재시동되게 해주는 경험을 했다. 영어를 쓰는 한 중국군이 그들에게 이렇게 말하며 안심하게 했다. "우리는 당신들이 곤란을 겪게 하고 싶지 않다. 우리는 당신들이 한반도를 떠나기를 바랄 뿐이다."48) 양측의 보고서들을 분석해 보면, 그러한 행동이 화답을 받지 못했음을 알 수 있다.

연합군의 후퇴는 12월 4주에 걸쳐 계속되었다. 12월 5일 영국군 제29독립보병여단이 마지막으로 평양을 떠났고, 인민지원군과 조선인민군이 곧바로 평양을 탈환했다. 북한의 수도 평양의 민간 기반시설은 미국의 초토화 정책으로 완전히 파괴되었다. 전쟁 전 평양에는 옷감, 구두, 식료품, 담배, 와인, 맥주, 화학비료를 생산하는 수많은 공장이 있었다. 그리고 오페라 하우스, 9개의 극장, 20개의 영화관, 7개의 대학, 100개 이상의 학교도 있었다. 평양을 탈환했을 때 그중 남아 있는 것이 거의 없었다. 그것은 전투에 수반되는 최소한의 부수적 피해 때문이 아니었다. 오히려 북한이 경제발전의 수혜를 누리고 있다는 사실을 부정하기 위한 철저한 계획에 따라, 미국이 의도적이고 조직적으로 파괴한 것이었다. 빌딩들은 상당수가 군사적 효용성이 없었을 뿐 아니라, 폭격으로 집을 잃은 수많은 사람의 거주 공간으로 사용될 수도 있었다. 평양의 모든 궤도 전차, 교량, 학교, 수도시설이 재건할 수 없을 정도로 고의로 파괴되었고, 숨겨진 시한폭탄이 도시 곳곳에 산재해 있었다.49) 12월 10일 동쪽 공항에 대한 공습이 있었고,50) 재건 노력을 방해하기 위해 전쟁 기간 내내 평양에 대한 공습이 계속되었다.

2월 11일 철수가 일어난 북한의 항구 도시의 이름을 따라 명명된 '흥남 철수'가 시작되었고, 10만5천 명의 연합군 병력과 상당량의 전쟁 물자가 북한에서 소개되었다. 여기에는 인천에 대한 공격을 선봉에서 이끈 엘리트 제1 해병사단, 10군단의 2개 보병사단, 제1 해병 항공기 편대와 남한군 2개 사단이 포함되었다. 인민지원군과 조선인민군은 흥남 철수에 크게 간섭하지 않았다. 철수는 15일 이상 계속되어 35만 톤의 화물과 18,422대의 군용차를 이동시켰다.51) 그곳에서도, 광대한 군수산업 기지 덕분에 엄청난 우위를 자랑하는 미국의 병참 자산이 공중과 해상을 통해 성공적인 흥남 철수에 큰 역할을 했다. 12월 17일, 38선 인근의 점유된 북한의 공군기지였으며 북한 내 연합군의 마지막 요새였던 연포 비행장에서 미군이 철수했다. 미군 지도부가 "크리스마스"를 최종 승리의 날로 잡았던 점을 고려한다면 아이러니하게도, 12월 25일에 인민지원군과 조선인민군이 38선에 도착해 그곳에 병력을 집결시키기 시작했다. DPRK의 주권을 수호하기 위한 투쟁인 그 전쟁의 두 번째 국면이 끝났다. 강경파 이승만 정부를 제외한 미국 주도 연합군은 중국이 이끈 압도적 반격의 여파로 코리아의 북쪽 절반에 품었던 그들의 야망이 일시적으로 패배했다는 것을 사실상 인정했다.

상황은 남쪽을 향해 공격할 수 있는 동력 면에서 인민지원군과 조선인민군에 유리했고, 전투에서 우위가 계속 유지되는 상태였다. 그러나 병참의 제한성과 공급선의 한계 상황 때문에, 인적 물적으로 계속

보충을 받는 연합군과 싸우며 더 진격하기는 어려웠다. 미국의 제공권 장악으로 인해 보급 루트가 집중 폭격을 받으면서, 식품과 연료, 탄약과 다른 전쟁 필수품의 보급이 계속 방해받고 있었다. 인민지원군의 병참 난관은 기본적으로 전쟁으로 중국 경제의 공업력이 파괴되어 피폐한 상태에 기인한 것이었다. 이것이 한반도에서 미군과 연합군의 전면 철수를 계속해서 강제할 수 없도록 가로막는 핵심 요인이라는 점은 분명했다. 맥아더 장군에 따르면, 초기 교전에 일어났던 북—중 국경에서 중국의 공급선은 100만 명의 병력을 지원할 수 있었다. 평양에서는 60만 명의 병력을 지원할 수 있는 수준으로, 38선에 이르렀을 때는 다시 30만 명 수준으로 감소했다. 서울에서 남쪽으로 65km 지점에서는 양국 군대의 병력 20만 명에 미치지 못하는 수준에 그쳤다.[52] 최고사령관의 주장과 관련해 중국군 지도부도 비슷한 견해를 나타냈다. 팽더화이 사령부 소속 인사인 후성은 비슷한 취지로 이렇게 말했다. "우리는 적들을 계속 밀어붙이고 싶었지만 입을 너무 넓게 벌릴 수는 없었다… 중국은 대진격으로 인해 발생한 새로운 군사적 상황에 준비가 되어 있지 않았다. 우리는 한반도에서 우리 군대를 계속 증강할 수 없는 지점에 서 있었다.[53]

중국인 병사들의 군사력은 열악한 장비와 뚜렷한 대조를 보이면서, 전자가 후자를 상쇄하여 서방 세력이 가진 보급품과 무기의 극히 일부만으로도 작전을 벌일 수 있게 해주었다.[54] 인민지원군은 보급선이 한계에 달했고, 북한은 미국의 집중 폭격과 그 후 미군 퇴각 시의 초토화 방침으로 인해 국토가 폐허가 되어버린 상태에서 외부 지원 없이는 자국 병사들의 보급품을 조달하는 것조차 불가능한 실정이었다. 평양으로서는 미국과의 전면전에 대해 예상하지도 못했고 대비도 없었던 터라 식량과 전쟁물자의 충분한 비축분이 없었다. 그렇기는 했지만, 미국 주도 연합군의 조급한 퇴각으로 인민지원군과 조선인민군이 다소 지나친 자신감을 품게 된 것일 수도 있었다. 그리하여 그들은 일시적으로 남쪽을 향해 공세에 나서게 된다.

저우언라이 중국 수상은 베이징과 워싱턴 사이에서 일종의 전령 역할을 하던 인도대사 K. M. 패니카에게 중국은 "미국과 유엔의 정전 조건에 관한 온전한 의견을 진심으로 알고 싶다"며 미국이 평화회담에 나올 때까지 공세를 계속할 것이라고 암시했다. 또한 "38선에 관해서는, 그것은 이미 미 침략군과 맥아더에 의해 무너진 지 오래이며 이제는 존재하지 않는다"고 말했다. 중국의 인내심은 한 달 전에 충분히 확인된 사실이었다. 중국, 영국, 유엔의 거듭된 강화 제안에도 미국이 계속 거부로 일관하는 상황에서, 미국을 압박해 협상에 나서지 않을 수 없게 하는 유일한 수단은 이제 한층 더한 공세뿐이었다.[55]

12월 26일 북한군과 중국군의 합동 분견대가 38선을 넘었고, 이틀 후 개성에서 미군과 교전을 벌였다. 전투는 중국과 북한의 압도적 승리로 빠르게 끝났다. 곧이어 12월 31일 서울이 다시 포위되었다. 인민지원군 13군과 조선인민군 1군단은 영국군, 호주군, 남한군, 태국 지원군과 함께 작전을 벌이던 미군을 여드레 만에 성공적으로 몰아냈다. 미국 주도 연합군은 남한군 3개 사단을 포함해 연합군 수만 명을 지원받고, 여기에 13만6천5백 명의 미군 병력을 보충했다. 연합군은 그들의 물적 우위를 뒷받침할 한층 더 큰 수적 우위를 확보하여, 약 17만 명의 중국군과 북한군에 대적했다.[56] 3차 서울 전투가 시작된 다음 날, 의 정부를 둘러싼 사흘간의 전투에서 영국군과 호주 연합군은 가벼운 사상자를 내고 퇴각함으로써 인민지원군과 조선인민군의 공세에 또 다른 디딤돌을 허용했다. 1월 초 연합군의 사기가 바닥으로 떨어졌다는 보도가 나왔다.57)

도쿄 본부는 작전 실패에 대한 상당한 비판에 직면하자, 1월 9일 "제2차 세계대전 당시에 알려진 그 어떤 검열보다 엄격한 검열 규정을 즉각 도입하는 것으로 응답"했다. 검열의 사유와 관련해서는 어떤 추정도 엄격히 금지했다. 국내와 전선 양쪽에서 침체된 사기를 다시 진작시키고 군이 장래 패배를 대단치 않게 여기게 하려는 목적이었다.58) 애치슨 국무장관은 코리아의 민간인들을 겨냥한 미국의 폭격 작전의 파괴적 영향에 관한 보도는 11월부터 삭제하라고 요구했다. 그리고 당시 진행 중이던 민간인들에 대한 대량 살상을 은폐할 필요로 인해 전례 없이 엄격한 새로운 제한 조치가 시행되었다.59)

압록강 남쪽으로 너무 멀리 진격함에 따라, 기계화되지 않은 중국군과 북한군은 미군이 영공을 장악한 가운데서 작전을 벌였다. 자체 공수 작전도 없이 이미 한계에 처한 보급선은 한층 더 무리한 상황에 직면했다. 인민지원군과 조선인민군의 사상자는 크지 않았을지라도 그들의 최전방 작전 능력은 병참의 부족으로 인해 남쪽으로 더 진격할 힘을 떨어뜨렸다.60) 게다가 미국이 제공권을 이용해 한반도 북쪽 상공으로 이송되는 보급품을 겨냥한 "차단 작전 No. 4"를 실행함으로써, 병참 난관은 가속화되었다.61)

서울에서 승리를 거둔 후 2주 만에 전세가 바뀌면서 동아시아 동맹군에 불리해졌다. 1월 8일 미 제2 보병사단은 인민지원군과 조선인민군을 상대로 원주에서 반격을 조직하라는 명령을 받았다. 유럽군 3개 대대와 남한군 2개 군단이 지원하는 8만 명의 미군 병력이 그보다 훨씬 더 적은 약 61,500명의 북한군 병력과 교전을 벌였다.[62] 수적으로 열세였던 북한군과 중국군 부대들은 1월 20일에 – 응전이 불가능한 공중 사격과 포 사격으로 막대한 사상자를 내면서 – 퇴각할 수밖에 없었다. 연합군은 원주를 장악함으로써 후퇴 중이던 미 8군의 동쪽 측면에 대한 엄호가 가능해졌다. 인민지원군과 조선인민군 당시 병참 문제로 인해 미 8군을 추격하는 데 크게 제약을 받고 있었다. 미 8군은 리지웨이 장군의 새롭고 더 유능한 지휘 아래 반격을 위해 재결집에 성공했고, 썬더볼트 작전에 따라 중국과 북한 진지에 대한 역공을 개시했다.

1월 25일에 시작된 썬더볼트 작전은 미국 주도 연합군과 동아시아 동맹군 사이에서 양측 모두 수많은 사상자를 내며 3주 동안 치열한 격전을 벌였다. 미군이 이끄는 공세에는 미군, 터키군, 남한군 부대가 참가했고 거의 10만 명의 병력으로 인민지원군과 조선인민군을 한강 이북으로 밀어내는 데 성공했다.[63] 중국군의 강력한 저항과 수차례에 걸친 반격으로 작전은 제한적 성공이었다. 이로 인해 미군은 비싼 대가를 치러야 했고, 연합군의 전진은 매우 더디게 진행되었다. 썬더볼트 작전에 따른 진격과 더불어, 라운드업 작전에 따라 미 육군 10군단이 남한군과 프랑스군의 지원을 받아 유사한 북진 공세에 나섰다. 이 부대는 2월 1일 쌍둥이 터널 전투에서 결정적 승리를 거두어 유망한 초기 진격에 나설 수 있었다.

전선 상황은 전열에서 큰 변화 없이 일련의 공격과 반격이 빠르게 뒤바뀌어 나갔다. 인민지원군과 조선인민군 지도부는 2월 초에 빼앗긴 땅을 탈환하기 위한 역공으로 맞섰고, 2월 11일~13일에 있었던 횡성 전투에서 미 10군단과 싸워 패퇴시켰다. 이 전투에서 미군은 거의 12,000명에 이르는 사상자를 냈다. 미국 보도에 따르면 조선인민군 사상자는 3분의 1인 약 4,100명이었다.[64] 하지만 2월 13일에 있었던 3차 원주 전투와 지평리 전투에서 연합군 측이 승리함으로써 이 승리의 기세는 이내 꺾였다.

이틀에 걸친 지평리 전투는 2월 15일에 끝이 났다. 중국군 소부대가 근접전에서 다수의 적군 사상자를 발생시켰지만, 그 후 네이팜탄 공격으로 부대가 몰살되었다. 미군의 제공권과 더불어 비행기가 전차에 아주 가까이 접근할 수 있었던 점이 결정적이었다. 인민지원군은 횡성 전투 패배의 여파로 연합군의 후퇴를 예견했다고 알려졌다. 따라서 지평리 전투에서 패배는 인민지원군에 충격으로 다가왔다.[65]

원주에서 동시에 치러진 전투에서 조선인민군이 주도한 공세는 남한군 자산이 뒷받침하는 미군 10군단을 상대로 초반 성공을 거두었다. 그러나 보급품 부족이 주 요인이 되어 결국 동력을 상실했다. 남한군 부대들이 진지를 버리고 연합 작전을 위태롭게 했던 과거 관행 때문에, 연합군을 지휘한 리지웨이 장군은 ROK에 대한 관리를 강화하는 조치를 취했다.[66] 미군은 예견되는 공격에 대비해 도시를 단단히 요새화했다. 하지만 동아시아 동맹군은 원주를 함락하려는 진지한 시도를 전혀 하지 않은 채 외곽에서 소규모 접전만 벌이다 2월 18일 철수했다. 그들의 목표가 무엇이었는지는 여전히 불분명하다. 지평리와 원주에서 치른 전투로, 중국군과 북한군이 벌인 38선 이남을 향한 합동 침투 작전은 정점을 찍었다.

맥아더는 동아시아의 적들에 일련의 패배를 당하고 나자 훨씬 더 극단적인 확전 해법을 제시했다. 맥아더의 해법은 인민지원군과 조선인민군 병력의 이동을 멈춰 세우기 위해 중국과 북한의 국경을 방사성 폐기물로 봉쇄하는 방침을 포함했다.(67) 2월 22일 그는 합참에 중국 내 반정부 반란을 지원할 것과 미국의 지원을 받은 국민당 세력이 상하이 인근에 착륙할 수 있도록 채비할 것을 촉구했다.(68) 방사능 격리가 너무 도발적이고 비현실적이기도 했지만 – 특히 미국이 소련에 핵무기에 대한 독점권을 빼앗긴 시점에서는 더욱 비현실적이었다 – 국민당은 설사 미국이 후원한다 해도 중국과 도저히 싸울 것 같지 않았다. 그들은 중국 내전 중에 막대한 물질적 이점과 미국의 엄청난 지원에도 불구하고 절대적으로 무능함을 반복적으로 입증했다. 중국에 대한 침공은 소련의 개입을 도발할 위험을 감수하는 것이었다. 하지만 중국 내 반정부 세력에 대한 지원은 이후 20년 동안 미국 정책의 필수 요소가 되었다.(69)

인민지원군–조선인민군이 공세를 늦추자, 미군 지도부는 공세로 응답했다. 2월 20일 리지웨이 장군의 지휘 아래 한강 동쪽의 적군을 모조리 섬멸하고 양평–횡성을 잇는 "애리조나 선"에 이를 의도로 "격파작전(Operation Killer)"에 착수한 것이다. 애리조나 선은 38선 이남 90km 지역에 가로로 놓여 있었고 이 지구 내 인민지원군과 조선인민군 세력을 국경을 향해 밀어제치는 것은 더 크고 더 야심적인 진격을 향한 사활적 첫걸음이었다. 중국군과 북한군은 10군단과 9군단을 선봉에 세운 리지웨이 군이 3월 6일까지 애리조나 선에 자리 잡도록 두고 북쪽으로 철수했다. 따라서 양측 모두 사상자가 많지 않았다.

격파 작전에 이어 3월 7일에 "리퍼 작전(Operation Ripper)"이 개시되었고, 이는 동맹군 세력을 다시 북쪽으로 밀어붙이면서 남한 수도 서울의 재탈환을 시도하는 더 격렬한 싸움이었다. ROKAF는 그들의 핵심적 목표 중 많은 것을 달성하지 못했던 반면 미 8사단은 서울 탈환에 성공했다. 전쟁 중 네 번째로 서울의 주인이 바뀐 것이었다. 조선인민군과 인민지원군 세력은 남쪽으로 너무 멀리 떨어진 곳에서 공세를 유지하는 어려움을 고려하여 연합군을 지연시킬 목적으로 자신들에게 유리한 지형을 이용해 차츰 더 북쪽으로 물러날 의향을 가진 것처럼 움직였다. 4월 초 리퍼 작전이 끝나기 전에, 연합군은 이미 100대의 C-119와 C-46 수송기에 분승한 미 육군 1군단이 전선의 30km 북쪽 진지에 낙하산으로 내리는 것을 포함하는 "용기 작전(Operation Courageous)"을 개시했다. 그것은 조선인민군과 인민지원군을 포위할 자산들을 전략적으로 재배치하기 위해 공수 작전 능력과 제공권을 활용한 작전이었다. 동아시아 동맹군에게 공중 방어와 공중 엄호 능력이 전혀 없다는 점은 아무리 느리고 덩치 큰 미군 비행기라도 손상을 입지 않는다는 것을 의미했다. 미군은 북쪽을 향해 공세에 앞장섰고, 조선인민군과 인민지원군은 그들의 진지로부터 신속히 철수하여 38선 인근에 전선을 다시 세웠다. 동아시아 동맹군의 인명 손실은 미군과 연합군이 애초에 예견했던 것에 비해 상당히 적었고, 조선인민군과 인민지원군 부대들은 수차례 포위를 모면하고 대체로 무사히 철수하는 데 성공했다.70) 이어진 공세로 미국은 대략 80km의 땅을 확보했다. 조선인민군과 인민지원군은 공급선의 사정과 더불어 지상군과 보급품 호송대가 공중 공격에 취약한 데다 미국 주도 연합군이 인력과 화력 모두에서 압도적으로 유리한 조건을 고려할 때 사실상 그 땅을 방어할 수 없다는 사실을 점차로 받아들였다.

중국군과 북한군은 "중국 춘계 공세"로 알려진, 서울을 재탈환하기 위한 마지막 한 차례의 공세를 시도했다. 이를 위해 38선에 훨씬 더 큰 세력이 집결했고 4월 22일을 기점으로 30일간의 맹공격에 착수했다. 이것은 미군과 연합군 세력을 궤멸시키기 위한 인민지원군 팽더화이 사령관의 마지막 시도로, 집결한 70만 명 가운데 27만 명(3군, 4군, 12군)이 서울 공격에 급파되었다. 인력으로는 엄청난 세력이 집결했지만, 동아시아 동맹군이 새롭게 얻은 전선의 수적인 이점이 그다지 크지는 않았다. 전략적 예비군으로 20만 명이 배치되었고, 나머지 50만 명이 42만 명의 연합군 병력을 전선에서 대적해야 했다. 비록 병참 문제와 연합군의 신임 지도력이 이를 매우 어렵게 하고 있었지만, 당면 목표는 인민지원군과 조선인민군이 11월에 했던 것처럼 미군이 퇴각하지 않을 수 없게 하는 것이었다. 대통령의 권위를 존중하지 않고 임의로 중국과 소련에 대한 군사적 도발을 거듭한 책임을 물어 4월 11일 맥아더 최고사령관이 해임되고 리지웨이 장군이 즉각 그 자리를 대체했다.

춘계 공세 중에 조선인민군과 인민지원군은 진격에 나섰다. 하지만 궁극적으로 연합군이 공군력을 효과적으로 사용했고, 전례 없이 맹렬한 폭격으로 지탱할 수 없을 만큼 사상자가 나오면서 돌아설 수밖에 없었다. 한국전쟁 중 이 시기에 미군은 지나치게 균형에 어긋나는 엄청난 양의 포 — 표준치의 5배 — 를 배치했다. 조선인민군과 인민지원군 공급선에 상존하는 한계가 이런 조건과 만났고, 서방의 공습으로 상황은 더욱 나빠졌다. 결국, 미국이 이끄는 세력을 38선 남쪽으로 패퇴시킬 전망이 막을 내렸다.[71] 그러나 아시아 동맹군은 공세가 실패했다고 판명되는 순간 신속하고 질서정연하게 철수함으로써, 인민지원군과 조선인민군 세력을 섬멸하겠다는 미국 주도 연합군의 바람은 좌절되었다. 그 후, 양측이 대체로 38선을 따라 분계선 양쪽에서 절반의 영토를 차지한 채 사실상의 교착상태로 들어섰다.

1. 제임스 코튼과 이안 니어리(Cotton, James and Neary, Ian), 한국전쟁(The Korean War in History), Manchester, Manchester University Press, 1989 (p.67).
2. 로이 E. 애플맨(Appleman, Roy E.), 남쪽으로 낙동강 북쪽으로 압록강(South to the Naktong, North to the Yalu): United States Army in the Korean War, Washington D.C., Department of the Army, 1998 (p. 674, 691)
3. 리차드 E. 에커(Ecker, Richard E.), 한국전투연표(Korean Battle Chronology): Unit-by-Unit United States Casualty Figures and Medal of Honor Citations, Jefferson, McFarland, 2005 (p. 47).

    Chae, Han Kook and Chung, Suk Kyun and Yang, Yong Cho and Yang, Hee Wan and Lim Won Hyok and Sims, Thomas Lee and Sims, Laura Marie and Kim, Chong Gu and Millett, Allan R., 한국전쟁(The Korean War), Volume II, Lincoln, NE, University of Nebraska Press, 2001(p.124).

    중국군사과학아카데미 항미원조 전쟁사(Chinese Military Science Academy 抗美援朝战争史 [History of War to Resist America and Aid Korea]), Volume II, Beijing, Chinese Military Science Academy Publishing House, 2000 (p.35).
4. 스콧 R 맥마이클(McMichael, Scott R.), 경보병에 대한 역사적 관점(A Historical Perspective on Light Infantry), Fort Leavenworth, KS, US Army Combined Arms Centre, 1987 (Chapter 2: The Chinese Communist Forces in Korea)
5. 중국 위기가 유엔안보리에 호소했다('China Crisis Appealed to U. N. Council,') Chicago Daily Tribune, November 7, 1950 (p.1)
6. I. F 스톤(Stone, I. F.), 한국전쟁 비사(Hidden History of the Korean War), Amazon Media, 2014 (Chapter 24: The China Lobby Responds).
7. 위의 책(Ibid). (Chapter 24: The China Lobby Responds).
8. 위의 책(Ibid). (Chapter 24: The China Lobby Responds).
9. 로이 E. 애플맨(Appleman, Roy E.), 남쪽으로 낙동강, 북쪽으로 압록강(South to the Naktong, North to the Yalu): United States Army in the Korean War, Washington D.C., Department of the Army, 1998 (p. 755)
10. 위의 책(Ibid). (p. 756)
11. I. F.스톤(Stone, I. F., Hidden History of the Korean War), Amazon Media, 2014 (Chapter 24: The China Lobby Responds).

    프랭크 J. 메릴(Merrill, Frank J.), 한국 전쟁 당시 철도의 공중 차단에 관한 연구(A Study of the Aerial Interdiction of Railways During the Korean War), Normanby Press, 2015 (Chapter V).
12. 딘 G. 에치슨 (Acheson, Dean G), 역사의 현장: 나의 미 국무부 시절 (Present at the Creation: My Years in the State Department), London, W. W. Norton, 1969 (pp. 463, 464).

    미극동공군사령부에서 맥아더에게 1950.11.3.(Far Eastern Air Forces HQ to MacArthur, 8 November 1950), RG 6 FECOM Box 1, General Files 10, Correspondence Nov-Dec 1950, MACL.
13. 이고르 쉐이도브와 스튜어트 브리튼(Seidov, Igor and Britton, Stuart), 압록강위의 붉은 악마: 한국전쟁에서 소련의 항공작전 연대기(Red Devils over the Yalu: A Chronicle of Soviet Aerial Operations in the Korean War 1950–53), Warwick, Helion and Company, 2014 (p.63).
14. I. F.스톤(Stone, I. F.), 한국전쟁비사(Hidden History of the Korean War), Amazon Media, 2014 (Chapter 24: The China Lobby Responds).
15. 위의 책(Ibid). (Chapter 24: The China Lobby Responds)
16. 피터 N. 패러(Farrar, Peter N.), 1950년 11월 압록강 남쪽에 완충지대를 설정하자는 영국의 제안('Britain's Proposal for a Buffer Zone South of the Yalu in November 1950):Was It a Neglected Opportunity to End the Fighting in Korea?,' Journal of Contemporary History, April 18, 1983 (p.66).

브라이언 화이트(White, Brian), 영국 데탕트 및 변화하는 동서관계(Britain, Detente and Changing East-West Relations), Abingdon, Routledge, 2002(pp. 40–41).

17   'Britain Seeks a Munich with Chinese Reds,' Chicago Daily Tribune, November 22, 1950 (p.1).

18   폴 M. 에드워드(Edwards, Paul M.), 유엔의 한국전쟁 참여(United Nations Participants in the Korean War): The Contributions of 45 Member Countries, Jefferson, NC, McFarland, 2013 (p.32).

19   데이비드 할버스탐(Halberstam, David), 50년대(The Fifties), New York, Ballantine Books, 2012 (p. 113).

그레그 워드(Ward, Greg), 미국의 잘못 이끌려진 역사(The Rough Guide History of the USA), London, Rough Guides, 2003 (p.287).

20   Latham, Jr., William C., Cold Days in Hell: American POWs in Korea, College Station, A&M University Press, 2012 (pp. 82, 118–119)

21   Kleiner, Jürgen, Korea, a Century of Change, Singapore, World Scientific, 2001 (p.78)

22   '도쿄에서 평화에 대한 소문이 떠돈다'('Peace Rumors in Tokyo,') Chicago Daily Tribune, November 23, 1950 (p.1)

23   '신년에는 전쟁의 종식된다고 맥아더가 말했다'('End of War by January Seen by MacArthur,') Chicago Daily Tribune, November 23, 1950 (p.1).

24   로이 애플맨(Appleman, Roy), 한국에서 참사: 중국이 맥아더와 맞붙다(Disaster in Korea: The Chinese Confront MacArthur), College Station, Texas A and M University Military History Series, 1989 (p. 40).

패트릭 C. 로우(Roe, Patrick C.), 드래곤 스트라이크(The Dragon Strikes), Novato, Presidio, 2000 (p. 223).

25   휴 딘(Deane, Hugh), 한국전쟁 1945-1953(The Korean War, 1945–1953), San Francisco, CA, China Books and Periodicals, 1999 (p. 128).

26   당신은 조용한 아침의 나라, 한국 전쟁을 알고 있느냐?(Did You Know, Land of the Morning Calm, The Korean War), Veterans Affairs Canada, Government of Canada. (http://www.veterans.gc.ca/eng/remembrance/history/korea

27   빌리 C. 모스맨(Mossman, Billy C.), 썰물과 흐름 1950.12–1951.7(Ebb and Flow: November 1950—July 1951), United States Army in the Korean War, Washington D.C., Center of Military History, United States Army, 1990 (p.150).

28   Chae, Han Kook and Chung, Suk Kyun and Yang, Yong Cho and Yang, Hee Wan and Lim, Won Hyok and Sims, Thomas Lee and Sims, Laura Marie and Kim, Chong Gu and Millett, Allan R., 한국전쟁(The Korean War), Volume II, Lincoln, NE, University of Nebraska Press, 2001(p.283).

29   로이 E. 애플맨(Appleman, Roy E.), 남쪽으로 낙동강, 북쪽으로 압록강(South to the Naktong, North to the Yalu): United States Army in the Korean War, Washington D.C., Department of the Army, 1998 (p. 290–291)

30   빌리 C 모스맨(Mossman, Billy C.), 썰물과 흐름 1950.12–1951.7(Ebb and Flow: November 1950—July 1951), United States Army in the Korean War, Washington D.C., Center of Military History, United States Army, 1990 (p.150).

로이 E. 애플맨(Appleman, Roy E.), 남쪽으로 낙동강, 북쪽으로 압록강(South to the Naktong, North to the Yalu): United States Army in the Korean War, Washington D.C., Department of the Army, 1998 (p. 312).

31   알랜 J. 레빈(Levine, Alan J.), 스탈린의 마지막 전쟁: 한국과 3차대전으로의 접근(Stalin's Last War; Korea and the Approach to World War III), Jefferson, McFarland & Company, 2005 (p. 134)

32   맥스 헤이스팅스(Hastings, Max), 한국전쟁(Korean War), London, Michael Joseph, 1988 (pp. 170–171).

33   토마스 맥커리 클리버(McKelvey Cleaver, Thomas), 얼어붙은 장진호(The Frozen Chosen): The 1St

Marine Division and the Battle of Chosin Reservoir, London, Bloomsbury, 2016 (p.257-258).

34 맥스 헤이스팅스(Hastings, Max), 한국전쟁(Korean War), London, Michael Joseph, 1988 (p. 171).

35 위의 책(Ibid). (p. 170).

36 로이 E. 애플맨(Appleman, Roy E.), 함정에서 도망: 북한에서 미군 10군단(Escaping the Trap: The U.S. Army X Corps in Northeast Korea), 1950, College Station, TX, A&M University Press, 1990 (pp. 367-368)

37 로널드 J. 브라운 Brown, Ronald J.), 반격(Counteroffensive): U.S. Marines from Pohang to No Name Line, Quantico, Virginia, History and Museums Division, Headquarters, U.S. Marine Corps, 2001 (p.1-2).

38 맥스 헤이스팅스(Hastings, Max), 한국전쟁(Korean War), London, Michael Joseph, 1988 (p. 280).

39 중국에서 두 명의 CIA 죄수, 1952-1973(Two CIA Prisoners in China, 1952-1973), Central Intelligence Agency, April 5, 2007. Washington Post, August 20, 1958.

랄프 W. 맥기히(McGhee, Ralph W.), 치명적 책략: 나의 CIA 생활 25년(Deadly Deceits: My 25 Years in the CIA), New York, Sheridan Square Press, 1983.

40 Truman, Margaret, Harry S. Truman, New York, William Morrow & Company, 1973 (pp.495-496). 'USE OF A-BOMB IN KOREA STUDIED BY U.S.—TRUMAN,' Pittsburgh Press, November 30, 1950 (p. 1).

대통령의 기자회견, 1950년 11월 30일(The President's New Conference, November 30, 1950), The American Presidency Project, University of California at Santa Barbara.

41 맥스 헤이스팅스(Hastings, Max), 한국전쟁(Korean War) London, Michael Joseph, 1988 (p. 22). Ibid. (p. 171).

42 위의 책(Ibid). (p. 171).

43 월터 G. 헤르메스(Hermes, Walter G.), 텐트와 전장 추적(Truce Tent and the Fighting Front), Washington D.C., Center of Military History, 1992 (p. 511).

44 PRO London WO216/63 836.

45 카터 말카시안(Malkasian, Carter), 한국전쟁(The Korean War), New York, Rosen, 2009 (p. 36).

46 폴 M. 에드워즈(Edwards, Paul M.), 한국전쟁(The Korean War), Santa Barbara, Greenwood Publishing Group, 2006 (p.25).

47 'Missing: One Korean Town, after Marine Flyers Go to Work,' Chicago Daily Tribune, December 4, 1950 (p. 2)

48 'Chinese Reds Help 4 Tommies Start up Truck,' Chicago Daily Tribune, December 4, 1950 (p.2).

49 우리는 고발한다. 조선에서 국제민주여성동맹 위원회의 보고(We Accuse: Report of the Committee of the Women's International Democratic Federation in Korea), May 16-27, 1951, Berlin, Women's International Democratic Forum, 1951 (pp. 5-6).

50 프랑크 푸트렐(Futrell, Frank), 한반도에서 미공군, 1950-1953(The United States Air Force in Kore, 1950-1953), Office of Air Force History,1983 (p. 263).

51 빌리 모스맨 (Mossman, Billy), 썰물과 흐름(Ebb and Flow), November 1950-July 1951, Washington D.C., United States Army Center of Military History, 1990 (p. 167). X Corps Command Report Summary, December 1950.   Field Jr., James A., 미국 해군작전의 역사: 한국(History of U.S. Naval Operations: Korea), Washington D.C., Government Printing Office, 1962 (pp. 289-290)

52 맥스 헤이스팅스(Hastings, Max), 한국전쟁(Korean War), London, Michael Joseph, 1988 (p. 190).

53 위의 책(Ibid). (pp. 190-191).

54 월터 G. 헤르메스(Hermes, Walter G.), 텐트와 전장 추적(Truce Tent and the Fighting Front), Washington D.C., Center of Military History, 1992 (p. 511).

55 Wilson Center Digital Archive, December 13 1950, Telegram from Zhou Enlai to Wu Xiuquan and Qiao Guanhua (Accessed May 28, 2019).

56 로이 E. 애플맨(Appleman, Roy E.), 한국을 위한 리지웨이의 결투(Ridgway Duels for Korea), College Station, Texas A & M University Press,1990 (pp. 40–42).

57 로이 E. 애플맨(Appleman, Roy E.), 남으로는 낙동강 북으로는 압록강: 한국전쟁에서 미군(South to the Naktong, North to the Yalu: United States Army in the Korean War), Washington D.C., Department of the Army, 1998 (p. 83)

58 I. F. 스톤(Stone, I. F.), 한국전쟁 비사(Hidden History of the Korean War), Amazon Media, 2014 (Chapter 32: Seoul Abandoned Again).

59 부르스 커밍스(Cumings, Bruce), 북한: 또다른 나라(North Korea: Another Country), New York, New Press, 2003 (pp. 17–18).

60 장수광(Zhang, Shu Guang), 마오의 군사 낭만주의: 중국과 한국전쟁(Mao's Military Romanticism: China and the Korean War, 1950–1953), Lawrence, Kansas, University Press of Kansas, 1995 (p.131).

61 찰스 R. 슈레이더(Shrader, Charles R.), 한국전쟁에서 공산주의자들의 병참(Communist Logistics in the Korean War), Westport, Greenwood Press,1995 (pp. 175–176).

62 로이 E. 애플맨(Appleman, Roy E.), 한국을 위한 리지웨이의 결투(Ridgway Duels for Korea), College Station, Texas A & M University Press,1990 (pp. 42, 99)

63 로이 E. 애플맨(Appleman, Roy E.), 남쪽으로는 낙동강, 북쪽으로는 압록강: 한국전쟁에서 미군(South to the Naktong, North to the Yalu: United States Army in the Korean War), Washington D.C., Department of the Army, 1998 (Chapter Seven: Transition: Eighth Army in the West).

64 'Ambush at Hoengsong,' Time, March 12, 1951.

65 Hooker Jr., Richard, Essays on Command in Battle, Combat Studies Institute Press, U.S. Army Combined Arms Center, Fort Leavenworth, Kansas (p. 142). Chinese Communist Forces, Headquarters XIX Army Group, 'A Collection of CombatExperiences,' (29 March 1951 Critique of Tactics Employed in the First Encounter with the Enemy at Chipyong-ni, Annex Number 1 to Periodic Intelligence Report Number 271, 2nd Infantry Division, translated by ATIS, 29 June 1951) (pp. 2–4).

66 Ltr, Eighth Army IG to CG Eighth Army, 12 Mar 51, sub: Report of Investigation Concerning the Loss of Equipment by X Corps. S ROKA, 15 Feb 51., Eighth Army SS Rpt., Office of the CG, Feb 51, Incl 14; Rad, GX-2-1551 KGOO, CG Eighth Army to C/S ROKA, 15 Feb 51; Eighth Army G3 Jnl, Sum, 15 Feb 51; Eighth Army G3 Briefing for CG, 16 Feb 51; Hq, FEC, History of the North Korean Army, 31 Jul 52.

67 Tucker, Spencer C., The Encyclopaedia of the Korean War: A Political, Social, and Military History Volume I, Santa Barbara, ABC-CLIO, 2010 (p. 645).

68 Levine, Alan J., Stalin's Last War; Korea and the Approach to World War III, Jefferson, McFarland & Company, 2005 (p. 193)

69 Abrams, A. B., 'Power and Primacy: The History of Western Intervention in the Asia-Pacific,' Oxford, Peter Lang, 2019 (Chapter 3: Emergence of a People's Republic in China: Efforts to Undermine the Rise of an Independent Asian Power). Blum, William, Killing Hope: U.S. Military and C.I.A. Interventions Since World War II, London, Zed Books, 2003 (Chapter 1: China 1945 to 1960s: Was Mao Tsetung just paranoid?).

70 Levine, Alan J., Stalin's Last War; Korea and the Approach to World War III, Jefferson, McFarland & Company, 2005 (pp. 185–186)

71 Ibid. (pp. 200–201)

5장
절대적 파괴 : 북한의 참혹한 피해

대공습

한국전쟁 중에 북한의 모든 주민들에게 특별히 깊은 인상으로 남은 미국의 행위 가운데 한 측면은 인구 밀집 지역이 표적이 되어 집중적이고 무차별적인 폭격이 공중에서 가해진 것이었다. 코리아에 대한 폭격은 불과 수개월 만에 일본의 67개 도시를 폐허로 만들어버린 군사작전을 원형으로 했고, 3년에 걸친 전쟁의 끊임없는 양상이었다. 따라서 전술한 1950년 11월 8일의 신의주 폭격에 관한 상세한 묘사는 북한 전역의 인구 밀집 지역들이 유사하게 표적이 되었다는 점에서 훨씬 더 광범위한 현상의 일부를 보여준 것이다.

예컨대 신의주는 12만6천 명의 주민이 살고 있었고, 1만4천 개의 건물이 있었으며, 콩, 두부, 신발, 성냥, 소금과 젓가락 등과 같은 민수품을 생산하는 경공업을 품고 있었다.[1] 여기에 군수물자 생산에 관여하는 산업은 전혀 존재하지 않았다. 당시 북한에 머물렀던 한 국제위원회가 발간한 자료에 의하면, 11월의 단 한 차례 폭격으로 3,017개의 중앙정부와 지방정부 건물 중 2,100채, 주택 11,000채 중 6,800채, 초등학교 17개 중 16개, 예배당 17곳 중 15곳이 파괴되었다. 인천 상륙 이후 남자들 수천 명이 조선인민군으로 징집됨에 따라 폭격으로 인한 사망자의 80%가 여자와 아이 들이었다.[2] 병원에 있던 환자들은 침상에서 소이탄 공격을 받고 불에 타 죽었다. 그 공격은 소이탄으로 시작한 다음 폭발탄이 이어지고 다시 소이탄과 시한폭탄의 조합이 뒤따랐는데, 희생자를 최대화하기 위해 의도된 것으로 보였다. 이러한 특별한 조합과 연쇄 폭격은 주민들이 아무런 구호 활동도 할 수 없도록 기획된 것이어서, 표적이 된 사람들 가운데 희생자를 최대화했다. 그 결과, 산채로 파묻힌 사람들을 구조하기 위한 접근이 불가능해지면서 질식사를 피할 수 없었다.[3] 6천~8천 미터 높이에서도 식별할 수 있도록 제대로 표식을 갖춘 병원들도 의도적인 표적이 되었던 것으로 밝혀졌다.[4]

신의주에서는 소이탄 공격 후 기총소사 공격이 뒤따랐는데, 미군기들이 저공비행을 하며 탈출하거나 불을 끄기 위해 밖으로 나온 사람들을 향해 아래로 총을 쏘는 방식이었다. 어린이들 역시 이런 식으로 표적이 되었다.[5] 신의주가 이런 식으로 공격받은 유일한 도시는 아니었다. 민간인들을 상대로 3년에 걸쳐 진행된 화염 공격 작전은 높은 사망률과 함께 북한 내 건물의 85%를 파괴했다.[6] 1950년 말경 미국 공군만 해도 매일 8백 톤의 탄약을 투하했는데 그 대부분이 순전히 네이팜탄이었고,[7] 미 해군과 영국·호주·남아프리카의 공군은 이보다 한층 더 많은 출격에 나섰다. 딘 러스크 국무부 차관보는 미국의 폭격은 "북한에서 움직이는 모든 것과 차곡차곡 쌓인 모든 벽돌"까지 공격했다고 말함으로써 폭격 작전의 완전히 무차별적인 성격을 확증했다.[8] 폭탄과 네이팜이 겨냥한 목표물이 군인과 탄약 공장뿐이었다는 식의 겉치레도 없었다. 농촌 지역에서 쌀농사를 짓는 농부들에서부터 신의주 제화공들에 이르기까지 주민들 모두가 화형을 선고 받았다.

폭격 작전이 얼마나 격렬했는지 몇 주 지나자 공중폭격을 할 대상을 찾기가 힘들어졌고, 그 결과 공군은 할 역할이 없어지는 난관에 직면했다.9) 예전에 도쿄 폭격을 감독했던 아시아 전략폭격 사령부 사령관인 에메트 오도넬 장군은 전쟁 발발 후 3개월도 지나지 않아 "한반도 거의 전부"가 "완전히 아수라장"이었다고 증언했다. 공군 폭격 작전 결과, "모든 것이 파괴되었다. 서 있다고 부를 만한 것이 하나도 없었다… 코리아에는 더 이상 공격할 표적이 없었다."10)

다수의 수상 경력이 있는 저널리스트 I. F. 스톤은 민간인들을 표적으로 삼은 폭격에 대해 보도했다. 그는 북쪽에서든 남쪽에서든 조선인민군에 은신처를 제공했다는 혐의로 민간인들이 폭격의 대상이 되었다고 썼다.

1950년 9월, 극동 공군사령부는 산업시설을 겨냥한 폭격 계획의 첫 단계가 완료되었으며, 전투기들이 폭격할 산업시설이 이제 "모자라다"고 발표했다. 공보를 통해 볼 때, 한반도 내 공군을 괴롭히기 시작한 문제 중 하나는 파괴할 목표물이 더 이상 남아 있지 않다는 것이었다. 한국전쟁의 역사를 제대로 알고자 하는 사람이라면 누구라도 반드시 이 공보들을 읽어야 한다. 그 자료들은 말 그대로 끔찍하다.

도쿄시간으로 1월 31일 오후 5시의 제5 공군 작전 요약서에 따르면, "452번째 폭격비행단 소속 B-26 경폭격기 항공병들이 오늘 함흥에 목표물이 부족하다고 보고했다." 캔자스주 허친슨의 클라크 V. 왓슨 공군 하사는 "우리가 거의 다 불태워 버린 덕분에 적당한 목표물을 찾기 힘들다"고 말했다.

다른 공군 부대들도 마찬가지로 그런 곤란을 겪고 있었다. 같은 공보에 의하면, "제8 전투폭격비행단 소속 F-80 제트기들은 서부지역 마을들에 로켓포, 네이팜탄, 기관총으로 공격한 다음 거대한 화재가 발생했다고 보고했다. 철원 남부에 있는 한 마을은 재기불능의 타격을 입었다." 이유는 설명되지 않았으며, 그 마을이 군사 목표물에 해당하는지 아닌지도 명시되지 않았다. 때로는 군사 목표물일 수도 있는 표적이 우연히 폭격당한 것처럼 보이는 상황도 있었다. 같은 공보에서, 함흥 인근의 마을을 공격한 경폭격기 중 한 대를 몰던 조종사는 이렇게 보고했다. "우리가 투하한 네이팜 중 하나가 가스 혹은 기름 집적소를 폭격했던 게 틀림없다. 폭탄이 떨어지자 오렌지색 화염과 검은 연기가 크게 피어올랐다." 농부들은 그처럼 화려한 색깔로 폭발하지 않는다는 것이다.

가끔 무방비 상태의 마을을 폭격하고, "적이 점령한" 마을이었다는 이유를 제시하기도 했다. 같은 공보는 "비행기 한 대가 적이 점령한 마을을 한 차례 급강하 폭격한 다음 그 지역에 기총소사 공격을 했다. 여러 채의 건물이 파괴되고 거대한 화재가 발생했다고 보고했다"고 썼다. 적군 점령 지역 내 모든 마을에 적군이 주둔하고 있다고 간주한 것일까? 이런 급습에서 사망한 군인 대비 민간인 비율은 매우 높을 수밖에 없었다. 같은 공보는 그날의 급습에서 "가장 큰 병력 피해"는 1개 비행단에 의해 사망 또는 부상당한 적군 병력 100명이 전부였다고 전했다. 심지어 아주 작은 마을에서도 한 차례의 급습으로 그보다 더 많은 민간인이 사망할 수 있었던 것이다. 비전투원들에 대해 전혀 개의치 않는 태도는 몇 명의 병사를 내몰기 위해 마을들이 "포화 처리(saturation treatment)" 대상

이 되는 방식에서 나타났다.[11]

네이팜은 미국이 가진 무기 목록 가운데 가장 중요한 무기였고 북한 지역에 32,557톤이 투하되었다. 역사상 가장 대규모로 사용된 것이었다.[12] 이러한 공격의 결과는 몇 년 후에 베트남에서 사용되었을 때보다 훨씬 더 파괴적이었다. 이는 사용된 양 때문이기도 했지만 경제가 훨씬 더 발전하고 산업화되어 표적이 된 인구 밀집 지역들의 숫자가 훨씬 더 많았고, 그 결과 DPRK의 취약성이 더 컸기 때문이기도 했다.[13] 미 공군은 그 무기가 발생시키는 대규모 사상자 때문에 네이팜을 "경이로운 무기"로 여겼지만,[14] 도덕적인 이유를 들어 그 무기를 민간인을 향해 사용해서는 안 된다고 목소리를 낸 외국인 가운데 영국 수상 윈스턴 처칠도 있었다. 처칠은 코리아의 민간인들을 겨냥한 미국의 네이팜 공격에 관해 이렇게 말했다. "나는 네이팜 폭격에 절대 동의할 수 없다. 통상적인 화재가 아니라 폭탄 속에 든 내용물이 공포에 사로잡힌 수많은 사람을 불태워 버리기 때문이다… 그 전쟁에 사용된 네이팜은 우리가 발명했고, 작전 중인 군인들이 사용했다… 하지만 그것을 민간인들에게 떨어뜨릴 거라고는 아무도 상상하지 못했다. 나는 그 책임을 공동으로 지고 싶지 않다."[15] 하지만 처칠은 인구 밀집 지역에 대한 폭격에 대해서는 아무런 거리낌이 없었다.[16] 화학무기 사용을 "적극 지지한다"[17]고 단언하면서 그 사용을 직접 명령했고, 적의 인구 밀집 지역을 대상으로 사용할 생물무기의 개발을 직접 승인했다.[18] 그런 그가 네이팜 사용을 도덕적으로 비난받을 일이라며 항의했다는 점에서, 그의 발언은 네이팜이 코리아의 주민들에게 가한 고통의 심각성을 증언해 주는 것이었다.

미군 이등병 제임스 랜섬 주니어의 부대에 네이팜이 돌발적으로 "오인(friendly)" 발사되면서, 네이팜의 영향에 대한 보도가 갑자기 표면화되었다. 아군 부대가 투하한 이 "경이로운 무기"는 수없이 많은 코리아의 민간인들에게 입힌 것과 똑같은 효과를 미군들에게도 발휘했다. 그 미군 병사들은 피부가 새까맣게 타서 "감자칩처럼" 벗겨지자, 고통을 못 이겨 눈 위를 구르며 총으로 쏴 죽여달라고 사정했다. 이런 손상은 단지 일부에 불과했다. 코리아에서 기자들은 네이팜에 흠뻑 젖은 민간인들을 수도 없이 목격했다. 그들의 몸 전체가 "노란 고름이 간간이 섞인 딱딱하고 까만 껍질로 덮여 있었다"[19] 인터뷰에 응한 한 네이팜 생존자가 그 효과에 관해 이렇게 말했다. "네이팜은 상상할 수 있는 가장 끔찍한 고통이다. 물은 섭씨 100도에서 끓는다. 네이팜은 섭씨 800도에서 1,200도까지의 열을 발생시킨다."[20] 네이팜은 사람 피부에 들러붙기 때문에 제거되지 않는다. 화상은 극심하고 피하로 파고든다. 〈뉴욕타임스〉가 코리아의 민간인 인구 밀집 지역에 미친 네이팜의 효과를 묘사했을 때, 국무장관 애치슨은 그러한 "선정적인 보도"에 대한 검열의 필요성을 강조했다.[21]

희생자들을 치료하느라 수년을 보낸 의사 리처드 페리는 민간인 표적들에 대한 네이팜의 끔찍한 효과에 관해 몇 년 후 글을 썼다.

> 나는 상당한 시간 동안 다소 다양한 범위의 의술 경험을 가진 정형외과 의사로 일했다. 하지만 네이팜에 불타버린 여자들과 아이들과… 만나게 된 경험에는 내게 준비된 게 아무것도 없었다. 검게 그을린 살을 보고 냄

새 맡는 일은 의사에게조차 충격적이고 역겨운 일이었다. 불에 탄 살의 냄새가 기억에 너무 오래 남아 있어서, 접시 위 고기 조각을 볼 때면 며칠이 지나서도 계속해서 메스꺼워진다. 그리고 말없이 고통스러워하는 네이팜에 타버린 그 아이의 갈피를 잡지 못하는 눈을 결코 잊을 수 없다. 그런 아이에게 과연 누가 무슨 말을 할 수 있겠는가?[22]

코리아의 민간인들을 겨냥한 공습 작전은 동아시아 지역에서 미국이 주도하는 질서를 구축한다는 더 큰 경향의 일부로서, 워싱턴의 패권적 야망에 저항하는 역내 국가들에 그들의 인구 밀집 지역들도 마찬가지로 공격 대상이 될 수 있음을 확인시키는 것이었다. 그런 경향은 1950년대 후반 인도네시아 도시들을 대상으로 한 CIA 조종사들의 비교적 소규모 폭격[23]에서부터 1940년대 일본의 도시들을 대상으로 한 대규모 폭격, 1960년대 베트남과 라오스 도시들에 대한 유사한 공습에 이르기까지 다양한 범위에 걸쳐 나타났다. 실제로, 코리아의 인구 밀집 지역들에 대한 폭격이 그토록 높은 사상자를 낸 이유는 미국이 탄약의 최적 결합 형식을 확보하기 위해 일본을 능가하는 기술 개량을 했기 때문이었다.

전략적 가치가 거의 없는 아시아인들의 인구 밀집 지역을 표적으로 삼는 미군은 경향은 모든 경우에 드러났다. 예컨대, 1968년 11월 북베트남 내 공격 목표물들을 명중시키지 못하게 되자, 미군 폭격기들은 라오스 인구 밀집 지역들을 표적으로 삼아 공격했다. 그 작전이 아무런 전략적 가치가 없었는데도, 미 특명 작전 차감 몬티글 스턴스는 이듬해 미 상원 대외관계위원회에서 미 공군이 그렇게 한 이유를 이렇게 증언했다. "글쎄요, 그 비행기들을 모두 빈둥거리게 하면서 하는 일도 없이 그냥 묶어둘 수는 없었죠."[24] 한국전쟁 당시, 미군 조종사들도 유사하게 조선인민군 주둔군을 숨겨주고 있다고 의심이 가는 남한의 인구 밀집 지역들에 아무런 전략적 이익도 없이, 그저 "로켓들을 고국으로 가져가는 것보다는" 표적들에 사용하는 것이 더 낫다는 이유로 공격 명령을 받았다.[25] 미군은 아시아인들의 생명은 아군도 적군과 가치가 같다는 사고방식에 따라 명령이 내려지는 군대였고, 코리아의 주민들 또한 그 대상이었다.

중국군의 참전으로 인구 밀집 지역을 표적으로 삼은 폭격 작전은 한층 더 확대되었다. 저널리스트 로버트 잭슨은 인민지원군(PVA)이 참전한 후 상황을 이렇게 말했다. "높은 민간인 사망률을 방지하기 위한 초정밀 폭격은 아예 시도되지도 않았다. B-29기들이 소이탄을 가득 실어 운반했고 그들의 임무는 선정된 도시들을 끝에서 끝까지 불태워 버리는 것이었다."[26] 예컨대, 리지웨이 장군은 북한의 표적들을 겨냥해 사용할 수 있도록 "전술적 위치 내에 존재하는 모든 생명체를 완전히 지워버릴" 수 있는 1천 파운드 형의 더 큰 네이팜탄이 신속히 개발되어야 한다고 촉구했다.[27] 사상자의 거의 전부가 북한 민간인들이 될 것임에는 의심의 여지가 없었다. 미국은 인구 밀집 지역 폭격으로 적의 사기를 꺾어 전쟁이 더 빠르게 끝날 것이라고 주장했다. 이것은 일본에서 뚜렷이 실패했고[28] 코리아에서도 실패하게 되지만, 다시 베트남에서 실패를 거듭하게 된다. 동아시아의 민간인들에게 그처럼 큰 대가를 치르게 하면서 수십 년에 걸쳐 명백하게 실패한 전략을 반복하는 데는 숨은 동기가 있었다는 것을 알 수 있다. 폭격으로 이긴 전쟁이 없지만, 그들은 서방 주도의 질서라는 구상을 거역한, 이미 성공적으로 근대화 과정을 밟고 있던 동아시아 국가들을 상대로 경제적 발전을 말살하고 끔찍한 형벌을 내린 것이었다.

북한 내 목격자들의 증언은 미군의 폭격 작전이 초래한 극단적인 파괴를 광범위하게 증언한다. 미 육군 소장 윌리엄 F. 딘은 대전에서 포로가 된 후 북한에서 지내는 동안에 그가 목격한 파괴에 대해 이렇게 썼다. "회천 지역은 너무 놀라웠다. 2층 건물도 큰 도로로 사라지고 없어서 내가 전에 본 그 도시가 아니었다." 딘 소장이 마주친 것은 도시마다 오로지 "빈 껍데기들"뿐이었다. 마을들은 남은 게 아무것도 없어 돌무더기나 "눈 쌓인 공터"로 바뀌어 있었다.29) 나중에 서방 진영으로 망명한 반공주의자인 헝가리 작가 티보르 머레이는 전쟁 중에 DPRK에서 특파원으로 활동했다. 그는 자신의 강력한 반공주의적 관점에도 불구하고, 코리아에서 목격한 참상으로 인해 DPRK에 훨씬 더 동정적인 입장을 갖게 되었다. 훗날 그는 파리에서 인터뷰할 때 이렇게 말했다. "나는 미군이 저지른 파괴와 끔찍한 일들을 보았다… 북한에서 움직이는 모든 것이 군사적 표적이었고, 내가 느끼기에 밭에 있는 농부들은 움직이는 표적 맞히기 놀이를 즐기는 것처럼 보이는 조종사들의 기총소사 표적이었다." 그는 자신이 "압록강[중국과의 국경]과 수도[평양] 사이에서 절대적 파괴"를 목격했다고 말했다. 그야말로 "북한에는 이제 도시가 없었다… 내가 받은 느낌은 마치 달 위를 여행하고 있는 것 같았는데, 오로지 폐허만이 있었기 때문이다."30)

공군의 커티스 르메이 장군은 폭격 작전에 관해 이렇게 말했다. "우리는 그곳에 가서 전쟁을 벌였고, 결국 어떻게든 북한에 있는 모든 마을을 불태워 버렸다. 그리고 남한의 일부 도시들도 마찬가지였다."31) 그 장군은 별도로 이렇게 회상했다. "우리는 북한과 남한 양쪽의 모든 도시를 불태웠다… 우리는 코리아의 민간인 1백만 명 이상을 살해했고 수백만 명 이상을 살던 집에서 쫓아냈다."32) 북한 정부는 폭격에 뒤따르는 노숙자 문제를 해결하기 위해 주민들에게 대피호와 진흙 오두막을 짓고 지하 터널을 파라고 지시했다. 그들에게는 달리 선택의 여지가 없었다. 폭격이 확대되면서, 국영 〈로동신문〉은 1951년을 코리아의 인민들에게 "참을 수 없는 시련의 해"라고 불렀다. 북한의 통계에 따르면, 전쟁은 공장 8,700개, 학교 5천 개, 병원 1천 개, 집 60만 호를 파괴했다.33) 모든 공장, 학교, 병원이 지하로 옮겨졌고, 농부들은 논밭이 기총소사 공격의 빈번한 표적이 되자, 낮 동안에는 종종 지하로 숨고 밤을 틈타 곡식을 돌봐야 했다. 가축들이 파괴되고 농기구들에서부터 비료에 이르는 모든 것이 부족해지면서 농업 생산량은 겨우 연명 가능한 수준으로 급감했다. 산업과 농업이 기본적으로 기능을 멈추면서 사람들은 거의 기근 상태로 내몰렸다.34) 식량 공급에 한층 더 부담을 주기 위해, 미 해군 엘리트 특수부대(Navy SEAL)는 북한의 물고기 잡는 그물을 파괴하라는 임무를 부여받았고,35) 고기잡이배들도 미군 비행기의 표적이 되었다.36)

I. F. 스톤은 미 공군에서 나온 보고서들에 대한 광범위한 연구에 기반해, 코리아의 인구 밀집 지역을 겨냥한 미군의 새로운 폭격 작전의 성격과 영향을 이렇게 묘사했다.

2월 4일의 제5 공군 작전 요약서, "8군의 다른 F-80 전투기들이 철원,

금촌, 춘천, 춘천리 인근 마을들에 대한 공격에서 양호한 결과를 냈다고 보고됨. 그 마을들은 로켓과 네이팜은 물론 폭탄 공격도 받았음." 결과는 "양호"했다. 모든 보고서가 그처럼 딱딱하지는 않았다. 마을들에 대한 이러한 공습에 대해, 인간의 감정이 요구하는 연민이 아니라, 마치 항공병들이 볼링장에서 마을들을 볼링핀 삼아 치듯, 상상력이 완전히 결여된 후안무치의 도덕적 무능을 반영한 일부 페이지들도 있었다. 도쿄시간 2월 2일 금요일 오후 5시 제5 공군 작전 요약서가 하나의 사례이다. 이것은 추락하는 모스키토 정찰기의 두 항공병이 "홍천 인근 적군 부대 집결지 한가운데서" 헬리콥터에 의해 구조된 상황을 말하고 있었다. 50명 정도의 적군 병사들이 시야에 들어왔고 참호가 3백~4백 개가 보고되었다는 이유로, 전 지역이 "포화" 처리 대상으로 결정되었다.

24편대 F-51 무스탕의 대형 비행으로 그 지역에 네이팜 5천 갤런을 쏟아부었다. 미네소타주 덜루스- 그들은 마치 그러한 소행에 대한 개인들의 자긍심을 조장하기라도 하듯, 공군 공보는 명칭을 부여했다 -의 편대장 제임스 커큰덜 중령은 "그의 비행기가 그 지역의 모든 마을과 건물을 타격했다"고 보고했다. 어쩌면 약간은 불편한 꺼림칙함이 있었던지 그는 이렇게 덧붙였다. "그곳에 있는 집들에 군대가 생활하고 있다는 증거는 충분했다." 그 증거 자체는 공개되지 않았고, 커큰덜 중령이 "그들이 떠날 때 연기가 4천 피트 위로 솟아오르면서 그 지역을 뒤덮었다"고 덧붙인 것으로 보아, 아마도 증거를 찾기는 힘들었을 것이다. 그의 부하들은 명랑했다. 4편대 한 그룹을 이끌었던 캔자스주 캔자스시티의 데버렛 L. 허들리 기장은 "당신은 그 마을들 전체에 작별 키스를 할 수 있다"고 말한 것으로 공보에 인용되었다. 앨라배마주 몽고메리의 휴 보니포드 기장은 자신이 "그 지역에서 바퀴 자국을 비롯한 적의 활동 증거들"을 보았다고 말했다. 그는 이렇게 덧붙였다. "그 지역은 이제 완전히 폐허가 되었다고 말할 수 있다." 보니포드 기장의 발언은 전체 코리아에 적용된다.[37]

1951년 중반에 38선을 중심으로 교착상태가 출현한 후, 미군은 도시와 마을, 수력발전소를 폭격함으로써 지상에서 견고하게 참호 진지를 구축한 군대와 교전할 필요 없이 북한 주민들에게 참화를 안겼다. 평양이 서방 세력에 이로운 휴전협정 조건을 더 긴급하게 받아들일 수밖에 없도록 하려는 것이었다. 서방 비행기의 손에 도살과 파괴가 계속되는 매일매일 북한은 더 나은 조건을 요구하기 위해 협상을 연기했다.[38] 국방장관 로버트 로베트는 그 전략의 주창자였다. "만약 우리가 [우리의 협상 조건을] 단호하게 견지할 수 있다면, 공중에서 그들을 갈기갈기 찢어버릴 수 있다." 그는 이렇게 덧붙였다. "그들은 큰 피해를 입었다… 만약 그 나라를 계속해서 휘저어 놓을 경우, 우리는 그 일을 북한인들에게 결코 잊지 못할 끔찍한 일로 만들어 버릴 수 있다. 우리는 이 방침을 계속 밀고 나가야 한다."[39]

북한과 중국 협상단을 더 압박하기 위해 주민들을 굶주림에 시달리게 할 목적으로, 1953년에 미국은 결정적으로 압록강 관개용 댐을 폭격했다. 이로 인해 읍면들이 모두 침수되고 이미 영양 부족 상태인 주민들이 연명하는 데 필요했던 DPRK의 벼농사를 완전히 망쳐버렸다. 저수지 다섯 개가 폭격당해 농지 수천 에이커가 침수되었다.[40] 관개용 댐은 그 나라 벼농사의 75%를 가능하게 했는데,[41] 미 공군은 이 기간시설을 공격함으로써 미곡 25만 톤을 파괴한다는 구상을 했다. 여기에는 수풍

댐- 세계에서 두 번째로 큰 댐 -에 대한 공격이 포함되었다.42) 벼농사를 쓸어버린 거대한 범람과 공중에서 목격한 지상의 농부들이 보인 절망적 반응에 관해 보고할 때 미군의 보고서들은 흡사 신이 난 것처럼 보였다. 그 결과는 예상했던 대로 대량의 기아 사태였다.43) 한 보고서는 댐 공격으로 인한 북한 벼농사 파괴의 중대성에 관해 이렇게 썼다. "이 같은 주식 작물의 손실이 아시아인들에게 갖는 엄청난 의미- 기아와 천천히 다가오는 죽음 -를 서방인들은 거의 상상도 할 수 없다."44) 적국의 주민을 굶기기 위해 댐을 공격하는 것은 심각한 전쟁범죄였고, 다소 아이러니하게도 미국이 주도한 뉘른베르크 법정에서 나치 독일의 군 지도부가 최근에 교수형을 당한 이유가 바로 그 범죄행위 때문이었다.* 미국인 가해자들은 예상대로 그러한 비난을 모면했다.45) DPRK에서 기근으로 인한 대량 사망은 중국과 소련이 식량 원조를 늘림으로써만 막을 수 있었다. 하지만 미군 비행기들이 북한으로 가는 공급을 차단함으로써 그 같은 노력의 효과를 훼손했다. 적절하게 명명된 '기아 작전(Operation Strangle)'으로, 미국은 밤에 북한으로 가는 구호물자를 고의로 공격했다.46) 많은 수의 트럭을 파괴했다는 주장에도 불구하고, 그 작전은 궁극적으로 의도했던 규모로 대량의 굶주림을 초래하거나 전선으로 가는 공급에 심각하게 지장을 주지는 못했다. 식량 공급을 고의로 타격한 직접적인 결과로 전쟁 중에 굶주림으로 사망한 북한인들의 숫자가 컸는데도, 미 공군은 기아를 한층 더 악화시켜

---

* 댐을 특정하지는 않았지만 민간 기반시설에 대한 불필요한 공격을 불법화했던 헤이그 조약의 23항에 기반해, 뉘른베르크 재판에서 제시한 협정의 6조 B항은 댐과 제방의 파괴 행위는 전쟁범죄로 간주된다고 언명했다.

사망자를 더 늘리려고 했다. 만약 그들의 차단 작전이 성공했다면 실제로 그렇게 될 수도 있었다.[47] 미 공군 장교들은 맹폭 아래서 공급선을 가동하고 단시일 내에 피해를 복구해내는 적들의 능력에 탄복했고, 마지못해 "거의 경이로울 정도"라는 표현으로 시인하지 않을 수 없었다.[48]

북한인들은 서방의 공습을 피하는 데서 굉장한 독창성을 보여주었다. 교각 복구와 인공 여울 건설에도 유능했고, 때로는 파괴된 교각을 대신해 통나무 잠함 위에 기차선로를 놓는 일에도 놀라울 정도로 유능함을 증명했다. 또 다른 조치들로는 한강에 독특한 "야간 전용" 부교 건설이 있었는데, 황혼이 지나면 조립했다가 동트기 전에 조각들을 하나하나 해체하여 서방 비행기로부터 은폐했다. 철도선로들을 잘 위장하여, 때로는 복구된 선로들이 마치 파괴된 것처럼 보이도록 했다. 기차는 낮에는 은폐시켜 놓고 조선인민군은 서울에서 남쪽으로 1백 킬로미터 떨어진 역에서 기차를 타는 데 성공했다. 주어진 환경을 고려할 때 매우 인상적인 위업이었다.

미군의 폭격은 근래 역사에서 오늘날까지도 전례 없는 규모로 북한 주민들을 대거 몰살하는 데 성공했다. 전쟁 중 사망한 것으로 추정되는 북한 주민 3백만~4백만 명 중 대다수가 공중 작전에 의한 것이었다.[49] 서방 학자들에 의한 일부 추정치는 북한의 전시 사망자를 인구의 약 30%로 보았다.[50] 공군의 커티스 르메이 장군은 북한 폭격에 대해 이렇게 말했다. "3년가량의 기간 동안 우리는 그 나라 인구의 20%를 살해했다."[51] 이 숫자는 폭격과 전투에서 부상을 입거나 불구가 된 수백만 명까지는 아니라 해도 충분히 예상 가능한 수십만 명, 또는 그 나라가 입은 경제적 손실을 설명하지 못한다.** 심지어 르메이 장군의 더 보수적인 추정으로도 인구 규모 대비 북한이 입은 손실은 제2차 세계대전 시기 어떤 나라가 겪은 것보다 훨씬 더 심했다. 이런 사망자 수는 인구의 백분율로는 물론이고 절대적 수치로도 기이할 정도로 높다.***

1950년대 북한을 겨냥한 핵전쟁

막대한 물질적 우위에도 불구하고, 미군이 동아시아 동맹군을 일방적으로 굴복시키지 못하고 실패를 거듭함으로써 미국 지도부 내에는 점점 커가는 좌절감이 자리 잡았다. 이로 인해 지휘관들과 하원의원들을 비롯한 유력 인사들 사이에는 북한과 중국의 저항을 진압하기 위해 핵무기 사용을 통한 확전을 지지하는 목소리가 높아갔다. 전쟁 내내 전투에 패했을 때마다 그 요구가 제기되면서 때로는 미국이 핵 공격 착수 직전까지 가기도 했다.

미국과 조선인민군 사이에서 벌어진 최초의 교전이었던 1950년 7월 5

**   북한인 부상자 숫자에 대한 통계는 확인할 수 없지만, 사망자가 수백만 명이고 소이탄과 같은 현대식 무기가 사용된 다른 분쟁들에서 나온 통계에 따를 때 사망자 숫자를 크게 초과하는 것으로 일관되게 판단한다. 따라서 수백만 명이 사망한 전쟁에서 부상자를 수십만 명으로 추정하는 것은 너무 보수적인 판단이다. 통계학상, 부상자는 사망자를 훨씬 초과해 수백만 명일 것이다.

***   비록 아무런 결과를 가져오지 못했지만, 평양은 유엔에 민간인들에 대한 공중폭격에 대해 항의를 제기할 수밖에 없었다.

일, 6일, 8일 각각 오산, 평택, 천안 전투에서 결정적으로 완패를 맛본 여파로, 7월 9일 합동참모본부(JCS) 회의에서 합참의장 오마르 브래들리는 핵무기 사용 가능성을 제기했다.[52] 나흘 후에 찰스 L. 볼테 소장도 유사한 제안을 내놓았다.[53] 맥아더 최고사령관 역시 이러한 선택지들이 모두 비현실적이라고 간주했음에도 불구하고, 당시 조선인민군이 이용하는 교각과 터널을 파괴하기 위해 전술핵 타격을 제시했다.[54] 트루먼 대통령은 당시에 핵 공격이 고려되고 있다는 사실을 부인했으나,[55] 나중에 기자회견에서 그 발언을 철회하고 핵 공격은 늘 고려 중인 사항이었다고 밝혔다.[56] 그는 7월 29일에 JCS의 권고에 따라 괌에 10기의 핵 능력 폭격기의 배치를 재가했다.

전쟁 첫 3개월 동안 사상자가 늘어가고 조선인민군을 상대로 의미 있는 성과를 내지 못하는 상태로 미국의 패배가 이어지자, 민간·정치계·종교계 지도부 사이에서 핵 공격을 요구하는 목소리가 커갔다. 일본에 대한 핵 공격 후, 핵무기는 서방 세력이 대규모 전쟁을 치르지 않게 해주면서 다가올 미래에 무적의 군사적 우위를 보장해 줄 것이라는 믿음이 널리 퍼졌다. 따라서 많은 이들이 한국전쟁을 신속히 "해결"하기 위해 핵무기가 사용될 것이라고 예견했다. 주목할 만한 사례가 웨슬리 감리교회의 케네스 아일러 목사로, 트루먼 대통령에게 설교할 때 이렇게 말했다.

> 각하… 복음의 목사이자 성경을 믿는 기독교인으로서… 최근 나를 괴롭히는 것이 많습니다. 바로 한반도의 이 전쟁입니다. 왜 우리는 문제의 핵심에 다가서는 대신 변죽만 울리고 있습니까?… 나는 물론이고 당신도

> 이 문제가 전부 어디에 놓여 있는지 압니다. 그것은 바로 '모스크바'에 있습니다. 나는 코리아에서 중국 빨갱이들의 손에 우리 아이들이 죽는 것을 보느니 차라리 모스크바가 파괴되는 것을 보겠습니다… 당신은 원자폭탄을 사용할 수 있습니다.57)

상원의원 알버트 고어는 한국전쟁 발발 후 트루만 대통령에게 이렇게 조언했다.

> 표면 방사능 오염으로 한반도 전역을 비인간의 지대로 만드십시오… 적에게 그 사실을 널리 알리십시오… 그 지역으로 들어선다는 것은 모든 보병에게 확실한 죽음 혹은 더디게 진행되는 기형을 의미할 것이라고… 그리고 추가로, 그 지역은 모든 코리아 문제에 대한 만족스러운 해법을 얻는 그런 시점이 올 때까지 주기적으로 재오염될 것이라고요.58)

이것은 핵무기 사용을 위한 창의적인 발상이었다. 다시 말해, 미국으로서는 비재래식 수단을 통해 실패를 거듭해 온 재래식 전쟁을 되돌릴 수 있는 새로운 방안이었다. 이 경우에는 동아시아의 한 나라를 핵폐기물로 오염시키고 주기적으로 재오염시키는 방식이었다. 설사 "재오염"까지는 아니라 해도, 일단 오염된다면 핵무기의 반복적 사용에 따른 환경에 대한 영향은 남게 될 것이므로, 이 제안이 한반도에 갖는 함의는 파멸적이었다. 그러한 오염의 결과는 오늘날 비키니섬과 알제리의 사막에서 볼 수 있다.59) 분쟁에서 핵무기 사용에 기반한 유사한 "해결책"은 대다수의 미국 대중에게 인기가 높았고, 미국에서 과반수가 북한을 상대로 한 핵 공격을 지지했다.[60] 그들이 히로시마와 나가사키에 대한 핵 공격을 지지했던 것과 마찬가지였다.[61] 고어의 아들은 1993년부터 2001년까지 부통령으로, 2000년에는 유사하게 강경한 공약을 유지하면서 유력한 대통령 후보가 되었다.

중국 참전 직후인 1950년 11월에 미국은 핵무기 사용에 가까이 갔다. 11월 4일 국무부 정책기획국장 폴 니체는 미 육군 병참 담당이자 육군의 핵무기를 책임지고 있는 허버트 로퍼 장군을 만나 코리아에서 핵 공격의 실행 가능성을 논의했다. 이것은 일본 도시들을 공격할 때와 같은 전략적 역할이 아니라 핵폭탄이 갖는 전술적 역할에 해당했다. 로퍼 장군은 대규모로 움직임 없이 집결하는 중국과 북한 군대의 희귀한 특성을 고려할 때 그러한 역할에는 핵폭탄의 배치가 거의 쓸모가 없다고 니체에게 알려주었다.[62]

맥아더의 "크리스마스 대공세"가 실패한 가운데 11월 28일 사우스캐롤라이나주 하원의원 루시우스 멘델 리버스가 몇몇 의원들을 이끌고 핵 공격을 지휘할 권한이 맥아더에게 주어져야 한다고 촉구했다. "만약 원폭을 사용해야 할 시점이 있다면, 지금이 바로 그때"라고 리버스는 말했다. 그 의원들은 상당한 지지를 받았고, 북쪽 코리아에서 모든 자산을 철수시키지 않는다면 "무자비한 핵전쟁"에 직면할 것이라는 최후통첩을 베이징에 보내라고 권고하는 전문을 트루먼 대통령에게 보냈다.[63] 미 의원들은 그달 초에 있었던 비밀회동에 대해, 혹은 일본에 대한 공격에서 나온 낙진에 관한 광범위한 연구를 통해 확보된, 군부와 대통령만이 접근 가능했던 정보에 대해 알지 못했다.[64] 그것은 핵 공격이 코리아 전장에서는 매우 제한적인 효과를 가져온다는 사실을 강력히 시사하는 정보였다. 만약 미국의 가장 강력한 무기의 사용이 예상대로의 결정적 결과를 낳지 못한다면 그것은 미국에 대한 세계적 차원의 반발을 불러왔을 수 있다. 따라서 이것은 미국이 그 전장에서 핵 공격을 사용하지 못하게 하는 주요 억제력으로 작용했던 것 같다. 그럼에도 불구하고, 트루먼 대통령은 이틀 후 기자회견에서 핵무기 배치가 적극적으로 고려되고 있다고 밝혔다.[65]

중국군과 북한군의 자산을 무력화할 수 있는 획기적인 무기로서 핵무기의 제한적 실행 가능성과 관련하여, 미 육군 참모총장 조세프 로튼 콜린스는 이렇게 말했다. "개인적으로 나는 코리아에서 핵무기의 전술적 사용 가치에 대해 매우 회의적이다. 공산주의자들은 150마일의 전선에 걸쳐 깊이 진지를 파서 자리잡고 있다." 그는 미국의 핵실험 결과에 근거해 볼 때 요새화한 진지를 공격하는 데서는 핵무기가 효과적이지 않다고 믿는다면서, 핵실험을 통해 "그들이 진지를 잘 판다면 폭발에 매우 가까이 있어도 다치지 않을 수 있다는 점이 입증되었다"고 말했다. 미군 지도부 내 다수의 다른 이들도 유사하게 한반도라는 무대에서 핵 공격은 전술 무기로서는 사용이 제한적이라고 인식했다.[66]

전술적 자산으로서 핵무기의 제한적 실행 가능성에도 불구하고, 맥아더 최고사령관은 전술적 핵 공격을 계속해서 옹호했다. 중국이 연이어 주요한 승리들을 거두고 난 12월 9일, 그는 대통령에게 중국과 북한의 표적들에 핵무기를 사용할 권한을 부여해달라고 요청했고, 15일 후에는 핵 공격을 위해 중국과 북한 전역의 목표물 목록을 제출했다. 이 목록에는 중국 내 병력 집결지와 공군 기지들이 포함되었다.[67] 장군의 계획에서는 중국과 북한 내 "보복 대상들"에 대한 26차례— 적군 병력 집결지와 공군기지에 8차례, 산업 중심지에 18차례 −의 핵 공격을 요구했다.68) 영국의 군사사학자 맥스 헤이스팅스가 맥아더에 대해 "코리아에서 그의 모든 희망과 승리를 무로 만들어버린 인민들을 향한 조잡한 복수를 위한 갈망에 사로잡힌" 태도라고 묘사한, 바로 그 중국인들을 향한 이러한 태도가 기꺼이 핵무기를 사용하겠다는 맥아더의 의지에 영향을 미쳤을 것이다.69) 맥아더가 제출한 계획은 워싱턴에서 부결되었다. 하지만 그것은 이미 합동참모본부 위원회가 중국군을 상대로 한 핵무기 사용을 권고한 후였다.70)

보도에 따르면, 맥아더는 방사성 폐기물로 북쪽 코리아와 만주 지역을 오염시키는 것도 고려했다. 그 지역을 동아시아 동맹국들이 사용할 수 없는 땅으로 만들겠다는 의도에서 나온 초토화 작전의 극단적 형태였다. 그는 이것을 "방사성 부산물을 이용한 저지선"이라 불렀다. 이것은 중국 동북부 지역 대부분과 북한을 수 세대에 걸쳐 − 사용되는 방법에 따라 아마도 무기한으로 **** − 거주할 수 없는 황무지로 만들어버릴 수 있었다.71) 인민지원군이 북한 국경 인근의 자산을 운집시키기 시작한 후 1951년 3월 10일, 맥아더 장군은 코리아 전장에서 "핵 능력 작전개시일"을 요청했다. 나중에 그는 "중국인 무리들"의 집결을 좌절시키기 위해 만주에 핵무기를 50개까지 투하해야 한다고 요구했다. 3월 말에 오키나와에 있는 카데나 공군기지의 핵폭탄 장전 구덩이가 가동 준비를 마쳤다. 폭탄들은 기지로 옮겨져 그곳에서 조립되었다. 폭

**** 열화 우라늄(우라늄-234 혹은 우라늄-235)으로 인한 것과 같은 일부 핵 오염은 반감기로 인해 수십년 혹은 수억년 지속될 수도 있다.

탄에서 핵 기폭장치만 빠진 상태였다.72)

그다음 주인 4월 5일, 미국은 핵 공격 착수에 거의 근접했다. 중요도에서 쿠바 미사일 위기에 견줄 만한 사건이었다. 코리아에 주둔 중인 중국 지상군에 대한 핵 공격이 비현실적으로 여겨졌는데도, 합참은 처음으로 맥아더에게 핵무기 사용 권한을 부여했다. 이전에는 미국 원자력위원회(AEC)와 JCS 모두 맥아더의 과거 수사와 앞선 행동에 비추어 볼 때 핵무기를 조급하게 혹은 도발적으로 사용할 가능성이 충분했기에 그에게 이 권한을 부여하기를 삼간 것이었다.73) 결국, 어느 정도의 핵무기 통제권을 그 매파 장군에게 부여함으로써 합참은 핵전쟁의 위험을 감수하겠다는 훨씬 더 큰 의지를 보여주었다.

이전된 핵탄두는 중국 본토 내 군사시설과 산업 중심지를 공격할 작정이었다.74) 합참은 대규모 인민지원군 병력이 새롭게 참전하는 경우나 폭격기들이 그 지역으로부터 미군 자산을 향해 출격하는 경우, 중국 동북부 지역 내 기지들을 향해 즉각적인 핵 공격에 착수하라고 명령했다. 같은 날, AEC의 고든 딘 위원장은 9개의 Mk. 4 핵 캡슐을 핵무기 수송 임무를 담당하는 공군의 제9 폭탄 대대(Bomb Group)로 이전할 채비를 시작했다. 한편 합참의장 오마르 브래들리는 4월 6일에 Mk. 4 폭탄을 "AEC에서 군이 보호하는 단계"로 이전하는 건에 관한 트루먼 대통령의 승인을 얻었다. 그러자 대통령은 중국과 북한의 표적들을 겨냥해 핵 공격을 재가하는 명령에 서명했고, 이후 핵 무장한 제9 폭탄 대대가 괌에 배치되었다.75)

미국이 핵 공격 수행에 요구되는 문턱이 낮다는 점을 고려할 때, 핵전쟁의 가능성은 여전히 극도로 높은 상태였다. 중국군이 중국의 동북부 지역 내 기지들에서 미군과 연합군을 공격할 수 있도록 그들의 전선을 강화했을 수도 있었다. 중국은 당시 보유한 폭격기 자산들이 많지 않았음에도, 제한된 숫자일지언정 폭격기들을 전장에 배치하기 시작했다. 3월에 그랬듯이 중국군이 수세에 몰렸을 때 그들이 더 많은 병력을 전선에 배치하지 않으리라는 보장은 없었다. 그것은 미국의 핵 공격을 위한 유일한 전제조건이었다. 만약 인민지원군 지도부가 전술적 의사결정에서 방침을 달리했다면, 중국 동북부 지역에서 핵 홀로코스트는 충분히 일어날 수 있었다.

인민지원군은 확전을 피하려는 신중한 태도와 함께 병참 제약으로 인해 전선에 더 많은 대부대를 지원할 수 없었다. 인민지원군의 이 같은 능력의 한계가 핵 공격에 필요한 조건을 충족시킬 수 없게 했다. 새 동맹국을 보호하기 위해 소련이 취한 적극적 조치들 또한 같은 역할을 했다. 2년 전 소련 공군이 B-29와 유사한 그들의 자체적인 Tu-4를 도입함으로써, 일본과 코리아 전역의 미군 기지들에 대한 핵 공격이 가능해졌기 때문이다.

1950년부터 중국 내 배치된 폭격기들을 포함한 대규모 소련 자산들 덕분에, 중국 본토는 어느 정도 소련의 보호 아래 있다고 여겨졌고, 이는 그들의 영토를 대상으로 한 미국의 핵 공격에 억지력으로 작용했다. 미국이 중국에 대한 핵 공격을 더 진지하게 고려하기 시작한 1951년 초에 소련의 존재감은 더 커진 것으로 알려졌다. 제한적 핵 공격 시에 소련의 직접 개입이 보장된 것은 아니었지만, 모스크바는 트럭, 병력 수송 차량, Tu-4와 Il-28 폭격기, T-44 T-54 전차와 위스키급 잠수함과 같은 최신 장비들로 물류 지원을 제공하면서 인민지원군과 조선인민군에 대한 물질적 지원의 증대를 포함한 다른 수단의 확전을 유지하고 있었다. 이러한 체계들은 당시에는 최첨단이었고, 대다수가 전쟁이 끝나기 직전인 1953년에 중국군과 북한군에 제공되었다. 한국전쟁 중에 제공되지 않았던 것은 그 같은 확전을 피하기 위한 시도였을 것이다.

비록 핵 공격 주창자인 맥아더가 4월 11일 최고사령관에서 해임되었다고는 해도, 이것이 미국의 핵 위협에 종지부를 찍지는 못했다. 그로부터 17일 후에 트루먼 대통령은 동아시아 지역에 핵 구성 폭격기의 배치를 늘렸고 잠재적 공격에 필요한 표적 데이터를 얻기 위해 중국 동북부 지역 내 비행장들의 상공으로 정찰 비행을 하도록 재가했다.[76] 중국 지도부와 접촉하기 위해 홍콩 내 경로를 활용한 미국 특사들은 워싱턴이 맥아더를 해임했다고 해서 중국으로 확전이나 핵무기 사용을 배제한다는 의미는 아니라는 것을 전달했다. 그들은 대량파괴무기의 사용을 통해 중국의 경제 발전을 수십 년 전으로 되돌릴 수 있는 미국의 능력을 강조했다.[77] 맥아더 후임인 매튜 리지웨이 최고사령관은 비록 승인되지는 않았지만 5월에 38개의 핵탄두가 제공되어야 한다고 직접 요청했다. 2개월 후 합참은 전술적 역할로 핵무기 사용을 다시 숙고했고, 그것은 전쟁이 끝나기 전까지 거듭되었다. 뛰어난 핵과학자들이 전술적 핵 공격의 가능성을 판단하기 위해 한반도에 파견되었다.[78]

10월에 코리아에 전술적으로 핵폭탄을 배치할 효과적인 수단을 여전히 찾기 힘든 상황에서, 미국은 '허드슨항 작전(Operation Hudson Harbor)'에 착수했다. 그 작전은 크고 무거웠던 과거의 핵탄두로는 할 수 없었던 위업을 신형 핵탄두가 성취할 수 있기를 기대하며 전장에 핵무기를 사용할 수 있는 역량을 확고히 하려는 의도였다. 이것을 시험하기 위해, B-29 폭격기가 모의 원자력 폭격을 위해 단독으로 한반도 북부 상공을 날아올라 "모조품" 폭탄 혹은 재래식 중폭탄을 투하했다. 그 프로젝트를 위해서는 "무기 조립과 시험 등을 포함한 원자폭탄 공격에 관련된 모든 활동이 실제로 기능할" 수 있어야 했다. 연구 결과는 그 폭탄들이 코리아에서 기술적으로 유용하지 않다고 결론지었다. 그 작전에 대한 군사 보고서들은 "적군 병력의 대규모 집결에 대한 적시 식별이 극히 드문 일"이었다고 결론지었다. 조선인민군과 인민지원군이 가변적으로 작전을 벌이고 끊임없이 대형을 바꾸었기 때문에, 적의 도시들을 완전히 무너뜨리도록 개념화된 무기에 그들은 적합하지 않은 표적이었다.[79]

북한과 중국 지도부가 어느 "모의 폭탄"이 불발탄인지, 혹은 어느 것이 극히 최근에 히로시마와 나가사키에 방사한 그 무기일 수도 있는지 전혀 알지 못한 채로, 그들의 영토 위에서 벌어지는 모의 핵 폭격을 보게 된다면 그것은 상당한 공포를 초래할 수밖에 없는 일이었다. 일찍이 일본에서도, 미국 육군항공대(USAAF)의 B-29 폭격기들이 핵 공격을 준비하며 단독으로 잠재적 목표물이 있는 상공으로 비행한 몇 주 후 실제 핵 공격으로 나아갔다. 겉보기에는 일상적인 이런 상공 비행이 약 23만 명의 생명을 빼앗고 두 도시를 파괴해 버렸다.[80] 북한이나 중국의 입장에서, 코리아 상공에서 진행된 이 모의 비행들이 굳이 달리 보일 만한 이유가 있었을까?[81]

1953년 드와이트 D. 아이젠하워 대통령이 취임한 후, 코리아에 대한 미국의 핵 정책이 재검토에 들어갔다. 전쟁 발발 당시 소장이었던 아이젠하워는 핵무기 사용이 고려되어야 한다고 주장했고, 핵무기 사용을 배제하는 경우 지상전은 미국 시민들의 국가 총동원을 요구하게 될 거라고 경고했다.[82] 아이젠하워 행정부가 들어선 지 두 달째로 접어든 3월 27일, 대통령과 국무장관 존 포스터 덜레스는 "어떻게 해서든 핵무기 사용을 둘러싼 금기는 깨져야 한다는 데" 의견이 일치되었다. 덜레스는 이렇게 말했다. "세계 여론의 현 상태로는, 우리가 원자폭탄을 사용할 수 없다. 우리는 이제 이 분위기를 해소하기 위해 모든 노력을 기울여야 한다." 만약 핵무기를 향한 대중적 인식이 부드러워진다면, 미국은 핵무기를 사용해 미국의 조건에 굴복시킬 수 있었다. 이듬해 행정부는 베트남에서 포위된 프랑스 식민 세력을 지원하기 위해 그곳에 핵무기 사용을 고려했다.[83]

5월에 아이젠하워는 "적군의 참호들은 현재 언덕마다 벌집을 만들어가며 배치되어 있다. 거기다 대고 계속 재래식 무기를 쓰는 것보다는 핵무기를 쓰는 게 더 저렴하고 경제적일 것"이라고 말했다. 38선 부근에서 미국 주도 연합군의 진격이 가로막혀 있었기 때문에, 핵무기를 사용해 이 교착상태를 타파하고자 한 것이다. 그럴 때, 동아시아 동맹국들로부터 또다시 양보를 얻어낼 수 있다고 믿었다. 핵 위협은 훗날 아이젠하워 행정부 아래서 중국으로 확대되어, 중국의 인구 밀집 지역들까지 핵 공격의 표적으로 삼았다. 아이젠하워의 견해는 "만약 중국 공산주의자들이 다시 우리를 공격한다면, 베이징(Peiping[Peking의 초기 로마자 표기 – 오늘날은 Beijing])을 포함해, 그곳이 어디건 가장 큰 타격을 주게 될 표적들을 골라 강타함으로써 확실하게 대응해야 한다"

는 점을 강조한 것으로 보도되었다. 그 발언은 핵 공격이 그저 가능성으로 존재했던 것이 아니라, 아이젠하워가 "공산주의 중국과의 전면전"이라고 불렀던 전쟁 계획에서 중심을 차지했다는 의미였다.[84]

미국은 중국과의 전면전에 착수한다는 구상을 단념했다. 그러나 전술적인 핵 공격의 성공 가능성에 대한 평가와 재평가는 거듭되었다. 제2차 세계대전의 종지부를 찍게 해준 것으로 공적을 인정받은 "경이로운 무기"가 코리아의 전장에서는 승리를 가져다줄 수 없다는 것이 이해하기 어려웠을 수도 있다. 하지만 핵무기의 전술적 실행 가능성이 제한적일 뿐이라고 결론짓는 다수의 군사 보고서들에 기반한 평가를 통해 사실로 판명되었다.[85] 수십 년 후 지하 깊숙이 뚫고 들어갈 수 있도록 크게 변형시킨 "벙커 버스터" 전술 핵폭탄의 도래로, 미국은 요새화를 무력화시킬 수 있는 무기를 선택할 수 있게 되었다. 하지만 한국전쟁 시기에 핵무기는 그런 역할을 하기에도, 야전에서 군대를 무력화하기에도 적절치 않았다.[86]

세균전

미국은 거의 모든 활성 재래식 무력을 코리아 전선에 집중시켰지만, 1950년 11월부터 미국 주도 연합군의 형세는 더 나빠지고 있었다.[87] 그 시기에 중국과 북한 내 표적들을 상대로 생물무기가 배치되고 있다는 증거가 나타나기 시작했다. 이미 잔인한 폭격 작전이 확대되어 네이팜을 북한 전역의 인구 밀집 지역들에 퍼붓고 있던 시점이었고, 비핵국가인 동아시아의 두 나라를 상대로 핵무기 배치 준비가 활발하게 이루어지던 때였다.[88] 심지어 탱크나 대포마저 충분치 않았던 당시 중국과 북한으로서는 대량파괴무기의 배치는 아예 능력을 벗어난 이야기였다. 그러나 계속되는 패배를 역전시키는 일이 절박했던 미국은 그들의 수중에 있는 모든 수단을 동원해 적국의 주민들을 공격하기로 결정했다.

중일전쟁 중에 일본 제국주의 군대는 야심적인 세균전을 기도했다. 여기에는 전염병의 무기화에 필요한 중요한 자료를 얻기 위해 살아 있는 인간을 대상으로 한 실험도 포함되었다.[89] 도쿄 항복 후 소련은 이 프로그램에 참여한 몇몇 저명한 일본인 과학자들을 전쟁범죄로 법정에 세우려 했지만, 미국이 소련의 노력을 좌절시키면서 이들을 전면 기소 면제했다. 생체 실험을 한 것으로 확인된 일본인 전범들을 상대로 소련이 재판을 진행하자, 서방은 이를 선전선동이라며 일축했다. 일본의 생물무기 프로그램의 실체가 드러나는 것은 그로부터 몇 년이 지나서였다.[90] 영국의 한 보고서에 따르면, 미군은 일본의 세균전 과학자들이 제공한 정보들이 "절대적으로 중요하다"는 사실을 간파하게 되었다. 그것은 "인간 실험에 결부된다는 가책 때문에 미국에서는 절대 얻지 못했을" 정보였고, 게다가 "그 정보를 상당히 저렴하게" 얻었다.[91] 다수가 악명높은 생물무기 부대인 731부대 출신인 그 과학자들은 육군 포트 데트릭 생물학 연구센터의 미국인 과학자들에게 세균전에 관한 광범위한 기술적 정보를 제공했다. 이 정보의 대부분은 생체 실험을 통해 확보한 것이었고, 미국은 이것을 자국의 세균전 프로그램을 진행하기 위한 기반으로 삼았다. 1980년대 들어서야 저널리스트 존

W. 파웰의 폭넓은 연구조사의 결과로 미국이 일본의 세균전 과학자들과 합의한 세부 내용이 밝혀졌다.[92]

생물무기 사용은 코리아에서 미군이 저지른 가장 심각한 전쟁범죄 중 하나였다. 미군 비행기들은 북한과 중국 동북부 지역 상공에서 탄저균, 콜레라, 뇌염, 흑사병을 옮기는 곤충과 깃털을 투하했다. 그런 작전을 당시 비밀로 유지한 것은 한편으로 이런 특수한 형태의 전쟁 활동이 대중적으로 충격을 줄 수 있었고 국내외의 여론에 영향을 미칠 수 있었기 때문이다. 중국과 북한은 다량의 박테리아와 박테리아로 가득한 곤충들이 미군 비행기에서 투하되고 있다는 주장을 담은 성명을 내는 등 미국이 그들을 대상으로 세균전을 감행하고 있다는 주장을 널리 알리기 위해 심혈을 기울였다.[93] 그들은 생물무기를 수송하는 비행기를 운항했다고 시인한 미군 항공병 38인의 증언을 제시했다. 이들 중 다수가 운송된 곤충의 종류, 투하된 용기와 사용된 질병의 종류에 관해 정확하고 상세하게 설명했다. 중국 정부는 세균 폭탄과 곤충들의 사진을 공개했다.[94]

북한과 중국이 자국의 인구 밀집 지역에 생물무기가 사용되고 있다고 주장하는 가운데, 세계평화평의회(WPC)는 1952년 3월 29일에 노르웨이 오슬로에서 '중국과 북한 내 세균전에 관한 사실'을 규명하기 위한 국제과학위원회(International Scientific Commission)를 발족했다. 위원회는 스웨덴, 프랑스, 영국, 이탈리아, 브라질, 소련의 과학자들로 구성되었다. 위원회는 중국에서 2개월간의 조사 끝에 사진을 포함한 6백 페이지에 이르는 보고서를 발간하고, 이렇게 결론지었다. "북한과 중국의 주민들은 실제로 세균전의 대상이 되었다. 그 목적을 위해 매우 다양한 방식으로 활용된 이 생물무기는 미군의 일부 부대에 의해 사용되었고, 일부는 제2차 세계대전 중 일본인들이 쓰던 것을 발전시킨 것으로 보인다."[95]

'국제평화평의회'의 국제위원회가 도달한 결론은 매우 엄격한 방법론에 따른 것이었고, 중국과 북한의 목격자들에 대한 조사, 물적 증거들에 대한 실험, 수집된 표본에 대한 신중한 검토, 복잡한 통계 계산 등에 기반해 내려진 것이었다. 조사관 중 네 명은 세계의 유수 대학의 저명한 과학자들이었고, 두 명은 연구소의 담당국장, 그리고 다른 한 명은 조셉 니덤 박사였다. 캠브리지 대학의 교수인 니덤 박사는 당대 가장 존경받는 영국 과학자 중 한 사람이었다. 그는 영국아카데미와 왕립협회의 회원이면서 엘리자베스 2세가 수여하는 명예 훈장을 받아 세 가지 직함을 모두 가진 유일한 생존 인물이기도 했다. 소련 의학 아카데미의 Dr N. N. 주코프 베르즈니코프 교수 한 사람을 제외하고는, 위원회의 모든 성원이 북한이나 중국에 우호적 편견이 없다고 보이는 서방인들이었다. 중국이나 북한에서는 위원회에 참여하지 않았다. 그럼에도 불구하고, 조사결과가 미국이 심각한 범죄에 연구되었음을 보여주자 위원회는 비난을 받고 위원회가 내린 결론은 미국과 영국에 의해 일축되었다. 생물무기가 사용되었다는 증거를 수집한 조직이나 위원회 들을 "공산주의자"라고 공격했고, 이는 조사결과에 대한 신뢰를 실추시키려는 시도였다.[96] "우리 편"이 아니거나 미국의 개입에 조금이라도 비판적이라고 여겨지는 사람들은 "공산주의자 편을 든다"고 널리 낙인찍혔다. 과학적 연구를 수행하는 국제위원회들이 아무리 불편부당한 연구 결과를 제시해도 예외가 없었다.

다음은 위원회의 조사결과 중 일부다. '1952년 4월 4일에, 중국 북동부의 칸난 지역 몇몇 마을들에 미국의 F-82 트윈 무스탕 전투기의 상공 비행 후 떨어진 들쥐 무리의 증거 발견됨. 설치류 717마리, 다수가 눈에 띄게 병든 채 발견됨. 겁에 질린 마을 사람들이 설치류 대부분을 땅속 깊이 묻음. 묻지 않은 채 남겨진 몇몇 설치류에서 흑사병 균이 발견됨. 칸난 지역은 최근 역사에서 흑사병을 겪은 적이 없고, 설치류에 나타난 모습은 특발성이었고 인위적으로 도입되지 않는 한 설명하기가 매우 어려움. 상세한 사항으로는, 모든 들쥐가 자연스러운 나이 분포가 아니라 예외 없이 유사한 나이의 성체였다는 점이 확인됨.' 위원회는 이렇게 결론지었다. "흑사병을 앓고 있는 많은 수의 들쥐들이 1952년 4월 4일에서 5일 사이 밤중에… 미군 F-82 이중 기체 야간 요격 전투기에 의해 칸난 지역으로 이송되었다는 사실에는 의심의 여지가 없다."[97] 제국주의 일본의 731부대는 거의 같은 방식으로 비행기에서 흑사병 쥐들을 착륙시키는 방법을 직접 고안했다.

위원회는 랴오둥과 랴오시 등 중국의 동북부 지역에서 딱정벌레, 집파리, 탄저균에 오염된 깃털들이 인위적으로 도입되었다는 사실을 확인했다.[98] 그 곤충들을 잡던 다섯 명 중 네 명이 호흡기 탄저병과 출혈성 탄저병— 그 지역에서는 매우 희귀한 질병이었다 —으로 사망했다. 위원회는 평양 인근에서 인위적으로 들여온 콜레라 비브리오의 증거를 발견했는데, 1952년 5월 16일 상공을 선회하던 비행기가 떨어뜨린 식량들에서 나타났다.[99]

국제민주변호사협회는 1952년에 미국이 1948년의 제노사이드 협약에 기반한 대량학살을 저질렀다는 혐의를 조사하기 위해 북한에 전문가 참관단을 보냈고, 그들이 구성한 위원회는 같은 해 조사결과를 바탕으로 보고서를 발간했다. 협회는 전 세계적으로 인권 및 정치적, 경제적 권리에 영향을 미치는 법률적 문제들을 연구하는 국제 엔지오로, 유엔, 유네스코, 유니세프, 경제사회이사회의 자문기관으로 브뤼셀과 도쿄에 본부를 두고 있다. 참관단은 미국이 북한과 중국을 상대로 생물전(biological warfare) 활동을 벌이는 데 연루되었음을 시사하는 압도적인 증거를 발견했다. 그들은 미군 비행기들에서 투하되고 있던 곤충의 종류를 신중하게 기록하고 이를 전문가들에게 조회했다. 주목할 만한 사실들을 다수 발견한 위원회는 이렇게 기록했다.

> 많은 경우, 특별한 종류의 파리, 벼룩, 거미, 딱정벌레, 빈대, 귀뚜라미, 모기를 비롯한 여타 곤충들이 발견되었고, 이들 대부분이 그때까지 북한에서 알려지지 않은 것들이었다. 곤충들은 각각의 경우 인간 거주지로부터 먼 곳의 눈, 강의 얼음, 풀잎 위, 그리고 돌들 사이에서 발견되었다. 일반적으로 곤충의 출현을 막는 당시의 매우 낮은 기온[빙점보다 훨씬 내려간 평균 기온]을 고려할 때도, 그 곤충들이 대량으로 출현한 점은 의심스럽다. 심지어 파리와 거미처럼 보통은 함께 발견되는 경우가 없는 다양한 곤충들로 이루어진 여러 무리의 군집으로 발견된 점을 고려할 때도, 이런 곤충들의 출현은 의심을 살 만했다. 전문가들의 검토 결과는 엄청난 양의 곤충들이 감염되었음을 보여주었다. 많은 경우, 그 곤충들은 알을 배고 있었다[그런 기후와 계절상 그런 시점에 자연스러운 현상이 아니다]는 사실도 발견되었다. 전문가들의 견해는, 이 곤충들이 인공적으로 배양되었다고 보아도 무방하다는 것이었다.[100]

조사관은 산간 마을 인근에서 콜레라에 감염된 채 반쯤 부패한 물고기들이 대량으로 발견된 사실을 상세히 보고했다. 그곳은 콜레라 균들이 자연발생적으로 발견되는 곳이 아니었다. 보고서는 발견된 박테리아 목록을 이렇게 열거했다. "비브리오 콜레라, 파스퇴렐라 페스트, 에베르텔라 티푸스, 바실루스 파라티푸스 A형과 B형, 발진티푸스 리케치아, 시가이질균." 위원회의 조사결과는 1952년에 발표되었다. 위원회의 보고서는 미국이 북한과 중국에 생물전을 벌이고 있었으며, 미국은 인도주의에 반하는 범죄는 물론이고 전쟁범죄를 저질렀다고 결론지었다. 보고서는 이렇게 언명했다. "그 나라의 광범위한 지역에 걸쳐 세균무기와 화학무기가 사용되었다. 이것을 국민 전체 혹은 일부를 몰살하려는 시도로 간주해야 한다고 볼 때, 위원회는 미군이 1948 제노사이드 협약이 규정한 대량학살 범죄를 저질렀다는 견해를 밝힌다."[101]

미국은 생물무기 공격을 부인했다. 하지만 당시 심각한 자원 부족을 겪고 있는 가운데서도 공중보건 캠페인을 벌이기 위해 엄청난 노력과 비용을 들인 것으로 볼 때, 중국과 북한이 자신들이 생물무기의 표적이었다고 믿었다는 것은 분명하다. 1952년 3월에, 그들은 129개 팀, 2만 명 이상, 66개의 격리 지구를 설정했다. 중국 동북부 지역 내 거의 5백만 명에 대해 흑사병 예방 접종이 이루어졌다.[102] 중국 당국은 질병 예방을 위한 소련의 지원을 요청했고, 반세균전 연구센터(anti-bacteriological warfare research center) 4곳이 한반도 전선에 긴급히 세워졌다. 백신 580만 개와 가스마스크 20만 개가 배달되었고, 중국 정부는 시민들에게 파리와 모기와 이를 죽이라고 지도하는 '애국적인 보건 및 전염병 예방 캠페인'에 착수했다.103) 저널리스트 티보 머레이는 보도된 생물무기 공격에 대한 대응으로 북한 주민들이 "전례 없는 공중보건 캠페인"을 수행하는 것을 목격한 사실을 입증했다.104) 이러한 조치들로 생물무기 공격의 의도였던 대규모 전염병 발생 방지에 성공했던 것 같다.105)

중국과 북한 주민들을 겨냥한 생물전 주장을 조사한 다수의 서방 전문가들은 본국 정부 및 비정부 기구로부터 상당한 압박을 받았음에도 불구하고, 그 사실을 밝히기 시작했다. 컬럼비아 대학의 인류학자 진 웰트피시 박사는 미국이 북한과 중국 주민들을 대상으로 한 생물전을 벌였다는 과학적이지만 인기 없는 결론을 내렸다는 이유로 해고되었다.106) 조셉 니덤 박사는 자신들을 대상으로 미국이 세균전을 벌이고 있다는 중국과 북한의 주장이 사실임을 여전히 "95%~97% 확신"한다고 밝혔다. 캐나다의 평화활동가 에짐스 엔디코트는 직접 조사에 착수해 결론으로 미국의 생물무기 공격과 관련한 중국과 북한의 주장이 사실이라고 밝혔다. 캐나다가 미국과 함께 그 전쟁에 깊이 참여했기에, 그는 자신의 정부로부터 압박을 받았고, 공항에서 논문을 압수당했다. 그는 캐나다 기마경찰대의 미행을 받고 자신이 다니던 교회의 비판을 받았지만, 그런 압력에도 자신의 주장을 견지했다.107)

국제적으로 불편부당한 과학자들과 조사관들에 의해 미국이 생물전 활동에 연루되었음을 보여주는 조사결과들은 다른 수많은 근거들의 뒷받침으로 사실로 판명되었다. 전쟁 중 포로가 된 미군들은 생물무기 공격에 참여한 사실을 시인했다. 억류 중에 나온 증언들은 강압에 따른 것이라는 이유로 서방에서는 기각되었지만, 포로였다가 풀려난 사람들은 미국으로 돌아온 후에도 계속 공개적으로 자신들의 주장을 이어갔다. 이런 자백들은 거짓으로 입증되지 않았고, 오히려 독립적인 과학적 보고서들에 의해 사실로 판명되었다.108) 병사들의 자백에 군부가 보인 반응은 그들이 공산주의자들에게 "세뇌"되었다는 것이었다. 이는 정부와 군부의 위신을 지키려고 내놓은 근거 없는 논리였다. "세뇌"라는 용어는 실제로 노골적인 반공주의자이자 CIA 요원이었던 에드워드 헌터가 1950년에 만들어낸 조어였다. 헌터는 한국전쟁에서 포로로 붙잡혔거나 귀환한 미군 병사 중 워싱턴의 서사를 반박하는 설명을 했던 이들의 증언에 대한 신빙성을 떨어뜨리기 위해 기자로 위장해서 활동한 인물이었다.109) 생물무기의 사용을 상세히 알린 군인들은 특히 생물무기 시설이 있던 메릴랜드 소재 생물무기 군사기지 포트 데트릭(Fort Detrick)과 관련이 있었다. 생물전을 벌인 혐의로 기소된 미군 병사들이 훗날 그 생물무기 기지 출신으로 밝혀졌다. 중국의 주장을 반박하려는 사람들이 주장하는 대로 설사 그것이 우연의 일치라고 하더라도, 그것은 거의 일어날 것 같지 않은 우연이다.110)

북한은 보존된 보균자 설치류를 포함해 생물전의 혐의를 보여주는 물질들을 신천박물관과 같은 한국전쟁 관련 박물관들에서 계속 전시하고 있다. 미국이 그들을 대상으로 생물전을 벌인 증거와 관련한 북한의 설명은 국제위원회들이 낸 보고서들과 전적으로 일치한다. 그런 무기들이 1960년대에 쿠바를 대상으로 수차례 사용되었다는 광범위한 증거를 포함해 미국이 생물무기를 비롯한 비재래식 무기(unconventional weapons)를 사용했다는 사실에 기반해 판단할 때,111) 중국과 북한이 생물전의 대상이 되었다는 주장은 쉽사리 일축

될 수 없다. 생물무기 사용에 관한 주장은 '자유미래재단(Future of Freedom Foundation)' 설립자이자 대표인 제이콥 G. 혼버거 교수의 지지를 받았다. 그는 이렇게 결론지었다.

> 미군이 불과 수년 전에 히로시마와 나가사키에 원자폭탄을 투하했다는 것을 고려한다면, 그들은 북한에 네이팜과 페스트균을 가진 벼룩을 투하하고도 아무런 죄책감을 느끼지 않았던 것일까? 어쨌든 미국의 안보 국가 사고방식을 잊지 말아야 한다… 빨갱이는 빨갱이일 뿐이고, 아시아xx는 아시아xx일 뿐이다. 즉, 그들 중 누구든, 아니면 전부라도 사후세계로 보내는 건 별일이 아니다.112)

맥아더 장군의 정보국장이면서 해군 정보 장교였던 휴 딘 기자는 미국이 생물무기 프로그램에 일본인 전범들의 협력을 유도한 것을 비롯해 한반도에서 생물전을 벌인 사실을 폭넓게 연구조사하고, 그 문제에 대해 이렇게 결론지었다.

> 미국인들이 그것을 범죄행위로 고려하지 않겠다는 이유로 실제로 세균전을 저지른 책임이 기각될 수는 없다. 당시 그런 식으로 다수를 설득했지만, 미국은 그 후로도 세균전 능력을 계속 발전시켰고 베트남에서는 실제로 화학무기를 쓴 증거가 드러났다. 1951년 1월 22일 육군 화학 군단의 잘스 E. 럭스 장군을 포함한 미 군부 내 몇몇 요인들은 세균전에 의지할 수밖에 없다는 주장에 지지 의사를 밝히는 성명을 냈다.113)

미국이 한반도에서 생물전을 벌인 사실과 관련한 증거를 검열했다는 것을 보여주는 보다 최근 사례로 주목할 만한 것은 영국의 피터 윌리엄스 교수와 미국의 데이비드 월래스 교수가 출간한 〈731부대 : 제2차 세계대전 중 일본의 은밀한 세균전〉이라는 책이다. 이 책은 1989년에 영국에서 출간되었지만 미국 내 출판사들은 17장을 제외하지 않는 경우 출간을 거부했다.114) 그 17장은 한국전쟁과 관련한 731부대의 유산을 다루면서, 북한과 중국 주민들을 겨냥한 생물전에 미국이 개입했다는 중요한 증거를 제시했다. 그 증거 가운데 대표적인 것이 '중국과 북한 내 생물전 관련 사실에 관한 국제과학위원회'가 수집한 것으로, 월래스와 윌리엄스가 내세운 증거는 "오늘날 보편적으로 양질의 것으로 받아들여진다."115)

캐나다의 스티븐 엔디코트 교수와 미국의 에드워드 해거만 교수는 생물무기 공격 문제에 관해 20년에 걸쳐 철저히 연구했다. 그들은 미국이 한국전쟁 중에 생물무기를 실험했을 뿐 아니라 사용하기도 했다고 밝혔다. 또한, 행정부가 의회와 대중들에게 미국의 생물전 프로그램이 순전히 방어적 차원으로만 진행되었다며 거짓된 주장을 했다고 결론지었다. 두 사람은 각각 동아시아사와 군사에 저명한 전문가들이었고, 후자는 웨스트포인트, 미 지휘참모대학(CGSC), 미 공군사관학교, 미 공군의 공중전 대학의 교과서 집필자이기도 했다. 그들의 작업은 1988년에 인디애나대학 출판사에서 출간되었다.116)

연구자 데이브 채덕의 책 〈미국은 어떻게 한국전쟁에서 세균전을 벌였고 그것을 부인했나〉에서는, 미국의 생물전 작전들의 상세한 내용이 밝혀졌고, 중국의 주장들에 대한 철두철미한 분석이 이루어졌다.

그 책은 엔디코트와 해거만의 선행 조사를 토대로, 1951년 일본 731부대 전직 대원들이 생물전 작전을 지원하기 위해 그들의 장비를 갖고 남한에 파견되었다는 증거를 제시했다. 특히 시로 이시이 박사와 마사지 키타노 박사, 731부대 제2 사령관이 한반도 내 작전에 참여한 사실을 밝혔다.[117]

많은 이들이 세계 최고의 초강대국이 인구 밀집 지역을 상대로 생물무기를 사용하는 작전에 참여했다는 사실을 받아들이기 어려워했다. 사실, 부정하는 것이 자연스럽다. 실제로, 미국이 중국의 주장을 반박하기 위해 사용한 논조는 같은 시기 중국 영토 내 CIA 요원들의 작전을 단호히 부인하면서 사용한 것과 같은 논리였다. CIA가 부인했음에도 불구하고, 훗날 기밀해제된 정보를 통해 중국의 주장이 사실로 판명되었다.[118] 어떤 의도로 미국은 중국과 북한을 상대로 기꺼이 그런 수단을 쓰겠다는 의지를 갖게 되었을까? 이와 관련한 불편한 진실을 부정하려는 경향을 극복할 수 있는 길은 구체적인 증거를 분석하는 일밖에 없다. 하버드 생물연구소의 전문가이자 노벨상 수상자인 조지 왈드가 그 증거를 검토한 뒤 이렇게 결론지었다. "나는 미국이 한국전쟁에서 세균전을 활용했다는 혐의와 관련해, 당시 내가 신뢰할 수 없다고 일축했던 것들이 이제는 모두 신뢰할 만하다는 사실을 부끄러운 심정으로 말할 수 있을 뿐이다."[119] 미국은 세계를 지배하는 세력으로서 그에 걸맞은 지위와 가공할 만한 연성 권력을 보유한 나라였다. 따라서 한편에 치우치지 않는 여러 방면의 서방 소식통들이 내놓은 강력한 증거들이 미국의 혐의 사실을 거의 만장일치로 뒷받침하고 있음에도, 그런 행위를 저지른 미국의 죄를 추궁하기가 결코 쉽지 않았다.

1. We Accuse: Report of the Committee of the Women's International Democratic Federation in Korea, May 16–7, 1951, Berlin, Women's International Democratic Forum, 1951 (pp. 4–).
2. Ibid. (pp. 4–5).
3. Ibid. (pp. 5–6).
4. Ibid. (p. 6).
5. Ibid. (pp. 4–5).
6. Harden, Blaine, King of Spies: The Dark Reign of America's Spymaster in Korea, New York, Viking, 2017 (p. 9).
7. Cumings, Bruce, 'Nuclear Threats Against North Korea: Consequences of the "forgotten" war,' The Asia-Pacific Journal, vol. 3, issue 1, no. 0, January 13, 2005 (p. 2).
8. Harden, Blaine, 'The U.S. war crime North Korea won't forget,' Washington Post, March 24, 2015.
9. Grosscup, Beau, Strategic Terror: The Politics and Ethics of Aerial Bombardment, London, Zed Books, 2003 (Chapter 5: Cold War Strategic Bombing: From Korea to Vietnam, Part 4: The Bombing of Korea). Futrell, Robert F., United States Air Force Operations in the Korean Conflict, 1 July 1952–27 July 1953, USAF Historical Study no. 127, Maxwell Air Force Base, Ala, USAF Historical Division, Research Studies Institute, Air University, 1956 (pp. 183–207).
10. Deane, Hugh, The Korean War, 1945–1953, San Francisco, CA, China Books and Periodicals, 1999 (p. 145).
11. Stone, I. F., Hidden History of the Korean War, Amazon Media, 2014 (Chapter 34: Lost and Found).
12. Cumings, Bruce, The Korean War: A History, New York, Modern Library, 2010 (p. 152).
13. Williams, Christopher, Leadership Accountability in a Globalizing World, London, Palgrave Macmillan, 2006 (p. 185).
14. Bullene, E. F., 'Wonder Weapon: Napalm,' Army Combat Forces Journal, November 1952. 'Napalm Jelly Bombs Prove a Blazing Success in Korea,' All Hands, April Townsend, Earle J., 'They Don't Like Hell Bombs,' Armed Forces Chemical Journal, January 1951.
15. Deane, Hugh, The Korean War, 1945–1953, San Francisco, CA, China Books and Periodicals, 1999 (p. 144). MacDonald, Callum A, 'Korea: The War Before Vietnam,' London, Macmillan, 1986 (pp. 234–35). McCormack, Gavan, 'Cold War Hot War: An Australian Perspective on the Korean War,' Sydney, Hale and Iremonger, 1983 (p. 132).
16. Grey, Tobias, 'Hitler didn't start indiscriminate bombings—hurchill did,' Spectator, October 26, 2013.
17. Milton, Giles, 'Winston Churchill's shocking use of chemical weapons,' The Guardian, September 1, 2013.
18. Lewis, Julian, Changing Direction: British Military Planning for Post-war Strategic Defence, 1942–1947, Abingdon, Routledge, 2008 (Appendix 8).
19. Cumings, Bruce, The Korean War: A History, New York, Modern Library, 2010 (p. 146).
20. Omara-Otunnu, Elizabeth, 'Napalm Survivor Tells of Healing After Vietnam War,' University of Connecticut Advance, November 8, 2004.
21. Williams, Christopher, Leadership Accountability in a Globalizing World, London, Palgrave Macmillan, 2006 (p. 185).
22. Perry, Richard E., and Levin, Rebert J., 'Where the Innocent Die,' Redbook, January 1967 (p. 103).

23 Kahin, Audrey, and Kahin, George McT., Subversion as Foreign Policy, New York, New Press, 1995 (pp. 179–184). Blum, William, Killing Hope: U.S. Military and C.I.A. Interventions Since World War II, London, Zed Books, 2003 (p. 103). Burkholder Smith, Joseph, Portrait of a Cold Warrior, New York, Putnam, 1976 (pp. 220–221).

24 Chomsky, Noam, Who Rules the World?, London, Hamish Hamilton, 2017 (p. 215).

25 Hanley, Charles J. and Choe, Sang Hun and Mendoza, Martha, The Bridge at No Gun Ri: A Hidden Nightmare from the Korean War, New York, Henry Holt and Company, 2001 (p. 163).

26 Jackson, Robert, Air War Over Korea, London, Ian Allen, 1973 (p. 61).

27 Cumings, Bruce, The Korean War: A History, New York, Modern Library, 2010 (p. 146).

28 Wilson, Ward, 'The Bomb Didn't Beat Japan···Stalin Did,' Foreign Policy, May 30, 2017. Wilson, Ward, 'Did Nuclear Weapons Cause Japan to Surrender?,' Carnegie Council, January 16, 2013. Carney, Matthew, 'Hiroshima atomic bombing did not lead to Japanese surrender, historians argue nearing 70th anniversary,' ABC News, August 5, 2015.

29 Dean, William F., General Dean's Story, as told to William L. Worden, New York, Viking Press, 1954 (p. 274).

30 Thames Television, transcript for the fifth seminar for Korea: The Unknown War, November 1986.

31 Kohn, Richard H., and Harahan, Joseph P., Strategic air warfare: an interview with generals Curtis E. LeMay, Leon W. Johnson, David A. Burchinal, and Jack J. Catton, Washington D.C., Office of Air Force History, 1988 (p. 88).

32 LeMay, Curtis, and Cantor, MacKinley, Mission with LeMay, New York, Doubleday, 1965, (p.382).

33 'The Three Year Plan,' Kyŏngjekŏnsŏl [EconomicConstruction], September, 1956 (pp. 5–6). Koh, B. C., 'The War's Impact on the Korean Peninsula,' The Journal of American-East Asian Relations, vol. 2, no. 1, Spring 1993 (p. 59).

34 Kim, Monica, The Interrogation Rooms of the Korean War: The Untold History, Princeton, NJ, Princeton University Press, 2019 (p. 320). Armstrong, Charles, 'The Destruction and Reconstruction of North Korea, 1950–960,' Asia-Pacific Journal, vol. 8, no. 51, 2010.

35 'Navy SEAL History,' navyseals.com (accessed November 28, 2019).

36 Hanley, Charles J. and Choe, Sang Hun and Mendoza, Martha, The Bridge at No Gun Ri: A Hidden Nightmare from the Korean War, New York, Henry Holt and Company, 2001 (pp. 177, 163, 195, 183).

37 Stone, I. F., Hidden History of the Korean War, Amazon Media, 2014 (Chapter 34: Lost and Found).

38 Bernstein, Barton J., The Struggle over the Korean Armistice: Prisoners of Repatriation, in: Child of Conflict: The Korean-American Relationship, 1943–1953, Seattle, University of Washington Press, 1983 (pp. 274–283). Lacey, Michael James, The Truman Presidency, Cambridge, Cambridge University Press, 1991 (p. 440).

39 Connelly, Matthew, 'Notes on Cabinet Meeting,' September 12, 1952, Connelly Papers, HSTL.

40 Callum MacDonald, Korea: The War Before Vietnam, London, Macmillan, 1986 (pp. 241–242).

41 SSSR i Korea [The USSR and Korea], Moscow, USSR Academy of Sciences, 1988 (p. 256).

42 Cumings, Bruce, The Korean War: A History, New York, Modern Library, 2010 (p. 147).

43 Chomsky, Noam, Who Rules the World?, London, Hamish Hamilton, 2016 (pp. 132–133).

44 Williams, Christopher, Leadership Accountability in a Globalizing World, London, Palgrave Macmillan,

2006 (p. 185).

45 Kolko, Gabriel, 'Report on the Destruction of Dikes: Holland, 1944–945 and Korea, 1953' in: Duffett, John, Against the Crimes of Silence: Proceedings of the Russell International War Crimes Tribunal, Stockholm and Copenhagen, New York, O'Hare Books, 1968 (pp. 224–26).

46 Merrill, Frank J., A Study of the Aerial Interdiction of Railways during the Korean War, Fort Leavenworth, Kansas, U.S. Army Command and General Staff College, 1965 (pp. 91–93). Futrell, Robert F., United States Air Force Operations in the Korean Conflict, 1 July 1952–27 July 1953, USAF Historical Study no. 127, Maxwell Air Force Base, Ala, USAF Historical Division, Research Studies Institute, Air University, 1956 (p. 473).

47 Armstrong, Charles K., 'The Destruction and Reconstruction of North Korea, 1950–960,' The Asia-Pacific Journal, vol. 7, issue 0, March 16, 2009. Balázs Szalontai, The Four Horsemen of the Apocalypse in North Korea: The Forgotten Side of a Not-So-Forgotten War in: Springer, Chris, and Szalontai, Balázs, North Korea Caught in Time: Images of War and Reconstruction, Reading, Garnet Publishing, 2010 (pp. xiv-xv).

48 Far Eastern Air Forces Intelligence Roundup, 11 August 1952, No. 101, K 720.607A, Air Historical Section, Bolling AFB. Futrell (pp. 408–416).

49 Deane, Hugh, The Korean War, 1945–1953, San Francisco, CA, China Books and Periodicals, 1999 (p. 191).

50 Chossudovsky, Michel, Know the Facts: North Korea Lost Close to 30% of its Population as a result of the U.S. Bombings in the 1950s, Centre for Research on Globalization, November 27, 2010. Lindqvist, Sven, A History of Bombing, New York, The New Press, 2001 (p. 131).

51 Harden, Blaine, 'The U.S. war crime North Korea won't forget,' Washington Post, March 24, 2015.

52 Crane, Conrad C., American Airpower Strategy in Korea, 1950–1953, Lawrence, Kansas, University Press of Kansas, 2000 (pp. 37–39).

53 Weintraub, Stanley, MacArthur's War: Korea and the Undoing of an American Hero, New York, Free Press, 2000 (p. 252).

54 Crane, Conrad C., American Airpower Strategy in Korea, 1950–1953, Lawrence, Kansas, University Press of Kansas, 2000 (pp. 37–39). Cumings, Bruce, Origins of the Korean War: The Roaring of the Cataract, 1947–1950, Volume 2, Princeton, NJ, Princeton University Press, 2004 (pp. 749–750).

55 Dingman, Roger, Atomic Diplomacy during the Korean War, Cambridge, Massachusetts, The MIT Press, 1988 (pp. 62– 63).

56 The President's News Conference, November 30, 1950, The American Presidency Project, University of California at Santa Barbara.

57 Giangreco, Dennis M., and Moore, Kathryn, Dear Harry: Truman's Mailroom, 1945–1953, Mechanicsburg, PA, Stackpole Books, 1999 (p. 320).

58 Ham, Paul, Hiroshima Nagasaki: The Real Story of the Atomic Bombings and their Aftermath, New York, Doubleday, 2012 (p. 503).

59 Magdaleno, Johnny, 'Algerians suffering from French atomic legacy, 55 years after nuke tests,' Al Jazeera, March 1, 2015.

60 'The Gallup Brain: Americans and the Korean War,' Gallup (http://www.gallup.com/poll/7741/Gallup-Brain-Americans- Korean-War.aspx). Haynes, Richard F., The Awesome Power: Harry S. Truman as Commander-in-Chief, Baton Rouge, Louisiana State University Press, 1999 (p. 95).

61 'Majority Supports Use of Atomic Bomb on Japan in WWII,' Gallup, (http://www.gallup.com/poll/17677/Majority-Supports-Use-Atomic-Bomb-Japan—WWII.aspx). Tannenwald, Nina, Nuclear Taboo: The United States and the Non-Use of Nuclear Weapons Since 1945, Cambridge, Cambridge Studies in International Relations, 2008 (pp. 129–130). Ryan, Mark, Chinese Attitudes Toward Nuclear Weapons: China and the United States During the Korean War, New York, Routledge, 1990.

62 MacDonald, Callum, 'The atomic bomb and the Korean War, 1950–3,' in: Richardson, Dick, Decisions and Diplomacy: Studies in Twentieth Century International History, Abingdon, Routledge, 2005 (p. 185)

63 'Jittery Capital Hears Demands for Use of Atom Bomb,' Chicago Daily Tribune, November 29, 1950 (p. 1).

64 Ham, Paul, Hiroshima Nagasaki: The Real Story of the Atomic Bombings and their Aftermath, New York, Doubleday, 2012 (pp. 435–427).

65 Truman, Margaret, Harry S. Truman, New York, William Morrow & Company, 1973 (pp. 495–496). 'USE OF A-BOMB IN KOREA STUDIED BY U.S.—RUMAN,' Pittsburgh Press, November 30, 1950, (p. 1). The President's News Conference, November 30, 1950, The American Presidency Project, University of California at Santa Barbara.

66 Gwertzman, Bernard, 'U.S. Papers Tell of '53 Policy to Use A-Bomb in Korea,' New York Times, June 8, 1984. Levine, Alan J., Stalin's Last War: Korea and the Approach to World War III, Jefferson, McFarland & Company, 2005 (p. 279).

67 'Thaw in the Koreas?,' Bulletin of Atomic Scientists, vol. 48, no. 3, April 1992 (p.18). Weintraub, Stanley, MacArthur's War: Korea and the Undoing of an American Hero, New York, Free Press, 2000 (p. 263).

68 U.S. National Archive, FR7: 1326.

69 Hastings, Max, Korean War, London, Michael Joseph, 1988 (p. 192).

70 Grosscup, Beau, Strategic Terror: The Politics and Ethics of Aerial Bombardment, London, Zed Books, 2013 (Chapter 5: Cold War Strategic Bombing: From Korea to Vietnam, Part 4: The Bombing of Korea).

71 Tucker, Spencer C., The Encyclopaedia of the Korean War: A Political, Social, and Military History Volume I, Santa Barbara, ABC-CLIO, 2010 (p. 645). James, D. Clayton, The Years of MacArthur: Volume 2, 1941–1945, Boston, Houghton Mifflin, 1975 (pp. 578–579). Crane, Conrad C, American Airpower Strategy in Korea, 1950–1953, Lawrence, Kansas, University Press of Kansas, 2000 (p. 71). Deane, Hugh, The Korean War, 1945–1953, San Francisco, CA, China Books and Periodicals, 1999 (p. 145).

72 'Thaw in the Koreas?,' Bulletin of Atomic Scientists, vol. 48, no. 3, April 1992 (pp.18–19).

73 Anders, Roger M, The Atomic Bomb and the Korean War: Gordon Dean and the Issue of Civilian Control, Lexington, Society for Military History, 1988, (pp.3–4). James, D. Clayton, The Years of MacArthur: Volume 2, 1941–1945, Boston, Houghton Mifflin, 1975 (p. 591).

74 Ibid. (p. 591).

75 Cumings, Bruce, Korea's Place in the Sun: A Modern History, New York, W. W. Norton & Company, 1997 (p. 149).

76 Pape, Robert A., Bombing to Win: Air Power and Coercion in War, Ithaca, NY, Cornell University Press, 1996 (p. 146).

77 Dingman, Roger, Atomic Diplomacy during the Korean War, Cambridge, MA, The MIT Press, 1988

(pp.75–76).

78 Elliot, David C., 'Project Vista and Nuclear Weapons in Europe,' International Security, vol. 2, issue, 1, Summer 1986 (pp.163–183).

79 Hasbrouck, S. V., 'memo to file (November 7, 1951), G-3 Operations file, box 38-A,' Library of Congress, 1951. Army Chief of Staff, 'memo to file (November 20, 1951), G-3 Operations file, box 38-A,' Library of Congress, 1951. Cumings, Bruce, Origins of the Korean War: The Roaring of the Cataract, 1947–1950, Volume 2, Princeton, NJ, Princeton University Press, 2004 (p. 752). Tucker, Spencer C., The Encyclopaedia of the Korean War: A Political, Social, and Military, Santa Barbara, ABC-CLIO, 2010 (p. 645). 'Thaw in the Koreas?,' Bulletin of Atomic Scientists, vol. 48, no. 3, April 1992 (p. 19).

80 'Nagasaki remembers atomic bomb victims 73 years on,' Deutsche Welle, August 9, 2018. Pilkington, Ed, 'Would I drop the atomic bomb again? Yes, I would,' The Guardian, May 20, 2010.

81 Cumings, Bruce, Korea's Place in the Sun: A Modern History, New York, W. W. Norton & Company, 1997 (p. 150).

82 Levine, Alan J., Stalin's Last War; Korea and the Approach to World War III, Jefferson, McFarland & Company, 2005 (p. 57).

83 Gwertzman, Bernard, 'U.S. Papers Tell of '53 Policy to Use A-Bomb in Korea,' New York Times, June 8, 1984. J. Whitfield, Stephen, The Culture of the Cold War, Baltimore, MD, Johns Hopkins University Press, 1996 (pp. 6–7).

84 Winnington, Alan, and Burchett, Wilfred, Plain Perfidy, The Plot to Wreck the Korea Peace, Britain-China Friendship Association, 1954 (p. 12). Gwertzman, Bernard, 'U.S. Papers Tell of '53 Policy to Use A-Bomb in Korea,' New York Times, June 8, 1984.

85 Ibid. Levine, Alan J., Stalin's Last War; Korea and the Approach to World War III, Jefferson, McFarland & Company, 2005 (p. 279).

86 Bennett, Bruce W., 'A surgical strike against North Korea? Not a viable option,' Fox News, July 14, 2017.

87 Cumings, Bruce, The Korean War: A History, New York, Modern Library, 2010 (p. 30).

88 Cumings, Bruce, Korea's Place in the Sun: A Modern History, New York, W. W. Norton & Company, 1997 (p. 149).

89 Williams, Peter, and Wallace, David, Unit 731; Japan's Secret Biological Warfare in World War II, The Free Press, 1989.

90 Nie, Jing Bao, 'The West's Dismissal of the Khabarovsk trial as "Communist Propaganda": Ideology, evidence and international bioethics,' Journal of Bioethical Inquiry, vol. 1, issue 1, April 2004 (pp. 32–42).

91 Taylor, Jeremy, 'Biology at War: A Plague in the Wind,' BBC Horizon, (Documentary), October 29, 1984.

92 Powell, John W., 'A Hidden Chapter in History,' Bulletin of Atomic Scientists, vol. 37, no. 8, December 1989 (pp. 44–52).

93 Blum, William, Killing Hope: U.S. Military and C.I.A. Interventions Since World War II, London, Zed Books, 2003 (p. 26).

94 Ibid. (p. 26).

95 Hearings, United States Congress House Committee on Un-American Activities (p. 1652).

96 Knightley, Philipp, The First Casualty: The War Correspondent as Hero and Myth-Maker from the Crimea to Kosovo (revised edition), London, Prion, 2000 (p. 388).

97 Report of the International Scientific Commission for the Investigation of the Facts Concerning Bacterial Warfare in Korea and China, 1952.

98 Williams, Peter, and Wallace, David, Unit 731; Japan's Secret Biological Warfare in World War II, The Free Press (British ed.), 1989 (Chapter 17: 'Korean War').

99 Ibid. (Chapter 17: Korean War).

100 Report on U.S. Crimes in Korea, Commission of International Association of Democratic Lawyers, March 31, 1952.

101 Ibid. (pp. 7–8).

102 Deane, Hugh, The Korean War, 1945–1953, San Francisco, CA, China Books and Periodicals, 1999 (p. 158).

103 Zhang, Shu Guang, Mao's Military Romanticism: China and the Korean War, 1950–953, Lawrence, University Press of Kansas, 1995 (p. 185).

104 Méray, Tibor, On Burchett, Kallista, Victoria, Callistemon Publications, 2008 (pp. 261–262).

105 Zhang, Shu Guang, Mao's Military Romanticism: China and the Korean War, 1950–953, Lawrence, University Press of Kansas, 1995 (p. 185).

106 Caute, David, The Great Fear: The Anti-Communist Purge Under Truman and Eisenhower, New York, Touchstone, 1979 (p. 415).

107 Deane, Hugh, The Korean War, 1945–1953, San Francisco, CA, China Books and Periodicals, 1999 (p. 155).

108 Chaddock, Dave, This Must Be the Place: How the U.S. Waged Germ Warfare in the Korean War and Denied It Ever Since, Seattle, Bennett & Hastings, 2013.

109 Marks, John, The Search for the Manchurian Candidate: The CIA and Mind Control, New York, Times Books, 1979 (p. 8). In September 1950, the Miami News published an article by Edward Hunter titled 'Brain-Washing' Tactics Force Chinese into Ranks of Communist Party. It was the first ever printed use in any language of the term 'brainwashing.' Hunter, a CIA propaganda operative who worked undercover as a journalist, turned out a steady stream of books and articles on the subject for the purpose of delegitimising the claims of returned American veterans.

110 McCormack, Gavan, 'Korea: Wilfred Burchett's Thirty Year's War,' in: Kiernan, Ben, Burchett: Reporting the Other Side of the World, 1939–1983, Quartet Books, London, 1986 (p. 204).

111 Blum, William, Killing Hope: U.S. Military and C.I.A. Interventions Since World War II, London, Zed Books, 2003 (Chapter 30: Cuba 1959 to 1980s: The Unforgivable Revolution).

112 Hornberger, Jacob C., 'The Pentagon's B-52 Message to North Koreans,' The Future of Freedom Foundation, January 15, 2016.

113 Zhang, Shu Guang, Mao's Military Romanticism: China and the Korean War, 1950–953, Lawrence, University Press of Kansas, 1995 (p. 185).

114 Ibid. (p. 156).

115 Ibid. (p. 155).

116 Endicott, Stephen and Hagerman, Edward, The United States and Biological Warfare: Secrets from the Early Cold War and Korea, Bloomington, Indiana University Press, 1998.

117 Harris, Sheldon H., Factories of Death: Japanese Biological Warfare, 1932–1945, and the American Coverup, Abingdon, Taylor & Francis, 2002 (p. 230).

118 Wise, David, and Ross, Thomas, The Invisible Government, New York, Random House, 1965 (p. 114). 'The People of the CIA⋯ John Downey & Richard Fecteau,' Website of the Central Intelligence Agency, News & Information, November 14, 2007.

119 Lockwood, Jeffrey A., Six-Legged Soldiers: Using Insects as Weapons of War, Oxford, Oxford University Press, 2010 (p. 189).

6장
모든 코리안을 적으로 여겼다 :
남한 민간인들을 향한 미국의 전시 행동

미국 주도 연합군의 공습과 지상전에서 벌인 학살, 식량 보급의 파괴는 북한 주민들을 죽음으로 내몬 가장 큰 요인이었다. 그러나 미국인들은 코리아의 전 주민을 아시아인이라는 인종차별적 시각으로 바라보면서, 대한민국에 친DPRK · 반서방 정서가 만연하다는 의심을 버리지 못했다. 이런 태도는 결국 남한 주민들을 향한 수차례의 공격으로 이어졌다. 미국이 이상할 정도로 ROK 민간인들의 이차적 피해를 허용한 것이 참담한 결과로 나타났다고 하지만, 사실 미군은 일찍이 전쟁 발발 직후에 남한 민간인들을 공격해 살해한다는 공식 방침을 채택하고 있었다.

전쟁 초기부터 남쪽으로 끊임없이 퇴각하는 사이에, 미군은 남한의 인구 밀집 지역을 상대로 야만적인 초토화 작전을 수행했다. 그들은 진격해 오는 북한인들이 이용할 수 없게 할 목적으로, 수많은 가구가 대를 이어 살아온 집과 곡식, 가축을 비롯한 모든 재산을 파괴했다. 이로 인해 수백만 명이 극빈 상태로 방치되었다. 1950년 12월 매튜 리지웨이 장군이 8군 지휘를 맡게 되었을 때, 그는 6개월 넘도록 남한 전역에서 거주지들을 폐허로 만든 이 전략을 "파괴를 위한 파괴"[1]라고 불렀다. 훗날 커티스 르메이 장군이 확증한 대로, "우리는 북한과 남한 양쪽에서 대다수 도시를 불태워 버렸다."[2] F 보병 중대 소속 랄프 버노타스는 코리아에서 벌인 초토화 작전을 이렇게 회상했다. "그들은 식량을 모두 태워버렸다… 어린 시절 나는 농장의 난로 앞에 앉아 있곤 했다. 그런데 누군가 들어와 나더러 나가라고 지시하고는 내 집을 태워버리는… 그런 일은 상상도 할 수 없다. 내가 사는 나라에서 그런 일이 벌어질 수는 없을 것 같다." 그런 방침은 겨울까지 계속되었고, 사람들은 식량도 주거지도 없이 남겨진 채 혹독한 영하의 기후를 견뎌야 했다.[3] 〈내셔널인터레스트 National Interest〉는 미국의 초토화 작전이 현지 주민들을 "죽음으로 내몰았다"고 썼다.[4]

남한 도시 영동은 초토화 작전의 대표적 사례다. AP통신 기자는 천년 동안 대규모 인구 밀집 지역이었던 곳이 미군이 떠나간 후 "이제 더 이상 도시로서 존재하지 않는다. 마치 원자폭탄이 터진 후 나가사키 같다… 영동이 아마도 4천 년간 이곳에 있었을 텐데, 이런 적막은 처음이었을 것이다."고 보도했다.[5] UP 통신도 후퇴하는 미군 2사단에 의해 파괴된 남한 도시 원주에서 유사한 보도를 했다. "후퇴하기 전, 원주의 모든 주택이 불에 타고 모든 다리가 완파되고 식량의 마지막 한 점까지 파괴되었다. 시골 지역으로 경찰을 보내 오두막과 건초더미에도 불을 놓았다." 같은 사건에 대해 〈런던타임스〉는 1월 15일 하루에만 22개의 마을과 3백 개의 건초더미가 불탔다고 보도했다.[6]

미국이 벌인 초토화 작전은 조선인민군(KPA)의 태도, 그리고 훗날 중국 인민지원군(PVA)의 태도와 크게 대비되었다. 동아시아 동맹군은 38선 이남 주민들을 포함한 코리아의 전 주민들에게 훨씬 더 좋은 평판을 받을 만했다. 1950년 11월 16일 〈런던타임스〉는 북한 지도부가 초토화 작전을 거부했다는 기사를 게재했다. 북한군이 후퇴하는 동안 현지 주민들의 주택, 곡식, 식량 비축분을 소각하거나 파괴하는 것을 원칙적으로 금지한다는 내용이었다. 북한군이 미군 주도 연합군에게 귀중한 비축분을 내주고 싶지는 않았겠지만, 그들은 농촌 지역을 거의 그대로 남겨두고 떠났다. 〈뉴욕타임스〉 특파원은 그토록 극명하게 대비되는 상황과 관련해 이렇게 언급했다.

> [큰 차이가] 확인된 것은 공산주의자들이 집과 학교를 그대로 남겨둔 채 떠난 것을 주민들이 보게 되면서였다. 훨씬 더 파괴적인 수단으로 싸운 유엔군 병사들이 한때 멀쩡하게 서 있던 곳에 그을음만 남기고 떠났지만, 공산주의자들은 후퇴 시에도 도덕적 승리를 기록했다.[7]

〈런던타임스〉 보도도 거의 같은 결론에 도달했다.[8] 이것은 민간인들을 대하는 태도를 통해 전쟁 당사국 중 어느 쪽이 주민들의 이익을 염두에 두고 있는지 확인시켜 주는 수많은 사례 중 하나였다.

초토화 작전이 초래한 참화는 미국이 남한 주민들을 상대로 벌인 위법 행위의 일부일 뿐이었다. 미군은 전쟁 초반 이승만 정부가 20만 명 넘는 남한 정치 포로들과 그들의 가족들을 살해할 때 그 일에 깊이 가담했고, 종종 그 학살을 감시하고 사진으로 찍어 남기기도 했다.[9] 지상의 미군 요원들은 달아나는 민간인들을 공격하라는 직접 지시를 받았고, 이것이 남한 전역에서 벌어진 학살로 이어졌다. 이승만 정부의 성격상 그에 관한 아무런 공식적 조사가 허용되지 않았다. 따라서 학살에 관련된 주장들은 냉전이 끝날 때까지 하찮게 취급되었다. 반면에, 미군 자체 보고서와 미군들과의 인터뷰, 남한의 생존자들을 비롯한 목격자들은 그런 살해 행위들이 실제로 자행되었다는 중대한 통찰을 준다. 목격자들한테서 정보가 나오면서 당시 벌어진 사건들을 의미 있게 설명할 수 있게 되었다. 그런 정보들은 직접 경험한 사람들에게서만 나올 수 있는 가해자들의 행동과 피해자들로부터 받은 인상을 담고 있다.

하나의 민족집단으로서 코리안을 신뢰할 수 없다는 견해가 미군 전반에 널리 퍼져 있었다. 이것은 부분적으로 전쟁 초반에 자신들의 위치를 버리고 조선인민군으로 넘어간 남한 병사들, 수많은 인구밀집지역에서 조선인민군이 받은 따뜻한 환영,10) 그리고 잘 알려진 이승만 정부의 형편없는 평판 때문이기도 했다.11) CIA 정보보고서는 이승만 정부의 근거지였던 남한의 수도에서조차 많은 수의 학생들이 북한인들과 적극적으로 협력했고 조선인민군 도착을 환영했다는 것을 보여준다.12) 농촌주민들은 미군정청(USAMGIK)과 이승만 치하에서 많은 고난을 감내해야 했기 때문에 농촌지역에서도 마찬가지로 조선인민군의 인기가 높았다. 보수적인 〈런던타임스〉에 따르면, 북한인들은 오랜 요구였던 "농업개혁의 지도자"로 여겨졌다.13) 실제로, 평양 정부와 그 지도자 김일성을 "혐오스럽게" 묘사하는 남한의 강경한 반공주의자들조차 종종 DPRK의 지배를 이승만 정부의 "범죄성"에 견주어 차악으로 보기도 했다.14) 따라서 미국이나 이승만, 또는 그들이 대표하는 질서에 대한 주민들의 충성심을 의심할만한 구실이 있었던 건 분명하다. 다수의 수상 경력이 있는 AP 통신의 특파원 찰스 핸리는 남한인들이 조선인민군을 광범위하게 지지하는 이유와 관련해 이렇게 언급했다.

"수많은 [남]한인들에게 부패하고 독재적인 이승만 시절은 그저 혐오스러울 뿐이었다. 여름을 지나며 후퇴하는 정부가 자행한 처형의 유혈극으로 반발은 깊어갔다. 대전, 대구를 포함해 남한 곳곳에서 군경을 비롯한 살인자들이 좌익 정치 포로들을 총으로 쏴서 시체를 도시 외곽의 공동묘지에 집어 던졌다." 핸리는 조선인민군의 높은 인기 비결에는 미군정 치하에서 강제 해체될 때까지 폭넓은 지지를 받은 인민위원회를 복구한 것이 기여했다는 점에 주목했다. 아울러 여성조직들의 활동 재개와 토지 재분배도 지지에 큰 몫을 했다.15) 이와 대비되는 미군과 남한군의 잔혹성이 그런 추세를 강화했다. 수년이 지나 남한의 마을 주민들은 조선인민군이 남쪽 주민들을 존중하는 태도를 보였다고 말했다. 인터뷰에 응한 마을 주민들은 북한인들이 현지 여성들을 존중했다는 점을 강조했다. 이는 광범위한 강간을 저질렀던 서방 병사들과 크게 대비되었다.16)

미국인들처럼 이승만 정부 역시 주민들 간의 불화에 대해 잘 알고 있었다. 따라서 남한 영토에 대한 통제를 회복한 후 서둘러 조선인민군 동조자로 의심되는 사람들에 대한 대규모 처형을 준비했다. 전직 미국 외교관 그레고리 헨더슨에 따르면, 1950년 11월까지 "16,115명을 체포했고, 5백 명 넘는 사람들이 많은 경우 약식 재판으로 사형을 선고받았다." 그리고 "ROK 병사들과 미군 방첩 부대(CIC)가 좌파 지역으로 평판이 난 곳들을 재탈환했을 때, 추가로 수만 명— 아마도 십만 명 이상 —이 재판없이 살해되었다."17) 친북 동조자들이 있다고 알려진 도시와 마을에서는 이승만 세력들에 의한 잔혹한 학살이 다반사였다.

물론 이 시기에 나온 모든 기록을 입수할 수는 없지만, 군사보고서들은 전쟁 초반부터 남한 민간인들을 학살하라는 명령이 미군 부대들에 내려진 사실을 조명하게 해준다. 초토화 작전과 미군의 주택 폭격으로 고향을 떠난 난민 집단들이 특히 주된 표적이었다. 1950년 7월 25일 미 공군 제5 전진사령부가 보고한 내용에 난민들을 살해하라는 명령의 한 사례가 나온다. "군은 우리 위치로 접근하는 모든 민간인 집단들에게 기총소사할 것을 요구했다. 현재까지 우리는 군의 요구를 준수했다."[18] 이튿날 제25 보병사단은 이렇게 보고했다. "[윌리엄 B.] 킨 장군은 작전지대 내에서 배회하는 모든 민간인은 적으로 간주해 사살하라고 지시했다." 하지만 그 후로 그런 작전지대가 전투가 벌어지는 최일선만을 일컫는 것이 아니라는 사실이 점점 더 분명해졌다.[19]

남한 민간인에 대한 가장 악명높은 학살 가운데 하나가 노근리 마을 학살이었다. 생존자 서종갑은 인터뷰에서 이렇게 회상했다. "미국인들이 우리를 마을에서 강제로 몰아냈다. 우리는 아무것도 몰랐기에 그냥 그들을 따라갔다. 그들이 우리를 안전한 곳으로 데려간다고 했기 때문이다." 민간인들은 제7 기갑대의 주력이 감시하는 철길 위로 강제로 끌려갔다. 서정갑은 이렇게 당시 기억을 떠올렸다. "나는 긴 줄로 늘어선 사람들의 선두에 있었다. 미군 병사들이 소총을 들고 서서 우리가 철길을 벗어나지 못하게 하는 것이 보였다. 우리를 움직이지 못하게 하려는 것 같았다." 그런 다음 군인들이 철수하고 난민들은 철길 위에 남겨졌다. "한 시가 막 지났을 때, 우리 머리 위로 정찰기가 선회하는 것이 보였다. 그때 미국인들이 무선으로 서로 대화를 나누는 것 같았다." 머리 위로 미 공군 비행기들이 나타났고, "감시받고 있는 사람들 위로 폭탄을 떨어뜨렸다." 생존자 조수자는 그 사건을 이렇게 떠올렸다. "나는 엄마 몸 밑에 있다가 기어 나와 엄마 위로 올라갔어요. 내가 "엄마, 엄마"라고 소리를 쳤지만 이미 엄마는 죽어 있었어요. 내가 손으로 엄마 머리를 툭 쳤는데 내 손이 미끄덩하니 안으로 들어갔어요. 무엇이 엄마를 공격했는지는 몰라도 머리 뒷부분이 날아가고 없었어요."[20]

남한인 생존자 양해찬은 인터뷰에서 당시를 이렇게 떠올렸다. "미군들이 소총과 총검으로 무장하고 집으로 쳐들어왔어요. 그들은 신발도 벗지 않고 횃불을 든 채 집안을 뒤지더니, 우리를 찾아내서 나가라고 명령했어요. 나는 어렸고 무서웠어요. 엄마와 아빠 뒤에 숨어서 매달려 있었어요. 아버지는 미국인들이 우리를 대피시키기 위해 왔다며 짐을 싸서 떠나야 한다고 말했어요." 양해찬과 가족들도 서 씨와 조 씨 가족들과 함께 미군 비행기의 표적이 되었다. 양 씨는 당시를 이렇게 떠올렸다. "기총소사와 폭격 후에 모든 게 조용해졌어요. 그때 미군 병사들이 다시 나타났어요. 총검으로 철로 위에 누운 시체들을 쿡쿡 찌르면서 죽은 사람들과 살아있는 사람들을 확인하기 시작했어요. 아직 살아있는 사람들은 총부리에 떠밀려 강제로 일어서야 했어요. 미국인들은 우리를 철길을 따라 더 아래쪽으로 몰아갔어요. 폭격에서 살아남은 우리는 다시 계속 걸어나가야 했어요." 폭격에서 살아남은 이들 다수가 중상을 입었지만, 모두가 제7 기갑대의 제2 포병대대의 총구 아래 노근리 마을을 향해 무리지어 갔다. 그리고 그곳에서 소총사격으로 몰살당했다.[21]

제7 기갑대대 제2 포병부대의 조 잭맨은 노근리 인근에서 민간인들을 공격한 사건을 떠올렸다. 잭맨과 그의 부대는 민간인들에 관해 지시를 받았다.

"그들을 모두 죽이라"는 명령을 받았다. 물론 미친 사람처럼 소리치며 명령을 내리던 중위가 있었다. "모든 것에 불을 지르고, 모두 다 죽여라"… 엄청난 불이 타오르는 지옥이 그곳에 있었다. 엄청난 총격의 지옥. 무수한 사격의 지옥. 보병들. 우리는 그 보병들이 서로 아는 사이라는 이유로, 10~15개의 탄띠를 휴대하고, 심지어 기관총 사수들이 탄약을 운반할 수 있게 해 주곤 했다. 탄약이 미친 듯이 소모되는 지옥이었다.

잭맨은 공격 목표물들의 실체에 대해 이렇게 말했다. "아이들, 거기에는 아이들이 있었다. 그게 뭐든 상관없었다. 여덟 살에서 여든 살까지, 눈이 멀었건, 다리를 절었건, 정신이상이건, 그들[미군]은 그들을 쐈다. 그저 마치 코리안이라면 모두 다 적인 것 같았다."[22]
제7 기병연대 중박격포 중대의 조지 얼리는 코리안 난민들을 학살하라는 명령을 받은 기억을 떠올렸다.

> 수많은 난민이 한 무리를 지어 길을 따라 내려왔다. 50명, 60명, 70명쯤. 나는 철로 옆길로 달려 올라가 존슨 대위에게 가서 알렸다. 그랬더니, 내려가서 기관총을 들어 그들을 쏘고 우리는 철수한다고 했다. 나는 우리가 이 사람들을 모두 죽일 수는 없다고 말했고, 그는 45구경 권총을 꺼내 내 머리에 겨누고 말했다. "그들을 죽이라고, 내가 명령했다." 이어서 그가 "너는 지금 전투에서 상관의 직접 명령에 불복하고 있다"고 말했다. "내가 직접 너를 죽이겠다"며, "그곳으로 돌아가 그 사람들을 죽이라"고 했다. 나는 "알겠습니다(yes, sir)."라고 대답했다.[23]

노근리에서 1차 총격 생존자 수백 명이 피난처를 찾아 철도 터널로 몰려 들어갔다. 그들은 그곳에서 사흘 동안 총격을 받으며 남아 있었다. 생존자 양해찬은 이렇게 회상했다. "터널 내부 바닥은 모래 자갈이 섞여 있었다. 사람들이 맨손으로 바닥을 파서 구멍에 들어가 몸을 숨겼다. 죽은 사람들을 바리케이드처럼 쌓아 올려 총알을 막는 방패로 삼아 시체들 뒤에 숨은 사람들도 있었다." 제7 기갑사단 중박격포 중대의 조지 얼리는 그 상황을 다음과 같이 회상했다. "모두가 움직임을 딱 멈추었다. 아무도 움직이지 않았다. 죽었거나, 아니면 심하게 다쳐서 움직일 수 없었을 것이다. 설사 그들이 살아 있었더라도 움직이지 않았을 것이다. 만약 움직이면 더 총격이 가해질 것을 알고 있었을 테니까."24) 훗날 얼리는 그날을 이렇게 떠올렸다. "바닥에 엎드린 여인을 본 게 기억난다. 기어가고 있었다. 총알이 튀었다… 그녀 주위로 총알이 튀는 것을 모두가 보고 있었다. 그녀는 기어서 계속 앞으로 나아갔고, 그러다 결국 총을 맞았는지… 움직임을 딱 멈추었다. 그냥 그렇게 멈춰버렸다. 마치 비탈에 매달린 것처럼 보였다." 제7 기갑사단의 또 다른 군인 버디 웬젤도 자신이 노근리 학살에서 했던 역할을 증언했다. 자신이 받은 명령들을 떠올리며 그가 말했다. "명령이 계통을 밟아 내려왔다. 그들에게 발포하라는 것이었다. 그들이 우리 쪽을 향해 오고 있었고, 우리는 총을 발사했다… 우리가 싸우는 건 이 사람들을 위해서라고 알고 있었는데, 이들에게 총을 쏘라는 명령이 내려온 것이다. 우리는 명령에 따랐다."25)

한 노근리 생존자가 그날의 이야기를 들려주었다. 희생자들이 처한 상황이 얼마나 절망적이었는지를 말해준다.

> 철길을 향한 기총소사로 총알이 빗발쳤고, 남자 아기의 엄마가 사망했다. 아빠는 아기를 터널 안으로 데려가려 했고, 아기는 배가 고픈 데다 공포에 사로잡혔다. 아기가 울고 또 울었다. 미군 병사들은 아기가 울 때마다 터널 안으로 총을 쏘아댔다. 총알이 울음소리가 나는 쪽을 향해 날아갔다. 사람들이 고함을 쳤다… 아기가 계속 울면 총을 더 많이 맞게 된다고. 아빠는 어쩔 줄 몰라 했고… 아기는 어쨌든 죽을 운명이라고… 그렇게 생각했을지도 모르겠다. 어쩌면 아빠는 나머지 사람들을 살리려면 아기 입을 다물게 하는 수밖에 없다고 판단했던 것 같다. 아빠가 아이를 터널 뒤쪽으로 데려갔고… 물웅덩이에 아이 머리를 밀어 넣었다. 그 광경을 지켜보며 생각했다. 무엇이 이보다 더 비극적일 수 있을까.

양해찬은 그 일을 이렇게 회상했다. "나는 엄마한테 매달렸다. 부상으로 고통스러운 가운데서도, 엄마는 나를 꽉 안아주었다. 나는 미친 듯이 울었다. 터널 안에 쌓여 있는 시체들이 너무 무서웠다. 충격 때문에 울고 신음하던 사람들이 지금도 생생하게 기억난다. 터널 안은 울음소리로 가득했다. 고통으로 몸부림치던 사람들이 아직도 눈에 선하다."26) 식량이나 마실 개울물을 구하려고 터널 밖으로 나와 헤매던 사람들이 총에 맞았다. 생존자 구훈은 이렇게 회상했다. "미국인들은 마치 지루함을 견디다 못해 우리를 향해 총질하는 것처럼 보였다."27) 한국인 생존자들 다수가 미군을 대상으로 소송을 제기했지만, 미 국방부는 그 모든 혐의가 현실성이 없다며 기각하고 미군 제7 기갑사단은 학살이 벌어진 그 지역에 있지 않았다고 주장했다. 49년이 지나 그 혐의들에 대한 민간 차원의 조사가 착수된 후에야, 모든 게 사실로 판명되었다. 조사관들인 AP 통신의 보도팀은 미군의 이동을 지도로 작성하고 고위급 장교들에게서 얻은 자료를 분석했다. 자료는 남한 민간인들을 적으로 간주해 교전을 시작하라는 방침을 상술하고 있었다. 최종보고서에 기록된 행위들은 코리안의 자유를 위한 자비로운 보호자라는 미국의 개입 명분과는 완전히 상반되는 것이었다. 따라서 미국과 남한의 수많은 이들이 선뜻 받아들이기 힘들었다. 국방부는 증거가 제시되자, 태도를 바꿔 그 죽음들은 전쟁에 부수되는 불행한 비극이었다고 보고했다. 하지만 미군의 행위에 대한 책임은 인정하지 않았다. 그들은 남한 민간인들을 공격하라는 명령은 없었다고 주장했다. 그러나 학살에 참여한 병사들의 주장을 비롯해 실질적인 증거들이 그들의 주장을 반박하고 있었다. 국방부는 조사관들이 증거를 제시하자 그 문제와 관련한 인터뷰를 거부했다.[28]

조사관들에 따르면, 미군 항공기에 저공비행을 하면서 난민들을 상대로 폭격하라는 명령이 있었지만 국방부 보고서는 이 증거를 누락시킨 채 민간인을 향한 공군의 기총소사는 고의가 아니었다고 주장했다. 하지만 또 다른 증거들이 공군이 민간인들을 표적으로 삼으라는 명령을 받았음을 강력히 시사한다. 예컨대, 제5 공군 작전 사령관 터너 로저스 대령이 노근리 사건 하루 전날 작성한 메모는 국방부의 주장을 반박하는 조사관들의 주장을 뒷받침한다. 메모에는 이렇게 적혀 있다. "육군이 우리 위치로 접근 중이라고 확인되는 모든 민간인 난민 무리를 향해 기총 소사할 것을 요구했다."[29] 미국인 목격자들과 남한인 목격자들의 기록은 조직적인 사격이 발생했다는 조사관들의 주장을 강력하게 뒷받침한다.

한국전쟁 참전용사로 전직 미 하원의원이자 국방부 고문인 피트 매클로스키는 미군 조종사들이 남한 민간인들을 표적으로 삼으라는 명령을 받았다고 확증했다.

> [미군 전투기들은] "흰옷 입은 사람들[코리아의 민간인들을 칭하는 용어. 그들 전통적으로 흰옷을 입었다]에게 기총소사하라는 명령을 받았다. 밸리포지(Valley Forge) 항공모함에서 발굴한 운항일지는, 해군 조종사들이 육군의 진지로 접근하는 8~10인으로 이루어진 민간인 무리를 모두 사격하라는 명령을 받았다는 사실을 보여준다. 기총소사가 명령에 따라 이루어졌다는 것은 의문의 여지가 없다. 공군이 준수하고 있던 명령, 즉 난민들에게 총을 쏘라는 명령을 육군이 내린 것도 의심의 여지가 없다."[30]

노근리 조사에 깊이 참여했던 AP 통신 특파원 찰스 핸리는 민간인들을 공격하라는 명령이 있었다는 사실이 공표되는 것을 막고자 조사가 진행되던 중에 미군에 의한 은폐 공작이 있었다는 점을 지적했다. 제7 기갑사단의 운항일지는 민간인들을 표적으로 삼으라는 명령을 포함해 그들이 받은 명령 기록을 담고 있었다. 그런데 알 수 없는 일이지만, 조사 도중 그 일지가 국방부 기록 보관소에서 사라졌다. 핸리에 따르면, 군부가 "진상 규명에 절대적으로 필요한 기록과 증언을 숨겼다. 그들은 잘못에 대한 책임과 부담을 면하고자 했다." 핸리는 국방부가 제시한 공식 서사에 나타나는 "명백한 반칙"에 대해 강조했다.[31] 그는 이와 관련해 이렇게 말했다.

> 우리가 인식해야 할 매우 중요한 사실이 있다. 알 수 없는 일이지만, 노근리의 난민들을 향해 사격하라는 명령을 담고 있었을 매우 중요한 기록, 제7 기갑 연대의 일지가 실종되었다. 일지가 실종된 것이 다가 아니다. 국방부 보고서는 심지어 일지가 실종된 사실을 공개하지도 않는다. 보고서는 노근리에 대한 어떠한 명령도 없었다고 단언했다. 그런데 국방부는 명령이 있었는지 없었는지 어느 쪽으로든 입증해 줄 일지를 갖고 있지도 않으면서, 딱 잘라 단언했다. 32)

만약 국방부가 병사들에게 노근리의 민간인 수백 명을 죽이라는 명령을, 또는 한반도 곳곳 유사한 사건들에서 수천 명 이상을 죽이라고 명령한 사실을 시인한다면, 그것은 한반도 주민들을 보호한다는 미국의 이미지에 심각한 타격이 될 것이다. 한반도에 무기한으로 대규모 주둔군을 유지하려는 미국의 명분이 크게 훼손될 것이다. 각 사단, 제8 기갑대를 비롯한 모든 부대의 통신 일지에 기록된 모든 명령들을 다 열람할 수 있다. 그런데 유죄를 가장 잘 입증해 줄 증거 자료가 되어줄 일지, 즉 양측 목격자들의 증언에 기반해 작성된 제7 기갑대의 통신 일지만 사라져 버렸다.33) 이처럼 매우 의심스러운 정황에 근거해 볼 때, 제7 기갑대의 통신 기록 정보는 펜타곤이 대중과 조사관들이 알지 않기를 바랐던 증거를 담고 있었을 가능성이 크다. 학살 중에 그곳에 있었던 직업 군인 조지 프리스는 그 일지의 실종과 관련해 이렇게 결론지었다. "분명히 은폐되었을 것이다."34)

찰스 핸리는 광범위한 학살에 대한 정보가 미군의 이미지를 훼손할 위험성에 대해 언급했다. "이것은 미국 정부에 판도라의 상자다. 다른 사건들이 얼마나 많은지 신만이 아는 그 문을 닫기 위해 노근리에서 문을 닫을 수밖에 없는 결정이 내려졌을 것이다." 노근리와 직접 연결되는 명령은 나오지 않지만, 전쟁 초반 몇 달 사이에 고위급 장교들에게서 나온 각기 다른 최소한 14개의 기록은 남한 난민들을 적으로 취급하는 방침이 광범위하게 존재했음을 보여준다. 여기에는 특히 "강을 건너오는 모든 난민을 쏘아라." "난민들은 '적'으로 간주해 대포를 포함한 가능한 모든 화기로 해산시킨다." "난민은 만만한 표적이다"와 같은 지시들이 포함된다.35) AP 통신의 조사로부터 6년 후인 2000년대 중반에 미 대사 존 무초가 미 국무부에 보낸 편지가 기록 보관소에서 나왔다. 편지는 난민 살해가 미국의 공식 방침이었음을 추가로 확인시켜 주었다. 이와 관련해 생존자들이 조사 재개를 요구했지만, 아무 소용이 없었다.36)

피트 매콜로스키는 미국이 전쟁범죄 혐의에 접근하는 방식을 이렇게 평가했다. "미국 정부와 국방부는 진실이 밝혀지기를 원하지 않는다. 정부가 곤란해지기 때문이다. 그것은 일종의 정치학의 원칙이다. 사실상 법칙이다. 정부는 난처한 문제가 생기면 늘 거짓말을 한다. 육군은 1950년 육군 지도부의 형편없는 평판을 그저 무시하기로 작정했을 것이다."37) AP 통신이 노근리 학살을 처음 보도한 날, 최근 남한 정부가 40년 전 난민들이 미 제7 기갑대를 피해 숨어 있던 곳에 남아 있는 탄흔들을 회반죽으로 발랐다는 사실이 밝혀졌다. 이것은 은폐 시도가 있었다는 생존자들의 주장에 불을 붙였다.38) 남한 내 노근리와 유사한 다른 학살 사건들에 대해서도 생존자들이 제기하고 나섰지만, 미국 정부는 민간인들을 공격했다고 보도된 어떤 사건도 더 이상 조사하지 않겠다고 선언했다.

노근리 학살이 유일무이한 사건은 아니다. 그런데도 특별한 주목을 받은 이유는 그 사건을 다룬 조사가 전문성을 인정받고 큰 관심을 끈 덕분이었다. 유일하게 가장 잘 알려진 학살 사건으로 베트남 전쟁 당시 미라이 학살이 있다. 노근리 학살은 미라이 학살이 주목받았던 것과 매우 흡사했다. 즉, 그 사건들이 주목받은 것은 그 같은 사건들이 흔치 않아서가 아니었다. 우연히 조사가 이루어졌고 상세한 학살 내용이 공개되었다는 이유, 단지 그 때문이었다.39) 노근리에서 민간인을 공격해 죽인 일은 미군 병사들이 주도해서 발생한 것이 아니라, 군 사령부가 지시한 일반 방침이었다. 한반도 곳곳에서 작전 중인 지상 부대와 항공 부대에 유사한 명령들이 내려졌다. 노근리 말고 다른 학살 사건 생존자들도 유사한 주장들을 무수히 제기하고 있었지만, 노근리를 취재했던 조사관들은 다른 민간인 학살 사건들의 진실을 규명하려는 어떤 시도도 하지 않았다.

코리안 생존자들의 설명과 미군 가해자들의 설명은 서로 일치된다. 이로써, 노근리를 비롯한 여타 학살 사건들이 조작되었을 가능성은 크게 줄어든다. 잔혹 행위를 조작할 동기가 전혀 없다는 것을 고려할 때, 그리고 남한군도 함께 연루된 심각한 위험 요소 때문에40) 증언을 할 수 없게 만든 탄압을 고려할 때, 생존자들이 보고한 학살은 전반적으로 사실일 가능성이 크다. 서울이 가진 거의 모든 정당성은 미국의 지원 덕분에 남한인들을 "공산주의라는 악"으로부터 지켜냈다는 명분에서 나왔다. 따라서 대한민국 정부는 미군에 대한 비판을 수십 년에 걸쳐 엄격하게 금지했다. 남한 정부는 미국이 주민들을 상대로 저지른 행위의 진실을 은폐하고, 미국이 차악으로 보이도록 북한을 악마화함으로써 이 서사를 유지시켰다. 노근리 생존자 은영은 이렇게 회고했다. "우리는 미국인들이 전쟁 중에 그런 일을 저질렀다고 공개적으로 말할 수 없었다. 미국은 그처럼 강한 나라였다. 미국인들을 적대시하는 것은 공산주의자라고 자백하는 것과 다름없었다."[41] 공산주의자로 의심받는 사람들은 실종되거나 총에 맞아 공동묘지에 묻혔다고 알려졌다. 미군을 적대시하는 증언 자체가 극도로 위험한 현실을 고려한다면 생존자들이 잔혹 행위를 조작했을 가능성은 거의 없다.

생존자들과 미군 병사들의 주장을 뒷받침해주는 것이 더 있다. 미군이 후퇴한 후 노근리에 도착한 북한군과 동행한 기자들이 그곳에서 "형언할 수 없을 정도로 참담한 장면들"을 목격했다는 보도가 있었다. 북한 기자 천욱은 이렇게 보도했다. "그 지역의 관목과 잡풀, 터널을 관통해 흐르는 개울이 피로 물들어 있었다. 그곳에는 시체들이 두세 겹으로 쌓여 있었다. 노인, 젊은이, 어린이 들로 이루어진 4백 구정도 되는 시체들이 그 구역을 뒤덮고 있어서 시체를 딛지 않고 걸어 다니기가 힘들었다."[42] 북한 기자들과 ― 그들의 증언 속에 등장하는 ― 남한 난민들과 미군 병사들 사이에는 조율의 가능성이 전혀 없다. 따라서 세 주체의 이야기가 서로 일치하는 이유는 그들 모두가 직접 목격한 진실을 전하고 있기 때문일 가능성이 매우 크다.

미 국방부는 노근리 희생자들에 대한 배상을 지급하지 않기로 했고, 사과 성명을 내거나 추가로 진행되는 어떠한 조사에도 협조하지 않기로 했다.43) 2000년대 초반 난민들을 사살하라는 명령과 관련한 추가 증거가 등장했다. 당시 국무장관 콘돌리자 라이스는 서울 주재 미 대사관에 남한 주민들에게 설명을 내놓지 않을 것이라는 취지의 통신을 보내야만 했다. 그렇게 하여, 미국의 이익에 부합하도록 상황을 한층 더 불명료하게 만들었다.44) 미국은 한반도 곳곳의 수많은 학살 희생자들이 미군을 상대로 유사한 주장을 펼치게 해줄 선례가 등장하는 상황에 맞닥뜨렸다. 설상가상으로, 북한과 과거 남베트남을 비롯해 여러 다른 나라에서 미군의 학살 혐의를 제기하는 수백 개 사건의 희생자들이 공개적으로 증언을 시작할 수도 있었다. 노근리 조사가 진행되는 동안 서울 주재 미 대사관 정치국장 데이비드 스트라우브는 생존자들의 요구를 충족시키게 된다면 유사한 사건들에 대한 바람직하지 않은 선례를 만들 수 있다고 말했다.45)

엄청난 양의 화력과 드문 생존자를 고려할 때, 수많은 다른 학살 사건들이 아예 보도되지 않은 이유는 생존자들이 전혀 남아 있지 않아서일 가능성이 매우 크다. 남한 당국은 1950년 9월 포항의 항구에서 해군이 난민들을 향해 포격한 사건, 사찰로 피난한 가족들을 살해한 사건을 포함해 미군이 민간인을 상대로 저지른 61건의 학살 사건에 대한 보고서를 작성했다.46) 북한군이 숨어 있을 가능성이 있다는 의심만으로 남쪽의 인구 밀집 지역들을 겨냥해 대규모로 무차별 공습과 포화, 네이팜탄 공격에 나서는 일은 당시 매우 흔했지만, 이런 사건들은 여기에 포함되지 않았다. 수십 년이 지나 외국인 조사관들과 인터뷰를 하면서, 남한의 생존자들은 대학살에서 경험한 터무니없이 끔찍하고 광경들을 다시 기억해냈다.47) 남한의 80개 학살생존자단체 대표인 오원

록은 2010년에 지금까지 조사로 드러난 것은 전체 학살 규모의 극히 일부에 그친다고 말하고, 대한민국 정부가 학살에 대한 정보를 상당히 오랫동안 감춰 왔다는 점을 추가로 언급했다.[48]

보도에 따르면, 노근리 학살 1주일 후 미군 제1 기갑 부대가 낙동강에서 학살을 자행했다. 부대가 다리로 강을 건너 막 후퇴했을 때, 건너편에는 강을 건너려고 난민 수천 명이 모여들었다. 호바트 게이 장군은 다리 폭파를 명령했다. 그의 회고록에 따르면, 다리는 아직 그 위에 서 있던 난민 수백 명과 함께 무너졌다. 미군 제1 기갑 부대를 후퇴하게 만든 북한군이 진격 중이었지만, 그 후로도 나흘 동안 북한군은 그 강에 도착하지 못했다. 따라서 난민들을 죽이기로 한 결정은 긴급성에 따른 것이 아니었다. 전선의 다른 곳에 있던 두 번째 다리도 같은 날 난민들이 다리를 건너려 했을 때 제14 전투 공병들에 의해 폭파되었다. 공병들은 그들이 살해한 민간인들에 대해서는 언급도 하지 않은 채, 그저 이렇게 언급했다. "훌륭한 성과였다."[49]

남한 민간인들은 다리가 폭파되어 끊어지면서 걸어서 강을 건넜다. 생존자 김진석은 이렇게 회상했다. "다리 절반쯤 갔을 때, 미군으로 보이는 사람들이 우리를 향해 총을 쏘기 시작했다. 먼저 맨 앞에 있던 아버지가 맞았다. 다음으로 형이 맞았다. 나는 우리 소 뒤로 숨어 소의 꼬리를 붙잡고 있었다. 총격이 더 거세졌고, 시체들이 짚더미처럼 강을 따라 떠내려갔다."[50] 나중에 김 씨는 자신에게 총을 쏜 게 미군 병사들이었다는 것을 확인했다. 김진석의 아버지를 비롯해 많은 사람이 곧 사망했다. 레온 L. 데닛 이등병은 남한 민간인들이 표적이었다고 보고했다. "그들은 머리에 짐을 이고 있던 평범한 사람들이었다. 여성, 아이, 노인들이었다."51) 또 다른 난민 조군자도 마찬가지로 미군 병사들이 강을 건너던 난민들에게 총을 쏘았다고 말하고, 그 결과 대학살로 이어졌다고 했다. 조 씨는 살아남아 자신의 고향 노근리로 달려갔다. 그러나 그곳에는 더 끔찍한 광경이 그녀를 기다리고 있었다.52)
F 중대의 미군 병사 멜빈 더럼은 민간인들이 강을 건너는 것을 막기 위한 목적으로 발사 명령이 내려진 것을 떠올렸다.

> 우리가 계속해서 철교를 방어하고 있었던 것은 그들이 우리 쪽으로 건너오지 못하게 하려는 것이었다. 하지만 우리는 그 사람들… 여자들, 아이들, 노인들을 죽여야 했다… 우리에게 떨어진 명령은 사격 개시였다. 사격이 끝났을 때 서 있는 것은 소 두 마리 말고는 없었다. 우리는 한 시간이나 한 시간 반 정도 계속해서 총을 쏘았다.53)

제8 기갑 부대 역시 8월 9일 "강을 건너오는 난민을 모두 쏘라"는 지휘관 레이먼드 D. 팔머 대령의 지시를 받았다. 그처럼 오도 가도 못 하게 된 한국인들은 "미국인 여러분, 우리는 공산주의자들이 아닙니다."라는 팻말을 들고 있었다. 그들은 미군 지휘관들이 착각을 해서가 아니라 다 알고도 평범한 민간인들을 향해 공격 명령을 내린다는 것을 눈치채지 못했다. 미 공군 P-51 전투기들은 강 건너편 난민들에 대한 기총소사 명령을 집행하기 위해 이동했다.54)
남한인들이 자기네 땅에서 미국의 공격으로부터 안전한 곳은 어디에도 없는 것 같았다. 미국인들이 그들이 살던 집을 불태운 후, 심지어 숨어 들어간 곳에서마저 표적이 되고는 했다. 1950년 8월 11일, 유교사원에 피난한 난민들이 미군 제25 보병사단에 의해 학살되었다. 생존자들은 80명이 죽었다고 기억했다. 며칠 후 수천 명의 남한 민간인들이 전투를 피해 비바람이 들이치지 않는 해변에 대피했다. 그곳은 겉으로 보기에는 안전했고, 미군에게서 벗어난 듯했다. 그런데 해안에서 떨어진 곳에 정박 중이던 미 해군 전함들의 시야에 그들이 들어왔다. 1950년 9월 1일 오전에 전함들이 갑자기 민간인들을 향해 발포하기 시작했다. 나중에 대한민국 진실화해위원회가 수행한 조사를 통해, 미 해군은 다 알고도 포항 해안가에 피난 중인 난민들에게 총을 쏘았다는 사실이 드러났다.55) 생존자 박계산은 당시를 이렇게 떠올렸다.

> 모든 끔찍한 이미지들 가운데서도 내 기억에 가장 남는 것은, 누나의 머리가 날아가 버린 것, 엄마의 가슴 한쪽이 사라진 것이었다. 이 두 개의 이미지는 평생 나를 괴롭혔다. 우리 식구 중 가장 어렸던 아기도 죽었다. 하지만 내 눈앞에서 누나 머리가 날아가 버리는 장면을 본 일을 어떻게 잊을 수 있겠는가.56)

중국이 참전한 후, 미군은 두 번째로 대규모 후퇴 압박을 받았다. 결정적인 "크리스마스 대공세" 전망이 막을 내리자, 동아시아 인종으로서 코리안들을 향한 분노가 더 커졌다. 이것이 남한 민간인들에 대한 처우에 상당한 영향을 미쳤다. 영국의 한반도 전문가 캘럼 맥도널드 교수는 미 8군의 경로를 따라 미군 병사들이 "민간인들에 대한 약탈, 강간, 폭행에 개입"했고, 남한 주민들은 "자신들이 패주한 데 대한 분노의 대상이 되었다"고 지적했다. 미군 초토화 작전의 일환으로 집을 태우고 가축을 죽이고 쌀 비축분을 파괴하는 방침이 이것과 결합되었다. 초토화 작전은 코리아에 공포의 시대를 불러왔다. 미군의 이동경로를 따라 남한의 민간인들을 절망에 빠뜨렸고 종종 극빈 상태로 남겨 두었다.[57]
미군은 민간인들을 집단적으로 살해할 때 남한군 부대와 긴밀히 협력했다. 미 시사주간지 〈타임〉은 대한민국 수도가 이승만 정부군에 떨어진 후 이렇게 보도했다. "지난 12월 서울 해방 후, 남한 총살 부대는 '국가의 적들'을 청산하느라 분주했다… 군부 살인자들은 흉포하고 거침없이 남자, 여자, 어린이 들을 쏘았다."[58] 나라 곳곳에서 유사한 학살이 보고되었다. 미국인들은 또한 정치적으로 의심스러운 남한 여성들을 모아 강제로 창고에 가두었다. 그들은 성노예가 되어 미군 병사들의 성적 욕망을 충족시켜야 했다.[59]
남한 민간인들을 공격하라는 명령이 특별히 전쟁 초기 단계에만 내려진 것은 아니었다. 1951년 1월 3일, 8군 본부는 이렇게 지시했다. "여러분은 해당 지구에서 모든 민간인의 교통을 차단할 수 있는 절대적 권한을 갖는다. 폭격을 포함해 그들에게 충격을 가할 수 있는 책임도 여러분에게 주어진다."[60] 남한 민간인들에 대한 기총소사는 미 공군이 계속해서 폭넓게 실행하는 관행이 되었다. 엄격한 검열이 보도를 막았음에도 불구하고, AP 통신 특파원 스탠 스윈튼은 1951년 1월 30일 자신의 부모에게 편지를 썼다.

> 이 마지막 진격에서 가장 끔찍한 것은 우리의 기총소사로 난민 수백 명이 살해된 것이었습니다. 아이들은 총을 맞아 죽은 게 아니었어요. 그 아이들은 엄마 등에서 떨어져 길바닥에서 얼어 죽었습니다… 우리가 이처

럼 민간인들 가운데서 적을 만들어냄으로써 우리가 빨갱이들에게 피해를 주는 효과가 상쇄되고도 남는 건 아닐까요?[61]

민간인들을 향한 기총소사와 관련해서는 다른 보고들에서도 흔히 볼 수 있다. 예컨대, 대전 인근을 날던 4대 편대 비행 임무에서는 군사 표적이 발견되지 않을 때 어선들에 기총소사했다는 보고가 있었다. 북한 주민들이 그랬던 것처럼, 북한 군인들이 점령한 지역의 남한의 민간인들 역시 미군 비행기들의 표적이 되지 않기 위해 낮 동안에는 숨어 있다가 밤에만 나와 쌀농사를 짓는 생활에 적응했다. 미군 비행기들은 38선 위아래에서 논밭에서 일하는 민간인들을 빈번히 쏘아죽였다. 전쟁이 끝난 후 남한 민간인들은 북한 병사들이 자신들에게 낮 동안에는 밖에 나가지 말라고 경고했던 기억을 떠올렸고, 그들이 미군 비행기의 표적이 되지 않을 수 있는 가장 좋은 방법을 알려주었다고 회상했다.[62]
1951년 1월 남한의 난민들은 심지어 서울에서 남쪽으로 수 킬로미터 떨어진 곳, 즉 전투 지구에서 멀리 떨어진 곳에서도 여전히 미 공군의 표적이 되고 있었다. 공군 비행기들은 난민을 표적으로 삼아 이유도 없이 소이탄으로 단번에 수백 명을 사살했다고 알려졌다. 제5공군 작전 단장 터너 로저스 대령은 육군이 공군에 의존하지 말고 자신들이 직접 난민들에게 사격해야 한다고 이미 권고한 바 있었다. 이 권고는 주목받지 못했지만, 전쟁이 끝나고 몇 년 후 미 육군전쟁대학이 난민들에 대한 취급과 관련해 한반도에서 얻은 교훈을 다루는 연구에서, 이렇게 결론지었다. "저공으로 나는 비행기의 기총소사는 길에서 장애물을 치우는 데 매우 효과적이다."[63]

앞서 5장에서 언급한 국제민주법률가협회(IADL)에 의해 이루어진 광범위한 연구를 통해 미군에 의한 난민 학살이 남한과 북한 전역에서 발생했다는 사실이 밝혀졌다. 이런 학살은 다음과 같이 두 시기에 걸쳐 주로 일어났다.

> a) 1950년 9월과 10월에 미군이 북쪽으로 진격할 때, 북쪽으로 피난 중이던 대규모 난민들이 특히 신천과 안악지역에서 진군중이던 군대에 가로막혔다. 여자들과 아이들을 포함한 가족 전체로 이루어진 이 난민들은 피난민으로 명확히 구분할 수 있었다. 당시 그들은 조선인민군 병사들과 섞이지 않은 상태로, 전통적인 한국의 흰옷을 입은 남자들과 유색의 긴 치마를 입은 여자들이었다. 철저히 몰살된 사람들이 바로 이 무리들이었다.

> b) 1950년 11월과 12월 사이에 미군이 후퇴할 때, 대도시 거주자들 다수가 전단들을 통해 원자폭탄이 투하될 것이며 그들이 미군과 함께 남쪽으로 이동해야 한다는 위협에 설득되었다. 미군은 고의로 이 난민 수천 명을 몰살했다.[64]

북한과 중국 소식통들이 몇몇 유사한 학살들을 목격했음에도 불구하고, 그들의 설명은 일축되었다. 하지만 서방과 세계의 매체들이 유사한 뉴스를 보도했다. 〈뉴욕타임스〉 특파원 찰스 그루츠너는 미군 소식통을 인용해 "일부 미군과 대한민국 경찰이 남한 민간인 남녀 수백 명을 학살했다."[65]고 보도했다. 1950년 7월 미국 뉴어크 〈스타레져〉의 기사는 "양키들이 그들 모두에게 총을 쏘고 있으므로, 지금 코리안이 되는 것은 적절치 않다."고 했다. 미군이 북쪽과 남쪽의 코리안들을 무차별적으로 살해했다고 보도한 다른 서방 소식통들이 이 기사를 뒷받침했다. 1960년대 남한 법률가 박찬현은 부산에서 1만 명으로 추정되는 사람들이 처형되었다는 사실을 조사 과정에서 밝혔다. 미 공군 정보장교 도널드 니콜스는 1981년에 낸 회고록에서 전쟁 중 수원에서 "대략 1,800명"에 대한 "잊을 수 없는 학살"을 목격했다고 증언했다.66)

영국 작가 엘리자베스 콤버는 전쟁 초기에 미군과 동행했고 남한 주민들을 향한 그들의 행동, 즉 민간인들을 대규모로 무차별적 공격 대상에 포함시키는 행동을 목격했다. 그녀는 1950년 7월 14일 일지에 이렇게 썼다. "그들은 모든 코리안을 적으로 간주하고 총을 발사하고 있으며, 때로는 난민들을 살해하고 있다." 2주 후, 그녀는 더 심각한 상황을 묘사하면서, 미군에 대해 이렇게 썼다. "미국인들은 날마다 비행기로 읍면과 도시들을 황폐하게 만들면서, 병사 한 명당 50명의 민간인을 죽이고 있다."67)

남한 민간인들을 직접 공격하라는 명령과 더불어, 제한적인 군사적 목표 달성을 위해 전투의 부수적 피해가 지나치게 큰 상황을 당연시하는 미군의 내성 또한 엄청난 파괴를 초래한 것으로 판명되었다. 대표적 사례가 1950년 7월 16일 미군 폭격기들에 의한 서울 용산 지구 폭격이었다. 당시 북한군이 통제하고 있던 상태에서 폭격기들의 무차별적 공격이 이루어졌다. 그 공격으로 남한 민간인 1,587명이 사망했지만, 미군은 이를 조선인민군의 기세를 늦추기 위한 군사적 필요로 간주했다.68) 이 공격은 노근리와 같은 그런 학살과는 달랐다. 용산 폭격은 북측을 상대로 군사적 목표를 달성하기 위해서라면 기꺼이 남한 주민들을 죽이겠다는 의지를 드러냈기 때문이다. 반면에, 다른 학살들에서 민간인들을 표적으로 삼은 것은 아무런 전략·전술적 효용성이 없었다. 용산 공격이 초토화 작전과 마찬가지로 북측을 상대로 제한적 목표를 달성을 위해 남한 주민들에게 끔찍한 죽음과 파멸을 안기겠다는 의지를 과시했던 반면, 학살은 여기서 한발 더 나아가 인종으로서 코리안들을 향해 만연한 적대감을 내비쳤다. 미군 병사 조 잭맨이 말한 대로, "그냥 모든 코리안을 적으로 여겼다."⁽⁶⁹⁾ 미 공군이 전략적 효용성을 내세워 용산에서 민간인들을 공격한 일은 심각한 전쟁범죄였다. 그러나 아무리 그런 전략적 필요성을 내세운다 한들, 완전히 다른 각각의 환경에서 광범위하게 벌어진 너무도 야만적인 민간인 학살을 해명할 수는 없다.

전쟁의 본질로서 불가피한 측면과 거리가 먼 미국의 행동은 그들이 싸우고 있던 ― 〈뉴욕타임스〉의 존경받는 군사 편집자 핸슨 볼드윈이 "야만인들의 군대"이자 "가장 원시적인 민족들"이라고 표현한⁽⁷⁰⁾ ― 중국과 북한이 보여준 행동과 큰 대조를 보인다. 남한인들에 대해 미국인들 사이에 만연한 태도의 핵심을 추리자면, 칭송받는 전투기 조종사 데이비드 테이텀 소위의 발언을 인용하면 된다. "만약 열 명의 민간인을 죽여서 혹시 나중에 우리에게 총질할 수도 있는 군인 한 명을 죽일 수 있다면 우리의 정당성이 인정된다고 생각했다." 그의 발언은 1951년 1월 1일 미 시사주간지 〈타임〉에 게재되었다. 잡지에는 테이텀처럼 전형적인 요원들로 상정되는 군인들의 이야기가 함께 실렸다. 그들에게는 한반도에서 벌인 행동에 대해 올해의 남자 상과 함께 '미국의 투사' 상이 주어졌다.

이와 대조적으로 중국군은 한국인의 재산에 대한 어떠한 형태의 약탈이나 파괴도 엄격하게 금지했다. 게다가, 참전 당시 마오쩌둥 주석은 다음과 같은 지시를 내렸다.

> 중국인 동지들은 코리아의 위업을 자신의 것으로 간주해야 한다. 마치 우리가 우리 조국에 대해 느끼고 우리 인민들을 대하는 것처럼, 지휘관들과 전투원들은 코리아의 모든 언덕, 모든 강, 모든 나무와 모든 풀잎을 소중히 하고, 코리아 인민들로부터 바늘 하나 또는 한 오라기의 실도 취해서는 안 된다고 배워야 한다. 이것이 바로 승리를 얻기 위한 정치적 기반이다. 우리가 이렇게 행동하는 한, 최종 승리는 확실하다.[71]

중국의 시골 주민들을 향해 인민해방군(PLA)이 보인 모범적인 행동이 중국 내전에서 승리를 가져오는 결정적 역할을 했고 서방이 지원하는 국민당에 맞서 대중의 지지를 얻었던 것처럼,[72] 한반도 전장에서도 이것이 우선시되었다.[73]

〈뉴욕타임스〉 기자 조지 배럿은 전체 코리아의 전 주민들이 미국을 비롯한 서방 국가들에 대해 갖게 된 인식과 중국군에 대한 인식이 큰 차이를 보이는 것에 주목했다. 그것은 그들이 보여준 행동에서 드러난 큰 차이가 가져온 결과였다. 그는 미군과 캐나다군이 광범위하게 저지른 강간이 "대다수 코리아 주민들에게 깊은 적대감을 불러일으켰다"고 썼다. 코리안들은 특히 서방 군인들이 민간인들을 상대로 야만적인 강간과 살해를 포함한 범죄들을 저지르고도 죄를 면제받고 상관들의 질책조차 없는 점을 지적했다. 그와 대조적으로 중국 군대는 "병사들의 규율로 감동을 주었다." 배럿은 사례를 들어, "많은 서울 거주민들이 모범적인 중국인들의 행위에 대해, 특히 중국인들이 두 명의 강간범을 처형한 사건에 대해 적극적으로 나서서 이야기했다."고 썼다.[74]
코리아에 개입한 중국 군대와 서방 군대 사이에 가장 중요하게 드러난 차이는 중국군에는 코리안을 향한 획일화된 편견이 없었다는 점이다. 공산주의자이건 아니건, 동아시아 민족들을 향한 인종적 경멸은 미군과 유엔의 지휘부 내 고위급에서 만연했다. 이는 그들의 병사들이 정복자로서 행세하고 그들의 통제를 받는 이들을 짐승처럼 취급할 수 있게 했다. 서방의 보도에서 한국전쟁은 끊임없이 서방식 문명화를 위해 아시아의 위협적 존재에 맞서 싸우는 투쟁으로 묘사되었다. 미국인 선교사들의 보고서에서부터 〈뉴욕타임스〉와 맥아더 장군에 이르기까지 다양한 방면에서 코리안들은 광적이고, 게으름뱅이 같고, 야만적이고, 무엇보다도 인간 이하의 열등한 집단으로 그려졌다.[75] 이는 미군들 사이에서 빈틈없이 반영되었다. 미국의 매체들은 수년 전 일본 제국주의와의 전쟁을 "인종적으로 구제 불능의 악"이나 다름없는 적에 맞서 싸우는 전쟁으로, "명목상으로는 아니지만 사실상 인종 전쟁"이라고 묘사했다.[76] 이것은 일본인 시민들과 병사들을 상대로 하는 극심하고 야만적인 전쟁범죄로 이어졌다. 일본인들을 인간 이하의 존재로 보는 서방 군인들의 관점이 낳은 직접적 결과였다. 일본에서든 한반도에서든, 인종과 문화에 기반해 인구 집단 전체가 악마화의 표적이 되기는 마찬가지였다. 이는 나치 독일과 같은 유럽인 적들에게 흔히 그렇듯 지도부나 이데올로기를 특정하는 태도와는 달랐다.[77]
미국 국방정보대학과 공군 특별수사국이 공동연구 결과를 발표했다.

그들은 특히 일본을 향한 미국의 태도가 적에 대해 동아시아인으로서 인종적 특성에 크게 좌우되었다고 결론지었다. 다시 말해, 그것은 서방의 가치와 서방의 탁월함에 대한 위협으로 여겨지는 특성으로, 유럽인 적군에게는 적용한 적이 없는 것이었다. "아시아에서 벌이는 전쟁은 유럽 내 전쟁과는 매우 달랐다. 일본은 문화적·종교적으로뿐만 아니라 '인종적으로 위협적인 존재'로 여겨졌기 때문이다. 만약 일본이 태평양 지역에서 승리를 거둔다면, '동양인의 사상과 서양인의 사상 사이에서 영원한 전쟁'이 일어날 것이다. 당시에 그 전쟁은 문명 간의 충돌로 인식되었다."78) 도쿄가 항복하고 채 5년도 지나지 않아 시작된 한국전쟁에는 38선 양쪽의 민간인들을 향한 미국의 태도가 그대로 반영되었다. 전쟁을 통해 서방이 아시아의 적들을 어떻게 인식하고 있는지도 상당 부분 드러났다.

중국 군대는 서방 세력과는 달리 인종으로든 국민으로든 코리안에 대한 적의가 없었을 뿐 아니라, 그들을 상대로 한 어떤 범법행위도 엄격하게 처벌했다. 중국군이 재건 활동 지원을 마친 다음 전쟁이 끝나고 5년 후인 1958년에 북한을 떠나 현재까지 돌아오지 않고 있다는 사실에 주목할 필요가 있다.79) 북한의 대내 정책에 미치는 중국의 영향력은 무시해도 될 정도이거나 아예 없다. 이에 비해 미군은 오늘날까지 남한에 수만 명의 병력을 유지하고 있고, 남한군에 대한 전시작전권을 계속 갖고 있다.80) 게다가 내정과 대외정책에 대한 광범위한 영향력도 유지되고 있다.81) 따라서 하나는 덜 중요한 종속국가로서 다른 하나는 동맹이자 동등한 동반자로서, 개입 세력들이 두 개의 코리아를 대하는 방식의 차이는 전쟁 중에도 전쟁 후에도 명백했다.

1. Hanley, Charles J. and Choe, Sang Hun and Mendoza, Martha, The Bridge at No Gun Ri: A Hidden Nightmare from the Korean War, New York, Henry Holt and Company, 2001 (p. 177).
2. Neer, Robert M., Napalm: An American Biography, Cambridge, MA, Belknap Press, 2013 (p. 100). LeMay, Kurtis and Kantor, MacKinlay, Mission with LeMay: My Story, New York, Doubleday, 1965 (p. 382).
3. Hanley, Charles J. and Choe, Sang Hun and Mendoza, Martha, The Bridge at No Gun Ri: A Hidden Nightmare from the Korean War, New York, Henry Holt and Company, 2001 (pp. 175, 234).
4. Cavanaugh, David, 'The Korea War: The Most Brutal of All-Time?,' National Interest, May 5, 2019.
5. Hanley, Charles J. and Choe, Sang Hun and Mendoza, Martha, The Bridge at No Gun Ri: A Hidden Nightmare from the Korean War, New York, Henry Holt and Company, 2001 (p. 121).
6. Stone, I. F., Hidden History of the Korean War, Amazon Media, 2014 (p. 256).
7. Deane, Hugh, The Korean War, 1945–1953, San Francisco, CA, China Books and Periodicals, 1999 (p. 143).
8. London Times, November 16, 1950.
9. Activities of the Past Three Years, Republic of Korea Truth and Reconciliation Commission, March 2009.
10. Hanley, Charles J. and Choe, Sang Hun and Mendoza, Martha, The Bridge at No Gun Ri: A Hidden Nightmare from the Korean War, New York, Henry Holt and Company, 2001 (pp. 195–196).
11. Stokesbury, James L., A Short History of the Korean War, New York, William Morrow and Company, 1988 (pp. 39, 42–43). Lowe, Peter, The Frustrations of Alliance: Britain, The United States, and the Korean War, 1950–1951, in: Cotton, James, and Neary, Ian, The Korean War in History, Manchester, Manchester University Press, 1989 (pp. 80–99).
12. Hanley, Charles J. and Choe, Sang Hun and Mendoza, Martha, The Bridge at No Gun Ri: A Hidden Nightmare from the Korean War, New York, Henry Holt and Company, 2001 (pp. 195–196).
13. Times (London), 15 July 1950. MacDonald, Callum, '"So terrible a liberation"—he UN occupation of North Korea,' Bulletin of Concerned Asian Scholars, vol. 23, no. 2 (pp. 3–19).
14. Kim, Monica, The Interrogation Rooms of the Korean War: The Untold History, Princeton, NJ, Princeton University Press, 2019 (p. 265).
15. Hanley, Charles J. and Choe, Sang Hun and Mendoza, Martha, The Bridge at No Gun Ri: A Hidden Nightmare from the Korean War, New York, Henry Holt and Company, 2001 (pp. 195–196).
16. Ibid. (pp. 195–196).
17. Henderson, Gregory, Korea: The Politics of the Vortex, Cambridge, MA, Harvard University Press, 1969 (p. 167).
18. Memo to General Timberlake, Fifth Air Force, AFO 970, Unit 1, July 25, 1950, U.S. National Archives.
19. Williams, Jeremy, '"Kill 'Em All": The American Military in Korea,' BBC, February 17, 2011. Hanley, Charles J., 'No Gun Ri: Official Narrative and Inconvenient Truths,' Critical Asian Studies, vol. 42, issue 4, 2010 (pp. 589–622).
20. '"Kill 'Em All": American War Crimes in Korea,' Timewatch, (Documentary), February 1, 2002.
21. Ibid.
22. Ibid.

23 Ibid.

24 Williams, Jeremy, '"Kill 'Em All": The American Military in Korea,' BBC, February 17, 2011.

25 Hanley, Charles J. and Choe, Sang Hun and Mendoza, Martha, The Bridge at No Gun Ri: A Hidden Nightmare from the Korean War, New York, Henry Holt and Company, 2001 (p. 126).

26 Williams, Jeremy, '"Kill 'Em All": The American Military in Korea,' BBC, February 17, 2011.

27 Hanley, Charles J. and Choe, Sang Hun and Mendoza, Martha, The Bridge at No Gun Ri: A Hidden Nightmare from the Korean War, New York, Henry Holt and Company, 2001 (p. 129).

28 Suh, Jae-Jung, 'Truth and Reconciliation in South Korea: Between the Present and the Future of the Korean Wars,' London and New York, Routledge, 2013 (pp. 68–4). '"Kill 'Em All": American War Crimes in Korea,' Timewatch, (Documentary), February 1, 2002. Hanley, Charles J., 'No Gun Ri: Official Narrative and Inconvenient Truths,' Critical Asian Studies, vol. 42, issue 4, 2010 (pp. 589–622).

29 '"Kill 'Em All": American War Crimes in Korea,' Timewatch, (Documentary), February 1, 2002.

30 Ibid.

31 Hanley, Charles J., 'In the Face of American Amnesia, The Grim Truths of No Gun Ri Find a Home,' The Asia-Pacific Journal, vol. 13, issue 10, no. 4, March 2015.

32 '"Kill 'Em All": American War Crimes in Korea,' Timewatch, (Documentary), February 1, 2002.

33 Hanley, Charles J., 'In the Face of American Amnesia, The Grim Truths of No Gun Ri Find a Home,' The Asia-Pacific Journal, vol. 13, issue 10, no. 4, March 2015.

34 Hanley, Charles J. and Choe, Sang Hun and Mendoza, Martha, The Bridge at No Gun Ri: A Hidden Nightmare from the Korean War, New York, Henry Holt and Company, 2001 (p. 142).

35 '"Kill 'Em All": American War Crimes in Korea,' Timewatch, (Documentary), February 1, 2002.

36 'Report: Korean War-Era Massacre Was Policy,' CBS News, April 14, 2007.

37 Williams, Jeremy, '"Kill 'Em All": The American Military in Korea,' BBC, February 17, 2011.

38 '"Kill 'Em All": American War Crimes in Korea,' Timewatch, (Documentary), February 1, 2002.

39 Turse, Nick, Kill Everything That Moves: The Real American War in Vietnam, London, Picador, 2014 (pp. 229–230).

40 Hanley, Charles J. and Choe, Sang Hun and Mendoza, Martha, The Bridge at No Gun Ri: A Hidden Nightmare from the Korean War, New York, Henry Holt and Company, 2001 (p. 246).

41 Hanley, Charles J. and Choe, Sang Hun and Mendoza, Martha, The Bridge at No Gun Ri: A Hidden Nightmare from the Korean War, New York, Henry Holt and Company, 2001 (p. 246).

42 Chosun Min Bo, August 19, 1950.

43 Choe, Sang-Hun, 'Korean War Panel Finds U.S. Attacks on Civilians,' New York Times, July 9, 2010.

44 'Response to Demarche: Muccio Letter and Nogun-ri,' U.S. State Department cable from Secretary of State Condoleezza Rice to U.S. Embassy, Seoul, August 31, 2006.

45 Straub, David, Anti Americanism in Democratizing South Korea, Stanford, CA, Walter H. Shorenstein Asia-Pacific Research Center Books, 2015 (p. 65).

46 Williams, Jeremy, '"Kill 'Em All": The American Military in Korea,' BBC, February 17, 2011.

47 Hanley, Charles J. and Choe, Sang Hun and Mendoza, Martha, The Bridge at No Gun Ri: A Hidden

Nightmare from the Korean War, New York, Henry Holt and Company, 2001.

48 Choe, Sang-Hun, 'Korean War Panel Finds U.S. Attacks on Civilians,' New York Times, July 9, 2010.
49 Williams, Jeremy, '"Kill 'Em All": The American Military in Korea,' BBC, February 17, 2011. Washington Post, September 30, 1999 (p. 1), October 14 (p. 14), December 29 (p. 19).
50 '"Kill 'Em All": American War Crimes in Korea,' Timewatch, (Documentary), February 1, 2002.
51 Hanley, Charles J. and Choe, Sang Hun and Mendoza, Martha, The Bridge at No Gun Ri: A Hidden Nightmare from the Korean War, New York, Henry Holt and Company, 2001 (p. 151).
52 Ibid. (pp. 188, 189).
53 Ibid. (p. 133).
54 Hanley, Charles J., 'No Gun Ri: Official Narrative and Inconvenient Truths,' Critical Asian Studies, vol. 42, issue 4, 2010 (pp. 589–622). Hanley, Charles J. and Choe, Sang Hun and Mendoza, Martha, The Bridge at No Gun Ri: A Hidden Nightmare from the Korean War, New York, Henry Holt and Company, 2001 (pp. 163, 187).
55 Truth and Reconciliation Commission of the Republic of Korea, Comprehensive Report, Volume 1, Part 1, December 2010 (p. 121).
56 '"Kill 'Em All": American War Crimes in Korea,' Timewatch, (Documentary), February 1, 2002..
57 Macdonald, Callum, Korea: The Last War Before Vietnam, New York, Palgrave Macmillan, 1986 (p.216)
58 Smith, Robert, MacArthur in Korea, New York Simon & Schuster, 1982 (p.228)
59 Pollock, Sandra, Let the Good Times Roll: Prostitution and the U.S. Military in Asia, New York, New Press, 1992 (pp. 172–173). Hanley, Charles J. and Choe, Sang Hun and Mendoza, Martha, The Bridge at No Gun Ri: A Hidden Nightmare from the Korean War, New York, Henry Holt and Company, 2001 (pp. 195–196).
60 Williams, Jeremy, '"Kill 'Em All": The American Military in Korea,' BBC, February 17, 2011.
61 Hanley, Charles J. and Choe, Sang Hun and Mendoza, Martha, The Bridge at No Gun Ri: A Hidden Nightmare from the Korean War, New York, Henry Holt and Company, 2001 (p. 177).
62 Ibid. (pp. 177, 163, 195, 183).
63 Ibid. (pp. 176, 181).
64 Report on U.S. Crimes in Korea, Commission of International Association of Democratic Lawyers, March 31, 1952 (p. 21).
65 Blakely, Ruth, State Terrorism and Neoliberalism: The North in the South, Abingdon, Routledge, 2009 (p. 87).
66 Nichols, Donald, How Many Times Can I Die? The Life Story of a Special Intelligence Agent, Pensacola, Brownsville Printing, 1981 (p. 128).
67 Han, Suyin (penname of Elizabeth Comber), Love is a Many Splendored Thing, London, Jonathan Cape, 1952 (pp. 342, 349).
68 Gil, Yoon-hyeong, 'U.S.'s Yongsan bombing of 1950 caused 1,587 civilian deaths U.S. air raids accounted for 25 percent of civilian deaths in the first 3 months of the war,' Hankyoreh, July 16, 2010.
69 Ibid.

70 Cumings, Bruce, North Korea: Another Country, New Press, New York, 2003 (p. 12). Katsiaficas, George N., Asia's Unknown Uprisings: South Korean Social Movements in the 20th Century, Oakland, PM Press, 2012 (p. 12).

71 Mao, Zedong, Directive to the Chinese People's Volunteers: The Chinese People's Volunteers Should Cherish Every Hill, Every River, Every Tree and Every Blade of Grass in Korea, January 19, 1951 in: Selected Words of Mao Tsetung, Volume V, Oxford, Pergamon Press, 1977 (p. 44).

72 Abrams, A. B., Power and Primacy: The History of Western Intervention in the Asia-Pacific, Oxford, Peter Lang, 2019 (pp. 86–88).

73 Conn, Peter, Pearl S. Buck: A Cultural Biography, Cambridge, Cambridge University Press, 2010 (p. 316). Blum, William, Killing Hope: U.S. Military and C.I.A. Interventions Since World War II, London, Zed Books, 2003 (p. 21). Mitter, Rana, China's War with Japan 1937–945; The Struggle for Survival, London, Allen Lane, 2013 (pp. 331–333).

74 'Koreans Watch U. N. Murder Trial as Test of Curb on Unruly Behavior,' New York Times, August 21, 1951.

75 Cumings, Bruce, North Korea: Another Country, New Press, New York, 2003 (pp. 12–13).

76 Ham, Paul, Hiroshima Nagasaki: The Real Story of the Atomic Bombings and their Aftermath, New York, Doubleday, 2012 (p. 14).

77 Dower, John, War Without Mercy: Race and Power in the Pacific War, New York, Panthoen, 1986 (p. 18).

78 Stone, James A. and Shoemaker, David P. and Dotti, Nicholas R., Interrogation: World War II, Vietnam, and Iraq, Washington D.C., National Defence Intelligence College, September 2008 (p. 34).

79 Zhang, Shu Guang, Mao's Military Romanticism: China and the Korean War, 1950–953, Lawrence, University Press of Kansas, 1995 (p. 529).

80 'Goodbye to America's 4 Million Man Army? Inter-Korean Summit Risks Compromising U.S.' Most Formidable Pacific Asset,' Military Watch Magazine, April 28, 2018.

81 Kim, Bo-eun, 'Trump's remarks infringe national sovereignty,' Korea Times, October 11, 2018. Choe, Sang-Hun, 'South Korea Backtracks on Easing Sanctions After Trump Comment,' New York Times, October 11, 2018.

7장
지울 수 없는 인상 :
북한 민간인과 전쟁포로를 대하는 서방의 태도

지상에서 벌인 전쟁범죄

코리아에서 미국이 저지른 전쟁범죄는 앞서 언급한 인구 밀집 지역에 대한 폭격, 병원을 표적으로 삼은 급강하 폭격, 농부들에 대한 기총소사에만 국한되지 않는다. 남한에서 광범위한 민간인 학살이 명령에 따라 자행되는 동안, 북한 지역에서 민간인을 상대로 한 범죄행위는 예상대로 훨씬 더 심각했다. 빈약한 군장에 규모 면에서도 자신들보다 적은 수의 "농민군"의 손에 미국이 3개월 동안 거의 연속 패배를 겪으면서 이 시기 수많은 사상자가 발생했는데, 이것이 그 후 미국의 태도에 영향을 미쳤다. 다시 말해, 동아시아의 소국과 그 나라 주민들을 대하는 미국의 태도에는 응징하겠다는 뚜렷한 경향이 나타났다. 그리하여, 미군이 짧은 시기 한반도 북쪽을 점령한 결과로 발생한 사건들은 현대사에서 견줄 사례를 찾을 수 없는 만행의 연속이었다.

미 지상군 병력은 북한 여성과 소녀들을 대상으로 광범위한 강간과 극심한 성폭력을 저지르고 일반 대중을 마치 짐승인 양 취급하고 북한의 문화유산과 종교 시설들을 고의로 공격해 파괴했다. 이것은 다수의 소식통이 전한 보도에서 일관되게 드러난다. 한반도 북쪽에서 벌어진 사건들에 관한 거의 모든 주요 출처는 중국 인민지원군과 북한인들이다. 하지만 그곳에서 직접 보도한 외국인 기자들도 있었고, 미군의 전쟁범죄 혐의를 감시하고 조사하기 위해 파견되어 활동한 중립적인 국제 위원회들도 그곳에 있었다. 바로 이런 국제적 소식통들이 북한에서 미군과 연합군이 저지른 행위와 관련된 증언들에 편견 없는 신빙성을 부여한다.

1945년 파리에서 결성된 국제적인 여성권리조직인 여성국제민주동맹(WIDF)은 전쟁 중 코리아에 위원회를 파견했다. 동맹은 전후 시기에 가장 영향력 있는 여성조직으로 간주되었고,1) 유엔경제사회위원회 고문으로 활약했다. WIDF는 서방과 대한민국(ROK)이 1950년 10월부터 짧은 기간 점령한 동안 조선민주주의인민공화국(DPRK) 인민에게 저지른 행위들을 목격한 후 보고서를 발간했다.

> 점령 중에 수십만 명의 민간인들, 노인에서부터 어린아이들에 이르기까지 온 가족들이 고통을 겪고 맞아 죽고 산채로 불에 타 땅에 묻혔다. 또 다른 수많은 사람들이 기소 절차도 없이, 수사 과정이나 재판, 형의 선고도 없이 내몰린 초만원의 감옥 안에서 굶주림과 추위로 사망했다. 이 같은 대규모 고문과 대량학살은 히틀러의 나치가 일시로 점령한 유럽에서 저지른 범죄행위를 능가한다.2)

WIDF 위원회는 미군과 연합군이 끔찍한 성범죄를 광범위하게 저질렀다고 보고했다. 평양에 관한 보고서의 서술은 이렇게 시작된다. "미국인들은 오페라 극장과 인접한 가옥의 잔해를 매음굴로 삼았다. 그들은 거리에서 여성과 소녀 들을 붙잡아 강제로 그곳으로 데려갔다. 그녀[인터뷰에 응한 어린 소녀]는 비슷한 운명에 처할까 두려워, 40일간 대피호 밖으로 나가지 않았다." 이어서 보고서는 이렇게 말하고 있다.

그녀의 친구의 남편 리상선은 아내를 숨겼다는 이유로 미국인들에게 두들겨 맞았다. 한 평양 주민이 이 진술이 사실이라고 확인해주었다. 평양의 다른 수많은 주민들이 미국인들이 저지른 만행을 상세히 들려주었다. 37세 김순옥은 아이 넷을 폭탄에 잃은 어머니로, 미국인들에 의해 살던 마을에서 쫓겨났다. 그녀의 진술에 따르면, 당시 함께 소개된 이들 가운데는 지역 여성조직의 서기도 포함되어 있었다. 미국인들은 그 서기를 벌거벗겨 길거리로 끌고 다닌 다음, 빨갛게 달군 인두를 그녀의 생식기에 찔러 넣어 죽였다. 서기의 어린 아들은 산 채로 매장되었다.

강간 시도에 저항한 여성들에게 유사한 형벌을 가하는 일이 빈번히 일어났다. 작은 마을 미연리에서는 미국인 병사들이 강간하려 했을 때 저항한 세 여성이 가슴을 잘렸다. 그리고 불에 달군 시뻘건 인두가 생식기를 찌르고 들어가 사망에 이르렀다. 이 사건은 위원회의 기록으로 남았다. 하지만 이것은 예외적인 사건이 아니었다.3)
오스트리아, 중국, (당시 공산주의 국가가 아니었던) 쿠바, 캐나다, 소련, 영국 출신들로 이루어진 WIDF 위원들이 황해도를 방문했다. 그들의 조사를 통해, 미국, 영국, 대한민국 군대가 12만 명의 민간인을 살해했을 뿐 아니라, 두 살배기 아기를 포함한 민간인 수감자들이 쇠몽둥이로 구타당한 후 앉을 공간조차 없을 정도로 밀집한 감옥에서 굶주린 채 15일간 갇혀 있었던 사실이 밝혀졌다. 나중에 여성과 어린이를 포함한 수감자들이 인근 언덕으로 끌려가 산 채로 구덩이에 묻혔다. 젊은 엄마 한 사람이 가까스로 도랑에서 빠져나왔으나 붙잡혀 다시 파묻혔다. 특별히 어린이들만 묻은 별도의 공동묘지가 따로 있었다. 이런 기록들은 북한인 생존자들의 증언을 바탕으로 한 내용이다. 생존자 김산연은 아들과 아내의 시체를 찾아냈고, 산 채로 묻혀 상처 하나 없는 처자식을 묻어주었다. 김 씨는 독실한 크리스천으로 서방의 크리스천들이 그런 식으로 행동하는 것이 믿어지지 않는다고 위원회에 말했다. 이런 사실은 훗날 북한 정부가 산채로 묻혀 죽은 민간인들의 공동묘지들을 찾아내 사진 증거를 제시하면서 입증되었고, WIDF 위원회의 조사 결과와 생존자들의 증언을 통해 사실로 확인되었다.[4] 그 같은 보고 내용은 한반도 남쪽에서 자행된 잔혹 행위들에 관해 남한 정부가 설치한 위원회가 사실로 확인한 기록들과 매우 일치했다. 비좁은 감방에 가두고, 미국인 병사들이 야만적으로 강간하고, 갓난아이를 포함한 어린이와 여성들이 공동묘지에 묻히는 등 같은 방식으로 저질러진 행위였음을 알 수 있다. 이는 북한 지역 내 민간인들에게 저지른 행위들을 기록한 보고서들의 타당성을 입증해준다. 38선 양쪽에서 미군과 남한군의 손에 처형되어 공동묘지에 묻힌 여성과 어린이 들이 발견되었다. 이로써, 북한 지역에서 활동한 국제 위원회가 보고한 그런 사건들이 유일하지도 특별하지도 않다는 것이 확인되었다.[5]

당시 매카시 광풍이 불던 미국은 반공 정책에 대한 비판이 거의 용인되지 않던 시기였다. 미국이 코리아에서 저지른 행위들에 대한 WIDF

의 보고서가 나오자, 곧바로 공산주의 앞잡이 조직이라는 꼬리표가 붙었다. BBC가 "매카시의 하원 반미활동위원회"라고 부른 매카시 경향을 강하게 띠는 하원 반미활동위원회가 WIDF에 붙인 꼬리표였다.[6] 당시에는 공산주의 세력 혹은 공산주의 행동 강령에 대한 관련성이 입증되지 않아도, 사실상 모든 반대 의견에 "공산당 앞잡이"라는 꼬리표 붙이기는 흔한 일이었다. 미국의 전쟁범죄를 보고한 군인들은 공산주의자들에게 "세뇌"된 것이라는 꼬리표가 붙었다.[7]

미국이 철수한 후 평양박물관을 방문한 WIDF 위원회는 미국인들이 2천 년 이상 된 유명한 불상 두 개를 비롯해 수많은 보물을 약탈한 사실을 확인했다. 또한, 서른 개의 고대 무덤에서 발견된 값진 벽화들이 사라졌고, 그중 여섯 개의 고대 무덤이 한국 여성들에게 고통을 가하며 고문하는 데 사용되었다는 것도 확인했다. 특히 모란봉 성지와 같은 문화유적과 불교사찰도 파괴되었다. 탁 트인 초지로 둘러싸인 고대 사찰 연면사는 후퇴하는 미군이 고의로 공격했다고 알려졌다.

WIDF 위원회는 짧은 점령 시기에 고난을 겪고 살아난 사람들을 만났다. 그들이 전해준 이야기를 통해 학살과 고문 희생자 대다수가 북한 정부와 아무런 연고가 없는 농민과 노동자들이었음을 알 수 있었다. 위원회는 생존자들로부터 미군이 어떤 행위를 했는지 증언을 수집했다. 한 여성은 자기 가족을 죽인 미군 병사들에 의해 손톱 밑에 뜨거운 바늘이 찔리는 고문을 당했다고 말했다. 위원회는 민간인들을 고문한 감옥 벽에 남은 핏자국은 물론이고 고문으로 손상된 신체의 흔적도 목격할 수 있었다. 11세 소녀 신순자는 엄마와 언니와 함께 미군에 체포됐다고 말했다. 엄마와 언니는 총에 맞았고 신순자는 심하게 구타당한

후 감옥에 갇혔다. 머리에 구타로 생긴 깊은 상처를 위원회 성원들이 목격했다.[8]

신순자와 같은 학교 4학년 동급생인 김선애도 11세 소녀였다. 미군 병사들이 마을에 들어오더니 김선애의 부모를 체포했다. 조선노동당 당원이었던 엄마는 특별 처리 대상이 되어 가슴이 잘렸다. 아버지는 고문당한 후 강에 버려졌고, 네 살 여동생은 산 채로 파묻혔다. 김선애는 위원회에 진술하고 싶다고 요청했고, 가족들의 훼손된 시신을 자신의 말을 증명할 증거로 내놓았다.[9] 가천의 여성조직을 이끈 리삼실은 미군 병사들에게 체포되어 전기 고문을 받았다. 군인 두 명이 리삼실의 옷을 벗겨 강간한 후 알몸 상태로 거리 곳곳을 끌고 다녔다. 미군이 후퇴하던 날, 가까스로 탈출해 살아남았다.[10] 원산의 여성조직 의장은 25세로 임신 9개월째였다. 미군 병사들은 그녀를 체포해 구타하고 광장에서 대중 앞에 신체를 노출시켰다. 그곳에서 막대로 자궁을 찔러 그녀를 살해했고, 주민들은 강제로 끌려 나와 목격자가 되어야 했다.

조선노동당이나 여성조직과 연고가 있는 북한 여성들은 늘 특별히 잔인한 취급을 받았다. 해주의 여성조직 의장 조옥희는 감옥에 갇혀 느린 고문(slow torture)을 감당해야 했다. 두 눈이 뽑힌 다음, 코와 두 가슴이 잘렸다. 고리 마을 여성조직 의장 전만숙을 체포한 군인들은 이틀간 반복적으로 강간했다. 강간이라는 양상이 이처럼 광범위하게 나타난 것은 DPRK 사회에 그들의 우위를 확고히 하려는 것이었다. 그런 여성들이야말로 자주적이고 충분한 자치를 이룬 나라 북한의 상징이었기 때문이다. 미군 병사들은 특히 지도자 지위에 있는 북한 여성들에게 성폭력을 가함으로써 자신들의 우위를 확인하려는 것 같았다.

28세 여성 양연덕은 다섯 아이와 남편이 모두 점령기 동안에 죽었다고 말했다. 미군 병사들 손에 두 살배기 아이와 함께 억류되었고 아이는 미군에게 밟혀 죽었다. 군인 두 명이 양 씨를 강간하고 고문했다. 그녀는 시련 끝에 살아남았다. 1950년 10월 안악군 송산리에서 강간과 고문이 광범위하게 일어났다는 기록이 많이 남아 있다. 김화실이라는 여성은 자신을 강간하려 하자 그에 맞서다 알몸으로 밖으로 끌려나갔다. 그곳은 많은 사람이 억류된 건물의 마당이었다. 미군은 김화실의 생식기에 1미터 길이 곤봉이 박히는 것을 갇힌 사람들이 지켜보게 했다. 그녀는 즉사했고, 점령기 내내 시체가 전봇대에 매달려 있었다. 미군 병사들이 그 장면을 사진으로 찍었다. 그 후 군인 두세 명이 또 다른 여성 열 명을 차례로 강간하고 곤봉으로 패고 걷어찬 다음 두 다리 사이에 곤봉을 밀어 넣었다. 엄마들한테서 아이들을 떼놓은 다음, 강간과 살해가 여드레 동안 이어졌다. 10월 26일, 생존자들을 강가로 끌고 가 총으로 쏘아 죽였다. 호송차가 도로에서 정차했을 때 한 사람이 도망쳤고, 유일하게 살아남아 목격자가 되었다. 미군 병사들의 끔찍한 행위는 황해도 전역에서 일어났다. 인근 삼성리에서는, 12세 소년이 미군들에게 두들겨 맞는 아버지를 지키려 하자 아이의 눈알을 후벼내기도 했다.11)

42세 여성이 (대체로 18세에서 22세 사이의) 미군 병사들에게 차례로 강간당했다. 미군에게 강간당한 수많은 북한 여성들과 달리 그녀는 살아남았다. 위원회가 조사를 진행하던 당시 그녀는 여전히 몹시 아픈 상태로 자리보전을 하고 있었다. 나이든 여성들도 그들 나이의 삼분의 일에 불과한 젊은 군인들에게 강간당했다. 미군이 사리원을 점령했을 때 56세 여성을 윤간했다는 기록이 있고, 순천에서 64세 여성을 강간한 기록이 있다.12) 전술한 이런 사건들은 점령기에 수없이 광범위하게 일어난 만행을 WIDF 위원회가 기록한 것 중 극히 일부에 불과하다. 위원회는 미군이 지배한 점령기에 주민들이 고통받은 기록 중 극히 소수의 사례를 수집했을 뿐이다.

WIDF 위원회가 조사한 결과들은 북한의 신문 보도와 군사 보고서들이 강력하게 뒷받침했다.13) 미군 점령 시 경험에 대해 북한이 설명한 내용도 매우 유사한 행위들을 보여주고 있다. 이것은 남한 당국이 남한 지역에서 미군의 행위를 기록한 보고서들과도 대단히 일치한다. 북한 지역에 들어간 외신 기자들의 보도는 비교적 많지 않은 편이었다. 그러나 두 명의 기자가 북한의 피해자들에게 접근할 수 있었다. 호주 출신 알란 위닝턴 기자와 영국 출신 윌프레드 버쳇 기자가 미군 병사들이 저지른 행위에 관해 설명했다. 그들의 보도는 WIDF 위원회의 조사 결과 및 생존자들의 증언을 강력하게 뒷받침했다. 두 기자는 전쟁이 벌어지는 남·북한 양쪽 지역에서 취재했다. 전시 검열로 인해 서방 매체들이 매우 제한적인 정보에만 접근 가능한 취재 환경에서, 두 기자의 증언은 큰 가치가 있었다.14) 버쳇은 미국의 수많은 주요 매체 사이에서 믿을 만한 소식통으로 유명했다.15) 〈유에스 뉴스 앤 월드 리포트〉와 같은 강성 반공 신문들도 버쳇은 "결코 거짓을 말하지 않으며, 그것은 누구나 아는 사실"이라고 단언했다.16) 1971년 버쳇은 국가안보보좌관 헨리 키신저의 초청을 받아 백악관에서 베트남의 평화적 전망과 관련한 의견을 전하게 된다. 베트남 전쟁 또한 버쳇이 폭넓게 취재한 전쟁이었다.17)

버쳇과 위닝턴은 미군에게 포로로 잡힌 북한 여성들을 인터뷰했다. 김경숙이라는 여성은 함께 포로가 되었던 여성 몇 명과 인터뷰 자리에 같이 나와 날짜와 세부사항들을 바로잡아 가면서 자신의 사연을 증언했다. 김 씨는 미군 점령 아래서 개성의 소년 교도소에 억류되었다가 다시 인천 수용소로 옮겨져 150명가량 되는 대규모 여성들과 함께 있게 되었다. 김경숙은 기억을 떠올려 이야기를 들려주었다.

> 미군들은 우리를 체포한 날부터 마치 짐승처럼 다루었다. 수색한다는 구실로. 강제로 옷을 벗겼다. 그들은 우리에게 욕설을 퍼부었다. 우리를 알몸으로 세운 뒤 총검으로 살갗이 찢어질 정도로 쿡쿡 찌르며 거리를 행진하게 했다. 사진기자들을 데려와 사진을 찍고 나중에 교도소 구내 게시판에 걸었다. 나중에 미군들이 남한군 병사들과 함께 와서 강간할 소녀들을 골랐다.[18]

김경숙은 1950년 10월 50명의 다른 여성들과 함께 서울 거리를 알몸으로 행군해야 했던 일을 떠올렸다.

> 누구도 그들의 짐승같은 행위로부터 보호받을 수 없었다. 그들은 심지어 '포로'로 붙잡아둔 14세 소녀마저 강간했다. 인천 수용소에서는 아기를 등에 업은 엄마 두 명에게 수차례 총검을 들이밀고 끌고 나갔다. 엄마들이 미군 경비병 숙소로 끌려가 강간당하는 동안 아기들의 입을 막았다.

김경숙은 강간당하고 고문받은 어린 소녀 중 적어도 한 명이 정신적

충격으로 실성했다고 전했다.19)

위닝턴과 버쳇은 북한 여성들의 증언에 나온 상흔들을 목격했다. 손톱 아래로 못을 찌르고 심한 구타와 전기 고문을 포함해 고통을 겪었다고 주장하는 신체 부위에서, 그것을 증명해주는 상처와 불탄 자국들을 보았다. 두 기자는 미군이 주민들에게 저지른 "사디스트적 범죄 행위들"이 수 년 전 나치 독일의 만행을 초래한 극단적 인종 편견과 흡사한 사고방식에서 기인한 것이라고 보도했다. "열등한 인종들"에게 거듭된 군사적 패배를 당했다는 좌절감으로 인해 중국과 북한 인민들을 향한 야만적 응징 행위가 격화되었다.20) 영국 정부는 위닝턴이 미군의 야만성을 보도했다는 이유로 수석 각료회의에서 반역죄라며 그를 비난했다.21)

위닝턴과 버쳇의 보도에서 주목할 만한 점은 정확성이었다. 당시 미국 정부는 미군이 남한에서 저지른 전쟁범죄에 관한 보도들을 "위조된 잔혹 행위"라며 부정했다. 하지만 수십 년이 지나 미군 정보보고서와 사진 증거를 비롯한 기록들이 비밀해제되었을 때, 두 기자의 보도는 전적으로 사실로 판명되었다. 대표적 사례가 남한군이 남한의 민간인을 학살하고 공동묘지에 매장한 사건을 보도한 것이었다. 당시에는 완전히 묵살된 사건이지만 나중에 미군 소식통에 의해 충분히 검증되었다.22) 미군이 남한에서 전쟁범죄를 저지르고도 연루되지 않았다고 부인하려 했던 사건에 관한 위닝턴과 버쳇의 보도가 얼마나 정확했는지 고려할 때, 북한에서 저지른 행위와 관련해 사실이 아니라는 미군의 주장 역시 믿을 이유가 없다.

전쟁 중 소수였을지라도 북한 주재 비공산권 소식통들이 보도한 미 점령군의 행위도 유사한 결론에 이르면서 서로의 보도를 뒷받침한다. 이런 보도들은 - 미국인들로부터 더 나은 대우를 기대했던 - 남한 주민들에게 저지른 미군과 연합군의 심각한 위법행위들에 대한 기록 및 증거들과도 일치했다. 2004년 남한 정부가 설치한 '진실·화해를 위한 과거사 정리 위원회 (이하 진실화해위원회)'는 한국 현대사의 주요 사건들을 조사하기 위해 권위주의 통치가 공식적으로 종료된 1993년에 설립된 정부 기구로, 남한 민간인들을 상대로 미군이 저지른 행위에 관해 보고했다. 유명한 김동춘 교수의 보고서는 남한의 주민들을 향한 미군 병사들의 "뿌리 깊은 인종적 편견"의 직접적 결과로서 만행이 자행되었다며, 다음과 같이 상세하게 기술했다.

> 젊은 군인들은 아시아에 대해 완전히 무지한 채로 한국인과 중국인을 "역사가 없는 민족"으로 간주했다. 그들은 한국인들을 흔히 "국스 (gooks, 아시아인들을 비하하는 표현 - 역자)"라고 불렀다. 이는 제2차 세계대전 중에 태평양 제도의 섬 주민들을 대상으로 사용한 용어였다. 한국전쟁을 겪은 사람들 사이에서, 마을마다 수많은 여성이 종종 남편과 부모 앞에서 강간을 당하기도 했다는 사실은 비밀도 아니었다. 노근리에서는 많은 여성이 강간당한 직후 총살되었다고 알려졌다. 몇몇 목격자들에 따르면, 미군 병사들은 사디스트처럼 마치 소년들이 파리를 갖고 장난치듯 사람들의 생명을 갖고 놀았다.23)

미군이 자행한 학살에서 살아남은 북한 생존자들의 증언은 남한에서 벌어진 학살의 생존자들에게서 따로 수집한 증언과 매우 유사했다. 이는 남북한 생존자들의 주장이 사실에 부합한다는 것을 의미한다.
국제민주변호사협회(International Association of Democratic Lawyers)의 조사위원회도 북한을 점령한 미국 주도 연합군의 행위에 관해 같은 설명을 내놓았다. 신천에서 미군 병사들이 어떤 행동을 했는지 상세히 전한 이야기는 WIDF가 묘사한 내용과 대단히 유사했다. 위원회가 기록한 한 사건은 다음과 같다.

> 채을말의 며느리가 시아버지를 고문하는 미군 병사들을 제지하려 했다. 미군들은 그녀를 나무에 결박하고 가슴을 베어냈고, 생식기에 찔러 넣은 나무 몽둥이에 기름을 붓고 불을 붙였다. 그런 다음, 그 여성의 몸에 기름을 붓고 산 채로 불태웠다. 스무 명 정도의 미군 병사들이 그 살인 행위에 가담했다.[24]

변호사협회의 조사위원회가 낸 보고서는 점령 지역 미군 행위에 관해 이렇게 결론지었다.

> 주민 한 사람 한 사람에게 행해진 고문과 야만적 행위들은 그들이 다녀간 지역 전반에 걸쳐 공통된 양식을 드러내고 있다. 이를 가해자 개개인의 사디스트적 무절제로 넘길 수는 없다. 보고서의 이 챕터에서 언급한 일련의 사건들이 실제로 발생한 모든 사건을 고스란히 입증한다고 보기는 어려울 수도 있다. 하지만 광범위하게 드러난 유사한 사건들의 전형으로서 조사할 필요가 있다는 측면에서 우리 위원회의 이목을 끌었[고, 위원회는 극히 일부만을 사례로 포함했다. 주민들을 상대로 두들겨 패고,

마구 차고, 전기 충격을 주고, 코와 목구멍에 넘치도록 물을 붓고, 신체의 여러 곳을 베어내고 손상시켜 고문[한 이야기들]과 총과 총검으로, 또는 목을 조르거나 폭탄을 터뜨려, 아니면 산 채로 불태우거나 산 채로 파묻어 죽이는 살해 방식들은 소름 끼칠 만큼 상세하게 반복적으로 열거할 수 있었다.[25]

보고서는 더 상세히 기술했다.

> 우리는 위원회의 견해에 따라 의심의 여지 없이 확증되고 규명된 직접적 증거로 증명된 사실들을 진술한 사건에 국한해 기록했다. 엄청난 양의 진술서들이 위원회에 제출되었고, 그중 직접적 증거에 의해 사실이라고 확증할 수 있는 경우에 한정하여 포함했다. 우리는 북한 전역에서 위에서 언급한 것과 유사한 수많은 사건을 조사해 달라는 요청을 받았다. 요청에 응할 수 없었던 이유는 오로지 시간의 제약 때문이었다.[26]

보고서는 이렇게 결론지었다. "광범위하게 일어난 살해 행위들이 각 개인의 무절제에 따른 결과가 아니라는 것이 우리의 관점이다. 미군이 점령한 지역 전반에서 그들의 행동 양식은 일정한 패턴으로 나타나기 때문이다… 위원회는 미군에게 '1948 제노사이드 협약'이 규정한 제노사이드 범죄에서 유죄라는 견해를 취한다." 유엔 제노사이드 협약은 제노사이드를 "국민적, 인종적, 민족적, 또는 종교적 집단을 전부 또는 일부 파괴할 의도로" 행해진 행위들로 규정한다. 여기에는 "전부 또는 부분적으로 육체적 파괴를 초래할 목적으로 의도된 생활조건을 집단에 고의로 과하는 것"이 포함된다. 이 규정은 1951년에 발효되었고, 미국은 북한 지역에서 인구 밀집 지역에 대한 소이탄과 대량파괴무기의 무차별적 사용, 기아를 초래할 목적으로 댐과 농작물의 파괴와 더불어 남한 민간인들에 대한 학살을 자행했다. 코리안 자체가 전쟁의 표적이 되었던 것 같다.

북한인들을 상대로 저지른 미국의 전쟁범죄가 북한의 바깥에서 다루어지는 경우는 드물었지만, 일부 국가의 믿을 만한 다수의 소식통들이 제노사이드 혐의를 제기했다. 서울의 성공회대 교수로 한국의 진실화해위원회 상임위원으로 활동한 김동춘은 2004년 〈제노사이드 연구 저널(Journal of Genocide Research)〉에 실린 논문에서 자신의 연구 결과를 발표했다. 김 교수는 미군이 한국 전쟁 중 제노사이드 범죄를 저질렀다고 결론지으면서, 노근리와 같은 무차별적이고 광범위한 학살을 실행하라는 명령들을 증거로 인용했다. 그 문제에 대한 조사가 거의 없었던 점과 관련하여, 김 교수는 북한에 대한 악마화에 주목하며 이렇게 말했다.

> [북한의 악마화는] 미군과 한국군이 북한을 대적하는 데 사용한 모든 수단을 정당화하는 데 이바지했다. 이것이 바로 학살이나 제노사이드를 다루는 기존 저서나 논문들이 한국 전쟁 사례들을 전혀 포함하지 않은 이유이다. 미군의 위법행위와 한국군의 야만적 행위들을 과감히 거론한 소수의 서방 학자들을 제외하면, 극히 소수의 학자와 기자들만이 미군과 한국군의 "범죄적" 작전에 대한 문제를 제기했을 뿐이다.

서방에는 반공주의 열기가 휘감고 있었고 아시아인들의 생명은 귀하게 여기지 않았기에, 동아시아 주민들을 향한 제노사이드 작전조차 아시아의 공산주의 세력에 맞선 전쟁에서는 다소 용납될 수 있었던 것이다.[27]

캐나다 오타와 대학의 교수이자 연구소장인 미셸 초서도브스키도 마찬가지로 미국이 한국 전쟁 중에 제노사이드를 저질렀다고 결론지었다. 이는 민간인 사망자 수의 심각성과 미군의 폭격 작전이 무차별적이고 극단적으로 펼쳐진 데 기반한 것이다. 초서도브스키는 몇몇 미군 소식통을 인용해 북한 주민들에게 저지른 행위들은 국제법상 제노사이드로 분류될 것이라고 결론지었다.[28] 미국의 패트리샤 하인즈 교수 또한 마찬가지 결론을 내렸다. 미군의 공습 작전을 분석할 때, 미국의 작전은 제노사이드에 해당한다는 것이다.[29] 미군은 벼가 자라는 계절이 막 시작되는 시점에 관개용 댐을 고의로 공격하여 북한 주민들을 기아로 내몰았고, 인구 밀집 지역을 공격할 때 "작전 지역 내 모든 생명체를 섬멸하라"는 명령을 내렸다.

브루스 커밍스 교수는 동아시아학의 권위자이자, 민주주의와 인권, 평화 분야 발전에 이바지한 공로를 기리는 김대중 학술상을 받은 미국인으로서, 북한에서 미군이 보인 행동과 관련해 마찬가지 결론에 도달했다. 커밍스는 1948년에 체결된 유엔 제노사이드 협약과 1948년의 전시 민간인 보호에 관한 적십자 협약을 언급했다. 한국 전쟁 중에 두 협약 모두 전적인 효력이 있었는데도 "어떤 협약도 일말의 영향력도 미치지 못했다"는 것이다. 미국은 한반도에서 그들의 전술, 특히 공습 작전을 통해 두 협약을 모두 위반했다. 그것은 코리아 인민들에 대한 제

노사이드 범죄였다.30)

오늘날 북한의 공식 역사는 그 나라가 겪은 전시 수난을 대부분 미국의 전쟁범죄 탓으로 본다. 이런 범죄들을 저지르는 과정에 미군이 주도적 역할을 했고 모든 연합군 병력이 미군 지휘 아래 있었다는 점을 고려할 때, 미국에 책임을 돌리는 것은 대체로 정당하다. 그러나 연합군에 소속된 다른 군인들도 마찬가지로 전쟁 중에 유사한 행동에 참여했다. 캐나다 군인들은 매우 제한적으로 참전했음에도 불구하고 빈번하게 코리아 민간인들을 죽이고 강간했다. 냉전기 동아시아에서 캐나다가 수행한 역할에 관한 전문가인 빅토리아 대학 존 프라이스 교수의 연구에 따르면, 한반도에서 주민들을 상대로 저지른 야만적 행위들은 "유럽에서 2차 세계대전 중에 나타난 모든 것을 능가할 만큼 엄청났다." 그는 그 차이에 대한 근거로 인종주의를 들었다.31)

영국군 역시 북한 민간인들에게 심각한 전쟁범죄를 저질렀다고 널리 보고되었다. 김춘제의 어머니 김순석은 WIDF 위원회에 증언하면서, 영국군이 마을을 통제한 후 여성들을 모아 성노예로 봉사하게 했다는 말로 이야기를 시작했다.32) 극도로 잔인하게 취급했다는 표현이 담고 있는 사실은 그 여성들 가운데 240명이 죽고 세 명만이 살아남은 것이었다. 사옥리의 박온인은 남편이 삼 형제와 함께 체포되었다고 말했다. 모두 소농이었고 비전투원이었지만 감금된 상태에서 다 사망했다. 박온인은 눈앞에서 미군과 영국군들이 십대 소녀를 강간하고 살해하는 것을 보았다고 말했다. 남편은 나중에 심하게 훼손된 시신으로 발견되었다. 42세 여성 송춘옥 또한 WIDF 위원회와 인터뷰하면서, 아이들을 포함한 온 가족이 살해되었다고 말했다. 당시 미군과 영국군 병사들은 도끼와 칼을 사용했다. "그런 일을 저지른 건 미군들만이 아니었습니다. 영국군 병사들도 있었어요." 그녀는 기억을 떠올려 말했다. "전선으로 갈 겁니다. 가서 한반도 전체가 미국인들로부터 자유로워질 때까지 무슨 일이라도 할 겁니다." 이것이 가족의 살육에 대한 그녀의 대응이었다.[33]

1951년에 체포된 유동제라는 여성은 권추 마을 출신이었다. 비전투원 35,000명이 살해된 마을이었다. 권추 마을 학살은 영국군과 미군 병사들에 의해 저질러졌다. 그녀는 두 나라 군인들 모두 하나같이 "짐승처럼" 행동했다고 말했다. 그들이 무고한 사람들을 강에 던져 넣는 모습을 직접 목격했다고 했다. 군복이 서로 다르다는 것으로 차이를 인식할 수 있을 뿐이었지만 그들의 행동은 완전히 똑같았다. 그녀는 "영국에서는 사람들이 연민의 정을 느끼지 않습니까? 어린아이들을 죽여도 된다고 믿는 겁니까?"라고 물었다.[34] 산천 마을 출신의 14세 소녀 황익수는 미국, 영국, 캐나다 군인들에게 가족 여러 명이 살해되었다고 전했다. 그녀는 체포된 후 군인들이 구타해서 생긴 상처들을 증거로 보여주었다. 이런 기록들은 5년 앞서 영국 군대가 인도네시아에 파견되어 민족주의 세력인 공화국군과 싸우던 당시 또 다른 동아시아 민족들에게 영국인들이 보인 태도에 관한 보고들과 상당히 닮아 있었다.[35]

많은 사람이 서방 주도 질서를 옹호하고, 아시아에서 서방의 계속되는 군사 개입과 서방 군사력에 의한 북한의 "해방"을 지지한다. 그들은 오늘날에도 자칭 "규범에 기반한 질서"의 옹호자들이 설마 그런 식으로 행동할 것이라고는 믿지 않으려 한다. 또한, 전쟁에서는 어떤 집단이라도 그런 식으로 행동하게 되어 있다거나, 야만적 행위와 잔혹 행위는 전쟁의 본성에 내재하는 것이라고 주장하기도 한다. 하지만 그것은 문제의 본질과는 관계가 없다. 가령 북한군과 중국군의 행동을 보자. 영하의 날씨에서 벌어진 전투에서 장비와 보급도 열악한 데다 방한복도 부족한 상태로 더 많은 사상자를 내면서 훨씬 더 큰 고통을 겪었다. 그런데도 그들이 비슷한 행동을 취하지 않았다는 사실은 국제적인 보고서들에서 확인되었다. 군사 전문가들과 심리학자들은 전쟁에서 벌어지는 잔혹 행위들에 대해 적어도 부분적으로는 병사들이 직면하는 결핍과 스트레스의 결과로 여기고, 그런 환경이 외상 후 스트레스 장애(PTSD)로 발전하면 병사들의 범죄와 폭력적 행위가 증가한다고 간주하는 경우가 많다.[36] 하지만 한국전쟁에서 훨씬 더 가혹한 환경에 직면했던 중국군과 북한군 병사들은 그들의 적을 향해서도 민간인들을 향해서도 훨씬 더 나은 행동을 했다. 따라서 미군을 비롯한 서방 군대가 저지른 위법행위에 담긴 심각성의 수준은 전쟁의 불가피한 특질이라고 볼 수 없고, 하물며 그런 이유로 용납될 수도 없다.

미 육군사관학교 심리학자 데이브 그로스만에 따르면, 전쟁에서 사람들이 잔혹 행위를 저지를 수 있게 만드는 가장 중요한 두 가지 요인은 "도덕적 우월감에 대한 강한 믿음"과 적을 인간으로 취급하지 않는 인종적 요인이다. 두 가지 모두 코리아에서 싸운 미군에게 강력하게 적용된다.[37] 잔혹 행위들은 전쟁의 본질에 고유한 것이라기보다는, 오히려 참전한 집단들이 현지 주민을 그들과 어떠한 관계로 인식하는가, 즉 열등하게, 정복당한 대상으로 보는가, 아니면 동등하게 보는가에 달려 있다. 아시아—태평양 지역에서 서방 세력들은 끊임없이 현지 주민들, 특히 제국주의 일본, 북한, 중국, 북베트남과 같은 서방 세력권

밖에 있는 나라의 주민들을 보란 듯이 열등하게 간주해 왔다. 한국전쟁은 그것의 전형을 보여준다. 이는 몇 년 앞서 일본 민간인들을 상대로 보인 행동과 한국전쟁 후 얼마 지나지 않아 베트남 민간인들을 상대로 보인 행동과도 상당히 일치한다. 유사한 유형의 위법행위와 행동 패턴이 이 세 개의 전쟁에서 광범위하게 보고되었다.

양측에서 보인 전쟁포로에 대한 처우

전쟁포로에 대한 처우는 오랫동안 분쟁 당사자들의 윤리성을 보여주는 가장 중요한 지표 중 하나이자 대체적인 특징으로 여겨져 왔고, 상대편을 향한 태도와 인식을 나타낸다. 제네바 협약에 따라, 어떻게 입히고 먹이고 표시하고 관리하고 이송하고 감시하고 조사할지와 관련해 전쟁포로의 신체는 억류한 사회의 문명의 척도를 제시한다. 유명한 러시아 작가이자 철학자인 표도르 도스토옙스키가 말한 대로, "한 사회의 문명의 수준은 감옥에 들어가 보면 판단이 된다."[38] 그리고 이것은 전쟁포로에게도 똑같이 적용된다. 따라서 한국 전쟁에 참전한 당사국들의 성격을 이해하는 데서 전쟁포로에 대한 처우는 매우 중요하다. 동아시아 동맹군에게 억류된 미군 병사들에 대한 처우는 전쟁 초기 단계에서 크게 질이 떨어졌다. 전선이 끊임없이 이동하고 보급선이 무너지거나 때로는 아예 존재하지 않았던 데다, 1950년 9월부터는 조선인민군이 북쪽으로 시급히 후퇴할 수밖에 없었기 때문이다. 전쟁포로 수용소를 설치할 수도 없었다. 이는 전선이 끊임없이 이동하는 가운데 포로들은 그저 군대를 따라 함께 이동했을 뿐이었다는 것을 의미한다. 식량도 미군 포로들뿐 아니라 북한군에게도 부족했다. 따라서 미군 포로 90%로 추정되는 사망자가 전쟁 첫해에 발생했고,[39] 다수가 인민군과 동행했던 길고 추운 행군 길에서 사망했다. 미군의 집중 공습 결과로 북한 지역은 결딴이 났고, 민간인들이 종종 포로들을 공격함으로써 미군을 응징하고 싶어 했다. 민간인들로부터 포로들을 보호하기 위해 조선인민군 병사들이 개입하는 경우가 많았다. 북한의 전진사령부는 "적군 병사들을 전쟁포로로 억류했을 때 그들에 대한 불필요한 살해"를 엄격히 금지한다는 지시를 내리고, "항복한 적군 병사들은 포로로 받아들이게 된다"고 밝혔다.[40]

전직 정보국장이자 맥아더 장군 참모진에서 해병대 정보장교였던 휴딘 기자는 억류된 미군들이 처한 환경에 관한 보도를, "초기 혼돈의 시기 동안, 포로들이 겪은 고난은 북한 군인들과 주민들이 겪은 것보다 나쁘지 않았다. 미군 전투기들이 압록강 바로 남쪽의 마을들을 폭격하고 저공비행 하면서 기총소사할 때 북한 민간인들과 함께 수많은 포로들이 사망했다"[41]는 문장으로 시작했다. 북한군 보고서는 포로들의 생명을 지키는 것과 관련해 모든 병사가 명령을 따르지는 않았다고 말하고 있다. 미군 부대들이 수행한 초토화 작전과 공습 작전, 민간인 학살로 자신들의 땅에 대대적인 파괴가 일어난 것을 지켜본 후에는 특히 그런 행동이 있었다고 기록했다. 1950년 8월 26일 2사단에 하달된 명령은 "아직도 일부 우리 군인들이 항복하러 온 적군들을 살해하고 있다. 따라서 병사들에게 그들을 전쟁포로로 받아들이고 호의적으로 대하도록 지도하는 책임이 각 부대의 정치국에 있다."[42] 여기서 정치국은 군에 대한 정치적 권위를 행사하는 책임을 지고 있으며 군이 국가 정책을 준수하도록 책임지는 조선인민군의 총정치국을 가리킨다.

북한군이 후퇴할 때, 포로들이 후퇴를 크게 지체시키거나 적군 수중으로 되돌아갈 수도 있는 여러 차례의 위기가 있었다. 그럴 경우, 전통적인 군의 관행상 전략적 필요에 따라 포로들을 머리 뒤에서 총을 쏘아 처형하는 경우가 많다. 조선인민군 병사들이 사디스트적 무절제나 불필요한 고통을 초래했다는 기록은 존재하지 않는다. 그러나 포로 처형이 고위급의 명령에 저촉되는 것이었다 해도 군의 하급 단위에서는 저질러지는 전쟁범죄이기도 했다. 그런 식으로 명령에 불복종한 조선인민군 병사들은 매우 제한적이었다. 하지만 처형의 유일한 대안은 후퇴가 지체되어 급속히 추격해오는 미군 손에 죽을 위험을 감수하거나, 아니면 포로를 풀어주고 나서 그 미군 병사들이 자신과 인민 들에 맞서 전쟁에서 싸우는 것을 지켜보게 되는 상황을 감수하는 것이었다.

전쟁이 발발하고 채 일 년이 되지 않아 싸움은 38선을 중심으로 국지화되었고 안전한 포로수용소들이 전선 후방에 빠르게 세워졌다. 미군 포로들의 환경은 급속히 개선되었고, 이 수용소들은 서방 기자들을 포함한 언론에 공개되었다. 미군, 특히 맥아더 장군의 도쿄 사령부가 포로들을 대상으로 "공산주의자들이 저지른 만행"에 대한 보도를 확산시켰다. 하지만 언론이 취재한 결과도, 처형되었다고 알려진 포로들이 충분히 먹고 운동이 허용된 공간에서 미소 짓는 사진도 그런 보도 내용을 강력히 반박했다. 이로써 미국인 기자들 사이에서 심각한 의혹이 일어났고, 전쟁에 대한 지지가 시들해지면서 그런 소문들을 조작한 것이 아닌가 하는 문제가 제기되었다. 적을 악마화함으로써 싸움을 정

당화할 필요성에서 기인한 포로 학살 주장은 실제로 근거 없는 것으로 판명되었다.[43]

영국의 전직 국방참모총장인 육군 원수 리처드 카버 경은 포로들이 처한 환경과 관련해 이렇게 말했다. "비록 '재교육 과정'의 대상이 되기는 했을지라도 중국의 보호 아래 있는 유엔군 포로들은, …미국인들에게 억류된 포로들보다 여러모로 훨씬 더 잘 지냈다. 공산주의자들이 지배하는 수용소의 포로들과 남한인 또는 중국 민족주의자(국민당)들이 지배하는 수용소의 포로 상황도 차이가 나기는 마찬가지였다." 재교육에는 "자본주의의 폐해들"에 관한 공산주의 선전과 수업, 그리고 서방 제국주의 역사가 포함되었다.[44] 당시 중국군과 북한군이 포로들을 살육했다는 증거는 없었다. 포로들이 석방되어 미국으로 돌아가 보고한 내용은 도쿄 사령부가 포로들이 받았다고 주장한 처우와는 매우 달랐다.[45]

미국인 포로들은 중국인 경비요원들이 "술을 마시며 얘기를 나누자"면서 자신들의 막사로 그들을 초대했고, 합동 "즉흥 공연"으로 함께 연주를 즐겼다고 전했다.[46] 미국인 전쟁포로였던 셸턴 포스는 자신이 받은 처우와 관련하여, 자신을 억류했던 북한인들이 "체스를 두고, 미국 노래를 불렀으며… 미국과 북한에 관해 늘 대화를 했다"고 기억했다.[47] 한 미군 포로가 석방에 관한 이야기를 하다가 들려준 중국 수용소의 환경은 다음과 같았다.

> 포로들은 아침 7시에 기상해서 단거리 보행을 하거나 가벼운 건강 체조를 했다. 얼굴과 손을 씻은 다음, 8시에 각 분대의 대표들이 주방에서 적

정한 배급량을 꺼냈다. 음식은 중국인들이 조리했고, 식단은 공산당 병사들에게 제공되는 것과 본질상 같았는데, 사탕수수 종자, 두부, 콩가루, 또는 튀긴 옥수수처럼 단일 항목으로 구성되었고, 크리스마스나 설날 같은 특별한 날에는, 쌀밥과 삶은 돼지고기에 사탕과 땅콩이 포로들에게 제공되었다.48)

미국인 포로들은 "족히 천 권은 넘는" 영문으로 된 도서관에 출입이 허용되었고, 그곳에서 글을 읽고 쓰는 능력을 키우는 수업을 받을 수 있었던 사실을 회상했다.49)
미군 포로 하워드 애덤스는 중국인과 북한인들에게 억류된 포로들이 받은 처우가 연합군에 억류된 사람들보다 훨씬 나았다고 말했다. 그는 잘못된 강화 협상에 관해서도 이야기했고, 중국인과 북한인 포로들에 대한 미군의 광범위한 억압에 대해서도 말했다. 한 인터뷰에서 그는 이렇게 회상했다. "[미군] 포로들은 강화 협상이 시작되었을 때 희망이 솟구쳤다. 우리는 조만간 풀려나겠다고 생각했다. 중국인들 또한 한때는 그렇게 생각하고 우리에게 잔치를 베풀기도 했다. 하지만 미군 측에서 포로를 비롯해 여러 사안에서 말도 안 되는 억지를 부리면서 협상을 너무 오래 질질 끌기만 했다." 이렇게 증언한 애덤스는, 국가를 저버리라는 엄청난 압력을 받으면서 그 결과로 많은 경우 다시는 가족들을 만나지 못하게 될 수도 있었던 적군 포로들에 대한 아군의 처우를 강하게 비판했던 수많은 사람 가운데 한 명이었다(10장을 볼 것.).50)
AP통신은 1953년 4월 12일에 포로들이 처음으로 석방된다는 소식을 전하면서, "공산당의 포로수용소에서 귀환하는 미군 병사들이 오늘 대체로 양호한 처우에 관한 이야기를 했다"고 보도했다. 포로였던 케니언 와그너는 자신이 받은 의료 처치를 크게 칭송하며, "원했던 모든 치료"를 받았다고 말했다. 또 다른 포로였던 상병 시어도어 잭슨 역시 자신과 동료 포로들이 받았던 의료 처지의 질을 칭송했다. "내 생각에, 그들은 자신들이 가진 의술로 할 수 있는 최상의 것을 제대로 해냈다"고 말했다. 영국인 포로였던 아서 헌트는 날마다 환자치료 집합이 있었고, 다양한 질병에 대한 예방 접종이 이루어졌고 포로들의 건강을 잘 돌보았다고 말했다. 또 다른 영국인 포로였던 알버트 호킨스는 자신의 두 발이 약간 감각이 없는 것 같다고 보고했다가 정성 들여 진료를 받았고 비타민 정제를 공급받았다고 말했다. 일병 윌리엄 R. 브록은 포로수용소의 환경이 마음에 들었으며 포로가 부당한 처우를 받는 모습을 본 적이 없다고 말했다. 그리고 수용소를 둘러싼 철조망이 없었고 각자에게 누비이불과 담요가 지급되었으며 집마다 온돌이 있었다고 말했다.51) 미군은 귀환한 포로들의 상태를 점검할 때 포로들의 신체적 건강 상태가 아주 양호하고 사망률이 낮은 것을 보고 크게 놀라워했다. 물론 그들이 놀랐던 것은 "동양인들의 세뇌공작"을 우려하고 있었기 때문이었다.52) 미군 포로들은 중국과 북한 수용소 내 조사실에서 고문이 없었다고 진술했다.53)

미군을 비롯한 연합군이 코리아에서 심각한 전쟁범죄를 저질렀지만, 북한과 중국의 지도부는 포로들을 인도적으로 처우할 준비가 되어 있었고, 그들의 군대에 제공한 것과 똑같은 식량과 위생 설비를 제공했다. 북한군과 중국군의 태도에 비해, 미군을 비롯한 연합군은 북한과 중국인 포로들을 광범위하게 학대했을 뿐 아니라 종종 사디스트적이기도 했다. 그러나 그것은 군사적 필요에 따른 것이 아니었다. 오히려 순전한 방치가 초래한 것이고 때로는 포로들에 대한 인종적 멸시에 기인한 것이었다. 군사 분야를 전문적으로 다루는 탁월한 영국인 작가이자 저널리스트인 맥스 헤이스팅스가 미군 장교들을 인터뷰하면서 깨달은 것이 있었다.

> (미군 장교들은) 공산주의자 포로들을 살려두기가 곤란할 때 그들을 사살한 사실을 잘 알고 있었고, 그 일에 참여한 사실을 인정하기도 했다. 많은 미군 병사들이 북한군 병사들을 인도적 처우를 받을 권리가 있는 같은 처지의 전투원이 아니라 짐승과 다를 바 없이, 그런 식으로 대우해도 된다고 여겼고, 그것이 온당하다고 생각했다.54)

미군 제2 보병 사단의 로버트 윌리엄 버는 그들의 중사가 직접 나서서 십여 명의 포로를 총살한 사건을 떠올렸다. 그는 동아시아인 군인들을 살해하는 것과 관련하여 만연한 태도에 대해 이렇게 말했다. "당시 내가 내 차로 누군가의 개를 치었다면 더 마음 아프게 느꼈을 겁니다."55) 5년 전 태평양 전쟁에서도 매우 유사한 태도를 관찰할 수 있었다. 당시 붙잡힌 포로 숫자가 소수에 그쳤던 것은 미군이 항복하는 일본군 병사들을 쏘아 죽이거나 아니면 조사를 마친 후 죽이는 일이 빈번하게 일어났기 때문이다. 흔히 미군들은 일본인들을 죽이는 일에 대해서도 유럽인 군인들에게는 결코 할 수 없었던, 동물을 죽이는 일과 비교했다.56) 이런 태도는 적군을 인간 이하로 보는 인종적 요인과 인식에 압도적으로 영향을 받은 것이었다. 이것은 항복해 오는 유럽인 적군들에

대한 미국의 처우와 관련하여 그 태도에서 주목할 만한 차이에 집중하는 다수의 연구를 낳았다.57)

거제도에서 중국인과 북한인 포로들은 17만 명이 넘는 사람들을 수용하게 될 거대한 수용소 건설에 강제 동원되었다.58) 서방의 점령에 맞선 저항에는 온 사회의 모든 영역이 연루되었다. 그 결과 한 가족 3대가 함께 투옥되는 상황을 보는 것이 별난 일도 아니었다. 어린이들 또한 상당수가 수용소에 억류되었다.59) 적절한 식량이 배급되지 않아 영양실조로 사망하게 되면서 포로사망률이 매우 높았다.60) 게다가 포로로 붙잡은 후 군인들이 고의로 죽이는 일이 많았다. 포로들은 경비병을 모욕했다거나 단식투쟁을 했다거나 심지어는 노래를 불렀다는 이유로 사살되었다.61) 수용소 공용공간에 모인 50명가량의 여성이 민요와 투쟁가를 부르기 시작했고, 이 행동이 다른 수용소로 급속히 퍼져 나간 사건이 있었다. 경비병들이 그들에게 발포했고, 29명의 사상자가 났다.62) 7월 29일 발생한 또 다른 사건에서는, 군인들이 저항하는 포로들에게 총을 쏘아 세 명이 죽고 네 명이 다쳤다.63) 그러나 이런 일도 포로들의 저항을 가장 야만적으로 진압한 사건이라고 할 수 없었다. 헤이든 보트너 준장의 도착을 기점으로, 소총 한 정도 갖지 않은 채 맨몸으로 저항하는 포로들을 향해 낙하산 부대, 전차, 화염방사기가 배치되었다. 포로들은 미군들에게 독가스로 공격받게 될 것이 예견되자 각자 자신을 보호할 임시변통의 가스마스크를 만들었다. 장군은 학살의 아수라장에 관해 이렇게 말했다. "이 무슨 섬뜩한 광경인가! …여러모로 보아 이곳은 전쟁터다. 참호들, 부상자들, 사망자들, 불탄 건물들, 사람들의 팔다리가 여기저기 널린 천막들까지."64)

포로 학대의 유명한 사례로, 반복적으로 조사를 받고 심하게 구타당해 거의 굶주린 채 독방에 갇혔던 조선인민군 장교 박상형을 들 수 있다. 나중에 박 씨는 벽 대신 철조망 가닥으로만 이루어진 90㎝×180㎝ 크기의 우리에 갇혔다. 주어진 것은 담요 한 장뿐, 신발도 없이 한겨울 석 달 동안 옥외에 방치되었다. 그는 석방 후 이렇게 회고했다. "나는 짐승처럼 살았다. 모든 쓰레기 조각들을 긁어모았다. 마른 풀이나 낟가리, 모든 게 나에게는 보물이었다. 눈에 띄는 모든 것을 옷으로 삼았다. 토끼가 굴을 파듯 땅을 파고, 풀잎 조각들, 지푸라기, 종이, 헌 헝겊으로 내 발을 감쌌다." 박 씨는 응급차의 문이 열려 조선인민군 제복이 보이고, 북한군 장군이 자신을 얼싸안는 순간까지 자신이 송환되리라는 것을 믿지 않았다고 말했다.[65]

일반적인 북한군 포로들의 환경도 잔혹하기는 마찬가지였다. 한 영국군 장교는 미군이 포로들을 "소 떼처럼" 다루었고 그들에게 인종차별을 하며 학대했다고 말했다. 유사하게, 북한군 포로들이 "마치 동물처럼" 미군 수중에서 의학적 실험 대상이 되어야 하는 경우― 심각한 전쟁범죄에 해당한다 ―도 많았다. 제네바 협정 13조와 19조는 포로들에게 그들의 의지에 반하는 의학적 혹은 과학적 실험을 금지했고, 억류하는 세력들은 "수용소의 청결과 건강에 양호한 상태를 보장하고 전염병 예방을 위해 필요한 모든 위생 처치를 해야 한다"고 강조했다. 중국군과 북한군 포로들이 그들을 억류한 이들의 눈에 인간 이하의 지위로 추락해 젊은 외과의들의 실습 대상으로 수술받게 되는 경우도 종종 있었다.[66] 이런 실험에 대해 보고하면서 휴 딘은 이렇게 말했다. "미국인 의사들은, 혹여 양심의 가책을 느꼈더라도, 목적은 의학 지식에 보탬이 되어 더 많은 생명을 구할 수 있게 하기 위한 것이며, 희생자들은 늘 그들에게 바보 같은 아시아인들로, 또 어떤 이들에겐 동물이나 다름없는 열등한 존재들로 상기할 수 있었을 것이다."[67]

실험은 두 개의 큰 군사병원에서 이루어졌다. 부산 포로수용소 인근의 제14 야전병원과 거제도의 제64 야전병원이었다. 실험의 증거는 중국의 신화통신에 의해 확인되었고, 영국 기자 알란 위닝턴과 호주 기자 윌프레드 버쳇에 의해서도 수집되고 분석되었다. 그들의 출처 중 하나는 전후 석방된 북한 의사들이었고, 훗날 인터뷰를 했다. 포로로 붙잡힌 세 명의 북한 의사는 북한인 포로들에게 광범위하게 이루어지는 불필요한 절단에 대해 불만을 제기했다는 이유로 각각 다른 수용소로 이송된 것으로 밝혀졌다. 문제를 제기한 네 번째 의사는 체포된 다음 다시는 소식을 들을 수 없었다. 제14 야전병원 4번 수용소에서 포로 생활을 했던 김용석이라는 의사는 1950년 10월에서 1951년 8월까지 10개월 사이에만 4천 명 넘는 포로들이 사망했고, 그들 대다수가 이질이 원인이었다고 했다. 그는 이렇게 말했다.

> 우리는 천막에서 생활했는데, 환자 두 명이 들것 하나와 담요 하나를 나누어 썼다. 매섭게 추운 날씨였다. 내가 도착한 후 처음 20일간 의학적 치료는 전혀 없었다. 환자들은 들것 위에 그대로 있으라는 지시만을 받았다… 나중에 이질 환자들이 치료를 받기 시작했는데, 질병의 동일한 단계에 있는 환자들이 다양하게 다른 처치를 받았다. 그것은 실험이라고 말할 수밖에 없는 것이었다. 한 그룹은 설파다이아진 정제 8알을 복용하라고 지시받고 또 다른 그룹은 매일 16알, 24알, 32알, 심지어는 48알의

복용 지시를 받았다. 알약과 함께 그들에게 주어진 최대치의 액체는 매일 냉수 두 잔이었고, 환자들은 심하게 앓기 시작했다… 수많은 환자가 기아 부종으로도 고통을 겪고 있었다… 그것이 매우 높은 수치의 설파제 섭취의 효과를 검사하기 위한 실험이었으며, 설파제 중독으로 수많은 환자가 사망한 것은 분명했다.[68]

김 박사는 이어서 말했다. "주혈흡충병[장내 기생충이 일으킨 질병] 환자들은 전혀 치료를 받지 못했고 미국인 의사 베리의 지시 아래 진찰이 이루어졌는데, 베리 박사는 오로지 이 질병의 분포와 부위를 판단하는 데만 관심을 가진 인물이었다." 또 다른 북한인 의사 박추봉은 북한군 포로들을 향한 의료진의 심각한 위법행위에 저항한 후 부산에서 외과 의국 출입이 금지되었다. 그는 운동 부족으로 사지가 경직되거나 막 깁스를 풀고 난 상태에서 사지가 경직된 경우 절단이 이루어진 일들을 들려주었다.[69]

조선인민군 제10사단 병원장이었던 리덕기는 의료과실에 저항했다는 이유로 억류된 후 수술을 위해 보내졌다. 그는 이렇게 회고했다.

그 천막 병원은 바닥에 아무것도 깔려있지 않았다. 환자 스무 명이 최대한 들어갈 수 있을 만큼 꽉 낀 채로 들것 위에 빽빽이 채워져 각 천막으로 들어갔다. 공기 순환이 매우 열악했다. 상시 의료 처치는 이루어지지 않았다… 환자들은 원하는 장소로 가서 용변 욕구를 해결했다. 정제수는 아예 없었다. 만약 우리 전쟁포로 보조 의료진들이 의약품을 너무 자주 요청한다거나, 미국인 의사의 심기가 좋지 않거나 그 환자가 맘에 들지 않는 경우, "소동"을 벌인다며 우리들의 옷을 벗기고 두들겨 패고는 했다. 밤낮으로 두 차례씩 환자들은 발가벗겨져 무기나 "선전물"을 몸에 감추고 있지 않았다는 것을 증명해야 했다.[70]

남한 수용소의 위생 상태는 매우 열악해서 종종 질병이 발생하곤 했다. 주로 이질이었다. 수용소에서 포로들은 당시 높은 수준과는 거리가 멀었던 미연방 교도소의 법정 밀도보다 4배수의 밀집도를 유지한 채, "아시아의 시골뜨기들에게는 적당하다고 간주되는" 조건으로 생활하고 있었다. 영국인 역사가 맥스 헤이스팅스는 "북한인들과 중국인들에 대한 서방의 처우는 그들이 자신들과 같은 사람이 아니라 짐승에 가까울 뿐이라는 깊게 뿌리박힌 확신에 따른 것이었다"[71]고 썼다. 미군에 의해 거제도에 억류된 포로들은 1952년에 쓴 편지에서 자신들의 감금 상태를 이렇게 묘사했다. "거제도는 살아있는 지옥입니다. 이 섬의 해변에는 더 이상 바닷물이 밀려오지 않습니다. 우리의 피눈물만이 밀려올 뿐입니다. 이곳에는 한 모금의 맑은 공기도 없고, 섬 곳곳에 얼얼한 피의 악취가 우리의 콧구멍을 가득 채우고 있습니다."[72] 1951년 1월부터 1952년 8월까지 2,700명의 환자가 감금된 상태로 사망했다. 주로 오래 계속된 굶주림과 의료 처치의 결핍으로 인한 것이었다.[73] 이처럼 심각한 학대의 결과는 전쟁이 끝날 무렵 판문점에서 포로들이 교환되면서 분명해졌다. 이에 대해 휴 딘 기자는 이렇게 보도했다.

판문점에 있는 교환 장소로 미군 응급차들이 상처 입고 병든 포로들을 데려가는 모습은 끔찍한 광경이었다. 대부분 수척했고 너무 많은 사람이 팔다리가 하나 이상 없는 상태였다. 미국의 특파원들은 기자회견장에서 그들의 성난 말들을 들었지만 이를 보도할 만큼 어리석지는 않았다. 첨부한 인터뷰들은 미국인으로서 수치심을 더 확실히 갖게 해주었고 더 속속들이 느끼게 해주었다. 몇 개월간 병원으로 통했던 곳들은 얄팍한 깔개들을 천막 안에 깔아놓은 수준이었다. 체계적인 위생 설비가 거의 혹은 아예 갖춰지지 않았고, 화장실도 드물었고 정수도 되지 않는 상태였다. 젊은 외과의로 이루어진 팀들이 수개월마다 도착해서 몇 개월 근무하고는 교체되었다. 그들은 다른 의료 인력에게는 진료가 금지된 진료실에서 수술을 진행했고, 수많은 절단 수술이 때로는 한 포로에게 대여섯 차례에 걸쳐 이루어지기도 했다. 팔다리 중 한 부위에 거듭된 절단 수술을 실행한 것이다. 기관지염이나 흉막염을 앓고 있는 포로들에게 170회의 가슴절개수술이 실행되었고, 1951년 4월에서 1952년 7월 사이에 살아남은 포로는 37명뿐이었다.[74]

연합군에 억류되어 있을 때 북한인들과 중국인들이 직면했던 끔찍한 환경과 광범위하게 이루어진 학대 행위에 대한 보고들은 미국의학협회에서도 나왔다. 1953년 3~4월호에 실린 두 개의 글에, 거제도에서 급성 아메바성 이질에 걸린 1,408건에 대한 처치가 게재되었다. 처치 대신에 수술이 이루어졌다. 한 그룹의 환자는 처치를 받지 않고 장기 요양, 영양제와 진정제, 수액 교체만 받았다. 그들은 회복될 가망이 없다고 예견된 사람들이었고, 단지 실험을 위한 대조군 역할을 할 뿐이었다. 이들 66명의 환자는 기본적으로 모든 실질적 치료를 거부당했다. 그 외 다섯 집단에는 다섯 종류의 다른 의약품들이 투여량을 다양하게 조정하여 제공되었고, 그 효과가 면밀하게 관찰되었다. 이 방법론은 명백히 치료가 아니라 실험이었다.75)

미국열대의학위생저널에서 낸 보고서도 마찬가지로 중국인과 북한인 환자 포로들을 향한 일차적 관심사가 치료가 아닌 실험이었다는 것을 보여주었다. 거제도에서 발생한 한 전염병은 입원자 19,320명에 9%의 사망률— 1,729명의 죽음 —이라는 높은 수치의 결과를 낳았다. 이것은 "150개의 전염병이 한꺼번에 발생한 사례"로 불렸다. 불가해하게도 이 사실이 4개월 동안 워싱턴에 보고되지 않았다. 처치는 굉장히 다양했고, 같은 질병 1,600건에 18종류의 처치와 투약 일정이 뒤따랐다. 저널에 실린 글에서 이렇게 묘사했다. "남한에서 발발한 전염병의 감염 상황은 매우 중요한 과학적 데이터를 빠르게 축적할 기회를 제공한다는 사실을 또다시 입증한다." 우선 사항은 북한인과 중국인 환자들의 건강과 안녕이 아니라 바로 이것이었던 것 같다.76)

북한의 여성 포로들을 상대로는 별도의 범죄를 저질렀다. 그들은 대체로 남성들과 함께 조선인민군으로 전투에 참여했고, 전쟁포로 가운데 많은 수를 차지했다. 억류한 자들은 학대를 위해 여성들을 특별히 선발했다. 퓰리처상 수상자인 미국인 작가 존 톨런드는 자신이 수행한 연구에서 이것을 그 전쟁의 경향으로 묘사했다. 그가 묘사한 한 사건이다.

> 김경숙이라는 소녀는 미군들이 한 무리의 여성 포로들을 커다란 방에 강제로 몰아넣은 이야기를 들려주었다. 그곳에서 여성들은 발가벗겨졌다.

그런 다음에는 알몸 상태의 북한 남성 포로들을 방으로 억지로 떠밀어 넣었다. "듣자 하니 공산주의자들이 춤추는 걸 좋아한다던데"라고 한 미군이 소리쳤다. "자, 어서! 춤을 추라고!" 그들은 춤추기 시작한 포로들을 향해 총검과 권총을 겨누었고, 그러는 동안 술에 취한 채 시가를 피우며 시끄럽게 웃어대는 미군 장교들이 소녀들의 가슴에 시가를 비벼 끄고 성추행을 저질렀다.77)

포로 교환이 이루어지던 시기에 한반도에 있었던 앨런 위닝턴과 윌프레드 버칫은 양측 포로들의 건강 상태와 포로들이 받았던 처우가 질적으로 현저하게 다르게 나타난 상황을 목격했다. 그들은 고국으로 귀환하는 북한 포로들을 이렇게 묘사했다.

> 실험용 수술로 수족이 흉측하게 절단된 상태를 견디느라 송장처럼 눅눅하고 습한 얼굴들은 초췌했고, 거듭된 강간 시도에 넋을 잃어 멍한 눈을 한 소녀들… 수많은 응급차에 실린 포로들의 절반이 다리가 없었고, 두 다리가 다 없는 경우도 종종 보였다. 미군들은 의족도 없이 두 다리를 잃은 남자들마저 들것이 필요한 환자로 취급하지 않았다. 손발이 절단된 사람들이 너무 많았다. 불과 한 시간 안에 사지가 모두 없는 − 일개 토르소가 되어버린 − 사람들을 여섯 명이나 볼 수 있었다.78)

기자들은 중국과 북한의 수용소에 억류되어 있던 미군들이 받았던 처우와는 현격한 차이를 보이는 모습을 목격했다. 예컨대, 미군 포로들은 경미한 다리 부상에도 들것이 주어졌다.79) 그것은 세계에서 가장 부유한 나라에 억류된 북한인과 중국인 포로들이 전쟁으로 폐허가 된 가난한 동아시아 국가들이 억류한 미국인 포로들보다 훨씬 더 나쁜 처우를 받았다는 것을 보여주고 있었다.

미군 수용소에서 포로들이 참혹한 경험을 했음에도 불구하고, 1950년 10월 맥아더 장군은 트루먼 대통령에게 전쟁포로 처우와 관련해 이렇게 말했다. "포로들은 코리아에서 가장 행복한 코리안들입니다. 그들은 난생처음으로 청결하고 영양이 풍부한 상태가 되었습니다."80) 결국, 만연한 학대와 살해가 있었고, 포로들을 상대로 과학 실험이 행해졌을 뿐만 아니라, 불필요하고 심각한 신체 훼손과 여성 포로들에 대한 성적 학대가 있었다. 또한, 인도적으로 적절한 위생 상태나 환경마저 결핍되어 있었다. 포로들이 고향으로 돌아갈 수 없도록 강압적으로 막은 행위, 북한과 중국으로 귀환할 포로들에게 서방과 동맹을 맺은 동아시아 다른 국가들로 망명을 강요한 행위는 다음 장에서 다룬다.

전쟁범죄의 일관된 특성 :
동아시아 주민들을 향한 서방의 전시 행동의 일반적 경향에 대한 숙고

미군과 연합군이 저지른 전쟁범죄는 오늘날 DPRK 바깥에서는 거의 알려지지 않은 현상으로 남아 있다. 하지만 북한 사람들 사이에서는 바로 그 전쟁범죄가 미국에 관한 인식을 형성하는 데서 결정적 요인이 되었다. 우선, 미국, 캐나다, 남한을 포함한 다수 국가의 여러 전문가와 연구자 들이 제노사이드라 일컫는 전쟁범죄에 대해 이해할 필요가 있다. 그래야만, 1950년부터 이어지는 북한 대외 정책의 동기를 이해할 수 있고, 미국의 군사 개입이 미래 아시아-태평양 지역에, 즉 역내 동맹국과 적국을 불문하고 양쪽의 주민들 모두에게 잠재적으로 어떤 영향을 미칠 것인지 파악할 수 있다. 상호 높은 통일성을 유지해 온 미국, 영국, 호주, 남한과 대부분 서방이 지배하는 국제 위원회들이 낸 보고서를 포함해 수많은 자료들을 통해 입증된 연구 결과는 물론이고, 미국이 개입한 동아시아 내 다른 분쟁들에서 보인 행위에 대한 평가 역시 유사한 경향을 입증하고 있다. 5년 전 일본에서, 그 후 십여 년이 흐른 시점에 베트남에서 미국이 민간인들을 상대로 보인 행동도 마찬가지로 중요한 평가 대상이다. 그것은 38선 양쪽에서 한반도 주민들을 상대로 저지른 만행에 대한 기록과 전언이 동아시아 주민들을 상대로 미국이 수행한 전시 행동의 일반적 경향과 별개가 아니라는 것을 말해준다. 실제로, 미국이 벌인 세 차례의 전쟁에서 모두 공통되게 적을 "인종적으로 위험한 존재"로 비인간화하거나 인간 이하로 묘사했다는 점에서, 그런 잔혹한 행위를 가능하게 한 여러 요인도 세 개의 전쟁에서 공통된 점이었다.

태평양 전쟁과 그에 이어 미국이 일본을 점령한 동안 일본인 병사들과 민간인들을 상대로 보인 행동은 한국 전쟁에서와 매우 흡사했다. 그 시기에 관한 전문가인 정치학 교수 다케마에 에이지는 미군 병사들의 행위에 대해 이렇게 썼다.

> 요코하마와 중국, 그리고 다른 여러 곳에서 군인과 선원 들은 법을 위반하고도 처벌받지 않았다. 강도와 강간 사건, 때로는 살인이 언론에 광범

위하게 보도되었다. 미군 낙하산 부대의 삿포로 착륙과 함께, 난잡한 약탈과 성폭력, 술에 취한 채 벌이는 소동이 뒤를 이었다. 윤간을 비롯한 여타 성적 잔혹 행위들 또한 드물지 않았다.81)

대표적 사례가 1946년 4월 발생했다. 트럭 세 대에 나눠 탄 대략 50명쯤 되는 미군이 오모리 구역에 있는 나카무라 병원을 습격했다. 군인들은 40명 이상의 환자와 37명 이상의 여자 직원을 강간했다. 바로 이틀 전 출산한 여성에게서 아기를 빼앗아 바닥에 던져 죽이고는, 그 여성 또한 강간했다. 여자들을 보호하려던 남자 환자들은 살해되었다.82) 그다음 주에는 미군 수십 명이 나고야 주택 단지의 전화선을 자르고 그곳에서 포획할 수 있었던 – 열 살 소녀와 55세 여성을 포함한 – 모든 여자를 강간했다.83) 그런 행동은 미군 병사들에게만 고유한 것이 아니었다. 호주군도 일본에 파견된 동안 거의 다름없이 처신했다. 한 일본인 목격자가 이렇게 증언했다. "호주 병력은 1946년 초 쿠레(Kure)에 도착하자마자, 그들이 탄 지프로 젊은 여성들을 붙잡아 태워서 산으로 데려간 다음 강간했다. 거의 매일 밤 도와달라는 비명을 들었다." 이런 사건이 비일비재했지만, 서방 점령군들의 탐욕적 행동에 관한 소식은 – 한국에서와 마찬가지로 – 엄격한 검열을 통해 덮였다.84) 일본 여성들의 성노예화와 인신매매 또한 광범위하게 일어났다.85) 이런 사건들은 서방의 군인들이 그들의 지배 아래서 동아시아 주민들을 다루는 방식을 보여주는 광범위한 현상의 대표적 사례였을 뿐이다.

미국의 과학자들과 히로시마와 나가사키에서 수술하던 의사들에게 하달된 명령은 역사가들과 군 장교들 사이에 널리 퍼진 생체 실험을 시사했다.[86] 핵 공격에 따른 희생자들을 대상으로 철저한 연구가 진행되지만, 의사들이 방사선 병의 치유법에 관한 어떤 정보나 어떤 형태의 처치도 제공할 수 없도록 금지했다.[87] 호주 역사가 폴 햄은 이렇게 결론지었다. "요약하자면, 방사능에 노출된 일본 민간인들은 미국의 실험실 쥐 역할을 해야 했다."[88] 또다시, 동아시아 민간인들을 인간 이하로 인식하는 태도야말로 그런 행동을 가능하게 한 핵심 요인이었다. 태평양 전쟁에서 미국의 태도는 한국에서와 현저히 달라서 포로를 억류하려는 의지를 보이지 않았다. 그들은 억류한 일본군 병사 중 다수를 조사 후 비행기에 태워 떨어뜨리는 것을 포함해 다양한 방식으로 살해했다. 이것이 대규모 포로수용소가 존재하지 않았던 상황의 숨은 의미였다.[89] 그러나 미국[90]과 캐나다[91]의 일본계 시민들은 전쟁 동안 강제수용소에 강제로 억류되어야 했던 것은 물론이고, 미국에 억류된 유럽의 나치 독일 전쟁포로들보다도 훨씬 더 열악한 처우를 받았다.[92] 훗날 베트남 전쟁에서도 동아시아 민간인들에게 저지르는 매우 유사한 행동 패턴이 나타났다. 이는 미군이 한반도 주민들에게 저지른 중대한 불법 행위에 관한 보고들에 한층 더 신빙성을 높여준다. 미군 보고서들은 민간인 포로들에 대한 악랄한 고문과 살해가 결코 드문 일이 아니었으며, 주먹, 막대, 방망이, 물, 전기 충격과 같은 방법이 사용되었다는 것을 보여준다.[93] 베트남 여성과 아이들에 대한 강간은 매우 흔했을 뿐 아니라 극도로 가학적이기도 했다. 그 또한 미국의 군사적 승리를 기약할 수 없게 만든 베트남 인민들에게 자신들의 우위를 확고히 하려는 상징적 행위였다. 병이나 소총을 사용해 여성들을 강간하는 경우도 많았다.94) 전직 군인 존 케트윅은 당시 그런 행동이 미군들 사이에서 만연했다고 말하고 대표적 사례를 들려주었다. 케트윅은 "의례(ceremony)"를 목격했고, 그는 그것을 "응징의 방식, 즉 베트남인들을 향한 증오심"이라고 불렀다. 젊은 베트남 여성 세 명이 포획되었을 때, "모두가 원을 그리며 에워싼 채 담뱃불로 여성들을 고문했다… 그들이 한 소녀를 제압했다. 그런 다음 소녀의 두 다리 사이에 소방차 호스를 집어넣고 수도를 틀었다. 체액이 폭파해 우리 얼굴에 튀었다."95) 베트남에서 강간은 너무 흔하게 일어나서 마치 표준 절차처럼 여겨질 정도였다. "우리는 여자들을 강간할 수 있다", "그들을 벌려라", "그들의 생식기에 뾰족한 막대나 총검을 박아라" 같은 지시들이 내려온 사실을 수많은 미군 해병들이 기억했다. 34소대의 한 분대장이 증언한 대로, "그것은 일상사였다… 누구라도 그런 일에 – 최소한 한 번은 – 사로잡힐 수 있다." 군 지휘부가 공식적으로 그런 관행을 승인하지는 않았지만, 사실상 눈감아 줌으로써 사기 진작에 필요하고 전투 수행에 효과적이라고 인정한 것이었다. 강간과 강간 위협이 전략적 차원에서, 즉 포로와 민간인 들로부터 정보를 얻고 "강제로 굴복시키는" 효과적인 방법으로 이루어지기도 했다. 하지만 오락 차원에서도 강간과 위협이 널리 활용되었다.96) 미국의 탐사보도 기자이자 역사가인 닉 털스는 베트남 민간인들에게 저지른 미군의 성범죄가 어느 정도로 심각했는지 보도했다. "그 사건들을 통해 알게 된 것을 정확히 표현할 언어가 나에게는 떠오르지 않는다. 강간이나 윤간이라는 표현조차 성적 가학성의 수위를 전달할 수 없기 때문이다."97)

베트남에서 포로에 대한 처우 또한 한국전쟁 때와 마찬가지였고, 때로는 더 악랄했다. 1968년과 1969년에 국제적십자위원회가 미국이 관리하는 구금시설들을 방문했다. 그들은 그곳에서 전쟁포로와 민간인 억류자들의 몸에 구타당하고 불에 탄 흔적을 확인했고, 전기 고문을 비롯해 여타 학대 행위에 시달리고 있다는 것을 파악했다.98) 일부 포로들은 조선인민군 장교 박상형의 경우와 유사하게 철조망을 둘러친 작은 "소 우리(cow cages)"에 갇혀 있었다. 다른 이들은 육체와 정신에 동시에 고통을 가하는 "스트레스 포지션(stress position, 고문 대상이 신체 일부만 이용해 몸을 지탱하도록 하는 방식의 고문―역자)"에 시달렸다. 또 다른 학대 사례로, 고의로 포로들을 전염병을 앓고 있는 다른 포로들과 함께 가두어 두거나, 포로들의 양팔을 완전히 뻗어 양손을 머리 위로 올리게 한 다음 두 발이 거의 바닥에 닿지 않도록 사슬에 매달아두기도 했다. 물을 가득 채운 커다란 드럼통 안에 포로들을 넣어 두기도 했는데, 이때는 통을 맹렬하게 두들겨 안으로는 내상을 입지만 신체에는 상처가 남지 않도록 했다. 미국의 필리핀 침공 때 유래한 보편적 고문 기술인 "물 먹이는 고문"도 널리 사용되었다.99) 역사가 닉 털스는 미국의 베트남 포로들에 대한 처우에 관해 이렇게 썼다. "일부 포로들은 손톱을 뽑히거나, 손톱 밑으로 핀이나 대나무 조각을 넣거나, 손가락을 으스러뜨리거나, 손가락 전부를 잘리기도 했다. 다른 포로들은 칼에 찔리고 목이 졸리고 담배 지짐을 당하거나 곤봉, 방망이, 몽둥이, 대나무 도리깨, 야구방망이를 비롯한 온갖 물건들로 구타당했다. 수많은 포로가 살해 협박을 받았고 심지어 가짜 처형을 당하기도 했다. 이처럼 일상으로 자행되는 고문은 정신을 파괴하기 위해 고안된 대규모 구금이라는 더 큰 시스템의 일부였다."100)

미국과 서방이 한국전쟁 당시 저지른 행위를 보도한 다양한 기록들에서 일관된 패턴이 나타나고, 베트남전에서 확인된 이런 사례들이 일관성을 보완한다. 그리고 서방이 수십 년에 걸쳐 아시아 지역에 세력을 뻗치려고 시도할 때 서방 군인들이 동아시아 민간인들에게 저지른 유사한 행동에서 보이는 일정한 경향이 일관성을 완성한다. 세 가지 전쟁에서 모두 나오는 이야기들은 매우 일관되어 있다. 베트남과 일본에서 보인 미군의 행동은 여기서 여러 사례로 제시했지만, 유사한 경향을 보여주는 다른 사례들이 더 존재한다. 인도네시아에서 영국과 네덜란드가 보인 행동,101) 필리핀에서 드러난 미국의 행동,102) 그리고 어쩌면 무엇보다 가장 최악이라고 할 만한 베트남에서 프랑스가 보인 행동103)이 있다. 이 전쟁들에서 나타난 악랄함은 나중에 한반도의 주민들을 향해 저지른 것과 마찬가지였고, 많은 경우 그것을 훨씬 능가했다. 이것은 또다시 서방 군대들이 동아시아 주민들을 상대로 저지른 극단적인 전시 만행이 아주 오래되고 매우 일관된 추세를 보인다는 것을 말해준다.

서방이 아시아에서 저지른 전쟁범죄에서 나타난 일관된 측면을 더 큰 경향성 안에서 평가하는 일은 이루어지지 않고 있다. 아마도 그런 이유로, 서방 주도 질서를 옹호하는 이들은 코리아의 민간인들에게 저지른 만행이 "김씨 정권의 조작"이라고 거듭 고집할 수 있었을 것이다. 그것은 "적"국으로부터 나온 주장들은 신뢰할 수 없으며 서방의 개입주의는 궁극적으로 의심의 여지 없는 박애적 힘이라는 것을 전제로 한다. 다수 국제 위원회들에서부터 남한 정부의 위원회, 서방 기자들, 서방과 남한 학자들에 의한 수많은 연구와 더불어 북한에서 자체적으로 내놓은 보고들에 이르기까지, 모든 방면에서 나온 광범위하고 다양한 보고서들이 똑같은 그림을 그려내고 있다. 이 사실이야말로 그들의 혐의들을 일축할 수 없게 한다.

1. De Haan, Francisca, The Women's International Democratic Federation (WIDF): History, Main Agenda, and Contributions, 1945–1991, Women and Social Movements, International-1840 to Present, Central European University, 2012.
2. We Accuse: Report of the Committee of the Women's International Democratic Federation in Korea, May 16–7, 1951, Berlin, Women's International Democratic Forum, 1951.
3. Ibid.
4. 'Sinchon Accuses the U.S. Barbarians,' 2002, Pyongyang Cultural Preservation Center. Also see records at Sinchon's Museum of American War Atrocities.
5. Hanley, Charles J. and Choe, Sang Hun, and Mendoza, Martha, The Bridge at No Gun Ri: A Hidden Nightmare from the Korean War, New York, Henry Holt and Company, 2001 (pp. 195–196). Cumings, Bruce, The Korean War: A History, New York, Modern Library, 2010 (pp. 168, 181). The Times (UK), December 18, 21 and 22, 1950.
6. Brown, Sarah, 'Pleading the Fifth,' BBC News, February 5, 2002.
7. Kim, Monica, 'Brainwashed,' Foreign Policy, February 18, 2019.
8. We Accuse: Report of the Committee of the Women's International Democratic Federation in Korea, May 16–7, 1951, Berlin, Women's International Democratic Forum, 1951.
9. Ibid..
10. Report on U.S. Crimes in Korea, Commission of International Association of Democratic Lawyers, March 31, 1952 (p. 20).
11. Ibid. (p. 18).
12. Ibid. (pp. 19, 20).
13. 'Sinchon Accuses the U.S. Barbarians,' 2002, Pyongyang Cultural Preservation Center. Also see records at Sinchon's Museum of American War Atrocities.
14. Winnington, Alan, Breakfast with Mao: Memoirs of a Foreign Correspondent, London, Lawrence and Wishart, 1986 128). Cumings, Bruce, The Korean War: A History, New York, Modern Library, 2010 (p. 84). Parrott, Lindesay, 'Peiking Radio is Busy,' New York Times, October 12, 1951.
15. Fromson, Murray, 'Parallels in Crisis,' Saturday Review, June 1, 1968 (p. 29).
16. 'Mouthpiece for the Reds: The Strange Role of Wilfred Burchett,' U.S. News and World Report, February 27, 1967 (pp. 19–20).
17. Burchett, Wilfred, At the Barricades, London, Quartet Books, 1971 (pp. 274–79). (In the introduction to the book, Harrison Salisbury described Burchett as a 'well-informed, useful source and a warm and decent friend.')
18. Winnington, Alan, and Burchett, Wilfred, Plain Perfidy, The Plot to Wreck the Korea Peace, Britain-China Friendship Association, 1954 (pp. 69, 71).
19. Ibid. (pp. 69, 71).
20. Ibid. (pp. 71, 72).
21. Jenks, John, 'The Enemy Within: Journalism, the State and the Limits of Dissent in Cold War Britain, 1950–951,' American Journalism, vol. 18, no. 1, winter, 2001.
22. Carter, Dave, and Clifton, Robin, War and Cold War in American Foreign Policy, 1942–1962, London, Palgrave Macmillan, 2002 (pp. 159–160).

23. Kim, Dong-Choon, 'Forgotten war, forgotten massacres—he Korean War (1950–953) as licensed mass killings,' Journal of Genocide Research, vol. 6, issue 4, December 2004 (pp. 523–544).

24. Report on U.S. Crimes in Korea, Commission of International Association of Democratic Lawyers, March 31, 1952 (p. 18).

25. Ibid. (p. 21).

26. Ibid. (p. 21).

27. Kim, Dong-Choon, 'Forgotten war, forgotten massacres—he Korean War (1950–953) as licensed mass killings,' Journal of Genocide Research, vol. 6, issue 4, December 2004 (pp. 523–544).

28. Chossudovsky, Michael, Presentation to the Japanese Foreign Correspondents Club on U.S. Aggression against the People of Korea, Tokyo, August 1, 2013 (https://offguardian.org/2017/05/08/video-u-s-crimes-of-genocide-againstkorea/).

29. Hynes, Patricia, 'The Korean War: Forgotten, Unknown and Unfinished,' Truthout, July 12, 2013.

30. Cumings, Bruce, The Korean War: A History, New York, Modern Library, 2010 (p. 154).

31. Denney, Steven, 'Speaking the Truth to Power: Canadian War Crimes in Korea,' The Diplomat, November 3, 2014.

32. We Accuse: Report of the Committee of the Women's International Democratic Federation in Korea, May 16–7, 1951, Berlin, Women's International Democratic Forum, 1951.

33. Ibid.

34. Ibid.

35. McMillan, Richard, The British Occupation of Indonesia: 1945–1946: Britain, The Netherlands and the Indonesian Revolution, London, Royal Asiatic Society Books, 2005 (pp. 73–75).

36. Morris, David J., 'War Is Hell, and the Hell Rubs Off,' Slate, April 17, 2014. Green, Bonnie L., Trauma Interventions in War and Peace: Prevention, Practice, and Policy, New York, Springer, 2003 (pp. 274–275).

37. Alvarez, Alex, Governments, Citizens, and Genocide: A Comparative and Interdisciplinary Approach, Bloomington, Indiana University Press, 2001 (p. 15).

38. Pahomov, Larissa, 'Building a Collective Understanding of Prisons,' The English Journal, vol. 102, no. 4, March 2013 (pp. 38–44).

39. Hastings, Max, The Korean War, New York, Simon and Schuster, 1987 (p. 298).

40. Ibid. (p. 298).

41. Ibid. (p. 298).

42. Cumings, Bruce, Origins of the Korean War: Liberation and the Emergence of Separate Regimes, 1945–1947, Vol. 1, Yeogsabipyeongsa Publishing, 2004 (pp. 702–703).

43. Stone, I. F., Hidden History of the Korean War, Amazon Media, 2014 (Chapter 45: Atrocities to the Rescue) and (Chapter 46: Weird Statistics).

44. Deane, Hugh, The Korean War, 1945–1953, San Francisco, CA, China Books and Periodicals, 1999 (p. 164).

45. Stone, I. F., Hidden History of the Korean War, Amazon Media, 2014 (Chapter 45: Atrocities to the Rescue) and (Chapter 46: Weird Statistics).

46 Sayre, George, 950774-RECAP-K, Intelligence Document File, Assistant Chief of Staff, G-2, Intelligence, Box 1025, RG 0319 Army Staff, NARA, College Park, Maryland.

47 Kim, Monica, The Interrogation Rooms of the Korean War: The Untold History, Princeton, NJ, Princeton University Press, 2019. (p. 330).

48 Paschall, Rod, Witness to War: Korea, New York, Perigee Trade, 1995 (p. 173).

49 Adams, Clarence, An American Dream: The Life of an African American Soldier and POW Who Spent Twelve Years in Communist China, Amherst, University of Massachusetts Press, 2007, (p. 56).

50 Deane, Hugh, Good Deeds & Gunboats, San Francisco, CA, China Books & Periodicals, 1990 (Chapter 22).

51 Winnington, Alan, and Burchett, Wilfred, Plain Perfidy, The Plot to Wreck the Korea Peace, Britain-China Friendship Association, 1954 (p. 19).

52 Mayer, William E., Beyond the Call: Memoirs of a Medical Visionary, Volume 1, Albuquerque, Mayer Publishing Group International, 2009 (p. 350).

53 Kim, Monica, The Interrogation Rooms of the Korean War: The Untold History, Princeton, NJ, Princeton University Press, 2019. (p. 338).

54 Deane, Hugh, The Korean War, 1945–1953, San Francisco, CA, China Books and Periodicals, 1999 (p. 166).

55 Burr, Robert William, [2nd Inf div. 38th inf. Reg, 2nd battalion, Company E], Korean War Veterans' Survey Questionnaire, Military History Institute Archives, Carlisle, Pennsylvania.

56 Glenn Gray, Jesse, The Warriors, Reflections of Men in Battle, Winnipeg, Bison Books, 1998 (p. 150). Munro, Victoria, Hate Crime in the Media, A History, Santa Barbara, CA, Praeger, 2014 (pp. 42–43).

57 Fenton, Ben, 'American Troops Murdered Japanese Pows,' The Telegraph August 6, 2005.Munro, Victoria, Hate Crime in the Media, A History, Santa Barbara, CA, Praeger, 2014 (p. 44). Krammer, Arnold, 'Japanese Prisoners of War in America,' Pacific Historical Review, vol. 52, no. 1, 1983 (p. 70). Hastings, Max, Nemesis: The Battle for Japan, New York, Harper Perennial, 2008 (pp. 173–174).

58 Reports by Bieri May 29 to June 9, 1951, Transmission des rapports de visites de camps aux Nations Unies, aux Etats-Unis et a la Coree-du-Nord, 16/01/1951—12/05/1952, B AG 210056-21, Archive of the International Committee of the Red Cross.

59 Kim, Monica, The Interrogation Rooms of the Korean War: The Untold History, Princeton, NJ, Princeton University Press, 2019 (p. 93).

60 Ibid. (p. 87).

61 Ibid. (pp. 112–115). Case file #104, Box 5, POW Incident Investigation Case Files, 1950–53, Office of the Provost Marshal, Office of the Assistant Chief of Staff, G-1, Headquarter, U.S. Army Forces, Far East, 1952–57, Record Group 554, NARA, College Park, Maryland.

62 Kim, Monica, The Interrogation Rooms of the Korean War: The Untold History, Princeton, NJ, Princeton University Press, 2019. (pp. 83–84).

63 Case File #40, Box 2, POW Incident Investigation Case Files, 1950–53, Office of the Provost Marshal, Office of the Assistant Chief of Staff, G-1, Headquarter, U.S. Army Forces, Far East, 1952–57, Record Group 554, NARA, College Park, Maryland.

64 Typed unpublished manuscript, Box 7, Haydon Boatner Collection, Hoover Institution Archives. Kim, Monica, The Interrogation Rooms of the Korean War: The Untold History, Princeton, NJ, Princeton University Press, 2019 (pp. 204–205).

65 Deane, Hugh, The Korean War, 1945–1953, San Francisco, CA, China Books and Periodicals, 1999 (p. 166).

66 Williams, Peter, and Wallace, David, Unit 731; Japan's Secret Biological Warfare in World War II, The Free Press (British edn.), 1989 (pp. 385–387). Winnington, Alan, and Burchett, Wilfred, Plain Perfidy, The Plot to Wreck the Korea Peace, Britain-China Friendship Association, 1954 (Chapter 10).

67 Deane, Hugh, The Korean War, 1945–1953, San Francisco, CA, China Books and Periodicals, 1999 (p. 176).

68 Ibid. (p. 177).

69 Ibid. (p. 177).

70 Ibid. (p. 178).

71 Hastings, Max, The Korean War, New York, Simon and Schuster, 1987 (Chapter 17: The Pursuit of Peace, Part 1, Kojedo).

72 Deane, Hugh, The Korean War, 1945–1953, San Francisco, CA, China Books and Periodicals, 1999 (p. 166).

73 Ibid. (p. 178).

74 Ibid. (p. 178).

75 Ibid. (p. 176).

76 Ibid. (p. 176).

77 Toland, John, In Mortal Combat: Korea, 1950–1953, New York, William Morrow & Co., 1991.

78 Winnington, Alan, and Burchett, Wilfred, Plain Perfidy, The Plot to Wreck the Korea Peace, Britain-China Friendship Association, 1954 (p. 9).

79 Ibid. (p. 19).

80 Substance of Statements Made at Wake Island Conference on 15 October 1950, compiled by General of the Army Omar N. Bradley, Chairman of the Joint Chiefs of Staff.

81 Takemae, Eiji, Allied Occupation of Japan, New York, Continuum International Publishing Group Ltd., 2002 (p. 67).

82 Tanaka, Yuki and Tanaka, Toshiyuki, Japan's Comfort Women: Sexual Slavery and Prostitution During World War II, Abingdon, Routledge, 2003 (p. 163).

83 Ibid. (p. 163).

84 Takemae, Eiji and Ricketts, Robert Inside GHQ: The Allied Occupation of Japan and Its Legacy, New York, Continuum International, 2003 (p. 67).

85 Tanaka, Yuki, Japan's Comfort Women: Sexual Slavery and Prostitution During World War II and the U.S. Occupation, London, Routledge, 2002 (pp. 138–147).

86 Alperovitz, Gar, 'The War Was Won Before Hiroshima—nd the Generals Who Dropped the Bomb Knew It,' The Nation, August 6, 2015.

87 Ham, Paul, Hiroshima Nagasaki: The Real Story of the Atomic Bombings and their Aftermath, New York, Doubleday, 2012 (pp. 436, 447).

88 Ibid. (p. 436).

89 Munro, Victoria, Hate Crime in the Media, A History, Santa Barbara, CA, Praeger, 2014 (p. 44).

Hastings, Max, Nemesis: The Battle for Japan, New York, Harper Perennial, 2008 (pp. 173–174). Krammer, Arnold, 'Japanese Prisoners of War in America,' Pacific Historical Review, vol. 52, no. 1, 1983 (p. 70).

90 'The Trauma of Internment,' Washington Post, June 25, 2018. Leigh-Brown, Patricia, 'Life in a Japanese Internment Camp, Via the Diary of a Young Man,' New York Times, December 1, 2015.

91 James, Kevin, Seeking specificity in the universal: a memorial for the Japanese Canadians interned during the Second World War, Nova Scotia, Dalhousie University, 2008 (p. 22).

92 Gilligan, Heather, 'Even Nazi prisoners of war in Texas were shocked at how black people were treated in the South,' Timeline, October 26, 2017. Svan, Jennnifer H. and Kloeckner, Marcus, 'German POW asks: "Why did America give their young men for us?,"' Stars and Stripes, May 26, 2019.

93 Turse, Nick, and Nelson, Deborah, 'Civilian Killings Went Unpunished,' Los Angeles Times, August 6, 2006.

94 Denvir, Daniel, 'The Secret History of the Vietnam War,' Interview with Nick Turse, Vice News, April 17, 2015.

95 Kendall, Bridget, The Cold War; A New Oral History of Life Between East and West, London, BBC Books, 2017 (p. 305).

96 Meger, Sarah, Rape Loot Pillage: The Political Economy of Sexual Violence in Armed Conflict, Oxford, Oxford University Press, 2016 (pp. 60–61). Askin, Kelley Dawn, War Crimes Against Women: Prosecution in International War Crimes Tribunals, The Hague, Kluwer Law International, 1997 (p. 50).

97 Denvir, Daniel, 'The Secret History of the Vietnam War,' Interview with Nick Turse, Vice News, April 17, 2015.

98 Greiner, Bernd, War Without Fronts: The USA in Vietnam, London, Bodley Head, 2009 (p.78). Leslie, Jacques, The Mark, New York, Four Walls Eight Windows, 1995, (pp. 166–167, 174).

99 Valentine, Douglas, The Phoenix Program, New York, Morrow, 1990 (p. 310). Civilian Casualty, Social Welfare and Refugee Problems in South Vietnam, Part 1, Hearings before the Subcommittee on Refugees and Escapees, Senate Judiciary Committee, June 24–25, 1969 (pp. 102–103). Kelly, James, Casting Alpha: Amtracs in Vietnam, Bloomington, 1st Book, 2002 (p. 71). Indochina Peace Campaign, Women Under Torture, Santa Monica, The Campaign, 1973 (p.19). Schanberg, Sydney, 'Saigon Torture in Jails Reported,' New York Times, August 12, 1972.

100 Turse, Nick, Kill Everything That Moves: The Real American War in Vietnam, London, Picador, 2014 (p. 178).

101 McMillan, Richard, The British Occupation of Indonesia: 1945–1946: Britain, The Netherlands and the Indonesian Revolution, London, Royal Asiatic Society Books, 2005 (pp. 73–75). Pisani, Elizabeth, Indonesia Etc.: Exploring the Improbable Nation, London, Granta Books, 2014 (p. 17). Hanna, Willard A., Indonesian Banda: Colonialism and its Aftermath in the Nutmeg Islands, Philadelphia, PA, Institute for the Study of Human Issues, 1991 (p. 55).

102 Simons, Geoff, The Vietnam Syndrome: Impact on U.S. Foreign Policy, Abingdon, Palgrave Macmillan, 1998 (p. 125). Ash, Chris, Kruger, Kommandos & Kak: Debunking the Myths of The Boer War, Pinetown, 30 Degrees South Publishers, 2014 (p. 321). Welman, Frans, Face of the New Peoples Army of the Philippines: Volume Two, Bangkok, Booksmango, 2012 (pp. 137, 139).

103 Rydstrom, Helle, 'Politics of colonial violence: Gendered atrocities in French occupied Vietnam,' European Journal of Women's Studies, vol. 22 (pp. 191–207).

8장
전쟁 종결 :
최대 압박과 미국에 준 혹독한 교훈

협상 과정 : 비정상적 협상 조건과 국제법 위반

한국전쟁에서 공개적 적대행위를 끝내기 위한 협상 과정과 그 과정을 둘러싼 환경은 북−미 관계에 오래도록 충격으로 남게 되었고, 21세기에도 계속 평양의 전략 계획 수립에 철저하게 영향을 미치고 있다. 미국은 협상 과정에서 여러모로 유리한 입장을 차지함으로써 이익을 취했다. 특히 적의 사회기반시설과 인구 밀집 지역을 폭격할 수 있는 우월한 능력과 경제적으로 유리한 입지에서 전쟁에 계속 매진할 수 있는 능력이 있었다. 또한, 중국과 북한의 주민들에게 더 큰 고통을 가할 수 있는 확전이라는 폭넓은 선택권도 있었다. 그중 마지막 이점은 미국의 권력투영 자산들과 해외 주둔 기지들, 대량파괴무기들을 이용할 수 있는 능력에서 나왔다. 그에 비해 북한과 중국은 전쟁으로 경제가 파괴되었을뿐더러 전쟁 활동을 계속 유지할 수 없는 형편에 처해 있었다. 또한, 양국의 군대는 미국 본토는 물론이고 일본이나 부산처럼 근접한 표적들을 위협할 능력조차 갖추지 못했다. 그리하여, 이처럼 권력투영(power projection) 능력에서 나타나는 격차가 휴전 협상에 갖는 함의는 헤아릴 수 없을 정도였다. 미국이 협상이 진행되는 동안 더 큰 힘을 행사할 수 있게 되면서, 전쟁을 끝내기 위한 협상의 최종 합의 조건이 서방 진영에 현저하게 유리했다.

1951년 3월 미군 지도부 사이에서는 38선을 넘어 공세에 나서자는 요구가 다시 나오기 시작했다. 목표는 새로운 전선, 즉 평양-원산 라인을 정착시키자는 것이었다. 그렇게 되면 인구 85%와 북한의 식량 비축분 대부분이 서방의 통제 아래 들어가게 될 것이었다.[1] 그보다 덜 야심적인 "캔자스 라인"을 향해 진격한다면 38선 너머로 전선을 밀어붙인 다음, 원산 라인에 이르기 위한 추가 공세를 벌일 수 있었다. 이 진격은 "러기드 작전(Operaion Rugged)"이라는 이름으로 1951년 4월 시작되어 9일간의 전투 끝에 연합군이 목표 달성에 성공함으로써, 국경선을 넘어 북한 영토 안에 싸움의 새 전선을 확립했다. 연합군은 4월 11일 38선 이북 15~30km 북쪽 지점으로 더 나아가 "유타 라인"을 형성하는 "돈틀리스 작전(Operation Dauntless)"에 연달아 착수했다. 미국 주도 연합군은 초반 성과를 거두면서 2주에 걸쳐 북한 영토 내로 공세에 나설 수 있었다. 그러나 곧 조선인민군과 중국인민지원군(PVA, Chinese People's Voluntary Army)의 효과적인 반격으로 전세가 뒤집혔다. "춘계 공세(Spring Offensive)"로 알려진 이 공격은 연합군을 다시 38선으로 밀어붙였다. 하지만 그 승리의 대가는 연합군의 완패를 현실화할 가능성은 없다는 사실을 재차 확인시켜 주었다. 그것은 자원에서 격차가 연합군에 유리하게 작용하고 있고 새로 부임한 최고사령관 매튜 리지웨이가 매우 집요하다는 사실과 함께, 무엇보다 조선인민군와 인민지원군의 병참 상태가 극도의 한계 상황에 봉착했기 때문이었다. 동아시아 동맹군이 평양 남쪽 지역에 대한 제공권을 다툴 수 없다는 점도 또 하나의 중대한 난관이었고, 그로 인한 병력과 공급선에 대한 집중 공격이 전선에 압박이 되었다. 춘계 공세는 남은 전쟁 중 동아시아 동맹군이 벌인 마지막 대규모 공세였다. 그로부터 중국과 북한은 외교적 해법을 강력하게 추진하게 된다. 그러는 한편, 대체로 38선을 따라 진지를 요새화함으로써 연합군이 방어벽을 뚫고 북한 영토로 다시 밀어붙이려는 시도를 거듭 좌절시켜 교착상태에 묶어두었다. 중국인민지원군과 조선인민군이 38선을 따라 구축한 진지에 새롭게 설치한 총좌들은 핵 공격으로도 뚫을 수 없을 지경이 되었다.[2]

대체로 38선을 따라 교착상태가 이루어지자, 양측이 협상 테이블에 앉을 수밖에 없었다. 처음에 연합군은 휴전협정 요청을 선뜻 받아들였다. 6월 첫 주에 국무장관 애치슨과 유엔 사무총장 리(Lie)는 대체로 38선을 따라 휴전이 이루어지는 것을 선호한다고 밝혔다. 중국과 북한 역시 두 코리아의 분계선 양쪽에 소규모의 중립지대를 둔 38선으로 휴전선을 복원하고자 했다. 베이징은 조속한 전쟁 종결을 독려하고자, 적대행위의 종식에 유엔의 승인 요구를 고집하지 않겠다는 점을 분명히 했다.[3] 소련은 모스크바에서 미 대사 알란 굿리치 커크에게 휴전협정은 정치적 혹은 영토적 사안들을 포함하지 않아야 하며 오로지 군사적인 합의여야 한다고 전하면서 6월 23일에 전쟁을 끝낸다는 구상에 동의한다는 의사를 표명했다.[4]

6월 29일 미 합동참모본부는 최고사령관 리지웨이에게 휴전 조건에 대해 권고했다. 폭 20마일의 비무장지대가 만들어져야 한다는 것, 일대일 교체를 제외하고는 어떠한 증강병력과 전쟁물자도 한반도로 들여와서는 안 된다는 것, 포로도 일대일 방식으로 교환된다는 것이었다. 이것은 동아시아 동맹군들보다 훨씬 많은 숫자의 포로를 억류 중인 미군과 연합군에게 유리한 것이었다. 처음에 미군은 덴마크 함선에서 협상을 개최하기를 원했다. 그런데 이 전쟁에서 유럽 참전국의 일원이자 NATO 회원국인 덴마크가 중립지대로 여겨질 수는 없었다. 그리하여 옛 고려의 수도였고 38선에서 10km 내에 자리 잡은 개성에서 협상을 열기로 합의했다. 미군은 회담 개시를 선뜻 받아들이는 것처럼 보였지만, 협상이 진행되는 동안 적대행위를 중지하자는 제안은 단호히 거부했다. 당시 서방 세력은 끊임없이 공습과 해상봉쇄를 이어가고 있었다. 따라서 그들은 이를 해제하는 경우 중국과 북한에 만회할 시간을 주게 되고 대규모 공급물자를 허용하게 될 것을 우려했다.

1951년 7월 10일 대표단이 처음으로 만났다. 미국은 당시 어떻게 하면 북한과 중국 양국에 대해 계속 승인을 거부하면서 동시에 협상할 수 있을 것인가 하는 문제로 딜레마에 봉착했다. 이에 미국은 외교관이나 정치가가 아니라 "현장의 군사령관들"에게 협상의 임무를 위임하기로 했다. 따라서 판문점에 세워진 천막들이 군과 정치권으로 분리되었다. 국무장관 딘 애치슨은 이렇게 말했다. "현장의 군사령관들을 통한 군사 회담을 주장하는 견해가 다음의 이유로 강했다. 우선, 중국과 북한은 모두 미국이 승인한 공식적 실체가 아니었다."[5]

유엔 대표단은 모두 미국인들이었다. 동아시아 동맹국 대표단은 북한 부수상이자 참모총장인 남일이 이끌었고, 정무 담당 장교이자 팽더화이 장군의 참모총장인 중국군 소장 시에 팡이 밀착 지원했다. 양측 군대가 38선으로 철수하고, 한반도에서 모든 외국 군대가 철수해야 하며, 20마일의 비무장지대를 설치하자고 요구한 남일 장군의 최초 제안은 미국에 의해 단호히 거부되었다.

다가올 2년간의 협상 과정은 다른 모든 것을 뛰어넘는 단 한 가지 요인에 좌우될 것이었다. 그것은 바로 자신들은 상대적으로 피해를 입지 않으면서 중국과 북한 인민에게 엄청난 고통과 고난을 초래할 수 있는 서방 진영의 능력이었다. 그리고 이것은 주로 북한 영토에 대해 계속되는 집중 폭격과 포격의 형태로 나타났다. 하루 평균 사망자 수는 50년 후 미국을 겨냥한 9·11 공격의 사망자 수에 필적했고,[6] 물자와 인력에서 막 내전을 마친 중국 경제에 유지 불가능할 정도의 대규모 손실을 끼쳤다. 신생 중화인민공화국은 1951년에 모든 정부 지출의 절반을 군비에 할당할 수밖에 없었고, 이는 엄청난 부담을 초래했다.[7] 지난 십 년간의 전시 피해 정도와 성장 촉진에 정부 지출이 필수적인 신생 공화국의 국가 주도 경제 모델을 보더라도, 민간 경제를 위한 자금 지원 부족은 특히 치명적이었다. 전쟁으로 피폐해진 나라는 서방 세력의 광범위한 동맹에 맞서 본격적인 전투를 치를 형편이 아니었다. 따라서 중국은 자신들의 국경이 위협받고서야 참전한 것이었다.

그처럼 압박을 받는 가운데, 동아시아 동맹의 협상단은 결국 7월 25일 외국 군대의 철수 요구를 내려놓았다. 하지만 38선을 휴전선으로 회복하자는 그들의 요구는 받아들여지지 않았다. 당시 전선이 지그재그로 펼쳐져 있었고, 이는 양측 모두 영토를 양보해야 한다는 의미였다. 그런데 러그드 작전과 돈틀리스 작전을 펼친 후 서방 세력이 38선 이북에 점유한 영토가 조선인민군과 인민지원군이 38선 남쪽에 점유한 것에 비해 한층 더 많아진 상태였다. 그렇기에, 국무장관 딘 애치슨은 자신들이 전쟁 전 상태, 즉 휴전선을 38선으로 회복하는 안을 수용하지 않겠다고 입장을 고수했을 때 상대측이 "몹시 놀라워하거나, 분개하거나, 어쩌면 속았다는 느낌을 충분히 가질 수 있었을 것"이라고 말했다.8) 그로부터 몇 주 전 국무장관 애치슨과 합동참모회의 의장 오마르 브래들리, 국방장관 조지 마샬, 유엔 사무총장 트리그베 리가 38선에 기반한 휴전이 목표라는 성명을 발표해 놓고도, 미국은 그처럼 강경한 태도로 나왔다. 갑작스러운 변화의 배경은 동아시아 동맹국들을 압박해 더 큰 양보를 받아내려는 의도였다.9)

8월 10일 미국 대표단을 이끄는 찰스 터너 조이 제독이 38선으로 국경을 회복하자는 안에 대해 더 이상 논의를 거부한다는 입장을 밝혔다. 리지웨이 장군은 한발 더 나아가 최후통첩을 발표하려고 했기에, 동아시아 동맹국들이 협상 자세를 바꿔 서방 세력이 결정한 새로운 국경을 받아들이라고 고집했다. 심지어, 워싱턴이 그의 주장을 기각했는데도, 자신의 주장이 받아들여지지 않으면 회담은 중단될 것이라고 고집했다. 리지웨이는 또한 38선 사안에 관한 강경책을 주도하면서, 협상에서 처음으로 닥친 이 난국을 자신이 책임지겠다며 미국의 입장을 끌고 나갔다. 미국 역사가 제임스 I. 메트레이는 이렇게 썼다. "그가 상대편을 격분시킬 수밖에 없는 DMZ 제안을 내놓는 동기에는 협상의 지렛대를 얻으려는 것과 그의 상대인 공산주의자들에게 모욕을 주려는 것, 남한을 회유하려는 것… [그리고] 공산주의자들이 미국이 내건 조건으로 휴전을 수용할 수밖에 없도록 자신의 강단을 보여주려는 것이 포함되었다."10)

8월 18일 동아시아 동맹군은 서방의 이익에 부합하는 "조정"을 고려하면서 휴전선이 38선과 완전히 일치하지 않아도 된다고 또다시 양보했다. 다음날 미국 협상단이 이를 수용했다. 북한 영토의 절대 손실이라는 이처럼 큰 양보를 얻어내자, 이것이 애치슨 국무장관이 거둔 "경이로운 개가"로 자랑스럽게 알려졌다.11) 미국의 군민 지도부는 이를 베이징과 평양이 전쟁의 조속한 종결을 원한다는 강력한 신호로 인식했다.12) 하지만 북한과 중국이 당시 협상이 열리고 있던 개성 주변의 중립지대를 연합군이 수차례에 걸쳐 침범했다고 비난하면서, 협상장의 타협이 중국과 북한의 불신에 맞닥뜨리게 되었다. 유엔 사령부는 그런 침범 사건이 두 차례 있었다고 인정하면서도 우연이었다고 주장했다. 8월 23일 동아시아 동맹국들은 서방 전투기들이 회담 현장을 포격했다고 주장했다. 미국 대표들이 이를 부인했으나 결국 중국과 북한이 10월까지 회담 중단을 선언했다. 실제 포격 여부는 확실하지 않지만, 동아시아 세력들이 협상 자세에서 훨씬 더 협조적이었으며 전쟁을 더 일찍 끝내고자 하는 동기를 훨씬 더 강조했던 상황을 고려한다면 도발이 없었는데도 회담 중단을 선언하지는 않았을 것 같다.

중국과 북한으로서는 연합군의 포격을 심각한 도발 행위로 여겼지만 지체없이 협상에 복귀하는 것 말고는 다른 선택의 여지가 없었다. 복귀하지 않은 채 서방이 내건 조건에 너무 공격적인 태도를 취하는 대가는 클 수밖에 없었다. 북한 주민에 대한 폭격과 빈약한 중국 경제에 가하는 손실이 감당할 수 없을 만큼 심대할 뿐 아니라, 동아시아 동맹국들이 협상 테이블로 돌아오지 않을 수 없도록 미국이 가혹한 보복을 단언한 이유도 있었다. 만약 중국과 북한이 협상장 복귀를 거부했다면, 합동참모본부는 연합군의 요구대로 - 폭격 사건에 대한 해명없이

– 북한의 발전소에 대한 폭격 제한을 해제하고 중국에 대한 해상봉쇄에 들어갔을 것이다. 나아가 북—중 국경을 가로지르는 중국과 북한의 비행기에 대한 "긴급 추적권(hot pursuit)"에 더하여 북쪽으로 추가 진격 시도를 허용했을 것이다. 이 모든 조치에 국무부의 강력한 지지가 있었던 것으로 드러났다.[13] "긴급 추적권" 허용은 중국 본토에 대한 공중전을 초래하는 첫걸음이 될 수 있었는데도, 미국 지도부 내 다수가 소련의 개입을 자극할 위험을 무릅쓰면서까지 이 조치를 강력히 지지했다.[14]

8군 사령관 제임스 반 플리트 장군은 협상 상대를 더 크게 압박하고자 병력을 대거 전진시켰다. 전선을 평양—원산 라인으로 북상시키려는 것이었다. 동아시아 동맹국들은 이미 공세 작전을 통해 협상에서 유리한 입지를 다질 수 있다는 기대를 단념한 반면, 미국인들은 갈망을 버리지 않았다. 시간이 그들 편이라 여겼기 때문이다. 그러나 8월에 조선인민군과 연속해서 전투를 치르면서 그런 야심적인 진격에 대한 기대는 무너졌다. 조선인민군은 지난번 전략적 후퇴 시와 달리, 한 치의 양보 없이 싸움으로써 결코 물러설 수 없다는 의지를 보여주었다. 8월 하순에서 10월 중순까지 펀치볼 전투, 블러디 릿지 전투, 하트브레이크 전투에서 남한이 일부 지원한 서방 세력이 연속해서 승리를 거두었다. 그러나 조선인민군은 충분히 기다려서 연합군을 향한 다수의 소규모 역공을 개시했고, 상당히 큰 피해를 입혔다. 연합군이 거둔 승리에서 핵심은 대규모 포병과 공중타격이었다. 특히 미군이 네이팜을 비롯한 소이탄들로 북한군이 자리 잡은 위치에 "포화를 빗발처럼" 퍼부을 수 있었던 것이 가장 주효했다. 북한군은 그런 유형의 공격에 대응할 도리가 없었다. 미군은 세 전투 중 마지막 전투에 어마어마한 규모로 전차를 배치했고, 이것이 결정적이었다. 북한군은 이미 방어에 애를 먹고 있었던 데다, 그런 대규모 기갑부대의 공격을 상쇄할 화력이 없었기 때문이다.

조선인민군은 전술상으로는 패배했을지라도 크게 불리한 조건을 뚫고 전과를 올리면서 전략적 승리에 이르렀다. 미국과 연합군 세력이 많은 사상자를 내게 함으로써 그들이 북쪽으로 추가적인 공세를 벌이려는 기대를 접고 협상 테이블로 돌아오지 않을 수 없게 만든 것이다. 조선인민군이 성과를 거두었다는 것은 연합군이 평양-원산 라인으로 진격 시 감수해야 했을 피해보다 훨씬 더 큰 사상자를 냈다는 의미였다. 사상자가 수십만 명- 보수적 추산으로 20만 명 -으로 추산되었다.[15]

그 후로 전선은 거의 변동이 없었다. 동아시아 동맹국들은 전쟁을 빨리 끝내고자 했고 이 목적을 달성하기 위해 추가 공세에 나서 서방 진영을 자극하는 일을 삼갔다. 한편, 서방 세력으로서는 추가 공세에 수반되는 인력 손실을 감내할 수 없다는 사실을 깨달았다. 하지만 훗날 1953년 들어, 미국은 강화된 조선인민군 진지를 무력화하기 위해 전술핵 공격을 고려하게 되고, 다시 새롭게 공세를 구상하게 된다.

중국 정부는 여전히 그들의 경제 상황에 발목이 묶여 추가 공세를 피하고 전쟁을 조속히 끝내고자 했다. 1952년 베이징은 인민지원군을 방어적 태세로 유지함으로써 군비 지출을 20%로 줄일 수 있었다. 중국 공산당 지도부와 PLA(인민해방군)의 지도부는 심지어 전쟁이 끝나기 전에라도 코리아 주둔군을 감축하고 싶어 했다. 설사 추가적 양보가 필요하다 해도 가능한 한 빨리 전쟁을 끝내고자 했다. 1951년 10월

총참모부가 인민지원군에 대한 "보급품 공급 부담을 대폭 줄이기 위해" 26만~30만 명의 병사를 중국으로 불러들이는 계획을 수립한 데서, 군사비 지출을 줄이는 것이 베이징에 얼마나 절실했는지 알 수 있다.16)

이처럼 중국은 군사적 개입을 서서히 줄이기로 계획하고 있었다. 반면, 서방 세력은 오로지 화력 증강에 힘을 쏟고 있었다. 또한, 동아시아 동맹군이 대적할 수 없도록 탱크와 150밀리 대포를 비롯한 첨단장비들로 남한군을 무장하는 일도 동시에 진행했다. 워싱턴과 미군 동아시아 사령부에서 국군(ROKAF)을 14사단으로 확대한다는 결정이 내려지고, 다량의 미군 공급품이 그 밖의 사단들에 제공되었다.17) 중국과 북한은 전쟁으로 경제가 피폐해져 전쟁에 총력을 기울이기도 어려워졌고, 병사들에게 서방의 상대가 갖춘 장비의 몇 분의 일마저도 공급할 수 없게 되었다. 게다가 방대한 미국의 전쟁 경제에 연합국들의 추가 보충이 만들어낸 엄청난 불균형 덕분에, 서방 세력은 협상 과정에서 비교적 잃는 것 없이 시간을 벌게 될 여지가 더 커졌다. 따라서 10월 하순 회담이 재개되었을 때, 서방의 강경한 태도는 더욱 강화되었다.

10월 25일 개성에서 회담이 다시 시작되었다. 처음 2주 동안은 논의된 것이 거의 아무것도 없었다. 11월 6일, 동아시아 동맹국은 휴전선을 확정하려고 했다. 그것은 사실상의 정전을 의미했다. 서방 세력들은 이에 반대하면서 북한을 향해 계속 공중 폭격과 함포 사격을 가했다. 협상의 모든 측면에서 자신들에게 이로운 조건들을 얻어낼 때까지 압박을 유지하겠다는 것이었다. 11월 8일 소련 외무상 안드레이 비신

스키가 유엔에 참석하여 열흘 안에 전쟁을 끝낼 것과 3개월 안에 모든 외국 군대의 철수— 동아시아 동맹국들이 처음부터 제안했으나 서방의 압력으로 포기할 수밖에 없었던 조건이다 —를 촉구했다.[18] 그 후 11월 20일에 소련 지도자 이오시프 스탈린은 미국이 보이는 태도의 부당함을 보여주기 위해 이 주장을 내놓은 것이었으며, 중국과 북한은 – 서방 세력들과 달리 – 이미 평화를 위해서라면 기꺼이 크게 양보하려 했다고 설명했다.[19] 미국은 ROK의 영토를 확장하면서 동시에 전략적으로 중요한 위치인 남한 내에 상당 규모의 주둔군을 무기한 유지할 작정이었다. 그리하여 한반도 안에 애초에 그어졌던 국경으로의 복귀와 외국군의 철수는 거부되었다. 그러고도 미국은 추가 양보를 계속 압박했다. 그들은 강경책을 실행하는 데 필요한 힘이 있었다.

11월 7일 미국 대표단이 휴전협정이 조인될 때까지 군사 작전이 계속될 것임을 분명히 하면서, 신속한 휴전에 대한 기대를 접게 했다. 며칠 후 동아시아 동맹국들은 이에 합의하기로 하고, 11월 26일 서방 진영의 이익에 부합되게 한반도 내 국경의 38선 복귀 주장을 양보했다.[20] 11월 27일 미국 협상가들은 추가로 조건들을 제시했다. 즉, 정전 위원회가 한반도 전체에 대한 무제한의 접근권을 가질 것과 한반도 전체를 공중관측할 권리를 가질 것, 중국과 북한이 전쟁 종식 후 서방의 폭격으로 파괴된 비행장들을 복구하지 않는다고 확약할 것, 세 가지였다. 세 번째 항목은 특히 기이한 요구사항이었다. 38선 이남의 서방 군대와 한국군이 비행장을 건설하고 유지하는 것과 관련해 이에 맞서는 제약은 존재하지 않았다. 동아시아 동맹국들은 양측 대표들로 정전 위원회가 구성되는 것을 받아들였지만, 그들의 영토에 대한 감독기관의

"자유로운 접근권(free access)"은 거부했다. 또한, 전후 재건에 대한 제한 조건에도 반대했다. 동맹국들은 비무장지대와 연안의 섬들에서 군사력을 조기 철수할 것을 제안했다. 물론 이 제안은 수중에 대다수 섬을 갖고 있던 연합군이 받아들이지 않았다.

새로운 주가 시작되는 12월 3일 동아시아 동맹국들은 추가 양보에 동의했다. 그들은 휴전 후 한반도에 새로운 무기의 도입에 대한 제한조치를 받아들이겠다고 하면서, 중립적인 국가들로 이루어진 감독기구가 항구들을 조사할 것과 양측이 이를 보장할 것을 제안했다. 이것은 세심히 계획된 방침으로 밝혀졌는데, 서방 세력은 의표를 찔렸던 것 같다. 미국 협상가들이 북한이나 중국에 의한 것이라면 그들의 항구에 대한 어떠한 자유로운 조사도 거부했겠지만, 인도와 같은 비동맹국가들은 유엔에서 중립성을 거듭 표명해 왔기에 쉽게 거부할 수 없었.

미국과 연합국들이 중립적인 감시자 후보들을 논의하는 동안, 동아시아 동맹국들은 12월 11일의 의제- 포로 교환 -에 관한 다음 조항으로 옮겨감으로써 협상에 속도를 높이는 방향으로 움직였다. 그들은 포로 교환 협상에 대한 준비행위로서 포로들에 관한 자료를 연합군 세력과 교환하기 시작했다. 다음날 미국인 협상가들이 근해의 섬들에 대한 통제를 양보하기로 합의했다. 비록 외국군이 한반도를 드나들며 자유로운 교대를 하도록 동맹국들이 동의해 주기는 했지만, 미국이 처음으로 중요한 양보를 한 것이었다. 중국과 북한은 그들이 요구한 외국군의 완전한 철수를 저지당한 채 외국군의 매월 교대 병력을 5천 명으로 제한한다는 절충안을 제시했다. 이 안은 미국 협상단이 받아들이지 않았다. 남한에 주둔하는 서방 병력이 수십만 명까지는 아니라 해도 지속적 주둔이 그들의 구상이었기 때문이다.*

동아시아 동맹국들은 자국의 안보를 크게 양보하지 않으면서 미국의 요구사항들을 수용하려고 노력했다. 만약 서방 진영이 전후 재건, 즉 북한의 비행장 재건에 대한 제한을 완화할 경우 자신들은 기꺼이 외국군의 순환에 대한 제한을 더 완화하겠다는 의향을 내비쳤다. 이 제안은 남한 비행장에 대한 전면적 접근권을 유지하고 휴전 후 한반도 영토에 훨씬 더 큰 규모의 병력 배치를 계획 중인 서방에 크게 유리한 것이었다. 하지만 서방 협상가들은 이 절충안마저 수용하지 않은 채, 중국과 북한에 일방적인 양보를 강요했다.[21]

동아시아 동맹국들은 1952년 초에 매월 교대 병력 35,000명에 동의한다는 양보를 추가로 했다. 그것은 대한민국 영토에 상당히 큰 규모로 병력을 유지하려는 서방 세력들에게 충분한 인원이었다. 그밖에도 북한 영토에 들어오는 외국인 조사관들을 제한된 지역에 한정해 허용했다. 그리고 양측은, 비록 북한에서 가장 큰 다섯 개 항구가 명단에서 제외되기는 했지만, 다른 다섯 개 입항지를 허용하기로 합의했다. 그러나 북한 비행장 보수를 일방적으로 금지하는 사안에 관해 서방 세력이 타협을 거부하고 고수함으로써 협상은 계속 지연되었다.

포로 교환 문제가 협상에서 주요하게 발목을 잡는 요소로 부상했다. 1951년 10월 그 사안이 논의되기 시작할 때, 동아시아 동맹국들은 — 국제법과 제네바 협정에 따라 — 양측이 억류 중인 모든 적군 포로들을 송환하는 "전원 송환(all for all)"을 제안했다. 애초에 미국 협상가

---

* 휴전 후 서방 군대의 주둔은 주로 미국의 방식이지만, 미국에만 해당하는 것은 아니다.

들은 전쟁포로 문제에 관한 태도를 명확히 하지 않았다. 미국의 입장이 드러난 것은 협상가들이 교환을 위한 조건들을 제시한 이듬해 1월 2일이 되어서였다. 미군 지도부 내 다수가 중국과 북한이 전혀 용납할 수 없을 것이라고 예견했다. 우선, 송환된 포로들이 선서 후 석방되어야 하고 다시 전투에 참여해서는 안 된다고 명기했다. 이 첫 번째 조건이 가혹하고 매우 이례적이었던 반면, 그들은 동아시아 동맹국들이 양보할 수밖에 없을 것이라고 믿었다. 하지만 두 번째 조건은 ― 중국과 북한이 거듭 저항했던 것으로 ― 제네바 협정에 대한 직접적 위반인 데다 완전히 전례가 없는 "자발적 송환(voluntary repatriation)"이라는 개념을 내놓았다. 미국의 제출계획서에 따르면, 전쟁이 끝날 때 병사는 "그가 자기편으로 돌아갈지 다른 편으로 합류할지와 관련하여 개인적 선택권을 행사"할 수 있다는 것이었다. 미국 대표단이었던 루트벤 리비 제독은 자신의 주장을 펴는 과정에서 "선택의 자유라는 원칙"과 "개인의 자기결정권"과 같은 구절들을 사용했다.[22] 즉, 리비의 이야기에 따르자면 자발적 송환 제안은 본질상 전쟁포로를 위한 이른바 "권리장전"이 되는 것이었다. "송환과 관련해서는, 개인에 의한 선택의 자유를 허용하여 개인의 의지에 반해 강요된 송환이 없도록 보장해야 한다."[23]

새롭게 제시된 조건들에 대한 응답으로, 중국과 북한 대표단은 즉각적으로 '전쟁포로에 관한 1949 제네바 협정'에서 전쟁 종료 시 의무적인 송환을 명기하고 있다고 지적하고 그 제안을 거부했다. 미국 협상가들과 워싱턴은 이런 저항과 국제법의 요건들을 묵살했다. 미국과 그들의 지지 세력들이 구상하는 대규모 망명 술책은 전례가 없는 일이었고, 따라서 그들은 세계와 역사의 시선으로 서방의 우월한 도덕적 지위를 선포할 작정이었다. 미국 주도 연합군은 포로들이 "망명"에 동의하고 송환을 거부하게 만들어 줄, 그리하여 서방 세계에 선전의 개가를 올리게 해줄 극단적 강압이라는 수단을 포함한 모든 방법을 동원할 용의가 있음을 드러냈다.

합동참모본부는 비행장 사안에서 양보를 얻어내기 위해, 다시 말해, 동아시아 세력이 전후 재건을 제한하는 서방의 조건에 동의할 때까지 포로들을 인질로 억류함으로써 포로 송환 문제에 강경책을 사용할 것을 고려했다.[24] 그들이 협상에서 유리한 지위를 맘껏 누리는 한, "자발적 송환"을 제안함으로써 얻는 이득은 서방 진영에 더 컸다. 설사 그들이 인민지원군에 결정적 패배를 안기거나 조선인민군을 궤멸시키지도 못하고 북한을 그들의 지배 아래 두는 데 실패하는 걸 고려한다 해도 마찬가지였다. 합동참모본부는 적국인 아시아 국가 출신 포로들이 서방의 종속국에서 삶을 꾸리고자 조국 송환을 거부하는 모습으로 그려지는 것이 중요하다고 생각했다. 그것이 비행장 사안을 양보하는 것보다 서방 세계에 훨씬 더 의미 있는 프로파간다의 개가를 올려줄 것이라고 믿었다. 미국 지도부, 특히 대통령과 국무부는 그런 성공의 필요성에 점점 더 병적으로 집착했다. 영국 수상 윈스턴 처칠도 - 비록 외무장관 앤서니 이든이 그러한 행동을 밀고 나가기에는 "우리의 법적 근거가 너무 빈약했다"고 인정했음에도 불구하고 - 그 사안에 대한 전폭적 지원을 아끼지 않았다.[25]

"자발적 송환"을 고수한다는 미국의 방침은 2월 27일 즈음에 트루먼 대통령이 백악관 각료회의에서 최종적으로 동의하고 최고사령관 리지웨이에게 관련 명령을 내린 후 사실상 결정되었다. 국무장관, 재무장관, 국방장관, 국무부, 그리고 국방부에서 3인, 합동참모본부에서 2인이 참석한 회의에서 합의한 방침은 그 후로 일 년이 훨씬 넘는 동안 협상에서 주요한 걸림돌로 부상하게 되었다.[26] 동아시아 동맹국들은 이미 서방의 조건들을 충족시키기 위해 힘겹게 양보할 의향을 보여 왔다. 그러나 미군 지도부 내 다수가 예견했던 대로 그들은 포로들의 귀환— 국제법상 전쟁 중인 모든 국가에 주어지는 기본적 권리다 —에 관해 타협할 생각이 전혀 없었다. 전쟁 포로 사안은 새롭게 제기한 서방의 요구가 완전히 예상을 뛰어넘어 불법적이었다는 사실에 비추어 볼 때 너무 가열되었고, 결국 정전 협정 조인을 사실상 8개월이나 지체시켰다. 그러는 사이 북한을 향한 서방 전투기와 대포와 전함들의 폭격은 줄곧 이어졌다. 서방 포로수용소 내 중국과 북한 포로들이 처한 환경이 훗날 구체적으로 드러났고, 포로들에게 망명을 강요하고 서방에 프로파간다의 개가를 올리기 위해 야만적인 강압 수단을 쓴 사실도 드러났다. 이런 것들을 고려할 때, 동아시아 동맹국들이 전쟁이 연장됨으로써 자국 인민들이 입게 될 손실에도 불구하고 서방의 조건을 거부하기로 한 결정에는 충분한 정당성이 인정된다.

동아시아 포로들에 대한 대규모 망명 공작은 북한을 폐허로 만들고 수백만을 죽음에 이르게 한 서방의 총력전이 가져온 결과에 정당성을 부여하려는 것이기도 했다. 중국과 북한의 대다수 대중이 공산주의 정부 아래서 마지못해 살아간다고, 즉 그들이 서방의 세력권 안에 머무르기 원한다고 묘사함으로써, 서방 세력이 종속국을 유지하고 동북아시아에서 패권을 유지하기 위해 취한 모든 조치에 정당성을 부여하려는 것이었다.27) 뉴욕대 역사 교수이자 한국전쟁 포로 송환 문제에 관한 전문가인 모니카 킴이 말한 대로, "미국으로서는, 전쟁포로들이 DPRK로 귀환하지 않겠다고 선택하는 것이야말로 군사 작전을 통한 해방이라는 미국의 기획이 남한에서 승인되는 것이었다." 그렇기에, 미국은 단순히 1950년부터 미군 병사 수십만 명 파견하는 것을 정당화하려는 데서 그치지 않았다. 오히려 1945년부터 미군의 직접 통치와 그 후 이승만 정부를 통한 통치까지도 정당화할 의도였다. 동시에 대규모 망명 기획은 - 세워진 지 얼마 되지 않은 중화인민공화국에 대해서와 마찬가지로 - 북한의 자국 인민에 대한 주권 주장을 크게 훼손하지는 못하더라도 그 주장을 부정하는 데는 이바지할 수 있었다.28)

미국 협상단에서 나온 보고서를 보면 중국이 소규모의 포로들에 한해 심사를 거친 자발적 송환에 타협할 의향이 있었다는 것을 알 수 있다. 그것은 국제법에 위배되는 서방 진영 요구들에 대한 수많은 양보 중 가장 최근의 것이었다. 4월 1일 유엔 사령부 참모장교가 중국 측에 전달한 11만 6천 명이라는 숫자가 조용히 수용되었다고 알려졌다. 이는 포로들이 압도적인 비율로 미국인과 유럽인과 국민당의 손에 불확실한 운명을 맡기기보다는 그들의 조국으로 귀환하기를 선택할 것이라는 중국의 자신감에서 나온 판단이었다. 그렇기에, 18일 후 동아시아 협상 대표들이 불과 7만 명의 포로만이 서방 수용소를 떠나 귀환을 선택했다는 사실을 통보받았을 때, 그들은 몹시 격분했다.29) 서방 세력은 동아시아 동맹국들이 평화를 위해 양보할 수 있는 한계를 넘어 밀어붙였고, 이처럼 믿기 어려운 숫자가 언급되고 나서야 비로소 그들에게 필요한 조건이 충족되었을 것이다. 하지만 어쩌면 중국과 북한은 미국과 연합국이 심사 기간에 포로들의 의지를 거슬러 망명을 강요할 목적으로 사용한 설득 방법에 대해 인지하지 못했을지도 모른다.

강요된 망명

1952년 봄부터 동아시아 동맹군을 궤멸시킬 수 없다는 사실이 점차로 확연해지자, 포로 망명 문제가 한국전쟁의 해법과 관련해 미국의 전략적 이익에서 핵심이 되었다. CIA 국장 앨런 덜레스가 대량 망명을 "자유 세계가 여태껏 공산주의를 상대로 벌인 심리전에서 거둔 가장 최고의 승리 가운데 하나"[30]라고 불렀을 때, 그는 결코 그 사안의 중요성을 과장한 것이 아니었다.

하지만 포로 망명 공작의 중요성은 서방이 선전의 개가를 올려야 할 필요성을 넘어선 것이었다. 즉, 미국이 제국주의 권력이 아니라 자애로운 세력이라고 주장할 기반을 조성하려는 것이었다. 서방의 서사는 새로운 각도에서 해외 개입주의의 근거를 만들기 위해 점차로 윤리적 보편주의를 새롭게 강조하고 있었다. 전 세계 어디에나 상존하는 서방 군사력에 기반한 세계 질서는 식민지 시대에 그랬던 것과 다름없이 계속될 것이다. 하지만 그 질서와 서방의 개입주의를 위한 명분은 달라졌다. 서방이 치르는 전쟁은 이제 인류의 편에 서서 싸우는 "인류를 위한 전쟁"이었다. 따라서 서방에 저항하는 중국이나 북한 같은 나라들은 서방의 이익에 배치되는 것일 뿐 아니라, 전 인류와 "세계 공동체"의 이익에 배치되고, 심지어 자국 인민들의 이익에도 배치되는 것으로 묘사되었다. "자유 세계"와 "세계 공동체"의 의지와 서방의 기획은 분간할 수 없었다. 이런 서사와 서방 지배 질서를 새로운 각도로 정당화하고 자주적 반제국주의 세력을 진압하기 위한 서방의 완력이 한반도에서 처음 사용되었다.

서방 진영은 전 인류를 대표하기 위해 그들이 주관하는 질서를 세계 모든 시민에게 보편적 호소력을 지닌 질서로 묘사해야 했다. 따라서 서방의 패권에 반대하면 그 정당성을 박탈하는 대신 서방의 해외 군사 개입은 정당화했다. 그에 따라, 당시 서방이 주도하는 질서에 저항하는 투쟁의 최전선에 선 두 개의 탈식민 국가였던 중국과 북한 출신 포로들에 대한 망명 공작은 이 기획에서 매우 중요하고 필수적인 사업이었다.

모니카 킴은 이렇게 말했다.

> 한국전쟁 전쟁포로들의 선택은 세계 무대에서 미국에 위임된 민주주의 기획에 근본적 호소력이 있다는 또 하나의 증거가 되어줄 것이었다… 인류를 지킨다는 개념이 전쟁의 도덕적 추동력으로 전면에 내세워졌다. 주권의 인정, 긴요한 탈식민 의제, (미국의 국가 이익도 포함하여) 국가 이익, 이 요소들 가운데 단 하나도 미국 대중이 미군의 해외 개입을 어떻게 여겨야 하는지에 관해 논의되지 않았다.

그녀는 이렇게 결론지었다. "탈식민화된 북한과 중국 전쟁포로들은 미국이 고집하는 제국주의적 야망을 결정적으로 거부할 수 있는 욕구가 있었다. 만약 다른 포로들이 미국이 정의하는 자유 질서에 귀속되겠다는 바람을 보여준다면, 미국이 제국주의적 기획을 지구적 차원으로 도입하려 하지는 않았을 것이다. 그러나 욕구는 조사실 안에서 예측 가능한 변수가 아니었다."31) 따라서 서방 지배에 저항하는 동아시아 동맹국 출신 포로들이 반드시 "자유 세계"의 이념이 예상한 방식으로 행동하도록 보장할 필요가 있었다. 이 목표를 달성하는 유일한 수단이 많은 경우 잔인한 수준의 강압이었다.

1951년에 설립된 심리전략위원회(PSB)는 전쟁포로 사안을 미국의 대(大)전략으로 공작하는 데서 핵심 역할을 했다. 그들은 전쟁포로 숫자가 새로운 유형의 전쟁, 즉 코리아에서 전쟁이 공식적으로 종료된 후에도 오랫동안 계속될 것이라고 예상되는 전쟁을 상징할 수 있다는 점을 간파했다. 이것이 바로 미국 대통령이 개인적으로 관심을 가졌던 심리전, 혹은 국제여론전이었다. 도전받지 않는 서방의 군사력이라는 이미지가 손상된 상황, 즉 동아시아 동맹군에 영광을 안겨준 상황은 효과적인 심리 작전으로 대거 상쇄될 수 있었다. 이것은 "미국의 야망과 정복을 위한 새로운 전선"32)으로 묘사되었다.

PSB는 전쟁을 "선한 서방(Western Good)"과 "아시아 공산주의라는 악(Asian Communist Evil)" 간의 투쟁으로 그려내려는 미국의 공작 활동을 전적으로 책임지는 집단이었다. 그들은 그 투쟁을 서방의 이익이 아니라 보편적 가치라는 이름으로 이루어지는 총력전이라고 새롭게 정의했다. 대표적 사례로, PSB는 "봉쇄(containment)"라는 용어의 폐기를 강력히 주장하고, 대신 적의 "해방(liberatioin)"이라고 불렀다. 또 다른 사례는, 원조 계획에 사용되던 "메이드인 아메리카"를 삭제한 것이다. 그 대신 "자유로운 인류의 평화 협력"33)이라고 쓰인 꼬리표를 붙였다. PSB가 시작한 활동의 유산은 오늘날까지 서방의 서사로 – 특히 군사 개입을 정당화하고 미국과 유럽의 권력을 투영하는 것과 관련하여 – 현저하게 남아 있다.34)

보편적 도덕주의라는 구실 아래 전쟁을 보편적 가치에 대한 책임과 보호라고 재정립함으로써, 세계는 사실상 서방이 주도하는 질서와 그 외부에 남은 북한 및 비동맹국가들 간 전면적 투쟁 사이에 놓였다. 뛰어난 정치이론가이자 나치 독일의 법학자였던 칼 슈미트는 당시 보편적 도덕주의에 대한 서방의 해석에 관해 간파하고, 그것이 "인류를 위한 전쟁, 적들이 전혀 보호받지 못하는 전쟁, 반드시 전면전이 될 전쟁을 불러올 것"35)이라고 했다. 1950년 초반, 포로 송환 문제가 이것의 이 투쟁의 핵심으로 등장했다. 그런 패러다임에 따라, 서방의 독선주의는 국제법을 총체적으로 위반한 자신들의 행위를 정당화했다.

1952년 4월 초, 미국 협상가들이 포로 7만 명– 앞서 제안한 약 11만6천 명에서 줄어든 –만 돌려보내겠다고 제안했을 때, 중국과 북한 협상가들은 미국이 예측한 대로 망연자실했다. 맥아더 장군의 참모로 전직 정보국장이자 해군 정보장교인 미국인 기자 휴 딘은 미국의 전략상 동아시아 동맹국들의 포로 가운데 매우 많은 수가 망명해야 했다며, 이렇게 보도했다.

송환 포로 숫자가 줄어든 것은 수용소 안에서 야만적인 강요가 있었기 때문이었다. 트루먼 대통령을 비롯해 지도부 내 점점 더 많은 인사가 미국이 전투에서 거두지 못한 승리의 대체물을 구상하게 되었다. 그것은 단순한 봉쇄를 넘어 당시 지배적 의견이던 반격 정책의 일환으로서 선전에서 개가를 올린다는 작전이었다. 엄청난 수의 포로가 그들을 기다리는 공산주의 악마들에게 돌아가기를 단호하고 공개적으로 거부해야 했다. 미국은 선택된 수용소들(거제도에 32개 수용소가 있었고, 모두 초만원이었다)에서 더러운 일을 직접 처리해 줄 75인으로 구성된 설득자들을 구했다. 이들은 주로 대만에서 장제스가 보내준 게슈타포에 맞먹는 집단으로, 이승만 정부가 보내준 더 큰 규모의 청년테러집단 소속이었다. 일부는 말쑥한 미군 군복을 입었고, 나머지는 포로인 것처럼 행세했다… 송환을 바라는 포로들을 찾아내 그들을 만류하는 데 필요한 일이라면 무엇이라도 하는 것이 그들의 임무였다. 식사 배급을 통제하는 것이 가장 강력한 수단이었다. 또한, 협박, 구타, 매질, 그리고 가장 완고한 포로들에 대한 살해 등의 방법을 동원해, 핵심적인 질문에 "대만, 대만, 대만"이라고 중얼거리게 만들면서 만족할 만한 숫자를 채워나갔다… 그리하여 대만으로 가고 싶지 않은 수많은 중국인 포로들이 어느 순간 자신도 모르게 대만에 가 있는 현실을 깨닫게 되는 것이었다. 중국인 포로 중 6,670명이 중국으로 송환되었고, 14,235명이 대만으로 보내졌다.36)

남한에서 극우 청년단체들이 미군정청과 이승만에 대한 반대 세력을 잔인하게 진압하는 데서 핵심 역할을 한 사실은 앞서 언급한 바 있다. 그 단체 중 하나인 반공청년단이 포로수용소마다 강한 존재감을 과시했다. 그들은 식사 배급과 징벌적 구타, 감시하고 조사할 권력을 부여받았다. 처벌할 권한도 가졌고, 포로들을 처형할지 말지도 제멋대로 판단했다.37) 중국과 북한인들이 억류된 포로수용소를 나치 강제수용소에 비유하는 것은 유엔의 내부 보고서들에서도 흔한 일이었다.38) 주한 유엔대사 존 무초는 송환에 개입한 대만 대표들이 "장제스의 게슈타포 일원들"이었다고 직접 언급했다. 그가 전달한 보고서에는 중국 포로들은 자신이 반공주의자이며 대만으로 가고 싶다는 사실을 입증하고자 피범벅이 된 탄원서에 서명해야 했고 문신을 받아야 했다는 내용이 담겼다. 어느 포로의 보고서는 이런 정책이 잔인하게 이루어진 것에 대해 이렇게 쓰여 있었다.

> 1952년 초, 여단장 리 단이 72수용소 내 모든 포로가 반공 슬로건으로 문신을 하기를 원했다… 그는 간수들에게 문신을 거부한 사람들을 포로 5천 명 앞에서 구타하라고 명령했다. 구타를 견딜 수 없었던 포로 중 일부가 포기하고 문신을 받겠다고 동의했다. 하지만 린 수에푸 라는 한 포로가 계속해서 문신을 거부했다. 리 단은 결국 린을 단 위로 끌어올리고, 커다란 소리로 물었다. "하고 싶어? 아니면 하기 싫어?" 피를 흘리며 거의 서 있기도 힘든 상태로 "싫다!"고 대답한 19세 대학 신입생 린에게 돌아온 것은 사단장의 큰 단검에 린의 한쪽 팔이 잘려나가는 것이었다. 사단장이 다시 물었을 때 린은 비명을 지르면서도 여전히 고개를 저었다. 모욕감과 분노에 찬 리는 린을 단검으로 찔렀다… 리는 운동장에 있는 모든 포로에게 소리쳤다. "누구든 감히 문신을 거부한 사람은 저처럼 될 것이다."39)

국무부는 자발적 송환 과정의 본질에 관해 착각을 일으킨 것이 아니었다. 무초 대사가 일찍이 1952년 5월 국무장관 애치슨에게 보고했기 때문이다. 무초 대사는 국민당이 수용소 안에서 "재교육 단계와 심사 단계 내내 대만으로 가겠다는 선택을 하지 않는 사람들에게 폭력적이고 체계적인 테러를 저지르고 신체적 형벌을 가하면서 진행 과정 전반을 지배했다."40)고 보고했다. 그보다 4개월 앞서 1월에는, 애치슨 국무장관의 보좌관 우랄 알렉시스 존슨에게 "강제로 포로모사[대만]로 이동시키려는 시도"의 일환으로 "중국인 전쟁포로들 대부분을 위협하기 위해 구타와 고문, 징벌 협박을 빈번히 결합해 사용"하고 있으며, 이는 "피억류자들의 자발적 송환에 관한 판문점의 UNC(유엔위원회) 입장에 곧바로 저촉된다"41)고 보고했다. 나중에 그는 애치슨 국무장관에게 제출한 보고서에서 송환 사안에 대해 유리한 결과를 반드시 확보하고자 "조사 전에도 심지어 조사가 진행되는 중에도 계획된 살해와 구타, 협박을 포함한 신체적 테러"가 사용된 것에 대해 다시 강조했다. 무초의 조사 결과는 국무부 내 다른 인사들에 의해 확인되었다.42) 무초 대사는 나중에 "포로수용소에서 항구적으로 이루어지는 충격적인 공포의 기록"으로서 중국과 북한 포로들에 대한 처우와 강압에 관한 정보들을 언급하게 된다. 그는 미국에 책임이 있다고 말했다.43)

미 정보국의 연구 보고서 역시 유사한 의견을 제시했다. "조사를 진행하는 몇 개월 동안, 국민당과 미국의 독려와 지원을 받은 KMT(국민당) 전쟁포로 모범수들이 중국인 전쟁포로 수용소들에 경찰국가의 통치 형식을 만들어냈고, 이를 통해 본국 송환에 반대하도록 송환심사에 강력한 영향을 미치기 위한 기반과 수단을 제공했다." 여기에는 "전쟁포로들에 대한 강제적 문신"과 "심사가 진행되는 동안 KMT 모범수들이 전쟁포로들을 상대로 한 난폭하고 폭력적인 강압 행위"가 포함되었다며, 망명하기를 "선택한" 포로들의 숫자가 지나치게 부풀려졌다는 것

이 보고서의 결론이었다.44)

미 국무부 관리 A. 사빈 체이스와 필립 만사드는 그토록 엄청난 수의 포로들이 왜 본국 송환을 거부하는지 이유를 알아내기 위해 한국으로 파견되었다. 그들은 보고서에서, 주된 이유는 "심사 과정 이전에도, 심사 과정에서도 전쟁포로 모범수들이 사용한 난폭한 전술"이었다고 결론지었다. 그리고 포로수용소를 지배한 "경찰국가의 통치 형식"에 대해 기록하고, 포로들이 "정보 차단" 아래 있었을 뿐 아니라, 여론 조사 과정 전에도, 진행되는 중에도 계획된 협박과 구타와 살해를 포함한 신체적 폭력이 광범위하게 벌어졌다고 기록했다. 조사관들은 강압에 대한 증거는 상당히 많이 발견했지만, 중국인 포로들 사이에서 중국 공산당 정부나 인민군에 대한 지지가 눈에 띄게 부족하다는 사실은 전혀 발견하지 못했다.45) 북한 의사 리덕기 역시 아픈 환자들이 본국 송환을 거부하도록 분명히 하기 위해 그들의 회복에 손상을 초래하도록 괴롭힘을 당했다고 일치되는 보고를 했다. 그는 "결핵 환자들은 특히 휴식이 필요했으나 그들이 본국 송환을 포기하는 선언을 하도록 밤낮으로 따라 다니며 괴롭혔다. 일종의 특별한 맞춤 고문이었다."46)

국제적십자사 또한 중국과 북한 포로들에 대한 처우- 특히 포로 송환 사안을 둘러싼 강압 -와 관련해 "매우 심각한 몇몇 사건들"을 보고했다. 기자들을 포로수용소 가까이에 허용하지 않았지만, 〈토론토 스타〉소속의 한 기자가 영국 대표단 한 사람과 함께 들어가는 데 성공했다. 그는 포로들이 "종종 실행되는 신체적 위협" 때문에 본국으로 돌아가지 않겠다고 선택하는 상황을 확인했다고 보도했다. 몇몇 경우에는, 포로들에게 무기한 투옥된 채로 남거나 아니면 대만으로 가라는 선택지가 주어졌으며, 거짓 정보에 기반해서 대만으로 가는 선택을 하게 되기도 했다.47) 중립국송환위원회가 작성한 최종보고서도 "본국 송환을 갈망했던 포로라면 누구라도 은밀하게 생명을 잃을지도 모른다는 두려움에 그렇게 선택할 수밖에 없었다."고 같은 결론을 내렸다.48)

중국과 북한 포로들을 강제로 망명시키기 위해 사용된 극단적이고 때로는 무자비한 강압 수단은 종종 포로들을 자포자기 상태로 내몰았다. 유정복이라는 포로의 경우가 대표적 사례로, 그는 본국 송환 사안과 관련해 견뎌야 했던 계속되는 조사와 고문에서 벗어나려고 수용소 구내 울타리 철조망에 몸을 던졌다. 포로의 회상록에 따르면, 서방과 동맹 관계에 있는 동아시아 국가들로 망명하지 않으려 한다는 의심을 받는 사람들은 철저한 심문의 대상이 되어, 종종 난폭하게 다루어지고 날마다 판에 박힌 조사를 받아야 했다.49) 중립국을 대표하여 파견되었던 인도의 코단데라 수바야 티마야 장군은 그들을 억류하고 있던 연합군 세력들을 향한 포로들 다수의 인식과 관련하여 "이 사람들은 유엔 전반에 대해 겁을 먹고 있었다."고 기록했다. 그는 본국 송환 문제와 관련해 포로들이 엄청난 압박을 받는 장면을 목격했다. 포로들은 서방이 지배하는 유엔 지휘부대, 미국의 지원을 받아 수많은 수용소를 관리하는 극단주의자 청년단체들과 남한에서 있었던 잔인한 행위들로 공포에 떨고 있었다. 그리하여, 처우가 지금보다는 나을 거라는 희망을 품고, 완전히 외국인인 인도인 참관인들의 손에 자신들의 생명을 맡기려고 할 정도였다. 한 번은 포로들이 구역을 벗어나 인도인 부대에 "몸을 의탁했다. 어쩌면 인도인 부대는 그 포로수용소 안에서 그들이 찾고자 했을 유일한 인류애의 원천이었을 수 있다."50)

강경한 반공주의 입장을 가진 정보원들에게서 나온 보고들조차 포로를 수용하는 수용소들이 "광적으로 반공주의적인" 장교들에 의해 관리되었다고 인정했다. 그들이 폭력과 협박을 사용해 의도했던 대로 본국 송환을 거부하는 "망명자들"의 숫자를 부풀리는 데 성공했다는 관찰자들의 광범위한 보고들에 대해서도 함께 제출되었다. 미군 장교들은 협상단 수석 대표인 조이 제독에게 심사 과정이 포로들의 진실된 선택을 가리키지 않는다고 보고했다.[51] 조이 제독 자신도 국민당이 통제하는 수용소들에 대해 "심사 과정을 거친 결과들이 전쟁포로들의 진실된 선택을 전혀 나타내지 못했다"며, 국민당 지도부가 제거된다면, 본국으로 송환되기를 원하는 숫자가 "15%에서 85%로" 증가할 것이라고 썼다. 그는 더 나아가 "정규 심사에 앞서 92수용소에서 발생한 가짜 심사"에 대한 보고를 작성했다. "[국민당] 지도부가 본국으로 귀환하기를 원하는 사람들은 앞으로 나오라고 요구했다. 시키는 대로 했던 사람들은 시퍼렇게 멍이 들도록 구타당하거나 살해되었다." 조이 제독은 송환 절차를 목격한 자신의 군 통역관들이 목격한 상황을 기록했다. 통역관들이 "조사에서 중국인 전쟁포로들을 지켜본 그들의 경험을 통해, 전쟁포로들 대다수가 너무 공포에 사로잡혀 있어서 그들의 진정한 선택 의사를 표현할 수 없었다고 확신했다." 포로들이 질문에 대한 답변으로 할 수 있는 말은 끊임없이 되풀이되는 "대만"이 전부였다.[52] 대부분의 서방 역사는 모두 서방의 가치와 서방이 주도하는 질서가 우월하다는 것을 가장 잘 입증하는 것으로 한국전쟁을 언급한다. 그러나 자주적인 중국과 북한의 공화국들을 이기고 거두었다는 서방이 주도하는 "자유 세계"의 도덕적 승리는 공허한 것이었다. 그 승리에 반영된 것은 도덕적 우월성이 아니라, 미국이 주도한 동맹의 사악함이고 모든 "자유 세계"를 대변한다는 주장의 공허함이었다.

강압으로 얻어낸 승리

1952년 10월 8일, 협상은 무기한 휴회에 들어갔다. 미국 협상가들이 포로 송환과 관련하여 그들의 새롭게 내놓은 불법적 요구들에 대해 타협할 의향이 전혀 없다고 했다. 동아시아 동맹국들 역시 이 긴요한 사안에서 설사 양보할 의향이 있다 해도, 상대방이 요구하고 있는 극단적 수준으로까지 할 생각은 없었기 때문이다. 그렇게 하는 것은 그들 국가의 군대와 전선에서 목숨을 걸었던 수없이 많은 병사에 대한 배신이 되었을 것이고, 자국 인민들 눈에 그들의 평판을 크게 떨어뜨리고 통치권을 심각하게 훼손했을 것이다.

동아시아 동맹국들에 대한 압박 작전에서 핵심은 단지 서방 진영이 전쟁을 계속할 수 있는 능력— 장기적 측면에서 볼 때 재정적으로도 인명에서도 동아시아 동맹국들로서는 감당할 수 없는 —만이 아니었다. 그보다는 그들의 공중 폭격과 함포 공격을 강화할 수 있고 심지어 확대할 수 있는 능력이었다. 협상에서 양보를 강요하기 위해 이미 그런 위협이 이루어지고 있었다. 그런데 중국과 북한이 서방의 요구들에 기꺼이 응하기 힘든 포로 사안을 두고 위협의 강도를 크게 높였다. 실제로, 일찍이 1951년 6월 국방장관 조지 마셜이 중국이 서방의 휴전 조건에 합의하지 않는 경우 "우리가 그들에게 원자탄의 맛을 보여줄 것"[53]이라는 충고를 저우언라이 총리에게 들려주는 것에 대해 고려했다. 송환 문제가 협상의 걸림돌이 되는 중요한 사안으로 부상하자, 합동참모본부는 정전 회담이 계속해서 지연된다면 폭격 제한을 일부 해제하여 중국을 봉쇄할 것을 권고했다. 국무부와 영국은 이를 지지했다. 영국은 봉쇄의 실행에는 반대했다. 휴전 협상 진행 중에 폭격을 강화하는 방침은 미국인들 사이에서 인기가 높았다.54)

1952년 중반 송환 사안을 두고 협상이 교착상태에 빠지자, 북한의 민간인 기반시설에 대한 폭격이 강화되었다. 7월에는 압력 펌프 작전(Operation Pressure Pump)으로 평양의 가장 중요한 기반시설들을 표적으로 삼은 급습이 이루어졌다. 폭격은 지속적이었고 수주에 걸쳐 하루 24시간 계속되어 엄청난 사상자를 냈다. 5월에 리지웨이의 후임으로 새로 임명된 유엔군 최고사령관 마크 W. 클라크 장군이 그 공격에 직접 연루되어 있었다. 동아시아 동맹국들이 협상 태도를 바꿀 수밖에 없도록 강제하려는 것이었다.55) 중국과 북한으로서는 각자 겪고 있는 압박에 묶여 보복에 나설 수 없었다. 따라서 그들은 대등한 조건으로 협상할 수 없는 조건에서 협상을 이어갔다.

협상이 포로 송환에 대한 의견 차이로 교착상태에 빠지자, 합동참모본부는 만약 동맹국들이 휴전협정에 대한 미국의 조건에 합의하지 않는 경우 해상봉쇄를 실행하겠다고 제안했다. 국무부 정책기획본부 창설자이면서 의장인 조지 케넌은 베이징이 미국의 조건에 동의할 수밖에 없도록 중국 중남부의 공격 목표 지점들에 대한 선별 폭격이 필요하다고 주장했다.56) 1952년 5월 미군 지도부는 국민당 군대를 코리아 전선에 보내겠다고 위협했다. 국민당의 개입은 코리아의 운명보다는 중국 본토의 운명을 결정짓는 중국 내전의 연장전을 연상시켜 왔고, 타이베이의 최종 목표인 중국 영토로의 확전을 의미했다. 같은 달 19일 합참은 휴전 회담이 계속 지연된다면 새로운 공격은 중국과 북한 양쪽의 공격 목표 지점들에 대해 핵무기 사용에 착수해야 한다고 제안했다. 조선인민군과 인민지원군 진지를 겨냥한 이런 공격이 성공 가능한지 여전히 의혹이 남은 가운데 나온 제안이었다. 1952년의 마지막 몇 개월 동안 동아시아 동맹국들이 서방의 조건에 굴복하도록 위협하기 위해 더 큰 공격들이 이루어지면서 압박이 더욱 강화되었다. 미국인들이 폭격 작전을 중국으로 확대하기로 작정하고, 자신들의 요구가 충족되지 않는다면 신생 공화국과 전면전을 시작하겠다는 소문을 퍼뜨리는 과업이 CIA에 맡겨졌다. 그러는 사이 합참은 최고사령관 클라크에게 중국 본토를 향해 장래의 작전에 필요한 계획들을 무제한으로 고려할 것을 요구했다.57)

1952년 10월 클라크는 국민당 3개 사단과 12개 포병대, 20개의 대공포 대대를 포함한 연합군에 7개의 사단을 추가하여 평양-원산 라인을 향해 공세에 나설 것과 전 중국에 걸쳐 폭격 작전을 확대할 것을 주장했다. 나아가 이 작전을 지원하기 위한 전술적 기능으로서 핵무기 사용을 주창했다.58) 드와이트 D. 아이젠하워 행정부의 취임 3개월이 지나자, 압박은 더 커졌다. 그 직전인 1953년 1월 23일 중국 공산당 공식 기관지 인민일보는 미국의 신임 대통령이 남한 군대를 한층 더 확대하고 중국 해안을 봉쇄하려 하고 있으며, 국민당의 공격에 대한 지원과 중국 동북부지역에 핵공격을 고려하고 있다고 발표했다.59) 대통령직을 인수하기 2주 전인 2월 2일 대통령은 대만 해협의 중립화는 끝났다고 선언했다. 이는 국민당이 중국 본토를 자유롭게 공격한다는 의미였다.[60] 그 선언에는 타이베이를 지원하기 위한 미군 병력의 대규모 증대가 수반되었다.[61] 중국군이 이미 너무 무리하고 있다는 점, 그리고 대만과 그 주위에 남아 있는 방대한 미 주둔군이 국민당군을 보복으로부터 보호해줄 것이라는 점을 고려할 때, 이것은 특히 치명적이었다. 1951년 국민당은 미군의 광범위한 도움으로 중국 해안을 급습하기 시작했다. 이것은 세 개의 전선에 있던 중국군을 압박하게 될 더 거대한 침략의 서곡으로 해석될 수 있었다. 또한, 미국은 중국 영토에서 미얀마로 제3전선을 열면서 급습해 들어갈 수 있도록 국민당군을 무장시켰고, CIA 자문단의 지원을 받아 작전을 준비했다.[62]

1953년 3월 소련 총서기 이오시프 스탈린이 사망한 사건은 휴전 협상에서 일대 전기를 가져와 협상이 서방 진영의 계획대로 돌아가게 되었다. 만약 서방이 공격할 경우 중국을 방어한다는 소련의 약속이 이제 심각하게 불확실해졌다. 소련은 미국과 연합군 세력이 한반도 너머로 그들이 군사 작전을 확대할 수 없도록 저지하는 요인이었다. 모스크바는 재빨리 그들이 제한적 작전을 수행해 왔던 한반도 전역에서 조종사들을 철수시켰다. 3월 15일 스탈린의 영결식에서 소련 지도부의 수사에는 현저한 변화가 뚜렷이 나타났다. 그들은 동아시아 동맹 세력들이 최대의 압박을 받고 있던 시점에 서방 진영과의 평화와 화해를 강조했다. 동아시아 동맹국들에 대한 소련 신임 정부의 지지는 크게 기대하기 어려웠다. 소련 지도자 스탈린이 사망한 후, 미국은 더 도발적인 작전들을 펼칠 작정임을 드러냈다. 그중에서도 가장 주목할 만한 것이 북한 내 관개용 댐들에 대한 폭격이었다. 그리고 동아시아 동맹국들이 서방의 조건들을 수용하지 않을 경우, 중국을 공격하겠다는 협박을 실제로 실행에 옮길 조짐이 보였다. 미국이 댐을 폭격하고 재래식 공습작전을 단계적으로 확대하면서 미국의 핵 공격 위협이 현실적으로 다가왔다.

1953년 휴전 회담이 재개된 것은 2월 22일 미군 최고사령관 클라크가 중국과 북한 사령관들에게 질환을 앓고 있거나 부상을 입은 포로들을 교환하자고 제안하고 나서였다. 서로 순조롭게 화답했고, 4월 20일에서 5월 3일까지 포로 교환이 이루어졌다. 클라크의 편지에 탄력을 받아, 저우언라이는 3월에 서방의 자발적 송환 요구에 대한 타협안을 추가로 제시했다. 서방 진영이 주장한 대로 본국 송환을 거부하는 포로들을 먼저 제3국과 중립국으로 인도하자는 것으로, 이는 동아시아 동맹국들에 적절한 내용이었다.63) 포로들에게 때로는 극도로 잔인하게 망명을 강요하는 일이 줄어들고 망명자 숫자도 크게 감소할 것이고, 포로들로서는 이승만과 국민당, 서방 세력들의 억류에서 벗어나면 훨씬 더 자유로운 선택권이 보장될 것으로 추정되었다. 베이징과 평양은 포로 송환과 관련해 미국 주도 연합군의 불법적 요구들을 받아들이고 있었지만, 전쟁을 조금이라도 더 일찍 끝내려는 목적이라 해도 포로가 된 병사들의 권리를 덜 양보하는 방식이 되도록 애쓰고 있었다.

예상대로, 중립국으로 포로들을 보내자는 제안은 미국과 연합국들이 반대했다. 포로들이 본국 송환을 원하는지 그렇지 않은지를 진심으로 말할 수 있도록 허용할 경우, 자칭 "자유 세계"가 그토록 열망했던 선전의 개가를 올리겠다는 전망이 심각하게 훼손될 수 있었던 것이다. 5월 7일 동아시아 동맹국들은 추가 양보를 했다. 포로들이 남한을 떠나지 않되, 6개월간 중립국의 관리 아래 있게 되는 것이었다. 하지만 미국 협상단은 자신들의 요구를 수용하라고 압박하면서 북한인 망명자들을 조속히 석방하라고 요구했다. 그렇게 되면, 그들에게는 중립국 관리 아래 머무를 시간이 주어지지 않은 채 즉각 수감 상태에서 이승만의 사법권으로 옮기게 되는 것이었다. 게다가 이미 동아시아 동맹국들은 6개월의 기간을 제안한 중립국 관할의 보호 기간을 60일로 국한해야 한다고 주장했다.[64] 타협이 내키지 않았던 연합군은 동아시아 동맹국들이 양보하지 않을 수 없게 할 목적으로 압박을 강화하는 방향으로 나아갔다.

1953년 5월 13일 미국은 북한 영토 깊숙이 관개용 댐들을 표적으로 삼아 앞서 언급한 공격을 시작했다. 최근 모스크바가 동맹국들의 가장 중요한 후원자로서의 약속을 파기한 상황에서, 그처럼 달라진 상황을 전제할 때만 저지를 수 있었을 전쟁 범죄였다. 미 공군의 공식 역사에는, 관개용 댐들에 대한 두 차례 대규모 공격이 전쟁 전반에 걸쳐 가장 엄청난 손상을 가한 공중작전이었으며, "북한 농업 경제에서 가장 중요한 부분을 파괴했다는 의미를 갖는다"[65]고 기록되어 있다. 북한으로서는 전쟁에 총력을 다할 수 있는 능력도, 주민들의 식량을 책임질 수 있는 능력도 이제 심각하게 불투명해졌다.[66] 일주일 후인 5월 20일 합동참모본부는 "중국과 만주를 직접 표적으로 하는 공중작전과 해상작전" 및 "대략 북한의 허리 지점에 진지를 구축하기 위한 합동 공격"이 포함된 대규모 공격을 권고했다. "성공을 보장할 만큼 충분히 대규모"여야 한다는 표현에서 핵 공격이 사용되어야 한다는 점을 분명히 한 것이었다.[67] 5월 22일 국무장관 존 포스터 덜레스는 서방 진영과 동아시아 동맹국들 사이 메시지 전달자로 여겨진 인도 총리 자와할랄 네루를 통해 휴전협정을 위한 서방의 조건에 재빨리 응하지 않는다면 중국으로 전쟁이 확대된다는 메시지를 전했다.[68] 5월 28일 소련 주재 미국 대사 찰스 볼런은 소련을 통해 유사한 메시지를 전달했다.[69]

소련의 정책에 명백한 변화가 나타났는데도, 미국이 추가 공세를 피하려는 의향을 보인 데는 여러 요인이 있었다. 중국 영토 내 대규모 소련 주둔군의 존재가 그중 하나로, 이는 중국 본토 공격을 호조건으로 볼 수 없게 했다. 엄격히 요새화된 조선인민군과 인민지원군 진지들도 또 하나의 요인이었다. 핵폭탄 공격을 포함한 폭격이 성공할 가능성을 크게 제한하기 때문이었다. 펀치바울·블러디릿지·하트브레이크릿지 전투 당시 북한이 저항했던 전례를 근거로 전면전을 치르는 경우에는 대규모 사상자를 감수해야 했다. 그 후로 동아시아 동맹국들의 진지는 더욱 강화되었다. 모스크바에 들어선 신임 정부는 비록 겉보기에는 동맹국들의 방어에 최선을 다하지 않는 것 같아도, 과도기에 머물러 있었다. 서방이 자국의 조력자들을 상대로 핵무기를 사용한다면 소련이 다시 강경 노선을 채택하도록 도발할 위험이 있었다.[70]

미국이 협박대로 실행하고 기꺼이 확전에 나설 것인지는 여전히 불확실한 상태였다. 그런데 5월에 관개용 댐들을 폭격함으로써 미국과 연합국들이 전례 없는 확전에 착수했고, 위기는 한층 임박해 보였다. 5월 마지막 주 총사령관 클라크가 서방이 제시한 휴전 조건들은 "최종안"이며 그에 대한 어떠한 타협도 없다고 북한과 중국 협상단에 경고했다. 나아가 만약 서방의 새 조건들을 받아들이지 않는다면 협상은 휴회가 아니라 영구히 종료될 것이라고 경고했다.[71] 6월 3일 이처럼 강경한 최후통첩이 볼런 대사를 통해 추가로 소련에 전달되었다.[72] 위협과 최대 압박이 효과가 있는 것처럼 보였다. 중국과 북한 양국 모두 7월 27로 예정된 일정에 따라 휴전협정에 조인한다는 클라크 장군의 조건에 응했다. 포로 귀환에 관한 서방의 강경책은 최종 합의서에서도 어떠한 양보도 찾아볼 수 없었다. 중립국의 보호를 받는 기간을 제한했고, 대다수 북한 포로들의 경우 그조차 없었다.

휴전협정을 조인하던 날, 유엔 사령부 대표단은 유엔 협상단과 출정 중인 유엔군 고위 지휘부가 거의 그러하듯 모두가 미국인이었다. 휴전 협정은 미군 부관 윌리엄 K. 해리슨 장군과 조선인민군 부관 남일 장군이 서명했다. 양측 대표는 따로 분리된 탁자에 앉았고, 12시간 후에 효력을 갖게 될 9장의 휴전 협정문에 말없이 서명했다. 장군들은 10시 10분과 10시 11분에 각각 서명했다. 남일 장군은 즉시 떠났다. 반면, 미국 측 해리슨 장군은 잠시 멈춰 미소를 지으며 유엔 대표단을 맞이하고 사진을 찍기 위해 자세를 취하기도 하면서 보다 느긋하게 퇴장했다.

휴전 협정문 4장 60조는 적대행위가 종식됨과 동시에 코리아의 분단 문제를 해결하기 위한 회담이 3개월 안에 열려야 한다고 명기했다. 1954년 4월 제네바에서 뒤늦은 회담이 미국, 중국, 소련, 영국, 두 개의 코리아, 그리고 미국이 주도한 연합군 13개국이 참석한 가운데 열렸다. 그 자리에서 남한 대표는 유일하게 코리아의 적법한 대표가 될 수 있는 것은 서울밖에 없다며 특유의 성격대로 강경 노선을 취했다. 또한, 미국과 여타 서방 군인들이 코리아에 무기한으로 남아 있어야 하고 중국군이 단독 철수해야 한다고 요구했다. 한반도를 재통일하기 위한 선거를 남한 관할권 아래 실시해야 한다고도 요구했다. DPRK는 모든 외국 군대가 코리아를 떠나야 하고, 통일을 위한 선거는 북한과 남한 어느 한쪽의 관할권에서 치러질 것이 아니라고 말했다. 대신, 공정성을 보장할 수 있도록 양국 모두가 동의하는 합동 위원회 관할 아래 치러져야 한다고 제안했다. 더 공평한 이 제안은 즉각 거부되었고, 심지어 중립국으로 이루어진 집단이 통일을 위한 선거를 감독하게 할 수 있다는 수정안- 북한은 이에 동의했다 -을 중국이 제시한 후에도 거부되었다. 또다시, 유명 소식통들 가운데서 CIA가 인증한 것으로, 자유롭고 공정한 선거는 북한에 확실하게 이로운 결과를 낳을 것이라는 정보[73]가 미국과 남한의 정책 결정에 영향을 미친 게 확실했다. 그들은 자신들이 완벽한 권한을 행사할 수 있는 통일이 아니라면 무조건 즉각 거부해야 했다. 미국 소식통에 따르면, 서울 정부와 특히 이승만 자신이 무력에 의한 통일을 선호했고 타협이 요구되는 어떤 종류의 협상도 시작할 의향이 없었다. 이는 왜 그토록 비타협적인 조건들을 내놓았는지를 부분적으로 설명해준다.[74] 물론 미국은 남한의 제안을 지지했다. 그러나 영국을 비롯한 다른 연합국들은 남한이 내건 조건들이 실행 가능한지 회의적이었다.[75] 미국과 남한의 동맹국들조차 그런 조건들에 지지하는 목소리를 내지 않았다. 그들의 편파성과 타협하지 않는 기질로 인해 협상에 의한 타결의 가능성이 사실상 닫혀버렸기 때문에, 벨기에와 영국 대표들은 자신들이 중국이 제안한 의견을 거부하지 않는다고 명백히 밝혔다.[76] 회담은 참석자들이 어떠한 선언에도 합의에 이르지 못한 채로 끝이 났다.

1951년 11월부터 어느 시점이건 서방 진영이 한국전쟁을 끝내고자 했다면, 자발적 송환 요구를 바로 내려놓고 제네바 협약에 따라 법을 준수하는 국가로서 협상을 시작할 수도 있었다. 실제로, 애초에 제시된 숫자인 11만 6천 명의 포로들이 귀환하는 자발적 송환이라는 조건으로도 한 해 더 일찍 평화 협정에 이를 수 있었다. 이는 1952년 4월에 중국이 받아들인 안이었다.77) 중국과 북한이 수차례 양보한 후에도 추가로 제시된 요구들이 전쟁을 거의 2년이나 연장하는 데 이바지했다.78) 동아시아 동맹국들은 – 소수의 포로를 대만과 남한으로 불법적으로 이동시키는 것을 포함해 – 협약상 규약의 의무에서 벗어나는 서방의 자잘한 일탈들에 관대한 편이었다. 하지만, 법령의 중대한 위반이나 심각한 전쟁 범죄라고 평가할 수밖에 없는 사항들은 절대 받아들일 생각이 없었다. 이런 것들로는 살해, 의학 실험, 고문이 있었다. 전쟁이 끝난 후 포로들을 적의 전선 후방에 무제한 남아 있게 하려는 가장 극단적 형태의 강압을 포함한 야만적 처우도 여기에 해당했다. 미국과 연합국들은 사실상 중국과 북한으로서는 할 수 없는 방식으로 시간을 벌고 압력을 가할 수 있었고, 동아시아 동맹국들은 스탈린 총서기 사망 후 모스크바가 보인 입장 변화로 인해 그나마 가졌던 영향력마저 더 줄었다.

중국의 인구 집중 지역들을 표적으로 핵 공격에 착수하는 것까지 포함해 전쟁의 강도를 높이겠다는 위협이 협상 과정 전반에 드리워 있었다. 1953년 들어 이 위협이 커졌다. 학자들과 정책입안자들 사이에서는 이것이 휴전 협상의 교착상태를 타개하는 데 이바지할 것으로 받아들여졌다.79) 국무장관 존 포스터 덜레스는 휴전협정 조인 5개월 후 버뮤다 회담에서 만난 영국과 프랑스 측 회담 상대에게 미국이 "훨씬 더 강도 높은 전투 채비"가 되어 있었다는 사실을 언급하면서, "교전을 끝내게 한 것은 기꺼이 힘을 사용하겠다는 미국의 의향을 [베이징과 평양이] 잘 알고 있었기 때문"80)이라고 말했다. 1954년 4월 제네바 회담에서 덜레스는 더 공공연하게 말했다. 만약 그 조건들을 따르지 않는다면 "만주에 있는 공격 근거지를 위태롭게 할 만큼 전투지역이 확대될 것"81)이라는 것을 적들이 깨달은 덕분에 미국의 입지가 유리해졌다는 것이었다. 아이젠하워 대통령도 어떻게 하여 전쟁이 종식되었는지 질문받자 주저 없이 그것은 "핵전쟁의 위험이지요.… 우리는 그들에게 만약 공산주의자들이 휴전조약을 어기면 전쟁을 더 이상 국지전에 한정할 수 없다고 말했습니다. 그들은 전면적인 핵 공격을 원하지 않았어요. 그것으로 그들을 어느 정도 제어했습니다."82)라고 단언했다. 대통령은 회고록에서 같은 결론에 도달했다.83) 핵 공격에 나서겠다고 강하게 위협한 직후 휴전협정이 이루어짐으로써, 아이젠하워 행정부는 그 접근법이 미국의 구상을 성공적으로 실현하는 데서 중대한 역할을 했다고 확신했다. 그리하여, 때때로 그들이 원하는 대로 핵 공격에 나서겠다고 위협할 수 있는 능력이 장래 위기 시에 유리한 전환을 가져다줄 열쇠가 될 수 있다는 확신을 가졌다.84) 여러 후임 행정부들이 이 전략을 사용했고, 한반도에서 절대적 핵 불균형이 존재하는 한, 미국은 빈번히 핵 무력(nuclear force)으로 북한을 위협하려 했다. 평양을 압박해 미국의 요구를 수용하게 하려고 핵 위협을 행사하는 상황은 휴전협정 조인 후 수차례 분쟁 중에도 계속되었다. 소련 붕괴 후 1990년대에 핵 위협은 엄청나게 커졌다. 결국, 북한이 자체 핵무기 개발을 추구함으로써 적과의 불균형을 바로잡는 상황으로 나아갔다. 핵 억제력에 대한 중국의 관심을 자극하는 원인이 된 것도 같은 현상으로, 협상 과정에서 미국이 일방적 양보를 끌어내기 위해 핵 위협을 사용한 결과로 중국의 핵무장을 낳은 것이다. 유명한 중국과학협회 대변인이 미국과 벌이는 협상의 본질과 관련해 핵 위협의 영향에 대해 말했다. "우리가 핵무기를 보유하고 완전히 채비가 되어 있을 때, 광분한 전쟁광들이 [전쟁을 끝내자는] 우리의 정당하고 합리적인 제안들을 경청할 수 있지 않겠는가?"[85] 중국 국영 인민일보도 유사하게 미국의 "핵무기 군국주의(atomic militarism)"를 억제할 수 있는 핵무기 능력의 중요성을 강조했다.[86]

미국과 서방 연합국은 그들에게 유리한 합의가 받아들여질 때까지 핵 공격을 단계적으로 확대하겠다는 위협과 더불어 북한의 인구 밀집 지역, 보급선, 군 진지와 주요 기간시설을 대량 폭격할 수 있는 능력을 보여주었고, 이것이 북한 지도부에 미친 영향이 없지 않았다. 전쟁 종식을 앞두고 핵 공격을 확대하겠다는 위협이 크게 늘고 폭격도 함께 늘었다. 따라서 어떤 강압 수단이 동아시아 동맹국들이 양보할 수밖에 없도록 했는지는 여전히 논쟁거리로 남아 있다. 하지만 상응하는 능력을 갖추지 못했던 동아시아 동맹국들의 양보에는 핵 위협과 폭격이 모두 중대한 역할을 한 게 분명하다. 수십 년이 지나, 평양은 남한과 아시아-태평양 지역 내 미군 시설들, 궁극적으로 바로 미국 내 인구 밀집 지역을 폭격할 수 있는 능력[87]을 몹시 중요하게 여겼다. 그것은 북한이 오래도록 부정당해 왔던 능력이자 동등한 지위를 보장해주는 능력이었다. 미국인들이 일본, 남한, 괌을 비롯한 여타 지역에 군사 기지가 있는 것과 달리, 북한은 미국의 앞마당에 군사 기지가 없다. 항모타

격단과 같이 해외 전력 투사에 걸맞은 재래식 능력도 없다. 따라서 미국의 능력에 맞서 유일하게 성공할 수 있는 수단으로 등장하게 되는 것이 탄도 미사일이다.

1) Levine, Alan J., Stalin's Last War: Korea and the Approach to World War III, Jefferson, McFarland & Company, 2005 (pp. 188–189).

2) Gwertzman, Bernard, 'U.S. Papers Tell of '53 Policy to Use A-Bomb in Korea,' New York Times, June 8, 1984.

3) Levine, Alan J., Stalin's Last War: Korea and the Approach to World War III, Jefferson, McFarland & Company, 2005 (p. 214). Pak, Chi Young, Korea and the United Nations, The Hague, Kluwer Law International, 2000 (p. 83).

4) U.S. Department of State, Foreign Relations of the United States, VII, Washington, D.C., Government Printing Office, 1976 (p. 561).

5) Acheson, Dean, Present at the Creation: My Years in the State Department, New York, Norton, 1969 (p. 533).

6) Lindqvist, Sven, A History of Bombing, New York, The New Press, 2001 (p. 131). Grosscup, Beau, Strategic Terror: The Politics and Ethics of Aerial Bombardment, London, Zed Books, 2003 (Chapter 5: Cold War Strategic Bombing: From Korea to Vietnam, Part 4: The Bombing of Korea).

7) Garthoff, Raymond L., Sino-Soviet Military Relations, New York, Praeger, 1966 (p. 8).

8) Acheson, Dean G., Present at the Creation: My Years in the State Department, New York, W. W. Norton, 1969 (pp. 535–536).

9) Matray, James I., 'Mixed Message: The Korean Armistice Negotiations at Kaesong,' Pacific Historical Review, vol. 81, no. 2, May 2012 (p. 230).

10) Ibid. (pp. 223–224, 231).

11) Acheson, Dean, Present at the Creation: My Years in the State Department, New York, Norton, 1969 (p. 535).

12) Matray, James I., 'Mixed Message: The Korean Armistice Negotiations at Kaesong,' Pacific Historical Review, vol. 81, no. 2, May 2012 (p. 230).

13) Foreign Relations of the United States 1951, Vo. VII (pp. 610, 667–668, 771–774,838–842). Hermes, Walter, Truce Tent and Fighting Front, Washington, Department of the Army, 1966 (p. 19).

14) Dockrill, M. L., 'The Foreign Office, Anglo-American Relations and the Korean War, June 1950–une 1951,' Royal Institute of International Affairs 1944–, vol. 62, no. 3, Summer, 1986 (p. 465).

15) Hermes, Walter G., Truce Tent and Fighting Front, Washington D.C., Center of Military History, 1992 (p. 181).

16) Telegrams, Nie Rongzhen to Mao and Zhou Enlai, October 9, 1951, Nie Rongzhen Junshi Wenxuan [Selected military writings of Nie Rongzhen], Beijing, CCP Central Archives, 1992 (pp. 359–361).

17) Tucker, Spencer T., The Encyclopaedia of the Korean War, Santa Barbara, ABC-CLIO, 2010 (p. 469). Levine, Alan J., Stalin's Last War: Korea and the Approach to World War III, Jefferson, McFarland & Company, 2005 (pp. 221, 278).

18) Vyshinsky, Andrey, On Measures Against the Threat of Another War and for Strengthening Peace and Friendship Among Nations, Sixth Session of the United Nations General Assembly, November. 8, 1951.

19) 'The Cold War in Asia,' Cold War International History Project Bulletin, issues 6–7, Winter 1996–1996 (p. 73).

20) Pape, Robert A., Bombing to Win: Air Power and Coercion in War, Ithaca, NY, Cornell University Press, 1996 (pp. 138–139).

22 Meeting dated January 2, 1952. Minutes of Meetings of Subdelegates for Agenda Item 4 on Prisoners of War, 12/11/1951—02/06–1952; Korean Armistice Negotiation Records; Secretary, General Staff; Headquarters, United Nations Command (Advance); Record Group 333; National Archives at College Park, College Park, MD.

23 Kim, Monica, The Interrogation Rooms of the Korean War: The Untold History, Princeton, NJ, Princeton University Press, 2019 (p. 8).

24 Levine, Alan J., Stalin's Last War: Korea and the Approach to World War III, Jefferson, McFarland & Company, 2005 (p. 252).

25 Jager, Shella Miyoshi, Brothers at War: The Unending Conflict in Korea, London, Profile Books, 2013 (p. 205).

26 Memorandum of Conversation by the Deputy Assistant Secretary of State for Far Eastern Affairs, 'U.S. Position on Forcible Repatriation of Prisoners of War,' February 27, 1952, Top Secret, Top Secret, Foreign Relations of the United States, 1952–1954, vol. 15, part 1 (p. 69).

27 Kim, Monica, The Interrogation Rooms of the Korean War: The Untold History, Princeton, NJ, Princeton University Press, 2019 (p. 13).

28 Kim, Monica, The Interrogation Rooms of the Korean War: The Untold History, Princeton, NJ, Princeton University Press, 2019 (pp. 9, 207).

29 Bernstein, Barton J., The Struggle Over the Korean Armistice: Prisoners of Repatriation in: Cumings, Bruce, Child of Conflict: The Korean-American Relationship, 1943–1953, Seattle, University of Washington Press, 1983 (pp. 281–284). Negotiating While Fighting: The Diary of Admiral C. Turner Joy at the Korean Armistice Conference, Stanford, Hoover Institution Press, 1978 (p. 368). Rose, Gideon, How Wars End: Why We Always Fight the Last Battle, New York, Simon and Schuster, 2010 (p. 132).

30 Memorandum of discussion at the 181st meeting of the NSC, January 21, 1954; Eisenhower Library, Eisenhower papers, Whitman file.

31 Kim, Monica, The Interrogation Rooms of the Korean War: The Untold History, Princeton, NJ, Princeton University Press, 2019 (pp. 107, 128).

32 Ibid. (p. 99).

33 Document: Overall Strategic Concept for our Psychological Operations, May 7, 1952, Folder: 091.412, File #2, 'The Field and Role of Psychological Strategy in Cold War Planning,' Box 15, SMOF: Psychological Strategy Board files, Papers of Harry S. Truman, Harry S. Truman Presidential Library Archives.

34 Roberts, Adam, 'NATO's "Humanitarian War" on Kosovo,' Survival, vol. 41, no. 3, Autumn 1999 (pp. 102–123). 'Bush Renews Vow to "Free" Iraqi People,' New York Times, April 1, 2003. Hong, Adrian, 'How to Free the North Korean People,' Foreign Policy, Dec. 19, 2011. Zenko, Micah, 'The Big Lie About the Libyan War,' Foreign Policy, March 22, 2016. Marks, Jesse and Pauley, Logan, 'America Must Find New Ways to Protect Syrian Civilians,' National Interest, November 20, 2018.

35 Schmitt, Carl, The Nomos of the Earth in the International Law of the Jus Publicum Europaeum, New York, Telos Press, 2003 (p. 419).

36 Deane, Hugh, The Korean War, 1945–1953, San Francisco, CA, China Books and Periodicals, 1999 (p. 167).

37 Thimayya, Kodendera Subayya, Experiment in Neutrality, New Delhi, Vision Books, 1981 (p.113). Kim, Monica, The Interrogation Rooms of the Korean War: The Untold History, Princeton, NJ, Princeton University Press, 2019 (pp. 278, 281).

38. Carruthers, Susan Lisa, Cold War Captives: Imprisonment, Escape and Brainwashing, Oakland, University of California Press, 2009 (p. 125).
39. Westad, Odd Arne, The Cold War; A World History, London, Allen Lane, 2017 (p. 180). Peters, Richard, and Li, Xiaobing, Voices from the Korean War: Personal Stories of American, Korean and Chinese soldiers, Lexington, University Press of Kentucky, 2005 (pp. 244–245).
40. Muccio to Secretary of State, May 12, 1952, Top Secret, Foreign Relations of the United States, 1952–1954, vol. 15, part 1 (p. 192).
41. Memorandum by P. W. Manhard of the Political Section of the Embassy to the Ambassador in Korea, Secret, March 14, 1952, Foreign Relations of the United States, 1952–1954, vol. 15, part 1 (pp. 98–99).
42. The Ambassador in Korea to the Department of State, Top Secret, June 29, 1952, Foreign Relations of the United States, 1952–1954, vol. 15, part 1 (p. 360). Muccio to Secretary of State, July 2, 1952, Top Secret, Foreign Relations of the United States, 1952–1954, vol. 15, part 1 (pp. 369–370, 379). Rose, Gideon, How Wars End: Why We Always Fight the Last Battle, New York, Simon and Schuster, 2010 (pp. 146–147).
43. Muccio, John J., Oral History Interview, Harry S. Truman Library, February 10 and 18, 1971 (pp. 100–101).
44. Chase, A. Sabine, Estimate of Action Needed and Problems Involved in Negotiating and Implementing an Operation for Re-Classification and Exchange of POWs,' July 7, 1952, Top Secret, National Archives, 693.95A24/7-752 (pp. 3–4, 7).
45. Foot, Rosemary, A Substitute for Victory: Politics of Peacemaking at the Korean Armistice talks, Ithaca, NY, Cornell University Press, 1990 (pp. 120–121).
46. Deane, Hugh, The Korean War, 1945–1953, San Francisco, CA, China Books and Periodicals, 1999 (p. 178).
47. Ibid. (pp. 178, 169).
48. Young, Charles S., Name, Rank, and Serial Number: Exploiting Korean War POWs at Home and Abroad, Oxford, Oxford University Press, 2014 (p. 89).
49. Ju, Yeong Bok, 76 P'orodul [The 76 Prisoners of War], Seoul, Daegwan Publishing, 1993 (p. 47). Kim, Monica, The Interrogation Rooms of the Korean War; The Untold History, Princeton, NJ, Princeton University Press, 2019 (p. 291).
50. Thimayya, Kodendera Subayya, Experiment in Neutrality, New Delhi, Vision Books, 1981 (p.79). Kim, Monica, The Interrogation Rooms of the Korean War; The Untold History, Princeton, NJ, Princeton University Press, 2019 (p. 291).
51. Levine, Alan J., Stalin's Last War; Korea and the Approach to World War III, Jefferson, McFarland & Company, 2005 (pp. 253–254)
52. Negotiating While Fighting: The Diary of Admiral C. Turner Joy at the Korean Armistice Conference, Stanford, Hoover Institution Press, 1978 (p. 355).
53. Brower, Charles F., George C. Marshall: Servant of the American Nation, New York, Palgrave Macmillan, 2011 (Chapter 6: Fighting the Force Problem: George C. Marshal and Korea). Levine, Alan J., Stalin's Last War; Korea and the Approach to World War III, Jefferson, McFarland & Company, 2005 (p. 208).
54. Ibid. (p. 277)
55. Edwards, Paul M., Historical Dictionary of the Korean War, Lanham, Scarecrow Press, 2010 (p. 212)
56. Foreign Relations of the United States 1951, Vol. VII (pp. 667–668, 881–882, 1106–1109). Foot,

Rosemary, The Wrong War, Ithaca, Cornell University Press, 1985 (pp. 148–153, 176). Hermes, Walter, Truce Tent and Fighting Front, Washington, Department of the Army, 1966 (pp. 56, 107). Pogue, Forrest C., George C. Marshall, Volume 4: Statesman, 1945–1959, New York, Viking, 1987 (p. 488).

57 Levine, Alan J., Stalin's Last War; Korea and the Approach to World War III, Jefferson, McFarland & Company, 2005 (pp. 278, 280)

58 G-3 381 Pacific, G-3 Staff Study, 'Capability of U.S. Army to Implement CINCUNC Operations Plan,' ca. 21, Jan 53. Levine, Alan J., Stalin's Last War; Korea and the Approach to World War III, Jefferson, McFarland & Company, 2005 (pp. 277–278).

59 BBC Summary, Far East, No. 221, January 23, 1953.

60 Chang, Su-Ya, Unleashing Chiang Kai-shek? Eisenhower and the Policy of Indecision toward Taiwan, 1953, Taipei, Institute of Modern History, Academia Sinica, 1991.

61 Kuo, Fang Pu and Shih, Cheng Chu, The Working Record of the U.S. Military Assistance Advisory Group: The Headquarters, Taipei, Historic Office, Republic of China Ministry of National Defense, 1981 (pp. 10–12). Chang, Su-Ya, Unleashing Chiang Kai-shek? Eisenhower and the Policy of Indecision toward Taiwan, 1953, Taipei, Institute of Modern History, Academia Sinica, 1991.

62 Levine, Alan J., Stalin's Last War; Korea and the Approach to World War III, Jefferson, McFarland & Company, 2005 (p. 278). Blum, William, Killing Hope: U.S. Military and C.I.A. Interventions Since World War II, London, Zed Books, 2003 (pp. 24–25). Washington Post, August 20, 1958. Mitchell, Arthur H., Understanding the Korean War: The Participants, the Tactics, and the Course of Conflict, Jefferson, NC, McFarland, 2013 (p. 177).

63 Survey of the China Mainland Press,, Hong Kong, U.S. Consulate General, No. 541 (March 28, 1953); and No. 542 (March 30, 1953).

64 Hermes, Walter, Truce Tent and Fighting Front, Washington, Department of the Army, 1966 (pp. 409–425).

65 Futrell, Robert F., United States Air Force Operations in the Korean Conflict, 1 July 1952–27 July 1953, USAF Historical Study no. 127, Maxwell Air Force Base, Ala, USAF Historical Division, Research Studies Institute, Air University, 1956 (pp. 93, 126).

66 Levine, Alan J., Stalin's Last War; Korea and the Approach to World War III, Jefferson, McFarland & Company, 2005 (p. 283)

67 Foreign Relations of the United States 1952–1954, vol. 15, Korea, May 19, 1953 (pp. 1061–1062).

68 Congressional Record: Proceedings and Debates of the 86th Congress, vol. 105, part 7, May 20–June 4, 1959 (p. 8703). Futrell, Robert Frank, The United States Air Force in Korea, 1950–1953, Washington D.C., Office of Air Force History, 1983 (p. 667).

69 Foreign Relations of the United States 1952–1954, vol. 15, Korea, May 19, 1953 (p. 1068). Levine, Alan J., Stalin's Last War; Korea and the Approach to World War III, Jefferson, McFarland & Company, 2005 (pp. 283–284).

70 Foreign Relations of the United States 1952–1954, vol. 15, Korea, May 19, 1953 (p. 1065).

71 Ibid. (pp. 1082–1086).

72 Record Group (RG) 59, 795.00 Korea, Box 4268, May 28, 1953, NA.

73 Hanley, Charles J. and Choe, Sang Hun, and Mendoza, Martha, The Bridge at No Gun Ri: A Hidden Nightmare from the Korean War, New York, Henry Holt and Company, 2001 (p. 170). Foreign Relations of the United States, 1950, vol. VII, Korea, Washington D.C., Government Printing Office,

1976 (p. 602). Stone, I. F., Hidden History of the Korean War, Amazon Media, 2014 (Chapter 17: Free Elections?).

74 U.S. Department of State, Foreign Relations of the United States, 1952–1954, The Geneva Conference, Volume XVI, 795.00/2-1954: Telegram from Seoul to Washington, February 19, 1954.

75 Bailey, Sydney D., The Korean Armistice, New York, Palgrave MacMillan, 1992 (p. 163).

76 Ibid. (pp. 167–168).

77 Sandler, Stanley, The Korean War: An Encyclopedia, New York, Routledge, 2005 (p. 29).

78 Pape, Robert A., Bombing to Win: Air Power and Coercion in War, Ithaca, NY, Cornell University Press, 1996 (pp. 137, 139).

79 Brodie, Bernard, War and Politics, London, Macmillan, 1973 (p. 105). George, Alexander L., and Smoke, Richard, Deterrence in American Foreign Policy: Theory and Practice, New York, Colombia University Press, 1974 (p. 239). Rees, David, Korea: The Limited War, New York, St. Martin's Press, 1964 (pp. 419–20).

80 Foreign Relations of the United States, 1952-54, vol. 5, Western European Security, Washington D.C., U.S. Government Printing Office, 1979 (pp. 1811–1813).

81 Freedman, Lawrence, The Evolution of Nuclear Strategy, London, Macmillan, 1983 (p. 85).

82 Adams, Sherman, Firsthand Report: The Inside Story of the Eisenhower Administration, London, Hutchinson, 1962 (p. 102).

83 Eisenhower, Dwight D., The White House Years: Mandate for Change, 1953–1956, New York, Doubleday, 1963 (pp. 179–180).

84 Foot, Rosemary, Nuclear Coercion and the Ending of the Korean Conflict, International Security, vol. 13, no. 3, MIT Press, Winter 1988–1989 (p. 93).

85 Harris, William R., 'Chinese Nuclear Doctrine: The Decade Prior to Weapons Development (1945–955),' The China Quarterly, no. 21, January-March 1965 (p. 94).

86 Ibid. (p. 94).

87 Warrick, Joby and Nakashima, Ellen and Fifield, Anna, 'North Korea now making missile-ready nuclear weapons, U.S. analysts say,' Washington Post, August 8, 2017. Baker, Peter and Choe, Sang-Hun, 'Trump Threatens "Fire and Fury" Against North Korea if It Endangers U.S.,' New York Times, August 8, 2017. 'Pompeo calls Iran more destabilizing than N. Korea,' France 24, February 14, 2019.

Part. 2
냉전기

9장. 평시의 전쟁 : 한국전쟁 이후 계속되는 전쟁
10장. 대리전쟁 : 북한과 미국이 삼자를 통해 벌이는 전쟁
11장. 주한 미군

9장
평시의 전쟁 : 한국전쟁 이후 계속되는 전쟁

한국전쟁의 유산

미국과 서방 연합군이 무력간섭에 나서기 전, 한국전쟁은 2주를 넘기지 못하고 비교적 신속하게 유혈 참사 없이 끝날 것으로 예상했다. 교전 당사국인 남북한 어느 쪽도 공군력을 폭넓게 활용할 수 없었고, 대량파괴무기를 쓰거나 초토화 작전을 벌일 수도 없었다. 남한은 사기 저하에 더해 주민들 사이에서 조선인민군에 대한 지지가 높아가면서 제 기능을 하지 못하는 상태였고,1) 남한군은 대규모 탈영과 총체적 무질서로 거의 붕괴 직전이었다.2) 조선인민군은 과거에 존재했던 인민위원회를 재건하고 참여와 민주주의가 보장되는 체제를 실질적으로 복원하여 남한에서 호평을 얻고 있었다. 이처럼 한반도에서 나타나는 현상은 미군이 조선인민공화국을 강제로 해체하기 전인 1945년 9월 초와 닮아 있었다.3) 그렇기에 무력간섭이 없었다면 한국전쟁은 미국의 지배와 그 뒤를 이어 그들이 세운 이승만 정부가 통치한 5년이라는 시간 동안 대한민국(ROK) 군대와 미국이 후원하는 무장단체들이 남한 땅에서 저지른 잔혹한 만행들에 종지부를 찍었을 것이다.

서방의 무력간섭은 이승만의 통치로 혜택을 입은 이승만 본인과 소수를 제외한 모든 한국인에게 끔찍한 결과를 불러왔다. 전직 CIA 작전담당관이자 정보전문가인 로버트 R. 시몬스는 서툰 외부 개입이 코리아의 내전에 불러온 결과를 이렇게 평가했다. "어쩌면 신속하고 비교적 유혈 참사가 없었을 재통합이 대학살로 바뀌어버렸다."4) 남한 주민은 가난하게 버려졌다. 전쟁으로 새롭게 더해진 궁핍과 절망은 이내 주민들이 철저히 이용당하게 되는 배경이 되었다.(11장 참조할 것) 미군과 서방 연합군은 개의치 않고 민간인들에게 총격을 가하는가 하면 직접 명령에 따라 학살을 저지르기도 하는 등 수많은 사건을 일으키고 살해를 일삼았다. 그러는 가운데 ROK 주민 약 1백만 명이 목숨을 잃었다. 그중 대다수가 군이 저지른 살해였다.5) 남한은 미국에 종속된 이승만 정부 아래 남아, 이승만이 권좌에서 물러날 때까지 세계에서 삶의 질이 최저인 나라에 속한 채 개선될 여지가 보이지 않았다. 과학기술정책연구원의 남한전략전망센터 연구원 박성원은 "한국전쟁으로… 남한 사회는 붕괴했다. 1960년대 남한은 세계에서 가장 가난한 나라 가운데 하나였다"고 썼다. 1965년 인구의 85%가 여전히 극빈 상태였고,6) 미국에 대한 경제 의존도가 극심했다. 엄청난 미국 원조와 함께, 미군들을 상대하는 매춘이 이승만 정부에 의해 외화벌이로 장려되었다.7) 미국이 세운 이승만 정권이 민중 시위로 무너지고 나서야 전직 장군 박정희가 대통령직에 올라 드디어 남한 주민들의 생활 환경이 개선되기 시작했다. 더 애국적이고 독자적인 신생 군사 정부를 이끈 박정희는 유능한 개발주의자로 판명되었다.

조선인민군 통제 아래 놓인 시기 남한 영토는 짧은 기간 서방의 폭격을 허용했다. 중국군이나 북한군에 의한 큰 공습은 없었기 때문에, 피해가 훨씬 덜했던 남한은 전쟁이 끝나기 2년 전에 벌써 어느 정도 재건을 시작할 수 있었다. 북쪽의 사정은 크게 달랐다. 북한은 1953년 7월 27일 휴전 협정에 서명하고 나서 12시간이 지날 때까지 총 3년에 걸쳐 하늘·지상·바다로부터 쉬지 않고 이어지는 서방의 폭격 아래 남아 있었다. 38선 이북에서는 대공습 작전과 초토화 작전으로 인해 파괴의 정도가 한층 심했다. DPRK는 관개용 댐들이 폭격을 받고 노동력 상실도 30%에 이르러 식량의 거의 전부를 수입에 의존해야 했다. 미국은 코리안들의 사망자 수를 5백만 명으로 추산했다.8) 북한인들의 20~30%가 사망했고, 그보다 많은 사람들이 집을 잃고 부상을 입거나 노동력을 상실했다.9) 전시 파괴의 정도는 2차 세계대전 기간의 어느 나라보다 심했고, 현대 전쟁사의 모든 파괴를 능가했다.

한국전쟁에서 승자가 있었다면, 그것이 어느 쪽인지는 여전히 해석의 여지가 있다. 미국과 이승만 정부로서는 북쪽의 인민공화국을 무너뜨리고 한반도를 서방의 종속 정권 아래 강제로 재통일하는데 실패했다. 그러나 그들은 목전까지 다가온 평화적 재통일과 예상된 통합선거를 막는 데는 성공했다. CIA10)에서부터 크렘린11)에 이르기까지 모든 방면의 정보를 종합해 보면, 통합선거가 치러졌다면 남쪽 주민들 사이에서 대중적으로 높은 인기 덕분에 북한 정부에 민주적인 승리를 가져다주었을 것이다. 전쟁이 발발하기 한 달도 남지 않은 시점에 치러진 남한 국회의원 선거 결과는 평화 통일의 진전을 강력히 지지하고 이승만을 권력의 중심에서 몰아내는 것으로 나타났다. 그처럼 유리한 환경이 전쟁으로 사라졌다. 전쟁이 일어나기 전에 권력 상실이 임박해 보였던 이승만과 정부는 극도로 나쁜 평판에도 불구하고 권좌를 지키게 되었다. "공산군의 침략"이라는 주장이 효력을 발휘하게 되어, 수용소에 억류되었다는 이유로 정치적 의심을 받는 사람들을 대규모로 처형하는 등 반대자들에 대한 탄압을 강화하는 구실을 또다시 제공했다.[12]

DPRK로서는 생존 자체를 승리의 근거로 삼을 수도 있겠지만, 인명 손실과 전시 피해를 떠나서도 입지가 크게 약화되었다. 적대행위 발발 전 남쪽 코리아는 북쪽의 신생 공화국에 평화적으로 통합되는 일만 남은 것처럼 보였고, 이승만 정부는 안으로부터 권력을 놓치게 될 상황에 직면해 있었다. 그럼에도 불구하고, DPRK는 전쟁 중에는 효과적인 전투 성과로, 전쟁 후에는 신속하고 효율적인 재건 프로그램으로 적들을 놀라게 할 수 있었다. 특히 조선인민군이 압도적인 적에 맞서 수개월에 걸쳐 초반 승리를 거둠으로써, 몇 시간 아니면 며칠 내로 서방이 승리한다는 서방 소식통의 예견을 낳은 서방의 우월감과 무능한 아시아 군대라는 관념에 손상을 가했다.[13] 영국 〈내셔널 에어 리뷰(National Air Review)〉는 미 공군 참전 72시간 내 조선인민군의 대패를 예측했다. 그 같은 예측이 유일무이한 것도 아니었을뿐더러 특별히 두드러지는 것도 아니었다.[14] 맥아더 장군은 조선인민군과 교전을 시작하고 몇 주 지나지 않아, 과거 평가와는 완전히 달라진 발언을 했다. "북한 병사들이 과소평가되어서는 안 된다. 힘든 상대이고 질서 있게 잘 통솔되고 있다."는 맥아더의 평가는 미군 지도부 사이에서 전반적인 공감을 얻었다.[15] 그 후로 미국은 조선인민군의 능력을 크게 경계했다.

전후 중국과 소비에트 진영의 상당한 지원을 받으면서, DPRK는 피해 정도에 비추어 비교적 빠르게 전전 수준으로 생활 수준을 회복하면서 매년 20%가 넘는 경제 성장률을 성공적으로 달성했다. 엄청난 전시 파괴로 고난을 겪는 가운데서도 주민들의 대중 동원에 힘입어 경제적으로 남한을 앞지를 수 있었다. 산업 시설, 댐, 주택 들이 재건되고 작물 파종도 다시 시작되었다. 하지만 전쟁의 상처는 그 후로도 한동안 계속될 수밖에 없었다. 불발탄들은 70년이 지나서도 민간인들을 위험에 빠뜨리고 계속 심각한 부상을 초래하면서 끊임없이 발굴되고 있다. 제거 작전은 적어도 100년은 걸릴 것으로 추정된다.[16] 살아남은 주민들이 신체적·정신적으로 입은 피해가 어느 정도인지, 얼마나 많은 사람이 다쳤는지 확정할 수는 없지만, 파괴 규모와 사망자 수를 고려할 때 엄청날 것으로 추정된다. 오늘날 북한인들은 한국전쟁, 혹은 그들이 쓰는 용어로 '위대한 조국해방전쟁'에서 승리했다고 여긴다. 민족 집단으로서의 코리아를 예속시키려는 서방의 기획과 이승만의 구상이 좌절되었다는 점을 생각하면, 어느 정도는 진실이다. 하지만 그것은 큰 대가를 치르고 얻은 승리였다.

새로운 북한

미국이 한국전쟁에 개입함으로써 한때 존재한 북한은 막을 내렸다. 북한은 대대적으로 파괴된 결과, 국가정체성에서 두 번째 혁명으로 나아갔다. 과거 코리아 혁명의 본질적 의미를 규정하는 투쟁은 일본통치에 맞서는 것이었고 그 투쟁의 승리는 주민들이 자기 자신의 미래를 결정할 수 있는 인민위원회의 설립으로 특징지어졌다. 미국이 이끄는 서방 군대가 3년에 걸쳐 그처럼 막대한 규모로 파괴를 초래했고 이로 인해 주민들이 큰 충격을 받은 결과, 이제 그들의 투쟁은 서방의 예속에 맞서는 생존을 위한 것으로 재정립되었다. 안보국가가 탄생했고 권력은 점차로 중앙집권화되었다. 강력한 방위와 거대한 상비군이 갈수록 더 우선시되었다. 전쟁이라는 현실, 서방의 적들이 보인 행동과 의도, 대비의 긴급성에 대해 주민들이 새로 얻은 경험과 자각 덕분에 이런 조치들은 대중적 반대에 직면하지 않았다.

전시 경험은 새로운 코리아에서 삶을 규정하는 핵심 측면이 되었다. 전쟁이 또 일어날 수 있다는 우려와 이를 대비해야 하는 필요성 때문이었다. 특히, 서방이 민간인과 산업 시설까지 표적으로 삼아 두 번째 대공습에 나설 수 있다는 공포가 있었다. 또다시 수백만의 생명을 위협하는 무수한 폭약과 네이팜을 비롯한 소이탄이 온 나라를 뒤덮게 할 수는 없었다. 정부는 이 위협에 다방면으로 대처했다. 대표적 사례가 공중 폭격에 대한 취약점을 보완하기 위해 산업 시설을 탈집중화하는 것이었다. 미국의 위협이라는 절박한 사정으로 인해 상당한 비용과 불편함을 감수하고 모든 공장을 지하에 지어 가동했다. 나라 곳곳에 주민들을 위한 지하대피소들이 같은 목적으로 건설되었다.[17]

전시 경험, 특히 미국이 주도한 폭격이 국가 정책과 군 정책을 입안하는데 미친 영향은 단기에 그치지 않아 오늘날에도 끈질기게 이어진다. 조선인민군은 더 많은 요격기와 방공시스템의 배치를 통해 공중 전력 강화에 집중했다. 휴전협정에 서명하고 얼마 지나지 않아, 평양은 모스크바를 제외하면 소련의 S-25(나토 코드명 SA-1) 장거리 지대공미사일이 배치된 유일한 도시가 되었다. 그것은 당시 독특한 다중채

널 유도능력을 갖춘 중포좌로, 1980년대 초반까지 소련이 수도 방위를 크게 의지한 무기였다. 그리고 S-75(나토 코드명 SA-2)와 다수의 미그-15기, 미그-17기, 미그-19기와 같은 더 가볍고 흔한 장비들이 이를 지원했다. 이런 자산들의 주 목적은 서방 항공기가 북한에 접근할 수 없도록 차단함으로써 침략을 단념하게 하려는 것이었다.

DPRK가 이미 가지고 있던 위기의식이 한층 더 커진 것은 1958년부터였다. 당시 미국이 핵 공격에 나서겠다는 위협을 고조시키자, 공습에 대한 공포가 새롭게 더해졌다. DPRK는 한국전쟁 당시 미국의 핵무기 사용 계획, 즉 미국이 오키나와에 핵무기를 배치하고 사용 채비에 들어갔으며 핵무기의 유효성을 측정할 목적으로 벌인 '허드슨 항 작전'에 대해 충분히 인식하고 있었다. 또한, 미국의 핵 위협이 그들이 더 유리한 휴전 협정 조건을 확보하도록 이바지한 역할에 대해서도 잘 알고 있었다. 한국전쟁 중에 미국 군부 및 민간 지도부 내 거물들 사이에서 핵 공격에 나서라는 요구가 빗발쳤다는 것은 공공연한 비밀이었다. 핵무기는 투하되지 않고도 어두운 그림자를 드리우며 미국의 전쟁 활동에서 막대한 역할을 했다. 이런 이유로 북한에서는 오늘날에도 한국전쟁을 "소총과 원자폭탄 간의 대결"[18]이라고 부른다.

1957년 6월 22일 미국이 일방적으로 휴전협정문 13항(d)을 폐기했을 때, 미국의 핵 위협이 임박했다는 인식이 커지기 시작했다. 미국은 자국 내 도시들과 세계 전역의 기지들이 안전한 상태에서는 전쟁 종식의 중요성이 중국과 북한에 훨씬 더 크다는 점을 잘 알고 있었기에, 휴전협정을 위반하는 위험을 무릅쓸 수 있었다. 애초에 국무장관 존 덜레스 포스터는 중국이나 북한이 위반할 경우 그에 대응하여 그 조항의 파기를 극적으로 들고나올 작정이었다. 그런데 중국과 북한이 협정문을 완벽히 준수하고 있다는 사실이 확인되면서 구실로 쓸 수 없게 되었다.[19] 베이징이나 평양 둘 중 어느 나라가 휴전협정 위반이라는 위험을 무릅쓸 경우, 미국보다 동아시아 동맹국들에 훨씬 더 불리했다. 양국의 군사력이 제한적이어서 그들에게 가용한 수단이 매우 적었기 때문이다. 이 사실을 잘 알고 있었기에 미국은 협정을 위반할 수 있었다. 이승만 정부는 중국, 미국, 북한 모두가 휴전협정을 지지하고 있던 시점에도, 처음부터 고의로 협상을 방해하기 위해 손을 썼다. 그들은 주민들의 희생에 개의치 않은 채 한반도 전체가 그들의 통제 아래 놓일 때까지 전쟁이 계속되어야 한다고 고집하면서 적대행위 종식에 반대했다.[20] 그들로서는 이처럼 새로운 전쟁을 무릅쓰는 조치들이 불리할 것이 없었기 때문이다. 그렇게 하여 미국은 한반도를 핵으로 무장한 최초의 당사국이 되어 1958년 1월부터 남한에 일방적으로 핵무기를 배치했다.[21] 대략 950개 탄두가 배치되었다.[22] 어느 모로도 이것은 북한과 중국을 지도에서 지워버리는 데 충분한 과도한 양의 무력이었다. 한반도를 핵으로 무장한 미국의 행동이 무시무시한 위협으로 다가온 이유는 배치 규모 때문만은 아니었다. 오히려 미국이 새 무기를 사용하려는 의도 때문이었다. 코리아에 핵탄두를 배치하기도 전에 합동참모본부는 어떤 적대행위건 재개되기만 하면 북한군을 상대로 "대규모 핵 공습"이 즉각 뒤따라야 한다는 의견을 제시했다. 그 즉시 핵무기를 사용하라는 명령도 함께 하달했다.[23] 1960년까지 이승만이 여전히 권좌를 지키자, 국무장관 덜레스는 서울이 먼저 새로운 적대행위를 시작할 위험성이 매우 높아 이를 우려한다는 견해를 거듭 표명했다. 국무장관은 이런 취지를 국가안전보장회의에 전달했다. "만약 코리아에서 전쟁이 시작된다면… 어느 쪽에서 전쟁을 시작했는지 판단하기가 실제로 매우 어려울 것이다."24)

미국 정보 보고서들은 이승만 정부가 1950년대 중반에 적극적으로 공격 착수 가능성을 고려하고 있었다는 것을 보여준다. 이승만은 1954년 미 의회 연설에서 DPRK를 상대로 수소폭탄 사용을 요청함으로써 더 강경파였던 자신의 지지자들마저 충격에 빠뜨렸다.25) 1957년 8월 9일자 NSC 5702/2호에 따른 아이젠하워 행정부의 새로운 코리아 정책은 미군이 DPRK를 상대로 핵탄두를 포함해 "ROK 군의 일방적 주도권을 위한 지원"을 추가로 제공하도록 허용했다.26) 이승만은 자신의 힘으로 DPRK를 도발하겠다는 성향을 이미 드러냈고,27) 자신의 통제권 아래 무력통일에 나서겠다고 고집하면서 전쟁이 시작되면 무조건 미국의 핵 무력이 지원할 것이라고 믿었다. 미국인들의 적절한 저지가 없다면, 이승만이 적대행위 재개에 나설 위험이 상당했음을 이 모든 것이 말해준다.

자국 영토가 미국 핵무기의 포 사거리 안에 들어가게 되자 북한은 안보에 심각한 위기의식을 느꼈다. 과거였다면, 비록 ROK 안에 있는 미국 핵무기에 비하면 시늉에 불과한 소규모일지언정 소련이 북한 땅에 핵무기를 배치하는 방식으로 동맹국에 비례하는 보호를 제공하리라고 예견할 수 있었다. 하지만 이제 그런 지원은 가망이 없었다. 이것은 두 개의 코리아가 그들의 후원자로부터 받을 수 있는 불평등한 지원을 보여주는 한 가지 사례일 뿐이었다. 미국은 북한 영토 위로 감시 비행 활동을 벌여 조선인민군의 방위에 관한 상세하고 중요한 정보를 획득했고, 이를 차후에 남한 공군(ROKAF)과 공유했다. 소련도 이에 필적하는 감시 비행기를 자체적으로 갖고 있었지만, 유사한 정보를 조선인민군에 제공할 목적으로 사용하지는 않았다.[28] 모스크바의 탈-스탈린주의 신임 정부가 그들의 이념적 입지를 대폭 수정했을 뿐 아니라 동맹국들을 포기해가며 서방과의 데탕트를 추구하게 되면서,[29] 1950년대 중후반부터 평양과의 관계에 균열이 점점 커지고 있었다. 소련이 서방의 압박 아래 사실상 굴복하고 - 동맹국인 작은 나라를 향해 미국이 공격에 나서겠다는 위협이 임박했음에도 불구하고 - 쿠바로부터 핵억지력을 철수시킨 1962년에, 소련이 보호해 줄 거라는 믿음은 한층 더 흔들렸다.[30] 이것은 DPRK 안에서 - 재래식 무기와 장거리 공격 능력을 포괄하는 - 독자적인 억지력 추구를 뒷받침하는 논거를 강화했다. 그뿐 아니라, 평양이 미국의 핵 공격에 맞서기 위해 추가 예방 조치들을 취하지 않을 수 없게 했다.

코리아에 핵무기가 배치된 첫 달인 1958년 1월 말까지, 미국은 ROK 내 4곳의 각기 다른 무기 플랫폼에 대략 150개의 핵탄두를 배치했다. MGR-1 어네스트 존 로켓포 시스템, 280밀리 대포와 203밀리 핵 곡사포, ADM 핵지뢰가 여기에 포함되었다. 3월에는 미국의 타격 전투기들이 자체 핵탄두를 장착했고, 탄도 미사일을 장착한 MGM-18 라크로스와 MGM-19 서전트, M-28 데이비드 크로켓 활강포를 포함한 전술핵무기를 위한 발사 장치가 즉각 뒤를 이어 배치되었다. 1960년대 중반까지, 북한 비행 편대를 무력화하기 위해 기획된 허큘레스 핵무장 지대공미사일을 포함하여 각기 다른 8가지 이상의 미국 핵탄두들이 남한에 배치되었다.[31] 국경에 근접해 곡사포와 로켓포와 같은 저강도 시스템에 핵탄두를 배치함으로써 미국은 북한 내 공격 목표를 향해 언제라도 단 몇 초의 경보만으로 공격에 착수할 수 있게 되었다.

남북한 국경 위로 규칙적으로 핵무기들을 실어 나를 수 있는 미국의 헬리콥터와 핵발사장비는 훗날 조선인민군을 저지하기 위해 남한의 광대한 지역들을 2주 동안이나 오염시킬 수 있도록 설계된 20킬로톤의 ADM 핵지뢰로 보완되었다. 이것은 "초토화 작전"이 더 극단적으로 새로워진 형태였다. 이 지뢰들은 배낭에 핵탄두를 담고 지프차로 이동하는 특수팀들에 의해 전진 배치되었다. 핵무기의 전진 배치는 필연적인 결과로서 핵무기 사용에 대한 매우 낮은 문턱 정책 혹은 "사용 아니면 포기" 정책을 수반했다. 왜냐하면, 모든 핵탄두는 조선인민군에 의해 포획될 위험을 배제하기 위해 전쟁 발발 수 시간 이내에 소모해야 하기 때문이다.[32]

북한인들로서는 자신들의 재래식 포 자산으로 방비가 삼엄한 미군 기지를 포격하는 것 – 믿을 만한 억지력이라고 할 수는 없다 – 말고는 잠재적 핵 공격에 대응할 아무런 방도가 없었다. 그렇기에, DPRK는 미국의 핵 공격에 맞서 그 대응으로 잠재적 공격 목표들을 요새화하기 위해 상당한 투자에 착수할 수밖에 없었다. 이미 서방의 대공습에 맞서 지하터널 방공호의 방대한 네트워크에 크게 투자했지만, 핵 공격을 버텨내기 위해, 특히 급속히 더 정교해져 가는 전술핵무기에 대응하기 위해서는 더 깊고 더 강력한 요새화가 필요했다. 수도 평양과 같은 주요 표적들을 향해 다수의 핵폭탄을 사용하는 공격이 예견되었고, 미국은 최고 수준의 방위를 뚫고 표적에 도달할 수 있도록 정교한 침투용 핵탄두를 개발하고 있었다.

DPRK는 지하 방위를 통해 기지들을 요새화하기 위해 상당한 투자를 함으로써 세계 최고로 터널이 잘 발달한 나라가 되었다. 그로 인해 훗날 조선인민군은 여러 동맹국에 전수해주게 될 보기 드문 다양한 능력을 갖추게 되었다(10장을 볼 것). 실제로 김일성 주석은 중국과 북베트남에 전투기 32대를 수용할 수 있는 요새화된 지하 비행장을 건설하는 전문 기술을 제공했다. 한국전쟁에서 서방이 비행장을 최우선 공격 목표로 삼자, 이에 대응하여 발전시킨 기술이었다.[33] 아마도 앞서 언급한 터널 시공 활동으로 가장 성과가 큰 것은 평양 지하철 건설일 것이다. 미국이 한반도에 핵탄두를 배치하기 시작하면서 계획을 세우기 시작해 1965년에 건설을 시작했다. 지하철은 처음부터 미국의 공습과 핵 공격을 피하기 위한 대피소로 설계되었고, 수송기관은 부수적 기능일 뿐이었다. 북한은 이 목적을 위해 세계에서 가장 깊고 가장 요새화한 지하 공영철도 시스템 — 지표면에서 110미터 이상 내려가 있어 오늘날에도 세계에서 가장 깊다 — 을 건설하는 데 상당한 추가 비용을 썼다. 민간인들을 보호하기 위한 지하 방공호는 보강 철근 방폭 문(각종 무기로부터 발생하는 폭풍압 및 열을 차단하며 또한 파편에 의한 피해를 차단하는 목적으로 설치되는 건물 외부의 출입구-역자)으로 한층 더 개선되었다.

터널과 벙커로 이루어진 망은 갈수록 더 정교해졌다. 그에 따라 DPRK는 지하에서 사람과 자산을 보호할 뿐 아니라 궁극적으로 전쟁을 지하에서 수행할 수도 있는 역량을 갖추었다. 이로써 미국과 연합군의 전쟁 계획이 몹시 복잡해지면서 그 자체로 억지력과 같은 기능을 하게 되었다. 수십 년이 지나 2천 년대 초반에 미국이 북한을 겨냥한 새로운 공격을 고려할 때, 국방장관 도널드 럼즈펠드가 지하 방비 시설 망의 정교함과 관련해 이렇게 말했다. "그들은 어떤 나라도 해본 적 없는 방식으로 온 나라 전역이 지하로 들어갔다… 지하에는 어마어마한 수량의 무기가 설치된 곳들이 있다." 이것은 럼즈펠드가 인준 청문회에서 군사 행동에 반대하며 펼친 주장의 일부다. 당시 그는 조선인민군을 "세계 최상급의 터널 시공 전문가 world class tunneller"[34]라고 불렀다. 이 지하 망은 앞으로도 수십 년간 요새화를 치밀하게 해주는 기술을 동원해 계속 확장될 것이다.

DMZ에서 벌어진 작은 전쟁 : 1966-1969

전후 높은 긴장이 유지된 시기에 미군과 조선인민군 사이에 수차례의 직접 충돌이 남북한 국경에서 발생했다. 중국 인민지원군은 방어 역할은 물론이고 재건 활동에 필요한 노동력으로서도 이바지한 후 1958년 코리아에서 철수했다.[35] 하지만 미국은 남한에서 무제한으로 거대한 주둔군을 유지할 작정이었다. 조선인민군(KPA)은 재건되어 이제 더 우수한 장비를 갖추었다. 향후 미국을 비롯한 그들의 동맹과 벌어지는 모든 충돌에서 조선인민군은 홀로 대적했다. 최초의 큰 충돌은 미국에서 코리아 DMZ 분쟁으로 알려진 것으로, 1966년 10월부터 1969년 12월까지 벌어진 비무장지대에서 벌어진 일련의 소규모 접전이었다. 남한의 군과 경찰 부대에서 1천 명 넘는 대규모 사상자가 나왔고, 미군은 3백 명 이상의 사상자를 냈다. 그중, 미군과 한국군 병력 374

명이 사망했다. 조선인민군은 임무의 특성– 적진으로 침투 –상 사상자 중 훨씬 높은 비율로 사망자가 나오기는 했으나, 사상자 비율은 훨씬 더 낮았다.[36]

무엇이 코리아 DMZ 분쟁을 초래했는지 그 원인을 두고 각기 다른 견해가 존재한다. 일부는 분계선에 있는 조선인민군 부대들을 도발한 미국에 책임이 있다고 했고, 북한의 더 큰 전략 구상 일환으로 분쟁을 바라보는 다른 의견도 있다. 후자에 따르면, 그 전략은 미군이 힘을 소모하게 하여 두 개의 전선– 두 번째 전선은 당시 베트남에서 확대일로에 있던 전쟁 –으로 자원을 분산시키려는 의도였고, 저강도 분쟁으로 미군을 쇠약하게 만들어 결과적으로 남한 내 폭동을 지원할 수 있다는 것이었다.

이 시기 남쪽 코리아의 국가는 부패하고 퇴행적인 이승만 시절과는 상당히 달랐다. 신임 대통령 박정희의 통치 방식에 따라 1950년대에 비해 훨씬 더 빠르게 회복하고 있었다. 신임 대통령은 전직 일본 제국군 장교로 훗날 이승만 통치 아래서 공산당 세포를 이끌었다는 혐의로 체포되어 사형을 선고받은 경력도 있었다. 다른 장교들의 지원을 받아 사형을 모면한 박정희는 한국전쟁 발발 후 현역으로 복귀해 육군 준장 계급에 올랐다. 대중의 눈에 박정희는 1962년부터 대통령 권한대행으로서 남한 국가의 정통성을 높이는 데 크게 이바지하고 한국을 경제 성장의 길에 이르게 했고, 그 결과 전반적인 생활 수준에서 큰 향상을 가져온 인물로 오늘날 널리 인정받고 있다. 박정희도 여전히 미국과의 동맹 관계라는 본질에 의해 자신의 권력에 제한을 받았다. 그러나 이승만과 달리 그는 미국이 엄선하여 워싱턴에서 비행기를 타고 날아오는 것이 아니라 자신만의 교묘한 책략으로 권좌에 올랐다. 강한 민족주의와 결합한 근대적인 코리아에 대한 전망[37]이 그를 훨씬 더 독립적으로 만들었다.

극도로 빈틈없는 안보 국가와 좌익 동조자들에 대한 잔혹한 처우가 불러일으킨 공포 상태라는 과거의 현실과 대중들이 일어나 이승만을 타도하고 나서 남한 내 통치 방식에서 변화가 나타난 작금의 현실이 하나로 결합되어, 조선인민군이 ROK 안에서 대규모 폭동을 점화시킨다는 것은 꿈도 꾸기 어려운 상황이 되었다. 이승만 시절에는 소농들이 정부 정책으로 인해 궁핍하고 고통받는 환경에서 조선인민군은 남한의 농촌 주민들의 폭넓은 지지를 기대할 수 있었다. 반면, 박 대통령 치하에서는 당국과 관변 청년단체들이 농촌의 생활 수준을 높이기 위한 활동을 펼쳤고 주민들을 향한 무차별적 폭력은 줄었다. 그에 따라 매우 중요한 농촌 인구 집단의 소외감이 줄면서 북한을 지지할 만한 기반이 약화되었다.

남한에서는, 전임자보다 훨씬 더 정당성을 갖춘 것으로 보이는 카리스마 있는 지도자와 정부를 갖게 되자 사기가 한층 높아졌다. 군 또한 새로운 지도력 아래서 훨씬 더 강력한 군대로 진화했다. 미국 보고서들은 남한군 병사들이 미군 병사들보다 훈련 수준이 더 우수했다는 것을 보여준다.[38] 실제로, 미군 지휘관들은 DMZ 분쟁 중에 자기네 병사들의 자질을 남한 군인들과 비교하며 한탄했다. 기뢰 부설, 조종, 무기 관리를 비롯한 여타 일상 활동 중 다수 사상자 발생의 원인이 부주의하다고밖에 볼 수 없는 행동들이었다는 것이다. 미군들 사이에 약물 남용에 대한 소문도 파다했다.[39]

조선인민군 공군이 북한 영공을 침범한 수많은 미 공군 전투기를 격추했다는 평양의 주장에서, DMZ 분쟁 시기에 어느 정도로 긴장이 고조되었는지 알 수 있다. 1967년 8월 31일 RF-4C 팬텀기, 5개월 후인 1968년 1월 14일 F-105D, 다음 달인 2월 12일 F-4B 팬텀기 격추가 여기에 해당한다. 잃어버린 비행기, 특히 팬텀기는 당시 서방 진영에서 가장 유능한 것이었지만, 북한의 미그-21 전투기에 격추되었다. 이 전투기들은 소련에서 1963년, 어쩌면 더 일찍이 들어왔을 텐데, 당시 소비에트 진영에서 배치한 전투기로는 최첨단이었다.

DMZ 분쟁 기간 중 아마도 가장 의미심장한 사건이라면 1968년 1월 23일 조선인민군 해군이 미 해군 감시 전함 USS 푸에블로호를 나포하고 승조원 82명을 억류한 일일 것이다. 당시 조선인민군이 베트남 전쟁에 참여하면서(10장을 볼 것), 전함 나포가 베트민과 조율을 거쳤을 것이라는 추측이 있었다. 베트민은 그로부터 7일 후 남베트남 지역에서 미 주둔군을 확대하려는 미국의 군대에 저항하는 대규모 '구정 공세'에 착수했다. 전함 나포 시점은 린든 존슨 대통령의 국정 연설이 있고 엿새 후였다. 린든 대통령의 연설은 동남아시아 전쟁 상황에 초점을 맞추었지만 결국 사기 저하와 후방인 본국 내 전선에서 통일성을 보여주지 못했다. 미국에서 완전히 실패한 연설로 널리 여겨진 존슨의 국정 연설이 있었던 즈음에 나포 사건이 있었던 것이다.[40]

DPRK는 미국 전함이 자국 동쪽 해안인 원산 인근 영해를 수차례 침범했다고 — 배의 항해일지를 증거로 대면서 — 주장했다. 미국은 그런 적이 없다고 부인했다. 감시 작전을 수행 중이던 푸에블로호를 구잠정(submarine chaser)과 미그-21 전투기 한 쌍이 엄호하는 세 척의 어뢰정이 도중에 가로막았다는 주장이었다. 북한의 경전함 한 쌍도 그 뒤를 따르고 있었다. 조선인민군 병력은 결국 푸에블로호에 올라 나포에 저항한 승조원 한 명을 죽이고 전함을 징발했다. 보고된 바로는, 남은 승조원 82명이 일부 기밀 정보를 파괴할 수 있었지만 대부분 포획되었다. 하지만 푸에블로호는 무장을 갖추었던 반면, 전함을 상대하기 위해 파견된 북한군 병력 규모는 실질적인 방어를 조직할 가망이 별로 없는 상태였다.

푸에블로 나포 후, CIA가 운용하는 록히드 A-12 감시 제트기가 북한 영토 위로 진출하여 원산 인근에 있는 전함의 정확한 위치를 찾아내고 잠재적인 공격목표들을 촬영했다.[41] A-12를 활용했다는 점에서, 미국에 그 사건의 중요도가 어느 정도였는지 보여준다. A-12는 여태 제조된 것 중 매우 큰 비용이 들어간 총 13대뿐인 비행기로, 그 장비들은 가장 중요한 감시 임무용으로 확보되어 있었다. 추격을 받았으나 총격을 받지 않은 CIA 제트기들이 원산항으로 호송되어 있던 푸에블로호의 정확한 위치를 확인하는 데 성공했다.[42] 원산에서 전에는 알려지지 않았던 고고도 지대공 미사일들의 위치가 관찰되었는데, 아마도 미국의 개입을 예상해서 혹은 이를 저지하기 위해 배치되었을 것이다.[43]

그 후로 기밀로 분류되어 있던 전보들에 따르면, 펜타곤은 평양이 푸에블로호 사건과 관련하여 미국의 요구에 따르지 않을 수 없도록 핵무기를 사용할 태세를 갖추었다. 핵무기를 사용하겠다는 위협으로 한국전쟁의 휴전 협정에서 유리한 조건을 확보할 수 있었던 것과 같은 방식이었다.[44] 미국 역사가 피터 헤이즈는 이렇게 기술했다. "미국 정책결정자들의 초기 반응은 평양에 핵무기를 투하하는 것이었다… 남한 비행장에서 상시 경계 태세를 유지하던 모든 미 F-4 전투기들은 오로지 핵무기만 적재하고 있었고, 이는 지도자들이 냉철한 사고를 할 수 없게 했다."45) 보도된 바로는, 존슨 대통령은 전함의 나포에 전쟁 행위로 대응해야 한다는 조언을 관료 다수로부터 받았고, 북한 지도부와 조선인민군의 공군 기지들을 표적으로 하는 핵 타격을 포함한 공격 계획이 제출되었다.46) 하지만 새로운 지정학적 입지로 인해 사안을 키우는 대응을 하기 어려웠다. 확전으로 가지 않도록 하는 것이 당시 미국의 이익에 긴요했기 때문이다. 워싱턴은 베트남과 동시에 제2의 전선을 열지 않는 방안을 모색하면서, 신중하고 균형 잡힌 대응을 할 수밖에 없었다. 한편, 북한을 봉쇄하고 북한 내 표적들을 향해 재래식 공습에 나서는 것도 고려되었다. 하지만 유사한 이유로 그 같은 선택지가 실행에 옮겨지지는 않았다.47)

미국의 대응은 앞서 언급한 정찰용 비행기들에 한정되었다. 육·해·공군의 파견을 증강하고 유엔을 통해 공식 항의하고 소련에 전보를 보냈다. '컴배트 폭스 작전(Operation Combat Fox)'과 '포메이션 스타 작전(Operation Formation Star)'에 따른 대규모 무력시위를 벌였다. 미국 항공모함 6척이 참여한 포메이션 스타 작전은 평양에 강력한 경고를 보내기 위한 것이었다. 200대가 넘는 전투기들로 구성된 6개 비행 중대가 전자 부대 및 전투 부대들과 함께 남한 전역의 기지들—주로 군산과 오산 공군기지 —에 파견되었다.

평양의 행동은 미국이 처한 취약한 입지에 대해 잘 알고 있다는 것을 보여주었다. 그들은 미국이 예상했던 것과는 달리, 군대를 동원한 보복행위에도 나서지 않았다.48) 미국의 여론이 빠르게 — 미국이 끝도 보이지 않게 점점 더 강한 압박을 받고 있던 – 베트남 전쟁으로 선회했고, 인지된 도발에 대한 대응 차원으로도 한반도에서 제2의 전선을 여는 일은 정치적으로 사용 가능한 선택지가 아니었다. 그 외의 방법으로 무력시위나 추가 파견이 있기는 했으나, 미국이 사용 가능한 군사적 선택지는 극히 제한적이었다.

조선인민군은 푸에블로호 사건 당시 미국을 향해 한층 더 높은 수위의 적대감을 드러냈다. 과거 한국전쟁 당시의 태도와는 달라진 것이었다. 나포된 미국인 승조원들에 따르면, 그들에 대한 처우가 15년 전 미군 포로들에 대한 처우와 큰 차이를 보였다. 한국전쟁 중에 중국과 북한 포로들을 억류한 미군 수용소의 지나친 절단 수술, 의료 실험, 강간, 살해 및 불결한 상태와는 크게 다르다고는 해도, 푸에블로호 승조원들에게 구타와 위협이 있었다고 알려졌다. 북한이 미국인들 수중에서 돌아온 포로들의 상태를 본 후 미국인 포로들에게 제공하는 감독 기준을 낮추었을 수 있었다. 귀환한 북한 포로들 대다수가 감금 상태에서 겪은 섬뜩한 경험으로 인해 크게 손상을 입어 팔다리를 잃거나 심각한 트라우마를 지닌 채 돌아왔기 때문이다.[49]

DPRK는 미국인 승조원들을 무제한 억류할 의도가 없는 것으로 드러났고, 나포 11개월 후인 12월 23일 승조원들은 전원 석방되었다. 그 대가로 미국은 향후 정찰 임무를 수행하지 않겠다는 확약을 주었고, 한편에서는 군사정전위원회 미국인 선임대표인 길버트 H. 우드워드 소장이 푸에블로호가 나포 당시 북한 영해에서 스파이작전을 수행하고 있었다고 공식적으로 시인했다.[50] 이 같은 자인을 비롯해 미국인 승조원들의 유사한 자백은 강요된 것으로 보인다. 승조원들은 귀환 즉시 자신들이 자백한 내용을 부인했다. 이 또한 한국전쟁에서 미군 포로들이 전쟁범죄를 시인했던 것과 현저한 차이를 보였다. 당시 포로들은 그 같은 강압은 없었다고 보고했고 상당한 증거들이 그들의 발언을 입증했다. 귀환 후에도 상당수 포로가 자신의 발언을 유지해 그것이 사실임을 뒷받침했다.[51] 그리하여 푸에블로호가 실제로 북한 영해를 침범했는지, 혹은 전함 나포가 공해에서 일어났고 베트남의 구정 공세와 조율되어 이를 지원하는 조선인민군의 도발이었는지 여부는 불분명한 상태로 남겨졌다.

USS 푸에블로호는 조선인민군의 관할권 아래 남겨졌고, 오늘날 미국의 침략에 맞선 승리의 상징으로 평양의 보통강에 그대로 두고 있다. 전함에서 나온 통신 장치는 검토가 이루어져 정보를 소련과 공유했고, 미 해군 통신에 접속할 목적으로 양국 모두 이를 복제한 것으로 알려졌다. 미국의 기내 암호화 장치는 향후 스파이 작전을 위해 소련에 특히 유용했던 것으로 판명되었다. 미 육군지휘참모대학에 제출된 유명한 논문을 포함한 미국의 수많은 보고서가 소련이 직접 푸에블로호 사건에 깊게 개입했다고 지적했다. 소련으로서는 미 해군 안에 소련에 유익한 새로운 스파이 망을 충분히 활용하기 위해 장치에 대한 접속이 필요했다는 것이다. 이 스파이 망은 1968년에 미 해군 준위와 바로 직전 모스크바 복무를 자원한 통신 전문가 존 워커가 이끌었다. 미국의 분석가들과 존슨 행정부는 소련에 대한 평양의 자주성을 과소평가했다.[52] 반면, 각기 다른 이유일지언정 당시 소련의 상황과 나포가 양국에 모두 이득이 된다는 점을 고려할 때 이것 또한 여전히 그럴듯해 보인다.[53] 소련은 그 사건 후에 북한에 경제적·군사적 지원을 늘렸

다.54)

DMZ 분쟁 시기에 두 번째로 큰 사건은 미 해군의 EC-121 워닝스타 정찰 비행기 한 대가 동해에서 북한 MiG-21 전투기에 격추당한 1969년 4월 5일에 발생했다.* 평양은 정찰기가 그들의 영공을 침투하여 스파이 작전을 수행하고 있었다고 주장한 반면, 미 해군은 정찰기가 공해상을 날고 있었다고 주장했다. 사망한 미군의 숫자는 31명으로, 냉전 시기 미 공군의 단일 손실로는 가장 큰 피해였다. 사건 자체가 커다란 손실에 해당하기도 하지만, 미국이 어떤 반응을 보였고 그것이 무엇을 의미하는지 고려한다면, 북-미 관계에 미친 영향이라는 면에서 그 사건의 중요도는 한층 컸을 수 있다.

그 격추 사건은 만약 요격 위치에 대한 미국의 보고가 사실이라면 사안을 키우는 방침을 고려해야 하는 경우였다. 그런데도, 신임 리처드 닉슨 행정부는 초기에 대응 방안을 두고 갈팡질팡했다. 미국은 아시아태평양 지역에서 미 주둔군 감축 계획을 목전에 두고 있었고, 당시는 북한을 상대로 하는 확전이 여전히 자국의 이해에 반하는 상황이었다. 하지만 닉슨 대통령은 대규모 반격을 위한 계획을 세울 것을 재가했다. 수 시간 내 북한의 전쟁 수행 능력을 파괴함으로써 미국이 너무 오래 끄는 군사 작전에 연루되지 않으려는 의도에서 나온 계획이었다. 프리덤드롭 작전은 미군이 "하나의 목표마다 하나의 핵무기를 써서 북한 내 군사적 공격 목표들을 타격"55)하기 위해 대규모 핵무기를 사용한다

---

* 당시 미그-21기는 DMZ 분쟁 시기에 잠재적 위협을 막아내기 위해 60기 가량 실전 배치되어 지상 기반의 공중방위망보다 더 크게 의존하게 되는 조선인민군의 주력 전투기로서 기능했다.

는 계획이었다. 북한 군사지휘본부와 그 나라 전역의 비행장들을 파괴하기 위해 10여 개의 전술핵무기들이 사용될 예정이었지만, 다음 순서로 미군 병력에 의한 지상 침공이 이루어질지는 불분명했다. 닉슨의 국가안보보좌관 헨리 키신저는 그 공격 계획을 지지했지만, 주한 미 대사, 합동참모회의 의장, CIA 국장과 주한미군사령관을 포함한 코리아의 상황과 관련하여 더 노련한 인사들이 모두 나서 그 같은 공격이 확전을 야기할 수 있다며 그 계획의 위험성을 강력하게 경고했다.56) **
CIA의 베트남 담당 최고 전문가 조지 카버는 닉슨 대통령이 놀랍게도 핵무기 보유국이 아닌 동아시아의 작은 나라에 핵 공격을 재가하기에 이르렀다고 기록했다. 대통령이 당시 취해 있기는 했지만, 그 사실이 군 지도부가 그의 명령을 진지하게 받아들이지 않을 이유가 되지는 못했다. 카버는 이렇게 썼다. "닉슨은 격분해서 전술핵 공격을 명령했다… 합동참모본부에 경보가 발령되었고, 공격할 표적들을 추천하라는 요구가 내려왔는데, [국가안보보좌관] 헨리 키신저가 그들에게 전화를 걸었다. 그들은 아침에 닉슨이 취기가 가실 때까지 아무것도 하지 않기로 약속했다."57) 남한에 배치되어 있던 미 공군 조종사들의 증언이 최근 공개되었다. 그에 따르면, 부대마다 비상경계태세에 들어가 북한 내 공격 목표물들에 대한 핵 공격을 준비하라는 명령이 내려왔다.

** 조선인민군이 충돌 상황에 대한 준비를 갖추고 있지 않았던 1950년에도, 북한의 전쟁 수행 능력이 수 시간 혹은 수 일 내에 무력화될 거라는 미국과 그 동맹들의 예상이 틀렸다는 것이 결정적으로 입증되었다. 따라서 이제 훨씬 더 잘 무장되고 요새화된 북한을 겨냥해, 초기 '결정타'와 같은 방식으로 새로운 전쟁을 개시한다는 것은 특히 앞선 전쟁에 복무했던 인사들에게는 타당한 전략으로 보이지 않았다.

F-4 조종사 브루스 찰스는 자신의 전투기가 히로시마에 투하된 15킬로톤의 "리틀보이" 폭탄의 22배인 핵출력 330킬로톤의 B61 수소폭탄을 배치해야 했다고 회고했다. 미국 정보에 따르면, "리틀보이"는 19만 2천 명으로 추정되는 주민— 거의 대다수가 일본인 민간인들이었다 —을 살해했다. 단 한 개의 B61에서 나온 총 사망자는 그보다 몇 배가 될 것으로 추정되었다.[58] 조종사 찰스의 공격 목표가 어떤 유형이었는지는 불확실하지만, 폭탄의 규모와 전략의 성격을 감안할 때 목표가 인구 밀집 지역이었을 가능성이 크다. 만약 대규모 전쟁이었을 경우 평양에 대한 핵 공격이었을 게 거의 확실했다. 찰스는 항공병들이 수시간 동안 핵 공격을 위한 비상경계태세로 대기했다며, 이렇게 회고했다. "물러나라는 명령을 받은 것은 황혼 무렵이었는데, 확실하지는 않다. 대령이 '내가 지금 받은 명령은 그런 것 같다. 우리가 오늘은 이 임무를 수행하지 않을 것이다. 하지만 내일은 알 수 없다.'고 말했다."[59]
헨리 키신저에 따르면, 대통령은 소련이 NATO에 대한 재래식 공격에 나서는 경우라도 소련을 상대로 핵 보복에 착수하는 계획을 내켜 하지 않았다. 닉슨이 미국을 완전히 파괴해버릴 수도 있다는 두려움에 핵 전쟁으로의 확전을 꺼렸다는 점은 주목할 만하다.[60] 하지만 그는 핵을 보유하지 않은 북한에 핵 공격을 재가하는 것에 대해서는 거리낌이 훨씬 덜했던 것으로 보인다. 따라서 DPRK가 한반도 너머 미국의 표적들을 향해 보복 공격에 나설 수 있는 기본적인 능력을 갖추지 못한 상황에서는, 또다시 미국과 분쟁이 발생했을 때 핵으로 인한 절멸을 포함해 심각한 위험에 처할 수 있었다.
결국, 베트남 내 상황과 더불어, 계획된 핵 공격의 유효성을 떨어뜨리는 표적들의 특성 및 공군 방위력, 그리고 조선인민군이 핵 공격을 하기에는 미군과 너무 가까이 DMZ에 근접 주둔 중이라는 현실 등이 워싱턴의 최종 판단에 모두 영향을 미친 요인들이었던 것 같다. 소련은 DPRK에 어떤 지원 신호도 보내지 않았지만, 동맹국이 공격을 받게 되면 지원하게 되어 있는 '1961 우호동맹 및 상호원조 조약'의 1항 2절에 여전히 구속받고 있었다. 이 조약을 반드시 이행한다는 소련의 약속이, 특히 1960년대 북한과의 관계가 악화된 이후로는 확실치 않았다. 중-소 분쟁이 시작된 후 평양이 취한 중립적 태도와 이웃한 중국에 대한 모스크바의 강경한 대립 노선을 평양이 수용하지 않으려 했던 태도에 비추어 볼 때 불확실성은 더욱 컸다.[61] 그럼에도, 미국이 북한에 수소폭탄 공격과 같은 도발적인 행동을 한다면 최소한 어느 정도는 소련의 대응이 보장되었을 것이다. 미국이 중화인민공화국과의 관계를 개선하고자 노력하는 상황- 아시아태평양 지역에 대한 닉슨 행정부의 전반적인 냉전 전략이 달려 있었다 -을 고려할 때도 균형을 잃은 핵 공격으로 북한의 주요 조약 동맹국이 미국에 등을 돌리게 하는 것은 이롭지 않은 방침이었다. 궁극적으로 미국은 DMZ 분쟁을 최대한 빠르게 마무리하는 방식으로, 즉 동해에서 대규모 해군 훈련을 벌이고 향후 감시 임무를 위한 전투기 호위를 제공하는 것으로 대응을 격하시켰다. 실망스러울 수는 있었겠지만, 이런 균형 잡힌 대응은 당시 미국 입지의 취약성을 반영한 것이었다.[62]

코리아에서 충돌은 닉슨 독트린 발표가 난 1969년 7월 이후로 점차 감소했다. 닉슨 독트린은 동맹국들의 방위에 대한 책무를 축소하라는 요구였고 베트남에서 미국의 철수가 시작된다는 예고였다. 당시, 미군은 동남아시아에서 꼼짝할 수 없게 된 데다 세계적으로 감당할 수 있는 수준을 벗어나 너무 깊게 관여하면서, 재정적으로나 사기 면으로나 부정적인 결과로 나타나고 있었다. 그처럼 급격하게 달라진 새로운 독트린을 채택한 것은 그 당시 우세한 정책이 실패하고 베트민과 그들의 동맹세력이 승리했음을 보여주는 것으로 여겨졌다. 그 시점부터, 베트남에서 미군의 숫자가 급격히 감소했을 뿐 아니라 코리아에서 소규모 접전도 마찬가지로 감소하는 것 같았다. 어느 모로도 유일하게 큰 사건으로는 북한 영공에서 작전 중이던 미국의 OH-23 레이븐 헬리콥터가 격추당한 것이었다. 그 분쟁은 2개월 전 새로 임명된 주한 미군사령관 존 H. 마이클리스 장군이 헬기에서 포로로 잡힌 3명의 미군의 석방에 합의한 1969년 12월에 마무리된 것으로 받아들여졌다.63)

DMZ 분쟁이 3년 넘도록 – 한국전쟁에서 공개적으로 적대행위가 계속된 기간보다 더 길게 – 지속되는 동안, 그 저강도 분쟁은 매우 다른 지정학적 상황으로 인해 그 시기 다른 분쟁들에 비해, 심지어 북-미 관계 차원에서도 대수롭지 않게 여겨졌다. 3년간의 분쟁 기간에 총 사망자는 한국전쟁에서 하루 평균 사망자보다 적었다. 그러나 그 분쟁은 양국에 새로운 전쟁에 대한 위기감을 실증적으로 보여주었다. 특히 당시 수세에 몰려 아시아 지역에서 철수를 고려 중이던 미국에는 전쟁의 위기감이 크게 다가왔다. 워싱턴은 소련보다는 덜 해도 중국과의 관계를 위태롭게 하고 싶지 않았고, 더구나 존슨과 닉슨 행정부는 아시아-태평양 지역에서 철군하라는 엄청난 대중적 압박 속에서 새로운 곤경을 피하고 싶은 생각이 간절했다. 닉슨 대통령은 EC-121 격추와 관련해 확전을 피하고자 했던 입장을 이렇게 표현했다. "나는 우리가 용기를 갖고 행동해야 한다는 데 여전히 동의한다. 지금이 그럴 시기라고 확신할 수 없었을 뿐이다.… 베트남에 참전하고 있는 한, 우리에게는 그야말로 다른 장소에서 또 다른 전쟁을 수행할 자원이나 대중적 지지가 없었다."[64]

DPRK로서는 미국이 얼마나 빠르게 핵전쟁으로의 확전을 결정할 수 있는지 확인했고 전쟁이 벌어지는 경우 핵 자산에 대한 미국의 의존도가 어느 정도인지 체험했다. 따라서 미국의 핵 위협에 대한 인식이 더욱 강화되었다. 만약 다른 지정학적 상황에서 충돌이 일어났다면, 많은 경우 신속히 핵 공격에 돌입했을 수 있다. 이처럼 원거리 타격 자산을 갖추고 핵으로 무장한 강대국과 한반도 너머로 미국의 표적을 위협할 수 없는 동아시아의 소국 간의 엄청난 비대칭이 더욱 두드러졌다. 서울의 새로운 지도력은 미국이 세운 남베트남의 디엠이나 남한의 이승만 정권보다 경쟁력도 있었고 인기도 높았다. 그런 상황에서, 남한에서 의미 있는 대중 봉기에 불을 붙일 수 있는 가망성은 없었다. 따라서 조선인민군은 평양에 베트민의 방식에 기반한 통일 전략이 더 이상 성공 가능성이 없다는 점을 설득했다.[65]

DMZ 분쟁은 1969년부터 미군이 주둔군의 본격적인 감축을 시작하면서 종료되었고, 베트남 전쟁이 끝나가기 시작하면서 종료되었다. 베트남에서는 전쟁이 끝도 없이 계속될 것 같았고 남한에서는 거대하고 비용이 많이 드는 주둔군을 필요로 했던 상황에서, 해외에서 자산을 단계적으로 감축하고 철수한다는 닉슨 행정부의 결정에 코리아 내 저강도 분쟁이 크게 이바지했던 것 같다. DMZ 분쟁 시기 마지막 해에 한반도 내 분쟁이 격화되면 제2의 전선이 열릴 수도 있다는 매우 실질적인 위험성을 보여주었다. 이것이 아시아-태평양 지역에 대한 미국의 정책에 전반적인 변화를 가져오는 원인이 됨으로써 베트남 전쟁의 결과에 영향을 미쳤을 수 있다.

냉전기의 적들

한반도 DMZ 내 분쟁은 종료되었지만, 워싱턴과 평양 간의 긴장 관계에 종지부를 찍지는 못했다. 오히려 미국이 힘을 회복하고 유리한 입지를 다지게 되면서 새로운 교전 국면의 시작을 알렸다. 미국은 높은 물가상승률과 급속한 달러화 약세, 상당한 경제적 불확실성으로 힘든 상황에도 불구하고, 중-소 분쟁을 성공적으로 이용하고 중국과 방위 동반자 관계를 형성했으며 베트남 철수를 통한 미군 재편으로 1970년대 중반부터 태평양 지역에서 미국의 지정학적 입지를 크게 개선했다. 서방이 후원하는 쿠데타가 일어난 인도네시아가 중요한 동맹국으로 부상하면서 동남아시아에서 서방의 우세가 강화되었다. 인도네시아 쿠데타로 3백만 명의 공산주의자들, 공산주의자로 의심되는 사람들, 그들의 가족이 살해되었다.[66] 서방의 종속국가로서 인도네시아가 부상하고 그 지역 내 지도적인 공산당과 비동맹 정부가 무너진 것은 미국에 남베트남의 상실을 보상해 주고도 남았다.[67] 태평양 지역을 넘어, 아랍 민족주의 진영이 붕괴하고 중동 지역에서 서방이 주도권을 행사하게 되면서, 냉전기에 서방에 유리한 방향으로 나아가는 경향이 한층 배가되었다.[68] 미국이 DPRK에 대한 압박 수위를 높이는 강력한 지위에 선 반면, 평양에는 힘의 균형이 점차로 불리해지고 있었다. 남한에 대한 미국의 방위 약속은 여전히 강력했고, 대한민국은 이승만 시절에 경제와 군사가 보잘 것 없던 것과 달리 이제 자체 힘으로 강대국으로 부상하고 있었다.

남한에서는 박정희 군사통치 아래서 GDP가 1962년 27억 달러에서 1972년 108억 달러로 성장했고,[69] 북한은 성장에 부진을 겪기 시작했다. 이것은 대체로 남북한이 참여하고 있던 동맹 체제의 전반적인 실적 덕분일 수 있었다. 남한의 생산물들은 일본과 유럽뿐 아니라 (쿠바를 제외한) 미 대륙 전체와 오세아니아, 동남아시아 대부분과 중동을 포함한 세계의 거의 모든 부분에서 시장에 대한 접근성에서 유리했다. 서방에 협조적이면서 석유 자원이 풍부한 중동 국가들에 대한 무역과 노동력 수출만으로도 남한 경제에 수십억 달러를 가져다주었고,[70] 미국 시장에 대한 접근권 또한 매우 중요했다.

1965년, 일본이 ROK에 총 8억 달러의 "경제 협력" 보조금과 차관을 제공했다. 이는 2020년 시세로 60억 달러가 넘는 자금이었다.[71] 그리하여, 서울은 세계에서 제3위 규모의 경제 대국과 무역 관계로 혜택을 입게 되는 동시에 "일본 경제 원조의 대규모 자금 투입"을 받기 시작했다.[72] 남한은 무엇보다도 미국, 일본, 서유럽과 무역 거래를 할 수 있었고, 그들 사이에서 수십억의 자본을 투자하고 수출로 수십억을 벌어들였다. 반면에 북한과 긴밀한 경제적 유대가 금지되지 않은 유일하게 큰 규모의 경제는 소련뿐이었다. 이 관계조차 1960년대부터 1980년대 중반까지 정치적 긴장 관계로 인해 잘해야 취약한 수준이었다.

세계 경제에서 소비에트 영역은 상당히 작은 규모였다. 중심에 있는 소련과 바르샤바 조약국들은 서방 진영 국가들에 맞먹을 만큼 경제적으로 상호연결된 동맹국들의 네트워크가 없는 조건에서 침체가 시작되고 있었다. 냉전 초기부터 인구, 자원, 경제적 역량에서 소련이 이끄는 세계와 서방이 이끄는 세계 사이의 불균형은 상당했다. 이것은 대체로 서방 진영의 식민지 유산의 결과였다. 식민 세력들은 4대륙 전역에서 지배력을 발휘했고, 유럽과 아시아에서 심각한 분쟁을 겪었을 뿐이다. 북한을 직접 공격의 대상으로 규정한 적성국교역법과 같은 제재 아래서, 서방과 동맹을 맺은 나라들과 여러 비동맹 국가들은 북한과의 교역에 제한을 받았다. 따라서 북한의 산업이 얼마나 유능하고 수준 높은가와 상관없이, 북한 상품을 구매하거나 연구개발 노력을 지원할 수 없도록 가로막는 시스템에 세계 경제의 거의 전부가 묶여 있었다. 대한민국은 유사한 제약에 전혀 직면하지 않았다.

북한이 소비에트 진영 외부에 주요 교역 관계를 형성하는 데서 성공하는 경우는 거의 없었고, 1980년대에 이란과 교역을 열게 된 것이 유일하게 의미 있는 성과였다. 서방의 경제 제재 위협과 정치적 압력으로 세계의 거의 전부가 북한과 거리를 둘 수밖에 없었다. 이것은 소련에 대한 서방의 봉쇄 전략에서 핵심이었다.[73] DPRK와 같은 작은 나라에 적용할 때 그 효력은 그 나라의 성장 잠재력에 엄청난 손상을 가했다. 따라서 DPRK와 ROK 양국이 모두 국가 주도 성장 모델을 추구했지만, 평양은 경제적 측면에서 점차로 성장과 근대화의 기회를 심각하게 제한받는 부적절한 동맹 체제에 갇히게 되었다.

북한은 세계 경제의 대다수로부터 고립된 상황에도 불구하고 여전히 소비에트 진영과 공산주의 국가들에 비해 경제적으로 강력한 성취를 이룬 나라였고, 당시까지 아시아 공산주의 국가 중 가장 발전된 나라였다. 제네바에 본부를 둔 세계 지적소유권기구의 데이터에 따르면, 1980년대 중반까지 DPRK는 등록된 산업 디자인 측면에서 공산주의 국가 가운데 소련에만 뒤지는 2위였고, 다른 모든 사회주의 국가들을 훨씬 앞서서 따돌렸다. 북한은 이 분야에 계속해서 대규모로 투자함으로써 1990년 냉전이 끝난 후 중국을 비롯한 소비에트 진영 국가들을 멀리 따돌린 채 일본, 남한, 미국에 이어 세계에서 4번째 지위를 차지했다.74) 심지어 농촌 지역에서도 노동 인구 사이에서 보이는 높은 수준의 기술 교육은 외부인 관찰자들에 의해 거듭 보고되었다. 스위스-스웨덴 ABB 그룹과 같은 다국적 기업들의 전문가들에 따르면, 수력 댐과 같은 국내 산업적 성과들도 "공학 명작"과 다름없다고 여겨졌다.75) 하지만 DPRK는 고학력 노동력과 첨단 기술에 대한 상당한 투자에도 불구하고, 글로벌 경제에 훨씬 잘 통합되어 있으면서 동시에 서방의 지배적인 경제 강국들에 의한 제재도 없는 남한을 비롯한 여타 국가들의 수준과 견줄 수는 없었다.

점점 더 세계화되는 세상에서 미국과의 대결 결과는 한반도 안에서 벌이는 투쟁과 마찬가지로 서방 진영에 맞서 지구적 차원에서 벌이는 투쟁의 성공 여부에 달려 있다는 것을 평양의 지위가 잘 보여주고 있었다.76) 중-소 분쟁이 직접적으로 가져온 결과가 베트민의 입지를 심각하게 훼손했던 것과 마찬가지로 평양의 입지를 약화시켰고,77) 앞서 언급한 동남아시아에서 유리해진 미국의 입지는 1960년대 후반 대북 정책에 크게 영향을 미쳤다. 이 모든 것이 실질적으로 세계적 투쟁의 중요성을 보여주었다. DMZ 분쟁의 종료에 이어, 서방의 초강대국과 동아시아의 소국 사이에서 갈등의 새 국면이 시작된 것은 한반도를 넘어 서방이 지배하는 질서에 도전하는 북한이 세력을 강화하기 위해 더욱 강력한 노력을 시작했음을 보여주는 것이기도 했다. 국가와 비국가 단체를 포함해 그 같은 세력을 강화하는 것은 북한의 투쟁에 잠재적으로 유익할 수 있었다. 베트민의 성공이 평양에 유익하고 중—소 분쟁이 평양을 약화시킨 것과 마찬가지였다. 따라서 서방 주도 질서의 기반을 흔들고 자주적 세력들을 강화하기 위한 북한의 노력은 동북아시아에서 점점 더 불리해지고 있던 힘의 저울추와 연결되어 있었다. (대리전쟁으로 미국과 교전을 시작하고 제3세계 전반에 걸쳐 미국의 적들을 강화하려는 북한의 시도에 대한 상세한 내용은 10장을 볼 것.)

DMZ 분쟁이 끝난 다음 시기에는 경제적 균형에 급격한 방향 전환이 나타나 북한이 불리해졌을 뿐 아니라 미국의 군사적 우위도 더욱 확고해졌다. 1974년부터 미 해군은 최초의 4세대 전투기 F-14 톰캣을 배치하기 시작하는데, 2년 후에는 공군의 F-15 이글의 배치가 이어졌다. 이 비행기들은 이륙 무게가 3배에, 미사일 운반 능력이 2배 이상인데다, 훨씬 더 무겁고 강력한 레이다와 장거리 미사일을 갖추었다. 이는 북한 해군 함대의 미그-21을 두 세대 앞섰을 뿐 아니라 모든 요소에서 능가하는 것이었다. 이 2종의 비행기가 모두 아시아-태평양 지역에 대거 배치되면서, 조선인민군 해군력은 실질적으로 쓸모가 없어졌다. 남한 또한 1975년까지 6개 비행 중대가 실전 배치된 F-5A와 F-4C 전투기를 확보하고, 이내 보다 선진적인 3세대 F-5E와 F-4E 플랫폼을 받아들임으로써 점차로 공중전에 우수한 장비를 갖추었다.[78] 중—소 분쟁에서 평양의 중립적 입지로 인해 최신 소련 무기에 접근할 기회를 놓치면서, 조선인민군은 고급 전투기나 지대공미사일 시스템을 전혀 배치할 수 없게 되어 갈수록 더 전쟁 초기 단계에 필수적인 우수한 제공권을 잃을 위험에 처했다.[79]

DPRK는 이미 구축해 놓은 방대한 방핵(nuclear-proof) 지하 터널과 벙커 망을 계속 확장하면서, 1970년대 후반에 재래식 전력을 확대하고 조선인민군 육군의 지상 자산을 DMZ에 근접 재배치했다. 이렇게 한 목적은 전쟁이 시작되는 순간부터 미군과 한국군에 매우 가까운 위치에서 작전을 벌일 수 있도록 보장함으로써 요원들과 기갑부대를 핵 공격으로부터 보호하려는 것이었다. 나중에 더 작고 더 정확한 전술핵 무기가 개발되면서, 이 전략은 실행 가능성이 떨어졌다.[80] 다수의 서방 소식통들이 이처럼 전진 배치한 조선인민군 부대가 남쪽을 향한 공격 준비를 위해 국경 가까이 배치되었다고 주장하지만, 그 부대는 국경에 배치된 남한군 부대에 3:2 비율(34만 4천 명: 53만 5천 명)로 수적으로 한참 열세— 대규모 미 주둔군을 배제하더라도 —였다.[81] 부대 재배치가 침공 의도에 따른 것이었다는 주장은 후에 기밀 분류된 CIA 문서들을 비롯한 여타 공식 자료들에 의해 논박되었다.[82]

조선인민군과 미군 간에 1970년대 발생한 가장 큰 규모의 국경 충돌들조차 이전 시기에 비하면 비교적 소소했다. 북한은 미국이 베트남에서 철수를 시작한 후 저강도 적대행위 개시 전략을 단념했다. 평양은 대체로 긴장을 높이기보다는 낮추기로 작정한 것처럼 보였다. 그러는 사이, 워싱턴은 점차로 아시아–태평양 지역에서 다른 곳으로 주의를 돌리고 있었다. 중–소 분쟁을 비롯해 중국이 서방 진영과 새로운 동반자 관계를 맺고, 인도네시아에서 서방이 지원하는 쿠데타가 성공하는 등으로 아시아 지역 내 서방 지배력을 위협하는 요소들이 사라졌기 때문이다. 소련이 지지하는 베트남군에 대해 중국과 캄보디아가 갈등을 빚은 데서 보이듯, 서방의 패권에 반대하는 세력들이 이제 사실상 서로 갈라서고 있었다. 힘의 균형이 점점 더 미국과 그 동맹세력에 유리해졌다. 미국의 새로운 냉전 전략에서 중국과 맺은 긴밀한 유대가 중요하게 작용하면서, 북한이 베이징의 조약 동맹국으로 남아 있다는 사실이 미국의 대북 적대시 정책에 중대한 억제 기능을 했다. 평양과 워싱턴은 이렇게 서로에 대한 도발을 피하는 법을 찾았다.

1970년대 동안 한반도에서 군사적으로 유일하게 중요한 사건은 1976년 8월 18일 미 육군 장교들이 비무장지대 내 공동경비구역(JSA)에서 나무 한 그루를 베어내려고 하면서 발생했다. 그 나무는 남한 영토 밖에서 북한과 미국 주도 유엔사령부가 공동으로 관리했다. 그런데도 미군들은 그들의 행위를 멈추라는 북한 요원들의 거듭된 요구를 묵살했다. 병력 증강을 요청하면서, 조선인민군 박철 중위가 자신들의 경고에 유의하지 않는다면 무력을 사용하겠다는 의사를 밝혔다. 미군 보고서는 이 경고가 묵살되는 순간 육탄전이 벌어져 미군 장교 두 명이 공격을 받아 사망했다는 것을 보여준다. 북한 보고서는 미군 요원들이 먼저 조선인민군 병사들에 대한 공격을 시작했다고 주장했다.

미군은 다음날 코리아에 주둔 중인 그들의 부대에 준비 수준을 높이는 것으로 대응했다. 보복 차원에서 포 공격을 고려했으나, 조선인민군 포병대가 필시 대응에 나설 것이라는 판단과 확전이라는 큰 위험성으로 인해 공격에 반대하는 결정이 이루어졌다. 만약 미국 측 보고서를 액면 그대로 받아들여 북한이 적대행위를 시작한 것이라면, 그 공격이

미리 계획된 것이었는지 아니면 현장의 북한군 병사들이 단순히 중립지대에서 상의 없이 나무를 베어내는 미군 요원들에게 격분한 것인지는 불분명하다. 조선인민군 측에서 미군 장교들에게 나무를 베어내는 행위를 중단하라고 거듭된 요청을 하면서 그것이 묵살되리라고 예상할 수 없었다는 점을 고려하면, 후자일 가능성이 더 커 보인다.

현재 미국을 적대시하는 것이 평양에 아무런 득이 되지 않음에도 불구하고, 미국을 향한 북한 대중의 정서가 여전히 극도로 적대적이라는 사실을 참작하는 것이 중요하다. 앞서 언급한대로, 주민의 30%가 사망하고 더 많은 수가 부상을 입은 한국전쟁의 경험과 그것이 대중의 일상생활에 지속적으로 미치는 영향은 상당하다.[83] 주민의 대다수가 집과 생계수단을 잃었고, 당시의 만행들이 대다수 현존하는 사람들의 기억에 여전히 살아있다. 하급 장교들이나 병사들에 의해 시작되는 미군들을 향한 단발성 공격 가능성은 이런 맥락에서 더 잘 이해될 수 있다.

두 명의 군인의 죽음에 대한 대응으로, 미국은 ROK의 지원을 받아 폴 번연 작전(Operation Paul Bunyan)에 착수했다. 그 작전은 새로 취임한 제럴드 포드 대통령에 의해 신속히 재가되어 미국의 힘과 결의를 과시하려는 의도에서 나왔고, 조선인민군 병사들이 보호하려 했던 나무, 즉 중립지대에 서 있던 그 나무를 압도적 무력이 뒷받침하는 가운데 반드시 베어내겠다는 것이었다. 8월 21일 이른 시각, 북한에 아무런 경고도 없이 813명의 미군과 한국군 요원들로 구성된 기동부대가 JSA로 진입했다. 여기에는 64명의 남한 특수부대 요원들과 전기톱을 든 미 육군 소속 8명의 엔지니어 두 팀이 포함되었다. 일부 병력이 JSA로 가는 출구를 지키는 동안, 나머지 병력은 수적으로 크게 열세인 북한 수비대가 개입하지 못하도록 엔지니어들을 보호했다. 군인들은 M19 유탄 발사기, 클레이모어 지뢰를 비롯하여 중무장을 하고 잠재적인 조선인민군의 증강병력을 차단하기 위해 교각들에 장전을 했다.

폴번연 작전은 미국과 동맹국들이 압도적인 무력을 행사해 JSA를 사실상 무장 점령한 것이었다. 북한 병사들에게는 큰 의미가 있었다 해도, 미국인들은 나무 한 그루를 베어내는 것과 같은 사소한 문제조차 그들 마음대로 하겠다는 의지를 확실히 하려는 것이었다. 휴전 협정은 중립지대를 관리하는 문제와 관련해 한쪽 당사자에게 우월한 권리를 부여하지 않았지만, 그들은 이런 권리를 당연하게 여겼다. 미국은 비무장지대를 둘러싼 미국의 요구에 대한 북한의 저항을 상징하게 된 그 나무를 베어내는 임무를 수행하는 부대를 지원하려고 균형을 완전히 벗어난 거창한 무력을 배치했다. 배치된 자산에는 미국의 F-4와 남한의 F-5 전투기가 호위하는 가운데 괌에서 도착한 - 핵 탑재 가능한 - B-52 스트래토포트리스 중폭격기가 포함되었다. 27대의 미군 헬기들이 그 위치를 선회했고, USS 미드웨이호가 이끄는 항공모함 전투단이 연안의 전략적 요점으로 이동했다. 북한 통신의 반응을 지켜본 미국의 한 정보 분석가는 완전히 균형을 잃은 대규모 무력을 배치함으로써 "그들을 과도하게 흥분시켰다"고 말했다.[84]

조선인민군은 JSA 인근에 200명의 경무장한 요원들을 배치했을 뿐 그 외에는 개입하지 않았다. 핵 자산을 포함한 미국의 대규모 무력 과시는 미군이 더 바짝 밀어붙일 것이라는 메시지로 기능했고, 당시 평양의 취약한 입지를 두드러지게 했다. 일부 분석가들은 이 특별한 행사의 직접적 결과는 북한 지도부가 대량파괴무기를 포함한 더 유능한 최

첨단 억지력에 대한 투자를 진지하게 시작하게 된 것이라고 결론지었다.[85]

힘의 균형이 10년 전 시기와 달라지면서 미국은 사과하라는 압박용으로 – 마치 이전 시기 푸에블로호 사건을 두고 북한이 그들에게 했던 것처럼 – 미국이 가진 힘의 지위를 이용했다. 평양은 공식 사과를 발표하지 않았고, 그 사건이 미국인들 스스로 자극을 받아 생긴 일이라는 태도를 유지했다. 하지만 북한 김일성 주석은 미국 측 군사정전위원회 수석 요원에게 다음과 같은 회유적인 표현으로 애석함을 전했다.

> 긴 시간 동안 판문점[JSA]에서 큰 사건이 일어나지 않은 것은 다행이었습니다. 하지만 이번에 판문점 JSA에서 사건이 일어난 것은 애석한 일입니다. 앞으로 그런 사건이 재발하지 않도록 노력해야 합니다. 그 목적을 위해 양측 모두 노력해야 합니다. 우리는 귀측이 도발을 일으키지 말 것을 강력히 촉구합니다. 우리 측은 결코 먼저 도발하지 않을 것이고, 도발이 발생하는 경우에만 자기방어 조치를 취할 것입니다. 이것은 우리의 일관된 태도입니다.[86]

유엔사령부 한 지휘관의 항의에 사상 최초로 김일성이 직접 응대한 것이었다.

미국은 북한 측에 사과를 촉구하면서 유죄를 인정하고 8월 18일 살해에 책임이 있는 조선인민군 요원을 처벌할 것과 살해가 발생한 정황에 관한 미국 측 설명을 실질적으로 시인할 것을 추가로 요구했다. 북한이 미국의 요구에 부응하지는 않았다. 합동군사정전위원회는 JSA가 새롭게 추가한 관리 방침에 따라 8월 31일부터 6회기를 시작했다. 북한은 새 도로를 만들어야 할 의무가 있고 합동감시반이 군사분계선을 점검하는 것을 인정하라는 방침이었다. 사실 이런 것들은 특히 미국의 위협 규모와 상대적으로 취약한 북한의 입지를 고려할 때 비교적 중요하지 않은 양해였지만, 1970년대 초에 부각된 서방의 초강대국과 동아시아의 소국 간 지위의 불균형을 보여주었다. 이런 불균형은 더 넓은 세계 내 지정학적 추세에 따라 그 후 계속 확대되었다.

1980년대 : 냉전 군비 경쟁

힘의 균형추는 1980년대 초반에 줄곧 미국에 유리한 방향으로 나아갔다. 1981년, 소련과 소비에트 동맹국들을 상대로, 특히 군사력 팽창을 통한 최대 압박 정책을 지지한 로널드 레이건이 대통령에 취임했다. DPRK는 갈수록 더 미국의 핵무기 조준선 안으로 들어갔다. 1980년대 들어 평양은 소련과도 중국과도 소원한 관계였다. 평양이 중—소 분쟁에서 계속 중립적 태도로 일관했기 때문이다. 중국의 경우, 베이징이 서방 진영과 관계 개선에 나서자 평양은 심기가 불편했고, 이로 인해 관계가 갈수록 더 소원해졌다. 1980년대 초, 북한은 경제적으로 여전히 무역을 통해 소비에트 진영 경제에 긴밀히 통합되어 있었다. 커가는 위협에 대응하려면 우방들의 정치적·군사적 지원이 필요했지만, 북한은 그렇지 못했다.

1980년대 초 핵 위협이 크게 고조된 것은 한반도에 공지전투(AirLand

Battle, 대규모의 적군 지상 전력에 대응하여 모든 전장에서 적의 취약부를 지상과 공중에서 집중적으로 공격하여 적과 아군의 전력 비율을 아군에게 유리하게 역전시키며, 전투 전반에 걸쳐 주도권을 확보하는 것(국방과학기술용어사전)-역자) 정책을 적용한 결과였다. 이 정책에 따라 적의 영토 곳곳에서 강화 방어 설비를 갖춘 시설들을 뚫고 들어가려면 특히 전문화된 핵무기를 폭넓게 사용해야 했다. 대규모 공습이 지원하는 가운데, 미군이 지상 침공에 착수해 평양을 함락한 데 이어 DPRK 붕괴를 수반하는 것이었다. 미군과 남한군이 실시하는 연례 팀스피리트 훈련에 10만 명 조금 넘는 병력이 참여하던 것이 약 20만 명으로 늘었다.[87] 세계 최대규모로 이루어지는 이 훈련은 정례적으로 공지전 정책에 따라 북한 국경 근처에서 공격 작전을 벌였다.[88]

또한, 미국은 북한을 겨냥한 핵 공격의 문턱을 더 낮추도록 한반도 내 핵무기 사용과 관련된 정책을 바꿨다. 핵무기를 적대행위 발발로부터 1시간 이내에(H+1) 사용해야 한다— 설사 남한이나 미국이 먼저 적대행위를 시작했을지라도 —는 것이었다. 핵과학자협회(Bulletin of Atomic Scientists) 보고서는 아시아와 유럽에서 서로 다르게 나타나는 미국의 핵 공격 계획에 대해 언급했다. 아시아 내 잠재적 분쟁 발발 시 미국의 핵 공격 계획이 유럽 전장에서 핵으로 무장한 바르샤바 조약기구를 상대로 하는 핵 사용 정책과 현저한 차이를 보인다는 것이다. "유럽에서는 감히 핵무기를 사용할 엄두를 내지 않는 것이 이치다. 상대편이 핵무기를 가졌기 때문에, 최악의 위기를 제외하면 그렇다는 것이다. 하지만 한반도에서는 핵무기를 사용할 수 있다. 상대가 핵무기를 갖지 않아서이다. 남한 지휘관들은… 미국이 북한과 벌이는 전쟁 초반에 핵

무기를 사용할 것이라는 개념에 이미 익숙하다."89)

핵 위협이 한층 더 격화된 것은 미군의 전략이 북한 인구 밀집 지역을 겨냥한 중성자탄 배치를 포함하기 시작하면서였다. 이처럼 소형화한 수소폭탄들— 일명 "강화 방사선 무기" —은 상대적으로 핵탄두 위력은 작아도 치명적인 중성자의 방출을 최대화하도록 설계되었다. 방사선에 노출되면 중성자 활성화 반응이 일어나기 때문에, 가까이 있는 사람들은 신체 조직이 방사능에 피폭되어 고통스러운 죽음에 이른다. 이 폭탄들은 남한 도시들, 특히 당시 9백만 명의 인구를 가지고 있던 서울이 조선인민군에 함락될 경우 사용할 작정이었다. 이처럼 특히 치명적인 대량파괴무기를 사용한다면 − 한반도 내 적군과 아군에 상관없이 양쪽 주민 모두가 무차별적 표적이 되어 − 수백만 명이 죽음에 이르게 된다.90)

서방 진영의 무기 중에서 전쟁 무기로서 중성자탄의 기원은 한국전쟁으로 거슬러 올라간다. 미국 핵과학자 새뮤얼 코헨은 허드슨항 작전에 따라 핵무기를 전술적으로 사용할 수 있는지 가능성을 판단하기 위해 한반도로 파견된 후 1951년에 그 아이디어를 발전시켰다. 코헨이 상상한 핵무기는 진격 중인 미군이 무사히 포획한 후 사용할 수 있도록 재산이나 기물에 손상을 주지 않고 적의 인구 밀집 지역을 표적으로 삼아 효과적으로 사용할 수 있는 대량파괴무기였다. 〈워싱턴포스트〉 기자 월터 핀쿠스는 1970년대에 그 폭탄 개발에 관해 최초로 취재한 이들 중 한 명이었다. 그는 새로운 무기가 "열과 폭발을 통해 군사시설들을 파괴하는 것이 아니라 중성자 방출을 통해 사람들을 죽이도록 특별히 설계되었다."고 말했다.91) 새로운 무기는 다른 핵무기들보

다 사용을 가로막는 문턱이 낮다고 여겨져, 비핵국가인 DPRK에 핵전쟁의 위협을 한층 격화시켰다.[92]

새로운 핵 위협으로 인해, 북한은 그들의 취약성을 한층 더 자각하게 되었다. 소련의 최첨단 공중전 시스템을 손에 넣을 수 있다면 재래식이 됐건 핵무기가 됐건 미국의 공습을 막을 수 있었겠지만, 당시 북한은 소련의 진보한 시스템을 손에 넣을 수 없는 처지였다. 게다가 적을 유리하게 해주는 경제적 불균형이 더 커지는 데다 재래식 전력의 격차도 커가고 있었다. 이런 현실은 북한이 자체 억지력 추구에 나설 수밖에 없도록 했다. 북한은 일찍부터 더 뛰어난 보복 공격 능력을 확보하는 데 관심이 있었다. 비대칭적 수단을 이용해 더 효과적으로 미국의 공격을 단념시킬 목적이었다. 따라서 북한은 이 시기에 억지력 확보를 위한 활동을 강화하게 된 것으로 보인다.

DPRK가 이집트에서 사들인 소련의 단거리 탄도 미사일 스커드-B 덕분에, 타격 거리를 늘리기 위한 조선인민군의 초기 시도가 크게 수월해졌다. 스커드-B는 1964년부터 소련에서 실전에 배치되었고 1979년에서 1980년 사이에 확보한 최첨단 무기와는 차이가 컸다. 하지만 그 미사일은 조선인민군이 사용해본 적 없는 무기였다. 미사일들은 오로지 역설계(reverse engineering) 목적에 따라 구입한 것이었고, 토착 탄도 미사일 프로그램에 시동을 거는 기술을 제공해 전망을 밝게 해주었다.[93] 곡산 포 시스템은 크기는 작아도 세계 최장의 원거리 대포를 개발하기 위한 야심적인 프로젝트였다. 실제로 60km라는 상당한 차이를 벌이며 여유 있게 성공을 거두었다. 당시 가장 유능한 서방의 유사체인 M109를 사거리로 3배 능가했고, 조선인민군이 적의 전선 너머 훨씬 깊이 공격 목표들을 위협할 수 있도록 더 안전한 후방의 진지에서 발사할 수 있게 해주었다. M1985 240밀리 로켓포 시스템 *** 또한 추정 사거리 60km의 주목할 만한 개발품이었고, 이는 훗날 상당한 개선이 이루어졌다.

조선인민군의 유도미사일 시스템 부서인 국방과학원의 제4기계산업국과 공학연구소가 함께 스커드-B의 분해공학에 참여했다고 알려져 있다. 그것은 놀라울 만큼 짧은 기간 안에 해낸 것이었다. 최초의 북한 탄도 미사일 화성-5호는 1984년에 실전 배치되었고, 사정거리 320km 스커드-B 사양을 아주 조금 개선했다.94) 세균전에 특화된 독특한 탄두와 더불어, 미사일에 필요한 새로운 유도 시스템도 개발되었다. 스커드-B에 기반한 무기들을 이란 한 나라만 해도 최소한 100개를 수출하고 이집트에도 상당히 많은 양을 수출함으로써 대규모 생산 체제에 들어가는 비용을 충당했다. 군수품들은 매월 약 10개 비율로 생산되었다. 이 무기들이 한반도에 배치됨으로써, 미국이 이끄는 동맹의 우위가 날로 커가는 상황에서 그 기반을 약화시키는 비대칭 자산(asymmetric asset)이 되었다.

북한은 1970년대 초부터 적의 점증하는 재래식 전력에 대응하기 위해 노력을 배가했다. 하지만 이제 그들의 방위는 점차로 전술 탄도 미사일 개발에 의존하게 되었다. 효율성을 높인 장거리 미사일 화성-6호는 1989년 생산하기 시작해 사정거리 500km를 보유함으로써, 남한

*** 그 로켓포 시스템의 북한명은 알려지지 않았다. 따라서 서방에서는 그것이 목격된 첫해를 근거로 M1985로 불린다.

곳곳의 미군기지들을 평양 인근 조선인민군 작업 라인 뒤쪽 발사장에서 안전하게 타격할 수 있게 해주었다. 앞선 무기들처럼, 화성-5호 역시 상당한 외화를 벌어들였다. 이란, 이집트, 시리아, 예멘, 리비아, 베트남에 수출되어 제작에 들어간 비용과 향후 연구개발 경비를 충당했다.

북한이 착수한 미사일 프로그램의 전망은 매우 밝아 보였다. 그러나 그들은 여전히 더 앞선 외국 장비들을 확보하여 조선인민군의 재래식 전력을 갱신하고자 노력했다. 베이징과 사이가 더 멀어지면서, 평양은 그들의 경제적·군사적 상황을 개선할 방안으로 모스크바와 관계를 회복하려 했다. 군사적 측면에서 보자면, 조선인민군은 소련 무기에 대한 접근권에 제한을 받음으로써 20년 넘게 힘겹게 분투했다. 1984년 5월 김일성 주석은 5일간의 모스크바 방문에 나서 새로운 경제적·군사적 동반자 관계의 조건을 제시했다. 북한 지도자는 점증하는 미국의 힘에 대응하는 데 필요한 다수의 선진 무기 장비에 관해 특별한 요청을 했고, 소련의 콘스탄틴 체르넨코 서기장은 필요한 모든 물자를 제공하기로 약속했다.[95] 당시까지 북한은 산이 많은 북한 지형에 특화된 자체의 첨단 천마호 전차[96]와 북한 해군에 필요한 나진급 호위함(Najin Class frigate)[97]을 제조하는 등 군사산업의 많은 분야에서 갈수록 더 자급자족을 이루어가고 있었다. 따라서 소련에 대한 원조 요청은 공중전 역량 향상에 특별히 초점을 맞추었다. 김 주석은 1986년 10월 모스크바에 2차 방문을 했다. 더 우수한 무기들에 대한 추가적 합의가 이루어졌고 경제적, 군사적 협력 관계가 한층 더 향상되었다.

남한은 1981년 12월 최초로 미국의 4세대 전투기인 경량 F-16 파이팅 팔콘(Fighiting Falcon)을 발주했다. 그즈음 미국이 그 지역에 더 우수한 4세대 제트기들로 이루어진 거대한 함대를 주둔시키면서, 새로운 공중방어 시스템과 새로운 전투기의 확보가 북한의 안보에 우선 사항이 되었다. 한국전쟁 당시 대량 파괴가 북한 영공에 미국 비행기가 접근하도록 허용한 결과였다는 사실은 길이 잊을 수 없는 교훈이 되었다. 김 주석이 최초 방문한 시점에는, 실전에 배치되어 활동 중인 4세대 전투기를 개발한 나라가 미국과 소련뿐이었다. 공중 방위 기술에서 선두주자로서 소련이 차지하는 지위가 그 전투기들과 결합할 때, 소련의 시스템에 접근하는 일은 북한에 특히 사활적이었다. 첫 선단에 선적한 소련 무기들에는 처음으로 가시거리를 넘어서는 표적들과 교전을 벌일 수 있는 능력을 조선인민군에 부여해 줄 신형 R-23 미사일을 장착한 미그-23 3세대 전투기 60대가 포함되었다. 기존 중거리 S-75 플랫폼과 화성총(Hwasung-Chong)과 같은 북한 토종 초단거리 휴대용 장비를 모두 보완해줄 S-125(NATO 코드명 SA-3) 저고도 미사일 시스템이 여기에 추가되었다. 이런 무기들이 당시 구입할 수 있는 소련의 최신 장비도 아니었고 일정 기간 실전에 배치된 것이었는데도, 미국 보고서들은 무기 수송에 상당한 불안을 나타냈다.[98]

1986년 10월부터 DPRK로 수송된 소련의 두 번째 선단은 널리 쓰이지 않는 다수의 신형 장비들로 구성되었다. 여기에는 미그-29 4세대 전투기, Su-25 공격용 전투기, 틴 실드 조기경보레이더, S-200(나토 코드명 SA-5) 장거리 지대공미사일 시스템이 포함되었다.[99] 남한 국방부의 1997 백서를 포함한 다수 보고서에 따르면, 미그-25 폭스배트(Foxbat) 요격기도 "전술적 공중전 역량 향상을 위해" 조선인민군에 수송되었다. 수송 증거는 여전히 공개되지 않은 채로 남아 있지만, 만약 사실이라면 세계에서 가장 빠른 전투기들이 북한에 제공되었음을 의미한다. 조선인민군 공군도 더 우수한 공대공 미사일 R-27을 확보했다. 따라서 전력 격차를 좁히고, R-27의 미국 유사체로 미국과 남한이 의존하는 AIM-7 스패로우를 능가해 역량의 우위를 확보했다. 조선인민군 공군에게 이 장비들은 최소한 질적인 차원으로는 상대와 대등한 수준의 전투력을 회복해 주었고, 잠재적 공습에 맞서 매우 정교한 계획을 세울 수 있도록 북한의 공군 방위망을 강화하는 효과가 있었다. 조선인민군이 여전히 수적으로도 군사력에서도 열세인 데다 설사 평양이 의지가 있어도 실행할 수 없었던 상황에서, 무기의 현대화는 미국의 공격을 단념시키는 데서 크게 이바지할 수 있었다.

두 가지 기본 요인이 소련의 대북 정책에서 변화를 유도했다. 동아시아 내 미군의 보강은 두 나라 공히 공통된 위협으로 받아들였다. 특히 중국이 서방 진영과 관계 개선을 지속하면서 그 입장이 여전히 모호했기 때문이다. 조선인민군에 대한 현대적 무기의 제공—소련이 인원을 배치해 유지·보수를 책임졌다—은 그 자체로 인원을 배치하고 유지해 나가는 것이었지만, 극동지역에 소련의 공군과 공중 방위력을 확장하는 것보다 비용이 훨씬 저렴했고 두 동맹국의 방위에 빈 공백을 채우는 것이었다. 두 번째 요인은 1970년대 중반부터 한반도 내 힘의 균형이 갈수록 더 기울고 있다는 점이었다. 모스크바는 이 상황을 더 강한 힘을 가진 쪽에서 전쟁을 시작할 위험성을 키우는 것으로 인식했다. 북한이 방위를 강화할 수 있도록 지원하면 결과적으로 전쟁이 벌어질 가능성을 막을 수 있고, 조선인민군이 잠재적 공격을 저지할 수 있는 능력을 향상시킴에 따라 소련의 붉은 군대가 조약 의무에 따라 움직이게 될 가능성도 줄일 수 있었다.

점점 더 자신감이 넘치는 상대에 맞서고 있던 북한이 소련의 지원을 얻게 되었지만, 1985년 3월 미하일 고르바초프 서기장이 권좌에 오르면서 이 지원은 길게 가지 못했다. 그것은 독립을 찾은 후 북한에 중요한 후원자였던 초강대국의 종말이 시작되었다는 의미였다. 서방친화적인 신임지도자는 사상 최초로 1990년 9월 대한민국을 인정했고 북한과는 외교적 관계를 격하시키면서 서방진영과 화해를 추구했다. 한반도 분쟁에서 소련이 새롭게 중립적 태도를 보이자, 평양으로서는 소련의 지원과 군사적 보호에 계속 의지할 수 있을지 의문을 품을 수밖에 없었다. 경제적·군사적 입지가 전반적으로 하락하던 상황에서, DPRK는 소련과 유대 관계를 확립하고 중동에서 새롭게 공표한 이란이슬람공화국과 동맹 관계를 맺음으로써 한숨 돌릴 여유를 얻었다. 하지만 1980년대 후반을 향해 가면서 부정적 추세는 가속화되었다. 다가오는 1990년대에, 미국과 북한 사이 긴장은 한층 더 고조되고 전쟁 위험성은 크게 높아졌다. 세계 질서에 격동이 일어나 북한의 생존 자체에 심각한 의문이 제기되었다.

1. Hanley, Charles J. and Choe, Sang Hun and Mendoza, Martha, The Bridge at No Gun Ri: A Hidden Nightmare from the Korean War, New York, Henry Holt and Company, 2001 (pp. 195–196).
2. Lowe, Peter, The Frustrations of Alliance: Britain, The United States, and the Korean War, 1950–1951, in: Cotton, James, and Neary, Ian, The Korean War in History, Manchester, Manchester University Press, 1989.
3. Hanley, Charles J. and Choe, Sang Hun and Mendoza, Martha, The Bridge at No Gun Ri: A Hidden Nightmare from the Korean War, New York, Henry Holt and Company, 2001 (pp. 195–196).
4. Deane, Hugh, The Korean War, 1945–1953, San Francisco, CA, China Books and Periodicals, 1999 (p. 191).
5. 'Casualties of Korean War,' Ministry of National Defence of Republic of Korea.
6. Park, Seong Won, 'The Present and Future of Americanization in South Korea,' Journal of Futures Studies, vol. 14, no. 1, August 2009 (pp. 51–66).
7. Moon, Katherine H. S., Sex Among Allies, New York, Colombia University Press, 1997.
8. Lindqvist, Sven, A History of Bombing, New York, The New Press, 2001 (p. 131).
9. Deane, Hugh, The Korean War, 1945–1953, San Francisco, CA, China Books and Periodicals, 1999 (p. 191).
10. Hanley, Charles J. and Choe, Sang Hun and Mendoza, Martha, The Bridge at No Gun Ri: A Hidden Nightmare from the Korean War, New York, Henry Holt and Company, 2001 (p. 170).
11. Stone, I. F., Hidden History of the Korean War, Amazon Media, 2014 (Chapter 17: Free Elections?).
12. Republic of Korea Truth and Reconciliation Commission, Report Activities of the Past Three Years, March 2009.
13. Cumings, Bruce, The Korean War: A History, New York, Modern Library, 2010 (p. 27).
14. Stone, I. F., Hidden History of the Korean War, Amazon Media, 2014 (Chapter 47: Six Months of Futile Slaughter).
15. Cumings, Bruce, Origins of the Korean War: The Roaring of the Cataract, 1947–1950, Volume 2, Princeton, NJ, Princeton University Press, 2004 (p. 693). United States Army in the Korean War: Volume 4, Washington, DC, Government Printing Office, 1961 (p. 84). Hastings, Max, Korean War London, Michael Joseph, 1988 (p. 22).
16. Talmadge, Eric, '64 years after Korean War, North Korea still digging up bombs,' Yahoo News, July 24, 2017.
17. Lê Thanh Nghị, 'Report on Meetings with Party Leaders of Eight Socialist Countries,' 1965. Kim, Il Sung, Chojak Sonjip (The Selected Works of Kim Il Sung), Pyongyang, Choson Rodong Dang Chulpansa, 1967 (pp. 401–402).
18. Kim, Jong Un, War Veterans Are Our Precious Revolutionary Forerunners Who Created the Indomitable Spirit of Defending the Country, Congratulatory Speech Delivered at the Fourth National Conference of War Veterans, July 25, 2015.
19. MacDonald, Donald Stone, U.S.-Korean Relations from Liberation to Self-Reliance: The Twenty-Year Record: An Interpretive Summary of Archives of the U.S. Departmetn of State for the Period 1945 to 1965, Boulder, Westview Press, 1992 (pp. 23, 78–79).
20. Leonard, Thomas M., Encyclopaedia of the Developing World, Volume 3, London, Routledge, 2006 (p. 1365). Matray, James I., 'Mixed Message: The Korean Armistice Negotiations at Kaesong,' Pacific Historical Review, vol. 81, no. 2, May 2012 (p. 224).
21. Moon, Katherine H. S., Sex Among Allies, New York, Colombia University Press, 1997.
22. Mizokami, Kyle, 'Everything You Need to Know: The History of U.S. Nuclear Weapons in South Korea,' The National Interest, September 10, 2017. Kristensen, Hans M. and Norris, Robert S., 'A history of U.S. nuclear weapons in South Korea,' Bulletin of the Atomic Scientists, vol. 73, no. 6, 2017 (pp. 349–357).
23. Memorandum of Discussion at the 173d Meeting of the National Security Council, Thursday,

December 3, 1953, Office of the Historian, Foreign Relations of the United States, 1952–1954, Korea, Volume XV, Part 2.

24 'Thaw in the Koreas?,' Bulletin of Atomic Scientists, vol. 48, no. 3, April 1992 (p. 19).

25 Cumings, Bruce, Korea's Place in the Sun: A Modern History, New York, W. W. Norton & Company, 1997 (pp. 478–479).

26 Macdonald, Donald Stone, U.S.-Korean Relations from Liberation to Self-Reliance: The Twenty-Year Record: An Interpretive Summary of the Archives of the U.S. Department of State for the Period 1945 to 1965, Boulder, CO, Westview Press, 1992 (pp. 23–24, 80).

27 National Records Center, USFIK 11071 file, box 62/96, G-2 'Staff Study,' February 1949, signed by Lieutenant Colonel B. W. Heckemeyer of Army G-2.

28 Preliminary Assessment of Black Shield Mission 6847 Over North Korea, Central Intelligence Agency, Document Number: 0001474986, January 29, 1968.

29 Woodward, Jude, The U.S. vs China: Asia's New Cold War? Manchester, Manchester University Press, 2017 (p. 86).

30 Buzo, Adrian, The Guerilla Dynasty: Politics and Leadership in North Korea, Boulder, CO, Westview Press, 1999 (p. 67). Minnich, James, North Korea's People's Army: Origins and Current Tactics, Annapolis, MD, Naval Institute Press, 2005 (p. 67). Schobell, Andrew and Sanford, John M., North Korea's Military Threat: Pyongyang's Conventional Forces, Weapons of Mass Destruction, and Ballistic Missiles, Carlisle, PA, U.S. Army War College Strategic Studies Institute, April 2007 (p. 31). North Korean Intentions and Capabilities with Respect to South Korea, Special National Intelligence Estimate, Number 14.2-67, Central Intelligence Agency, September 21, 1967 (p. 6).

31 Kristensen, Hans M. and Norris, Robert S., 'A history of U.S. nuclear weapons in South Korea,' Bulletin of the Atomic Scientists, vol. 73, no. 6, 2017 (pp. 349–357).

32 Hayes, Peter, Pacific Powderkeg: American Nuclear Dilemmas in Korea, Lanham, MD, Lexington Books, 1991 (p. 49). Cumings, Bruce, Korea's Place in the Sun: A Modern History, New York, W. W. Norton & Company, 1997 (p. 480).

33 Lê, Thanh Nghi, 'Report on Meetings with Party Leaders of Eight Socialist Countries,' 1965.

34 Afternoon Session of a Hearing of the Senate Armed Services Committee; The Nomination of Donald Rumsfeld to be Secretary of Defense, Chaired by Senator Carl Levin, January 11, 2010. Bowman, Tom, 'As North Korea Tensions Rise, U.S. Army Trains Soldiers To Fight In Tunnels,' NPR, January 9, 2018.

35 Shen, Zhihua and Xia, Yafeng, China and the Post-War Reconstruction of North Korea, 1953–1961, Woodrow Wilson Center for Scholars, May 2012.

36 Bolger, Daniel, Scenes From a Unfinished War: Low-Intensity Conflict in Korea, 1966–1969, Fort Leavenworth, Kansas, Combat Studies Institute, Leavonworth Papers no. 19, June 1991 (pp. 111–113).

37 Chung Hee, Park, To Build a Nation, Washington, D.C., Acropolis Books, 1971. Breen, Michael, 'Park Chung-hee: the man who transformed Korea,' Korea Times, August 10, 2011. Kim, Byung-Kook, The Park Chung Hee Era: The Transformation of South Korea, Cambridge, MA, Harvard University Press, 2013.

38 Bolger, Daniel, Scenes From a Unfinished War: Low-Intensity Conflict in Korea, 1966–1969, Fort Leavenworth, Kansas, Combat Studies Institute, Leavonworth Papers no. 19, June 1991 (pp. 49, 95, 108).

39 Ibid. (pp. 107, 108).

40 Longley, Kyle, 'Lyndon Johnson's 1968 State of the Union was a disaster. Can President Trump avoid his fate?,' Washington Post, January 30, 2018.

41 Black Shield Reconnaissance Missions, 1 January—31 March 1968, Central Intelligence Agency Document Number 0001472531 (p. 14).

42 McIninch, Thomas, 'The Oxcart Story,' CIA Historical Review Program, Central Intelligence Agency,

2 July 1996. Preliminary Assessment of Black Shield Mission 6847 Over North Korea, Central Intelligence Agency, Document Number: 0001474986, January 29, 1968.

43 Black Shield Reconnaissance Missions,' 1 January.—1 March 1968, Directorate of Science & Technology, Central Intelligence Agency, April 30, 1968 (p. 11).

44 'Inquiry Into the U.S.S. Pueblo and EC-121 Plane Incidents, Report of the Special Subcommittee on the U.S.S. Pueblo of the Committee on Armed Services House of Representatives,' Ninety-first Congress, First Session, July 28, 1969.

45 Hayes, Peter, Pacific Powderkeg: American Nuclear Dilemmas in Korea, Lanham, MD, Lexington Books, 1991 (pp. 47–48).

46 Prados, John and Cheevers, Jack, 'USS Pueblo: LBJ Considered Nuclear Weapons, Naval Blockade, Ground Attacks in Response to 1968 North Korean Seizure of Navy Vessel, Documents Show,' National Security Archive Electronic Briefing Book no. 453, January 23, 2014.

47 Ibid.

48 Jacobsen, Annie, Area 51, London, Orion Publishing, 2011 (p. 274).

49 Deane, Hugh, The Korean War, 1945–1953, San Francisco, CA, China Books and Periodicals, 1999 (pp. 177–178). Winnington, Alan, and Burchett, Wilfred, Plain Perfidy, The Plot to Wreck the Korea Peace, Britain-China Friendship Association, 1954 (p. 9).

50 'Pueblo Officer Says He Tricked Captors with False Charts,' New York Times, December 27, 1968 (p. 1).

51 Mayer, William E., Beyond the Call: Memoirs of a Medical Visionary, Volume 1, Albuquerque, Mayer Publishing Group International, 2009 (p. 350). Kim, Monica, The Interrogation Rooms of the Korean War; The Untold History, Princeton, NJ, Princeton University Press, 2019 (p. 338).

52 Herring, George C., The American Century and Beyond: U.S. Foreign Relations, 1893–2015, Oxford, Oxford University Press, 2008 (p. 453).

53 Heath, Laura J., An Analysis of the Systematic Security Weaknesses of the U.S. Navy Fleet Broadcasting System, 1967–1974, As Exploited by CWO John Walker, Faculty of the U.S. Army Command and General Staff College, Fort Leavenworth, Kansas, 2005. Roblin, Sebastien, 'North Korea Almost Started a Nuclear War When It Captured a U.S. Spy Ship,' National Interest, January 21, 2018.

54 Radchenko, Sergey S., The Soviet Union and the North Korean Seizure of the USS Pueblo: Evidence from Russian Archives, Washington D.C., Woodrow Wilson International Center for Scholars. (pp. 2, 5).

55 McGreal, Chris, 'Papers reveal Nixon plan for North Korea nuclear strike,' The Guardian, July 7, 2010. Foster, Peter, 'Richard Nixon planned nuclear strike on North Korea,' Telegraph, July 8, 2010.

56 Bolger, Daniel, Scenes From a Unfinished War: Low-Intensity Conflict in Korea, 1966–1969, Fort Leavenworth, Kansas, Combat Studies Institute, Leavonworth Papers no.19, June 1991 (102).

57 'Drunk in charge (part two),' The Guardian, September 2, 2000.

58 Hall, Michelle, 'By the Numbers: World War II's atomic bombs,' CNN, August 6, 2013.

59 Shuster, Mike, 'Nixon Considered Nuclear Option Against N. Korea,' NPR, July 6, 2010.

60 Graff, Garrett M., 'The Madman and the Bomb: The nuclear launch process once haunted Nixon's aides. 43 years later, is it finally time to reform the system?,' Politico, August 11, 2017.

61 Radchenko, Sergey S., The Soviet Union and the North Korean Seizure of the USS Pueblo: Evidence from Russian Archives, Washington D.C., Woodrow Wilson International Center for Scholars. (p. 15).

62 Bolger, Daniel, Scenes From a Unfinished War: Low-Intensity Conflict in Korea, 1966–1969, Fort Leavenworth, Kansas, Combat Studies Institute, Leavonworth Papers no.19, June 1991 (pp. 105–106).

63 Ibid (Chapter 4).

64 Nixon, Richard M., RN: The Memoirs of Richard Nixon, New York, Warner Books, 1978 (pp. 473–475).

65 Bolger, Daniel, Scenes From a Unfinished War: Low-Intensity Conflict in Korea, 1966–1969, Fort Leavenworth, Kansas, Combat Studies Institute, Leavonworth Papers no. 19, June 1991 (p. 113).

66 'Indonesia's killing fields,' Al Jazeera, December 21, 2012. 'Looking into the massacres of Indonesia's past,' BBC, June 2, 2016.

67 Burkholder Smith, Joseph, Portrait of a Cold Warrior, New York, Putnam, 1976 (pp. 246–247).

68 Heikal, Mohamed, 'Arab Nationalism: Alive or Dead?,' Interview with David Swift, 2002 (p. 21).

69 World Bank national accounts data, and OECD National Accounts data files.

70 Levkowitz, Alon, 'The Republic of Korea in the Middle East: Economics, Diplomacy, and Security,' Korea Economic Institute, vol. 5, no. 6, August 2010.

71 Harrison, Selig S., 'Promoting a Soft Landing in North Korea,' Foreign Policy, no. 106, Spring 1997 (p. 65).

72 North Korean Intentions and Capabilities with Respect to South Korea, Special National Intelligence Estimate, Number 14.2-67, Central Intelligence Agency, September 21, 1967 (p. 5).

73 Walt, Stephen M., 'Yesterday's Cold War Shows How to Beat China Today,' Foreign Policy, July 29, 2019.

74 The first twenty-five years of the World Intellectual Property Organization, from 1967 to 1992, Geneva, International Bureau of Intellectual Property, 1992 (pp. 294–295 for DPRK statistics).

75 Abt, Felix, 'A Capitalist in North Korea: My Seven Years in the Hermit Kingdom,' North Clarendon, VT, Tuttle, 2014 (Chapter 2: Malaise into Opportunity, Part 3: Will North Korea Strike Gold?).

76 Haggard, M. T., 'North Korea's International Position,' Asian Survey, vol. 5, no. 8, August 1965 (pp. 375–388).

77 The Sino-Soviet Dispute on Aid to North Vietnam (1965–1968), Central Intelligence Agency, United States of America, Directorate of Intelligence, Intelligence Report, Reference Title ESAU XXXIX. Heikal, Mohamed, Sphinx and Commissar, The Rise and Fall of Soviet Influence in the Arab World, New York, HarperCollins, 1979 (pp. 150–151).

78 International Institute for Strategic Studies, The Military Balance, Volume 75, 1975, Part V: Asia and Australasia (p. 56).

79 Ibid. (p. 56). Bermudez, Jr., Joseph S., A History of Ballistic Missile Development in the DPRK, Occasional Paper No. 2, Monterey, Monterey Institute for International Studies Center for Nonproliferation Studies, 1999 (p. 2).

80 'Thaw in the Koreas?,' Bulletin of Atomic Scientists, vol. 48, no. 3, April 1992 (p. 20).

81 North Korean Intentions and Capabilities With Respect to South Korea, CIA, Director of Central Intelligence, Special National Intelligence Estimate, no. 14.2-67, September 21, 1967 (p. 11).

82 Ibid. (pp. 7, 9). 'Thaw in the Koreas?,' Bulletin of Atomic Scientists, vol. 48, no. 3, April 1992 (p. 20). Hayes, Peter, Pacific Powderkeg: American Nuclear Dilemmas in Korea, Lanham, MD, Lexington Books, 1991 (pp. 148–149).

83 Lindqvist, Sven, A History of Bombing, New York, The New Press, 2001 (p. 131).

84 Oberdorfer, Don, The Two Koreas: a contemporary history, New York, Perseus Books, 1997 (p. 74–83).

85 Jackson, Van, On the Brink, Cambridge, Cambridge University Press, 2018 (p. 24).

86 Michishita, Narushige, North Korea's Military-Diplomatic Campaigns, 1966–008, Abingdon, Routledge, 2010 (p. 80). Folder: 'Korea—orth Korean Tree Incident,' 8/18/76 (3), Box 10, Presidential Country Files for East Asia and the Pacific, 1974–77, Gerald R. Ford Presidential Library.

87 Farrell, John, 'Team Spirit: A Case Study on the Value of Military Exercises as a Show of Force in the

Aftermath of Combat Operations,' Air and Space Power Journal, Fall 2009. Cumings, Bruce, Korea's Place in the Sun: A Modern History, New York, W. W. Norton & Company, 1997 (p. 482).

88 'Thaw in the Koreas?,' Bulletin of Atomic Scientists, vol. 48, no. 3, April 1992 (p. 20).

89 Ibid. (p.19-20).

90 Ibid. (p. 20).

91 Pincus, Walter, 'Neutron Killer Warhead Buried in ERDA Budget,' Washington Post, June 6, 1977.

92 Biddle, Wayne, 'Neutron Bomb: An Explosive Issue,' New York Times, November 15, 1981.

93 Bermudez, Jr., Joseph S., A History of Ballistic Missile Development in the DPRK, Occasional Paper No. 2, Monterey, Monterey Institute for International Studies Center for Nonproliferation Studies, 1999 (pp. 10–12). Lee, Chung-min, 'North Korean Missiles: Strategic Implications and Policy Responses,' Pacific Review, vol. 14, no. 1, 2001.

94 Bermudez Jr, Joseph S., The Armed Forces of North Korea, London, I. B. Tauris & Co. Ltd, 2001 (p. 249)

95 Volkognov, Dmitri, Autopsy for an Empire: The Seven Leaders Who Built the Soviet Regime, New York, The Free Press, 1998 (p. 418).

96 'Chonma Ho; How North Korea Developed and Has Extensively Modernised its First Indigenous Battle Tank,' Military Watch Magazine, June 14, 2019.

97 Oliemans, Joost. And Mitzer, Stijn, '조선인민군 Navy flag ship undergoing radical modernization,' NK News, December 15, 2014.

98 'North Korea's Air Force: Impact of Soviet Deliveries, An Intelligence Assessment,' Central Intelligence Agency Office of East Asian Analysis, December 1985. Approved for Release on January 22, 2010.

99 Joo, Sung Ho and Kwak, Tae Hwan, 'Military Relations Between Russia and North Korea,' Journal of East Asian Affairs, vol. 15, no. 2, Fall/Winter 2001 (p. 299).

10장
대리전쟁 :
북한과 미국이 삼자를 통해 벌이는 전쟁

세계적 차원의 대결

북-미 갈등은 70년 넘도록 여러 형태를 취하면서 계속되었다. 교착 상태에 이어 1953년 휴전 협정을 체결한 후에도 이어지며 계속되는 갈등은 한반도 너머로까지 전장을 확대했다. 동아시아의 소국과 서방 초강대국 사이 작은 '냉전'이라 할 수 있는 이 전쟁은 상대편과 싸우는 삼자를 지원하기 위해 요원들을 파견하는 형태로 – 무기와 훈련을 제공하거나 직접적인 전투 병력으로 – 나타났다. 북한과 미국은 모두 여러 다양한 분쟁에서 자신들이 직접 참여하지 않은 채 상대편과 적대하는 교전 당사국에 종종 전문 기술과 무기를 비롯해 물질적 지원을 제공했다.

특히 1980년대 초부터 평양은 서방 진영과 그들의 동맹국에 맞서 싸우는 수많은 서방의 적들에게 우수한 무기와 훈련을 제공함으로써, 이를 여러 다양한 분쟁에서 힘의 균형을 바꾸는 수단으로 삼기 시작했다. 북한은 이때부터 탄도 미사일 같은 비대칭 무기 시스템에 필요한 상당한 기술적 기반과 생산 역량을 발전시켜 자신들의 능력을 강화했다. 무제한으로 세력을 뻗치려는 서방의 구상에 북한의 그 같은 무기 이양은 매우 성가신 방해 요소였다. 미국은 세계 곳곳에 산재한 군사 기지들에 의존해 해외에서 힘을 행사하고 있었기에, 그들의 동맹국 영토 안에 위치한 군사 기지, 유전, 공항과 같은 취약한 표적들을 타격할 수 있는 북한의 탄도 미사일이 널리 확산되자 큰 곤란을 겪게 되었다. 북한의 무기 판매에 관한 미국인 전문가 브루스 벡톨은 DPRK가 "우수한 무기 시스템을 발전시키게 되면 그것은 단지 동아시아에서 미국의 이익을 위협하는 데 그치지 않는다"며, "북한이 군사적으로 세력을 키워가면, 미국의 이익은 물론이고 국제 공동체의 이익에도 위협적 존재…"라고 했다. 그리고 북한이 미국과 서방의 이익에 어떤 위협이 되는지와 관련해, "북한이 중동에서 군사적으로 계속 확산시키고 있는 대량파괴무기(WMD)를 비롯한 관련 시스템(탄도 미사일)이 미국과 유럽 국가들에 바로 도전할 수 있는 위협으로 나타난다."[1]고 말했다. 벡톨은 북한의 우수한 신형 무기 시스템 배치를 "쌍두의 위협"이라고 불렀다. 단지 동북아시아에서 서방 진영에 불리하게 힘의 균형을 바꿀 뿐 아니라, 페르시아만 같은 다른 지역에서도 마찬가지라는 것이다.[2] 북한 무기는 서방의 잠재적 표적들에게 억지력과 전투력을 제공함으로써 다수 전선에서 서방 군대들이 자유롭게 작전을 벌일 수 없게 했다. 따라서 북-미 갈등의 성격을 포괄적으로 이해하기 위해서는 양국이 대리로 치르는 전쟁들에 대한 평가가 필요하다.

베트남에서 벌인 전투 : 1960년대

북한이 베트남 전쟁에 어느 정도로 참여했는지에 관한 정보는 여전히 제한되어 있다. 그러나 미국이 베트남에서 벌인 긴 전쟁에, 조선인민군 조종사와 방공 요원 등 각종 인력이 베트민(Viet Minh: 베트남독립동맹, 월맹-역자)을 지원하기 위해 참여한 사실이 확인되었다. 김일성 주석은 베트남 전쟁을 전 지구적 투쟁의 "중심부"라고 불렀다. 또한, 그 전쟁이야말로 미국의 힘이 전 세계에 영향력을 발휘한다는 환상이 깨질 기회가 될 것이라는 믿음을 드러냈다.3) 1965년 8월 방북한 중국 사절단과의 회동에서, 북한 지도자 김일성은 베트남 투쟁을 지원하는 임무가 얼마나 중요한 일인지 강조했다. "만약 미 제국주의자들이 베트남에서 무너진다면, 그들은 아시아에서 완전히 실패할 것입니다… 우리는 베트남을 지지합니다. 이 전쟁은 우리가 치르는 전쟁과 다름없기 때문입니다. 베트남에서 요청이 오면, 설사 우리 계획에 지장을 받더라도 요구에 응할 것입니다."4) 북한이 베트남을 대규모로 지원하기 시작하자, 프랑스 외교부는 이렇게 결론지었다. "평양은 베트남에서 미국을 상대하는 적수들을 말로 지지하는 것에 만족하지 않는다… 김일성 사령관이 직접 나서서 모든 사회주의 국가들이 베트남에 지원군을 보내야 한다고 거듭 권고했다." 1966년 12월 김일성은 북한이 "베트남 인민들에게 훨씬 더 다양한 형태의 적극적 원조"를 제공할 것이라고 발표했다.5)

북한이 베트민이 전쟁에 매진할 수 있도록 이바지한 일 중 가장 잘 알려진 것은 아마도 베트남 공군의 방공 임무 지원을 위한 조종사 파견일 것이다. 2001년에 발간된 공식 베트남 전사는 이 원조와 관련해 이렇게 기록했다. "북한과 베트남 간 합의에 따라, 1967년 많은 수의 조선인민군 조종사들이 베트남에 파견되어 우리를 훈련시켰고 자신들의 경험에 기반해 지원하면서 베트남 인민군의 조종사들과 함께 전투 작전에 참여했다. 북한 조종사들은 수없이 비행에 나서 미군 비행기를 격추하고 승리를 얻어냈다."6) 베트남에 참전한 공군 파견대의 정확한 규모는 – 양국 모두 상세한 내용을 밝히지 않아 – 여전히 확실하지 않다. 당시 조선인민군과 긴밀하게 활동했던 전직 북베트남 공군 소장의 2007년 기록에 따르면, 1967년에서 1969년 사이에 북한 조종사 87명이 베트남에서 복무했다. 그중 14명이 실종되고 미군 비행기 26대를 격추했다.7) 베트남의 군 소식통은 그 숫자를 96명의 조종사를 포함한 조선인민군 공군 요원 384명이라고 밝혔다.8) 〈로이터〉는 베트남 전쟁에서 복무한 북한 항공병 숫자를 수백 명으로 보도했다.9)

베트남 육군 문서는 미국의 공습으로부터 북베트남 인구 밀집 지역을 지키기 위해 비행기를 보내 달라는 요청– 베트남 공산당 중앙군사위원회는 차후 이를 승인했다 –에 대해, 평양이 1966년 9월 21일에 공식 승인했다고 명시하고 있다. 조선인민군 공군 분견대의 북베트남 파견을 위해 같은 달 24일부터 30일까지 양국 참모총장이 이끄는 베트남군과 조선인민군의 대표단이 만나 후속 논의를 했다. 여기서 조선인민군이 미그-17 2개 중대로 이루어진 1개 사단의 조종사들을 제공하고 양국 군대에 대규모로 실전 배치된 미그-21 전투기 1개 중대를 제공하기로 합의가 이루어졌다. 한편 베트남은 비행기를 비롯한 모든 필요한 기술 장비와 유지·보수를 책임지고, 북한 조종사들을 위한 병참

업무를 제공하기로 했다. 북한 항공 부대들은 북베트남 공군 사령부 지휘와 통제 아래 작전을 벌이기로 했다. 공중방어가 특히 위태로워진 시점에 도착한 조선인민군 항공병들은 북베트남 전력에 50%의 병력 증강을 의미했고 베트민의 전쟁 활동에서 큰 자산이 되었다.10) 유능한 전투기 조종사들을 훈련하는 데는 수년이 걸리고 물적으로도 큰 투자가 필요하다. 따라서 북한 조종사들이 도착하기 전, 조종사 공급이 전투기 자체보다도 훨씬 더 부족한 상태였던 베트민으로서는 공중방어 능력 개선 활동에 어려움을 겪고 있었다. 연합군 정보에 따르면, 1970년경 조선인민군 최전방 조종사들 대다수가 비행시간만 2천 시간이 넘는 데다 경험이 풍부해 베트남 조종사들이 10년은 더 걸려야 도달할 수준이었다.11)

북한 항공 부대의 최초 파견 시점을 고려할 때, 롤링썬더 작전(Operation Rolling Thunder)에 대응하여 시작되었던 것 같다. 그 작전에 따라 미국은 1965년 중반부터 북베트남 인구 밀집 지역에 집중적으로 폭격을 퍼부었고, 그 과정에서 비행기 9백 대를 잃었다.12) 하노이를 겨냥한 집중 폭격 시, 미군은 인근의 북한 비행기 이착륙장을 직격했고, 조선인민군과 미 공군 부대 사이에서는 더 직접적인 격돌도 있었다. 당시 미국의 전자전(electronic warfare) 장비의 성능이 더 높아지면서 북베트남 S-75 대공 부대의 존재 가치가 없어졌다. 따라서 점점 더 빈번해지는 미군의 공습에 대응하려면 전투기들에 더 많이 의지할 수밖에 없었다. 베트남 전투기 군단의 절반을 차지하는 대규모의 노련한 북한 조종사 분견대는 그만큼 더 소중했다.13) 전직 베트남 국방부 차관이자 베트남 전쟁 당시 조종사였던 뜨란 한은 미국인들을 대적하기 위해 베트남에 파견된 북한 조종사들의 공적에 관해 이렇게 말했다. "우리는 그들이 매우 용감하다는 것을 알 수 있었습니다. 그들은 조국에 대한 자부심이 대단했고… 아무것도, 심지어 죽음도 두려워하지 않았지요."[14] 평양의 조국해방전쟁승리기념관에는 "베트남 하늘을 마치 북한의 하늘인 듯 지키라"고 조선인민군에 당부했다는 북한 지도자 김일성의 말이 남아 있다.[15]

조선인민군 조종사들은 B-52 스트래토포트리스 폭격기와 F-4E 팬텀 전투기 같은 미국의 최신 전투 비행기들과 교전하는 소중한 경험을 얻었다. 그 전투기들은 한국전쟁에서 싸웠던 비행 장비들보다 두 세대 진보한 것으로, 크게 달라져 있었다. 새로운 제트기들은 향후 언제라도 미국이 한반도를 공격할 때 선봉에 설 것으로 예견되는 전투기였다. 공식적으로 확인되지는 않았어도, 수많은 보고서가 조선인민군이 남베트남에서 베트콩 반군과 함께 벌인 지상전에 참여했다는 것을 보여준다. 베트남민족해방전선 파견단원 응우옌 롱이 "북한인들이 남베트남에서 활발하게 움직이고" 있으며, 그들이 더 큰 규모의 파견대를 보내려 한다고 평양 주재 루마니아 외교관에게 이야기했다는 보도가 있었다. 그러나 언어 장벽과 의사소통의 난관 때문에 베트콩 게릴라들과 함께 하는 작전은 어려움을 겪었다.[16] 남한 보고서들은 베트민을 지원하기 위해 조선인민군 심리전 전문가들이 파견되었고 유격대들이 북한에서 남베트남과 미국에 저항하는 작전을 훈련했다고 기록했다. 미군 정보장교 김지율의 연구는 특히 북베트남군과 루마니아 외교 소식통을 인용해 이 보고서들을 뒷받침한다.[17]

북한은 병력 파견으로 이바지한 것 말고도 베트민을 지원하기 위해 많은 양의 건설 물자와 기계와 자동차를 보냈다.[18] 미군 폭격으로부터 민간인을 보호하고 군 자산과 산업 자산을 지키기 위한 방어 시설 건설에 필요한 기술적 지원을 제공하기도 했는데, 이것은 특히 북한의 전문 분야였다. 1965년 전쟁이 확대되자, 김일성 주석은 베트민 지도부와 논의하는 자리에서 방어 시설의 중요성을 강조했다.

> 코리아의 경험에 비추어, 여러분은 산악 정글 지대에 중요한 공장들을 지어야 합니다. 공장의 절반은 산속에, 절반은 밖에 짓는 겁니다. 다시 말해, 동굴을 파서 공장의 절반은 동굴 안으로, 절반은 바깥쪽으로 짓는 거죠… 동굴 안에 기계 공장 같은 공장을 짓는 일에는 거의 1만 제곱미터의 공간을 가진 동굴이 필요합니다. 우리가 인공 동굴에 공장 건설을 완료하기까지는 1951년에서 1956년에 이르도록 긴 시간이 들었지만, 오늘날 우리는 그 작업을 더 빠르게 할 수 있습니다.

김 주석은 필수적인 방어 시설들을 짓는 일에 북한의 전문가와 일꾼 5백 명을 보내 베트민을 지원하겠다고 제안하면서, 조선인민군은 지하에 모든 전투기 연대를 수용할 수 있도록 더 큰 동굴 방어 시설을 건설하는 방법을 터득하게 되었다고 말했다. 조선인민군이 중국 인민해방군을 지원하기 위해 그 같은 건설을 감독했다는 이야기도 했다.[19]
북베트남 부총리이자 공산당 정치국원인 레 탄 응기는 북한 지도부와 논의한 후, 북베트남의 요새화를 지원하겠다는 김주석의 제안에 관한 비밀 보고서에서 이렇게 결론지었다. "북한 지도부는 매우 솔직하고 정직하며 이타적이다. 그들은 우리에게 전적인 지지를 보냈다."[20] 북한 국영 미디어는 조직 운동에 나섰고, 폭넓은 대중적 지지를 불러일으켜 수차례에 걸쳐 베트남에서 싸울 전투원으로 자원할 것을 고무했다. 베트남은 식민 통치에서 해방된 후 미국과 연합국의 집중 폭격 아래 놓인 두 번째 동아시아 국가였다. 북한은 자신들의 경험을 떠올리며 베트남과 이념적으로 연대했다. 연대를 위해 지지를 호소한 대표적 사례로, 1965년 4월 7일 조선민주여성동맹 부의장 김옥순이 〈로동신문〉에 실은 칼럼이 있다. 그녀는 "조선의 여성들은 그들의 남편, 아들, 딸들을 의용군으로 보낼 것"이라며, "남베트남 인민들을 지원하고 미 제국주의자들과 싸우는 여성들을 지원하기 위해" 북한의 "사랑하는 남편과 아들딸들"을 보내도록 강력히 촉구했다.21) 이 자료를 포함한 다수의 기록이 남베트남 베트콩을 지원한 조선인민군 보고서에 신빙성을 부여한다. 수많은 북한 일꾼과 학생들이 베트남인들의 정당한 대의를 지지해 자원입대했다고 알려졌다.22)

당시 모스크바 주재 미국 대사관은 베트남 전쟁에 대한 북한 지도부의 태도를 이렇게 묘사했다. "베트남을 향해 북한이 보인 태도는 그들이 제국주의와 결연히 싸우면서 해방 투쟁을 적극적으로 지원하고 있는지 판단할 수 있는 시금석이다."23) 당시 중-소 분쟁으로 반목하고 있던 중국과 소련은 서로의 베트민 지원을 거듭 방해함으로써 북베트남이 최신 무기 장비들을 손에 넣지 못하게 가로막는 결과를 낳았다. 하노이가 양국 사이에서 한쪽을 선택하도록 강요한 것이다.24) 그에 반해, 북한은 베트민의 정당한 대의에 가장 굳건한 지지자였다. 조선인민군 조종사들이 베트남인들의 투쟁에 이바지한 공로는 오늘날 하노이 바로 외곽 박장(Bac Giang)에 서 있는 순직 조종사 14인을 기리는 기념비로 서 있다. 베트남 전쟁 퇴역군인이자 그 기념비를 돌보는 관리인이기도 한 두옹 반 다우는 그 의미를 이렇게 표현했다. "이 기념비는 우리의 북한 형제들과 함께 미국에 저항한 투쟁을 기리는 것입니다. 그들은 우리 조국을 위해 우리와 더불어 싸우며 자신들을 바쳤습니다."25)

이집트에서 벌인 싸움 : 1970년대

조선인민군은 1970년대 초에 중동과 북아프리카 지역(MENA)에 처음으로 개입했고, 그 후로 큰 폭으로 개입이 늘어갔다. 특히 이집트가 그 지역에서 첫 번째로 북한의 주요 전략적 동반자로 등장했는데, 1952년 친서방 왕정에 반대하는 군사 쿠데타가 성공한 후부터였다. 1956년 영국, 프랑스, 이스라엘이 합세해 이집트 침공에 나선 후, 카이로와 서방 진영은 관계가 급속히 나빠졌다. 그 후 평양이 6만 원의 재정 지원을 제공하면서 이집트와 적극적 동맹 관계를 위한 탄탄한 기반을 형성했다. 1967년 이집트가 서방의 지지를 등에 업은 이스라엘 방위군(IDF)에게 압도적으로 패한 뒤에는, 평양이 5천 톤의 식량 원조를 제공하기도 했다.26) 북한군 부대가 MENA에 최초로 파견된 것은 수에즈 운하 곳곳에서 이집트와 소련 군대가 이스라엘방위군(IDF)에 대항해 수차례 접전을 벌이며 '소모전(War of Attrition)'을 치른 직후였다. 그런데 이집트 신임 대통령 안와르 사다트가 취임한 지 얼마 지나지 않아, 이집트 영토에서 소련군을 내보낸다는 뜻밖의 칙령이 공표되었다. 소련 요원들은 이집트의 전투기 작전과 공중방어에서 중요한 역할을 했고, 이집트인들은 자신들이 그 방면에 능력이 부족하다는 것도 잘 알고 있었다. 게다가, 소련 요원들은 이스라엘 방위군(IDF)의 전면적인 제공권을 저지하는 데서 필수적이었다. 이처럼 이집트 방위가 위태로워지고 훈련된 조종사가 부족해 곤란을 겪는 가운데, 북한 지도부가 조선인민군 분견대 파견을 포함한 지원을 제안했다.

이집트 참모총장 사드 알 샤즐리는 절박한 상황에서 조선인민군의 원조가 결정적이었다고 보고서에 남겼다. 그는 이집트 미그-21기의 30%가량을 소련 요원들이 운항한 사실을 상기하면서, 이집트 공군은 그들이 떠난 후 훈련된 전투기 조종사가 심각할 정도로 부족한 문제로 씨름하고 있었다고 썼다. 장군은 북한이 그 문제를 해결하는 데 이바지한 역할과 관련해 회상록에서 이렇게 말하고 있다.

> 1973년 3월 조선민주주의[인민]공화국 부주석이 이집트를 방문 중이었고, 나는 해결책을 번뜩 떠올렸다. 3월 6일, 수에즈 전선 순시 차 북한 인민무력부 부상 장송 장군을 호위하는 동안, 혹시 그들이 비행 중대를 파견해 우리를 지원할 수 있는지 - 또한, 그들의 조종사들이 실질적인 전투 훈련을 시킬 수 있는지 - 물어본 것이다. 당시 북한이 미그-21기를 운항 중이라는 사실을 알고 있었기 때문이다. 상당한 논의를 거쳐 4월에, 나는 그 계획을 완결짓기 위해 김일성 주석을 향한 공식 방문길에 올랐다. 그 비범한 공화국에서 매혹적인 열흘 간의 일정을 보내면서, 흔히 제3세계로 불리는 작은 나라가 자체 자원으로 무엇을 성취할 수 있는지 보여준 모범 사례가 내게 얼마나 고무적이었는지 모른다. 아아, 더 정확히

말하면 베이징에 잠시 들른 일이 그러했듯 그것은 이 회상록의 범위를 넘어선다.

대다수가 비행시간 2천 시간 이상으로 경험이 풍부한 북한 조종사들이 6월에 이집트에 도착했고, 7월부터는 실전에 참여했다. 당연히 이스라엘과 그들의 동맹국[미국]은 머지않아 통신을 감청했고, 8월 15일 북한인들의 주둔을 단언했다. 안타깝게도, 우리 지도부는 그 사실을 공식화하지 않았다. 아마도 외국인 전력 보강이라는 측면에서, 북한인들은 역사상 가장 소규모 병력이었을 것이다. 조종사 20명, 조종 장치 8대, 통역사 5인, 관리자 3인, 정치고문 1인, 각 1인의 의사와 요리사가 전부였다. 하지만 그 효과는 훨씬 더 컸다. 그들은 8월과 9월에 이스라엘군과 두세 차례 조우했고, 비슷한 횟수로 전쟁에서도 접전을 벌였다. 그들이 와준 것은 감동이었다. 내가 여기서 이 이야기를 언급하는 이유는 전적으로 그들에게 경의를 표하고자 함이고, 또한 그렇게 하지 못했던 우리 지도부의 인색함에 대해 사과하고자 함이다.[27]

서방과 이스라엘 보고서에 따르면, 참전한 조선인민군 조종사들은 그들의 상대인 이집트인들보다 공중에서 훨씬 더 유능했다. 그들은 대표적 사례로, 북한 미그-21기 1대가 이스라엘 F-4E 팬텀기 2대를 대적해 여러 발의 미사일을 요령 있게 잘 피했고, 이스라엘 제트기가 결국 기지로 귀환한 사건을 들었다. 보도에 따르면, 북한 요원들이 조종하는 미그기들이 손상을 입고는 했는데, 당시 사정상 성급한 훈련과 열악한 지휘 구조 탓에 이집트 지대공 미사일 담당 사병들이 걸핏하면 아군 비행기를 요격한 데 기인했다.[28]

북한은 MENA에서 수많은 분쟁을 치르면서 서방과 대결하는 세력들의 전력을 지원함으로써 미국과 연합국의 이익에 손상을 가했다. 그중 제4차 중동전쟁(Yom Kippur War)에서 조선인민군은 최초로 전투에 참여했다. 이집트 미그-21기를 운항한 것이 조선인민군이었다. 한편, 제4차 중동전쟁 발발 직후 이스라엘군 내 조종사 부족 사태로 인해 이스라엘 공군 전투기를 운항한 것은 미군 항공병들이었다. 또한, 미 공군 SR-71 전략 정찰 항공기들도 이스라엘의 전쟁 수행을 지원하기 위해 비행에 나섰다. 그들은 전쟁의 형세를 일변시키는 데 필수적인 정보를 제공하는 역할을 했다.29) 따라서 조선인민군은 이스라엘에 맞서는 공중전에서 유일한 비아랍인 전투원들이었고, 미국인들은 이스라엘의 공중전에서 유일한 외국인 조종사들이었다. 평양과 워싱턴이 각자 상대편에 맞서 중동의 한쪽 당사자를 적극적으로 지원한 것이었다. 따라서 제4차 중동전쟁에 대한 북한의 참여는 MENA에서 미국과 벌인 대리전쟁으로 설명할 수 있다. 북한 부대들은 미국 항공병들과 직접 격돌하지는 않았다고 알려졌다. 그러나 미국인들이 이스라엘 전투기들을 운항한 사실조차 공표하지 않은 점을 고려한다면, 그 또한 가능성으로 남았다.

이집트 정부는 그 전쟁 후로 북한의 지원에 갈수록 더 크게 의존했다. 핵무기 보유국인 이스라엘과 상호 취약성을 분명히 하려면, 개선된 탄도 미사일 성능을 발전시켜야 했기 때문이다. 북한은 이집트가 군사력을 향상시킬 수 있도록 지원했다. 특히 탄도 미사일 성능을 발전시킬 수 있도록 지원함으로써 서방에 유리한 역내 힘의 균형을 흔들어 놓았다. 1980년대 들어와, 서방 친화적인 전임자가 사망한 후 호스니 무바라크 대통령은 수차에 걸친 평양 방문을 통해 양국 사이에 미사일 개발에 관한 협력이 계속되고 있음을 보여주었다. 그 결과, 이집트 탄도 미사일 전력은 거의 전부가 북한 장비로 이루어지게 되었다. 1996년 CIA 보고서는 평양이 "스커드C[화성-6] 시리즈 생산을 시작할 수 있게" 해줄 제조 시설을 이집트에 넘겨주고 있다고 명기했다.30) 워싱턴은 이런 무기 확산을 막고자 제재를 고려했지만, 결과적으로 카이로를 멀어지게 만드는 위험을 무릅쓰지는 않았다. 그 후 이집트는 사정거리가 더 긴 로동-1호 장거리 미사일을 확보함으로써 중동을 가로질러 그리스, 터키, 이탈리아, 루마니아에 있는 공격 목표들을 위협할 수 있게 되었다. 북한 미사일은 오늘날도 여전히 이집트의 가장 유능한 탄도 장비로 남았고, 2010년대 들어와서도 미사일 부품 인도가 계속되고 있는 것으로 알려졌다.31)

시리아에서 벌인 싸움 : 1980년대와 2010년대

서방과 그들의 동맹세력들은 미국의 적수들에게 군사적·경제적 압박을 행사해 왔고, 그런 미국의 적수들 가운데 북한의 지원에 가장 크게 의지해 온 나라가 시리아 아랍 공화국이다. 카이로가 서방으로 투항한 후, 이집트가 이끄는 아랍 민족주의 진영은 사실상 붕괴했다. 그리하여 시리아는 국내에서는 외부 세력이 지원하는 이슬람주의 정파에 의해, 또 대외적으로는 이웃한 서방 동맹국 터키와 이스라엘에 의해 엄청난 안보 위협에 직면한 채 갈수록 더 고립되고 있었다. 1980년대 시리아 무기 목록 중 미그-25 요격기에서부터 T-72 탱크에 이르기까지 가장 성능 좋은 무기를 지원한 가장 큰 세력은 당연히 소련이었다. 하지만 시리아 아랍군을 훈련하고 무장하는 데서 중요한 역할을 한 나라로 북한이 있었다. 시리아는 MENA에서 미국과 동맹국들의 기획에 맞서 싸우는 전선에 여전히 버티고 있었다. 이집트 참모총장 사드 알리 샤즐리는 시리아를 "중동에서 이스라엘의 패권이라는 물길을 저지하는 바위"로 묘사했다.32) 1989년 영국의 뛰어난 방위 전문가 조나단 마르쿠스는 과거 '아랍 민족주의 동맹'의 다른 국가들이 무대에서 다 사라진 점에 주목하면서, "반이스라엘 투쟁(anti-Israeli struggle) 전선에 시리아만 홀로 남았다."고 말했다.33)

조선인민군은 조종사, 탱크 기수, 미사일 기술자와 시리아 아랍군을 훈련하는 장교들을 포함해, 군사력을 상시 주둔시킴으로써 그 나라 방위를 지원했다. 이스라엘 보도에 따르면, 1982년 레바논 전쟁 중에 M1977 로켓 포대의 북한인 기수들이 사망했고, 북한인들이 만든 발사기 중 하나가 포획되었다.34) 레바논 전쟁에서 시리아군은 미군과 서방의 지원을 받는 이스라엘군과 직접 격돌했고, 이 전쟁에서 조선인민군은 적극적 관계자였다. 이는 1983년 12월 4일 북한군이 미 해군 전투기 3대를 격추한 사건에서 확인되었다.35) 이처럼 조선인민군과 미군은 중동 내 분쟁에서 또다시 상대편에 서로 물적·인적 지원을 제공하고 있었다.

이집트와 외교적 동맹 관계가 단절된 1970년대 후반부터 시리아는 북한의 지원에 의존도를 높였다. 그러나 그 전부터 평양은 다마스쿠스에 지원을 해왔다. 비록 증거로 확인되지는 않지만, 미국과 이스라엘의 정보는 조선인민군 조종사들도 '6일 전쟁'과 제4차 중동전쟁에서 시리아 공군 편에서 전투기를 운항했다고 보고했다.[36] 1970년 조선인민군이 탱크 사병 2백 명, 조종사 53명, 미사일 기술자 140명을 시리아로 파견하고 이스라엘과 전쟁을 벌이는 상황에 대비해 시리아 조종사들을 대규모로 훈련시켰다는 기록이 있다. 1975년 이스라엘 공군과 소규모 접전을 벌이는 가운데, 조선인민군은 공군 교관 75명을 조달했고, 이어 1976년에는 훈련된 전투기 조종사 40명을 파견했다.[37]

1991년 소련 붕괴로, 양국 모두 소련의 군사적 원조·보호와 첨단 신무기 장비들에 대한 접근권을 잃었다. 이는 비공식적인 북한-시리아 동맹을 강화하는 결과로 이어졌다. 소련 붕괴로 두 나라는 그들의 친서방 이웃 나라인 남한과 이스라엘에 비해 크게 약화시켰다. 남한에 대한 승인을 계속해서 거부하는 쿠바를 제외한다면, 시리아는 평양의 유일한 동반자로 남았다. 평양은 이스라엘을 승인하지 않는 것으로 그에 화답했다. 소비에트 진영 붕괴와 더불어 북한이 거의 대다수의 교역 상대를 상실한 후, 시리아와의 교역은 북한에 특히 소중했다. 양국 간 교역에 관해 검증 가능한 통계는 없지만, 평양 무역박람회에 언제 가보아도 수없이 많은 시리아 생산품들을 볼 수 있고 작은 경제 규모에 전혀 어울리지 않는 두드러진 지위를 확인할 수 있다.

텔아비브 대학 재피(Jaffee) 전략연구소는 2000년 이전까지 시리아의 안보 상황을 이렇게 요약했다. "이스라엘과 시리아 간 전략 균형이 이스라엘 편에 불리하게 기운 적이 없고, 다마스쿠스는 현실적인 군사적 해결방안을 갖고 있지 않다."[38] 미국과 동맹국의 잠재적 공격에 맞서 갈수록 대칭 방어를 조직하기 힘들어지면서, 시리아는 1990년대 초부터 비대칭 시스템에 더 많이 투자하는 길밖에 없었다. 여기에 북한의 도움이 필수적이었다.39) 시리아가 1991년부터 1995년까지 북한의 화성-6호 탄도 미사일을 확보하기 시작하면서, 재래식 전력이 낙후된 시리아군이 실행 가능한 억지력을 보유할 수 있었다. 북한은 시리아의 알레포와 하마 인근에 화성-6호 건설 설비를 제공했고, 시리아군은 1992년 7월에 북한인 참관인들이 자리한 가운데 최초의 미사일 테스트를 실행했다. 러시아 An-124기 비행기도 시리아에 임차되어 평양 인근 순안 비행장에서 미사일들을 수송하는 데 사용되었다. 시리아 군대는 북한의 클러스터 탄두도 받아들였고, 시리아 무기 기술자들이 훈련을 위해 북한으로 대거 파견되었다.40)

화성-6호 역량을 추가하면서, 시리아는 북한 KN-02 독사(Toksa)-소비에트 9K79 토치카Tochka에 사거리가 연장된 변형이다-의 유일한 외국인 기수가 되었다. 2005년 5월 최초 실험이 이루어진 후 이듬해 초도생산이 시작되었고, 2007년 4월 군대 열병식 도중에 독사가 공식적으로 선을 보였다. 이즈음 시리아가 미사일을 인도받았을 것이고 그 프로그램에 공동 투자했을 것으로 추정된다. 북한 장비들의 기반이 되는 토치카의 이형, 스카랍 C는 1989년에 실전 배치에 들어갔다. 그것은 스커드와 화성-6호 모델보다 10년 앞선 기술에 해당했다. 미사일은 서방 분석가들이 "오차가 거의 없이 안내해줄 진보한 GPS 장치"41)의 완성이라고 전할 만큼 스터드의 정확성을 크게 개선했다. 소형 고체 연료 미사일의 짧은 발사 시간과 고기동성도 더 높은 생존 능력을 보장해 매우 유리해졌다. 미사일 발사 주기가 불과 16분, 발사 시간 2분, 재장전 시간 20분으로, 이는 액체 연료였던 과거 모델들보다

대략 3배 빠르게 발사할 수 있다는 의미였다.[42]

보도에 따르면, 북한은 시리아 방위 목적으로 스커드-ER로 알려진 특별히 전문화된 등급의 미사일을 거듭 개발했다. 스커드-ER은 폭발력과 발사 시간은 기본 스커드-B 및 화성-6호와 같지만, 사거리 추정치가 1천km로 스커드-B의 3배, 화성-6호의 2배에 달한다. 스커드-ER은 북한 지원 아래 시리아에서 제조되었고, 그 나라 병기고에서 사거리가 가장 긴 장거리 탄도 미사일이다. 꽤 많은 북한 미사일이 이전되고 제조 시설이 건립되면서, 시리아는 이스라엘과 터키뿐만 아니라 중동 내 미군 기지들을 위협할 수 있게 되었다. 그리하여 적대행위가 발생하는 경우 상호 취약성과 생존에 필요한 억지력을 갖게 되었다. 미국은 이스라엘의 미사일 방위력을 높이기 위해 PAC-2 패트리어트[43]를 공급했다. 나중에는 다윗의 물매라는 미사일 장비[44]를 공동 개발하는 등 상당한 지원을 제공함으로써 시리아의 억지력을 훼손하고자 했다. 그러자 북한은 시리아의 미사일 용도로 조정가능재돌입운반체(MaRV)에 필요한 기술을 제공했다. 이로써 요격이 까다로워져 미국이 이스라엘에 인도한 무기들에 대응할 수 있게 되었다. 영국 정보그룹 IHS 제인스는 북한의 단군무역 엔지니어들에 의해 지원이 이루어졌다고 보고했다. "맞춤형 커나드 시스템을 포함하는 성능 향상으로, 스커드 미사일의 MaRV가 대기권으로 재돌입할 때 원래 계획된 궤도를 바꿀 수 있게 된다. 그렇게 되면, 미사일 방어 요격기들이 판단에 어려움을 겪도록 비행경로를 잡음으로써 정밀도가 매우 높아져 탄두의 생존력을 상당히 높여준다."[45]

북한의 계속되는 지원이 없었다면, 구소련 붕괴 후 시리아의 억지력은 점차로 폐물이 되어 나라가 극도로 취약한 상태에 빠졌을 것이다. 따라서 북한의 지원은 시리아를 향한 서방과 동맹국의 군사 행동이 크게 제한받는 결과로 이어졌다. 시리아의 미사일 역량에 대해서는, 수많은 분석가들이 2003년 이라크 침공 여파로 다마스쿠스와 워싱턴 간에 긴장이 고조되었을 때 미국의 공격을 저지하는 중요한 요인이었다고 강조했다.46) 시리아의 미사일 무기 개발과 더불어, 병사 수송 군용차량에서부터 공중방어 시스템과 미그-21 전투기들에 이르기까지 시리아의 노후한 장비를 점검하는 역할 또한 조선인민군에 맡겨졌다. 북한 요원들은 이 장비들이 완전히 폐물이 되지 않도록 계속 개선해나갔다. 대표적 사례가 T-54/55 전차에 북한의 레이저 거리측정기를 장착하고 포탑을 개선하고 기갑장비를 개량한 일이다. 이로써 시리아는 그런 노후 장비 약 2200기를 처리했다.47) 양국은 같은 장비를 대거 운용하고 있었고, 그 덕분에 북한 무기 목록 중에 소련제 무기 비중을 늘리고자 개발한 기술을 통해 시리아에 호환성 높은 무기들을 공급하기 쉬워졌다.

서방 보고서들에서도 북한이 시리아에 핵 기술을 제공했다는 사실이 확인된다. CIA 보고서는 영변에 있는 북한 플루토늄 흑연 생산로에 기반해 가스 냉각 흑연감속로를 건설하기 위한 프로젝트가 "일찍이 1997년에" 시작되었다고 언급한다.48) 서방 소식통에 의하면, 이란이 자금을 댄 것으로 알려진 시리아 내 북한 핵시설이 2007년 9월 이스라엘 공습으로 무력화되었고 이때 북한 기술자들이 사망했다. 이에 대한 사실 여부는 확인되지는 않았다. 국제원자력기구(IAEA) 사무총장을 포함해 다수의 핵 전문가들과 정보 관료들은 시리아에 플루토늄

재처리 공장이 있다는 증거나 그런 시설로 추정되는 눈에 띄는 방위 시설에 대한 증거도 없을 뿐 아니라, 핵연료를 생산하는 시설이 있다는 어떤 징후도 없다고 단언했다.[49] 서방의 서사 속 공백을 메우는 것으로, 그 원자로가 이란이 시리아 영토에서 부분적으로 외주 제작했던 더 광범위한 플루토늄 프로그램의 일부라는 서방 소식통들의 주장이 있다.[50] 하지만 그 같은 원자로는 훨씬 더 취약한 데다 위치상으로도 이라크 내의 이스라엘군과 미군에 근접한 곳에 테헤란이 어떤 의도로 그렇게 했을지 가늠하기 어렵다. 미국 정보에 노출되지 않은 채 이라크 국경에서 불과 50km 거리에 전면이 확 트인 곳에서 5년 동안이나 노골적으로 원자로를 건설했다는 것도 마찬가지다. 다른 이스라엘 소식통들은 그 원자로가 북한 수도 평양에서 직접 선박으로 수송된 우라늄 연료를 사용했다고 주장했다. 그곳에 큰 항구도 없고 핵시설이 있을 만한 곳도 없으며, 연료 선적에 의존하는 핵 프로그램이 그토록 먼 데서 가져와 실행될 가능성도 없다는 점을 고려할 때, 이 또한 매우 이례적인 주장이다.[51] 대량파괴무기 개발에 대한 혐의들이 조작되는 경우가 많았고, 2000년대 미국을 비롯해 그들의 동맹국들이 적대적이고 불법적인 작전을 벌이기 위한 구실로 이를 활용했다는 점에 많은 기자들이 주목했다.[52] 이스라엘에 내 공격 목표물의 실체와 북한의 개입 규모와 관련해서는 그저 추정만 있을 뿐이다.

1990년대와 2000년대 북한은 시리아 군대를 위해 상당한 지원을 제공했다. 시리아에 절실한 군사적 현대화를 달성하게 해줄 미사일 부품을 비롯한 군수 장비들이 선적되었다는 보도가 빈번히 나왔다.[53] 이 동반자 관계는 2011년 시리아에서 서방이 지원한 반란이 일어난 후 더욱 강화되었다.54) 풍부한 자금을 지원받은 다수의 무장단체55)가 일으킨 반란은 그에 맞선 시리아 아랍군에 큰 타격을 주었다. 무장단체들은 거의 전부가 이슬람 지하디스트로, 국가의 타도와 이슬람 율법의 시행을 추구했다. 그들은 외부 후원으로 확보한 상당한 자금과 장비로 작전을 벌였고, 56) 시리아 국가에 목전의 위협으로 다가왔다. 전쟁이 발발하자, 영국에서 교육받은 바샤르 알 아사드 대통령의 서방 친화적 개혁 과정57)에 맞서 저항해 왔던 바스당(Ba'ath Party)과 안보 기관들에 권한이 집중되었다. 평양을 포함한 전통적 동맹들에 대한 시리아의 유대도 다시 회복되었다.

2013년 평양과 다마스쿠스는 김정일 국방위원장 최측근 김격식 국방상의 방문을 포함해 고위급 대표단을 주고받았다. 김격식은 유창한 아랍어를 구사하는 포병 장교이자 다마스쿠스 주재 북한 대사관에서 부교관을 역임한 인물이었다. 그의 방문은 시리아 내 분쟁이 격화되고 수많은 지하디스트 단체들에 맞서 아랍군이 수차례의 패배를 기록한 시점에 이루어졌다. 이는 북한이 시리아의 전쟁 활동을 점점 더 지지하는 증표로 받아들여졌다. 북한 외무상 리수영은 이듬해 다마스쿠스를 방문해 아사드 대통령을 만났다. 북한이 상당한 인도적 지원을 제공했고, 북한 대사관 직원들은 부상당한 시리아 병사들을 수차례에 걸쳐 방문했다. 인도적 지원은 북한인들이 병원 세 곳을 짓고 그 병원에서 북한인들이 직원으로 일하며 책임지는 것을 포함했다.58) 이에 시리아는 2015년 북한 건국의 아버지를 기념하여 다마스쿠스의 김일성 거리 인접한 곳에 김일성 공원을 개장했다. 그것은 위기 동안 평양이 폭넓게 원조를 보낸 데 대한 감사의 전시 헌사로 여겨졌다. 북한 노동당

70주년을 축하하는 김일성 공원 개장 행사에서, 시리아의 외무부 차관 파이잘 미크다드는 "테러리즘— 진행 중인 지하디스트 반란을 일컬어 —에 맞서 싸우는 시리아와 함께 버텨주는"59) 북한의 지도자와 정부를 칭송했다.

전쟁 중에, 총력을 다하는 시리아를 지원하기 위해 조선인민군이 전쟁 사령부를 세우고 병참 지원 센터를 관리했다고 알려졌다.* 알레포에서 지하디스트 세력에 맞서 교전을 벌인 전선들을 포함해 다수 전선에 북한 장교들이 파견되었다.60) 한편, 많은 서방 소식통들이 2013년 제2 전선에서 조선인민군이 수행한 역할과 관련해 이렇게 주장했다. "쿠사이르 전투(the battle for Qusair)에서 아랍어를 사용하는 북한 군사고문들은 기습 공격을 위한 작전 계획과 포병 작전 실행에 없어서는 안 되는 존재였다."61) 서방의 지원을 받은 이슬람주의 저항 단체인 전국평의회 전직 의장 부르한 갈룬의 2013년 성명에 따르면, 조선인민군 조종사들이 지하디스트 세력에 맞서 시리아 비행기를 운항했다. 1990년대 중반 이래 훈련된 조종사들이 계속 심각하게 부족했던 상황을 고려할 때, 타당성이 있다. 서방이 지원한 반정부 인사들이 남긴 기록에 따르면, 북한이 지하디스트 세력과 전투를 치르기 위해 철마-1 부대와 철마-7부대라는 두 개의 특수 부대를 시리아에 파견했고, 이

---

* 이런 보고서들이 공공연히 서방의 지원 아래 시리아 정부를 전복시키고자 했던 반정부 소식통들로부터 나왔다는 데 주목할 필요가 있다. 다마스쿠스와 평양으로서는 서방 진영과 그들의 동맹국들이 그것을 과장할 동기가 있는 것과 마찬가지로 그들의 방위 협력의 수준을 드러내지 않을 만한 동기가 있다. 결국, 현재 진행 중인 분쟁에 대한 북한의 개입 정도에 대한 더 정확한 그림은 앞으로도 한동안 알기 어려울 것 같다.

부대들은 전장에서 "치명적인 위험성"을 증명해 보였다.(62)

북한 특수 부대를 해외에 파견함으로써 조선인민군은 산악 지형과 도시 지형을 포함하는 현대전에서 값진 경험을 얻었다. 특히 미국의 특수작전사령부의 참모장 데이비드 맥스웰은 조선인민군이 그러한 해외 경험으로 입을 혜택에 대해 상당한 우려를 표명했다.(63) 영국 보고서들은 이런 엘리트 부대들을 이렇게 묘사했다. "(그들은) 의욕적이고 정치적으로 사상에 투철하고 잘 훈련되어 있다… 그 부대들은 주도권을 쥐고, 모든 예상 밖의 사건들을 자신들에게 유리하게 이용하고, 목적을 성취하기 위해 희생을 감수하고 진격할 것으로 예견된다."(64) 악명 높은 그들의 엄격한 훈련 프로그램은 "현수하강, 산악등반, 수영, 무술, 공수, 폭파, 엄격한 신체단련, 개별 주도성, 창의성, 유연성, 공격성을 만들어내기 위해 설계된 훈련"(65)을 포함하는 것으로 알려졌다. 조선인민군은 18만 명에서 20만 명으로 추정되는 세계에서 가장 규모가 큰 특수 부대를 전선에 배치하는데,(66) 1996년의 잠입 사건 중 남한군과의 충돌에서 뛰어난 능력을 입증해 보였다. 그들은 반란 진압 작전에서 가공할 만한 자산일 것이다.

시리아 경제와 전후 재건 노력은 서방의 경제 제재로 심각하게 지체되었다. 당시, 시리아 정부는 미국과 유럽인들로부터 권력을 이양하고 서방 스타일의 정치 개혁을 채택하라는 그들의 요구를 수용하는 즉시 제재가 해제될 거라는 협박을 받고 있었다.(67) 전후 재건에 지원을 제공하고 경제적 유대를 강화하겠다는 북한의 약속을 다마스쿠스는 높이 평가하고 있다.(68)

이란에 대한 지원 : 1980년대와 2020년대

북한이 이란을 지원한 것은 1980년대 초로 거슬러 올라간다. 2002년 조지 W. 부시 행정부 아래서 두 나라가 "악의 축"의 일부로 선언되고 레짐체인지 대상으로 선포되기 한참 오래전이다. 1979년 이란에서 친서방 팔레비 왕조가 전복되고 새로 선포된 이슬람 공화국이 소비에트 진영과 서방 진영 모두를 맹렬히 비난하는 모호한 노선을 보이자, 평양은 이를 새롭게 중요한 동반자를 얻을 기회로 여겼다. 새로운 이슬람 공화국을 더 잘 이해할 목적으로 이란 혁명의 지도자 아야톨라 루홀라 호메이니의 활동이 북한에 번역되었다고 알려졌고, 테헤란에서 수차례에 걸쳐 우정의 제안이 있었다. 1980년 이라크가 이란을 침공하면서, 양국이 특히 방위 분야에서 유대를 공고히 해나가게 되었다. 서방 진영은 이라크에 F1 전투기, 엑조세(프랑스제 대함 미사일)를 비롯한 현대적 군사 장비를 제공했다. 심지어 "베어 스페어" 프로그램[69]에 따라 제삼국으로부터 획득한 소련식 무기도 제공했다. 나아가 이란 부대의 이동에 관한 값진 정보도 공유하면서,[70] 이라크의 핵 개발[71]과 화학 무기 프로그램[72]을 지원했다. 나중에는 수많은 이란 해군을 침몰시키고 제조 공장들과 유정들을 파괴했으며[73] 이란의 석유 수출을 방해하는 활동에 직접 개입했다. 그리하여, 평양은 이란의 전쟁 활동을 지원함으로써 서방의 이익에 반해 대리전을 벌이고 있었다. 조선인민군은 공중방어, 탄도 미사일 배치, 게릴라전 같은 현장에서 훈련을 제공했다. 1980년 두 나라는 최초로 무기 계약을 체결했다.[74] 북한은 이란에 화성-5호 탄도 미사일 수백 기 외에도, 곡산 170밀리 곡사포와

M1985 240밀리 로켓포 시스템을 공급했다. 후자는 나중에 이란에서 파흐르(Fajr)-3호로 라이선스 생산되었다. 곡산은 당시 세계에서 사정거리가 가장 긴 장거리 대포였고, 귀중한 자산으로 입증되었다.[75] 북한은 이란의 기갑부대가 겪은 큰 인명손실을 메우기 위해 천마호 장비들을 제공했고, 전쟁 중 유일하게 이란에 최신형 전차를 공급한 나라이기도 했다.[76] 불새-2호 대전차 미사일에서부터 소형 무기들까지 다양한 무기들이 제공되었다. 이란은 북한의 73식(Type 73) 경기관총을 대거 구매했고 나중에 예멘, 이라크, 레바논, 시리아에서 이란의 방위 동반자들에게 넘겨졌다.[77] 그 후로 헤즈볼라를 비롯한 다양한 이란 정부와 동맹 관계의 민병대를 포함한 다수의 비국가 동반자들의 장비를 갖추기 위해 북한으로부터 주기적으로 무기를 구입했다.[78]

평양은 서방 진영이 이라크를 강력히 지원하면서 여러 차례에 걸쳐 이란 군대와 직접 교전을 벌이던 시점에 이란을 지원함으로써, 전략적으로 중대한 분쟁에서 또다시 미국과 서방의 기획에 손상을 가했다. 전쟁이 끝나고 1989년 5월 이란 대통령 알리 하메네이가 북한을 방문해 최고인민회의 앞에서 두 나라 사이 연대의 중요성을 언명하면서 협력은 계속 확대되었다. 그는 김일성 주석 옆에 서서 이렇게 단언했다. "여러분이 미국과 대결할 힘이 있다는 사실을 코리아에서 입증했습니다." 하메네이는 그 후 한 달도 지나지 않아 최고 지도자 책무를 맡게 되었고 양국 간 협력의 중요성을 거듭 강조했다. 최고 지도자와 북한 지도부 사이 회동은 이후로 줄곧 빈번하게 이루어졌다.[79]

미국과 그들의 동맹국들이 이란을 상대로 군사 행동 직전 상황에 이른 것만 수차례에 달했다. 공군, 수상함대, 기갑 사단이 모두 효율적 대칭 방어 작전을 개시할 태세가 갖추어지지 않았던 이란으로서는 북한 미사일 기술에 대한 접근권이 그 후로 거의 40년 동안 가장 중요한 억지력이 되었다. 이란은 1980년대에 최초의 미사일 장비 화성-5호와 화성-6호 등 북한 기술의 취득을 통해 탄도 미사일 역량에 투자하기 시작했다. 곧이어 사우디아라비아, 이스라엘, 터키, 서방의 군사 기지들을 포함한 중동 전역의 공격 목표들에 도달할 수 있는 장거리 장비들을 추가했다. 가장 이목을 끄는 것은 로동-1호를 라이선스 생산한 샤하브-3호로, 오늘날까지 이란 전략 무기의 주축을 이룬다. 미국의 평양을 상대로 위협하고 이스라엘이 외교적 제안에 나서는 등 무기 거래를 저지하려 했지만, 결국 이란의 로동-1호 확보를 막지 못했다.80) 로동-1호는 추정 사거리 1,500km로, 1990년 북한의 검수를 거쳐 곧 배치가 시작되었다. 북한의 무기 기술 이전은 미국 정부와 정보 당국에 의해 주요 관심사로 거듭 언급되었다.81)

북한의 지원으로 샤하브-3호 탄도 미사일은 정확도를 개선하고 더 큰 연료 탱크에 알맞은 동체와 더 가벼운 알루미늄 동체를 사용하면서, 신형 안내 장치 창작과 함께 더 빠른 속도와 특화된 무기 형태로 탄두 조종 등을 통해 현대화되었다. 가디르(Ghadr)-1호와 에마드(Emad)는 강화된 샤하브-3 이형의 가장 대표적 사례들로서, 각각 2천5백km와 2천km로 사정거리가 늘어났고 더 뛰어난 정확도를 위해 유도 장치를 개선했다.82) 이란에서 샤하브-3호로 새롭게 탄생한 로동-1호는 전투 테스트를 거친 것으로 확인된 북한과 이란의 유일한 중거리 탄도 미사일이다. 이스라엘 정보 당국은 샤하브-3호가 시리아 내 이슬람국가(Islamic State) 지하디스트 반란에 대처하기 위해 2017년 6월 배치되었다고 보고했다.[83] 이란은 샤하브-3호가 드론으로 본 화면에서 효용성과 정확성이 매우 높은 것으로 입증되었다고 보도했다.[84]

2000년대 중반, 이란은 완성된 무수단 미사일을 북한에서 들여왔다. 샤하브-3호의 성능을 더 발전시키기 위한 것이었다. 일찍이 2005년에 18기를 1차로 선적하여 인수했고 이듬해 1월 1차 시험 발사를 했다고 알려졌다.[85] 이 미사일들은 2010년부터 실전에 배치되고 있다.[86] 무수단 미사일은 이전 모델에 비해 훨씬 더 정교하고, 다탄두를 사용하여 요격하기가 매우 어렵다고 알려졌다. 이란은 그 미사일을 이란에서 샤하브-3호로 재명명한 원래 형태와 나중에 개량한 호람샤르(Khorramshahr)까지 모두 실전 배치했다. 이란 혁명수비대 군단 항공우주사단의 사령관에 따르면, 개량된 이형은 "규모가 더 작아졌고" 사거리가 줄어든 대신 "작전상 이점을 얻었다."[87] 서유럽만큼 멀리 떨어진 목표물까지 타격할 수 있다고도 알려졌다.[88] 무수단 미사일을 개량한 두 가지 미사일은 현재 이란 무기 목록에서 가장 유능한 전략 장비들이다. 이란이 사용 중인 또 다른 장거리 미사일로, 토종 고체 연료를 사용하는 세질(Sejil)이 있다. 다수의 보고서들이 전하는 바에 따르면, 세질 또한 북한의 지원을 받아 북한 부품들을 폭넓게 사용해 만들어진 미사일이다.[89]

북한은 크루즈 미사일 탑재형 잠수함 프로그램의 형태로도 2단계 억지력의 기반을 제공했다. 이란은 라이선스 생산으로 북한의 연어급(Yono Class) 공격 잠수정 20여 대를 가디르급으로 제조했다. 훗날 그 플랫폼들은 라이선스 제조한 중국 C-704 크루즈 미사일과 잘 조응했고, 잠수 중에도 표적을 향해 발사할 수 있게 해주었다.[90] 최초 시험[91]

은 조선인민군이 자체 잠수함에서 미사일을 발사한 지 2년 후에 있었고, 그 사이 기술적 노하우가 교환되었던 것 같다. 일부 소식통들에 따르면, 이란 해군도 그들의 잠수함에 – C-704와 함께 혹은 그 대신에 – 북한 크루즈 미사일을 장착할 계획이다.[92] 이란이 향후 북한의 고래급 기술에 기반한 탄도 미사일 잠수정을 개발하려 하는 것으로 추정할 수 있다.

가디르급으로 라이선스 제조한 연어급과 북한 조선소에서 직접 매입한 유고급(Yugo Class)을 포함해, 이란 잠수정의 약 90%가 북한산이다. 〈내셔널 인터레스트〉에 기고하는 미국 분석가들은 북한에서 취득한 이란의 잠수함 장치들이 북한에 실전 배치된 선단에 비해 훨씬 더 작기는 해도 미국의 재래식 무기의 우월성에 "주목할 만한 경고"가 될 수 있다고 말한다.[93] 또한, 이란 잠수정 역량이 "현재까지 그 나라 해군에서 수적으로 가장 많고 기술적으로 유능한 무기이며, 가까운 장래에도 여전히 그 수준을 유지할 것"이라며 주목해 왔다.[94] 그 잠수함들은 미국과 긴장이 고조되던 시점이면 테헤란에 상당한 정치적 효력을 발휘한다. 그뿐 아니라, 테헤란이 종종 미국 선박들에게 호르무즈 해협을 폐쇄하겠다고 위협하는바, 잠수함들이 이 계획에서 가장 중요한 역할을 한다.[95] 따라서 잠수함은 이란이 북한의 지원에 크게 의존해 온 또 하나의 중요한 방위 분야에 해당한다. 2017년 2월 처음 취역한 토종 파테급(Fateh Class) 잠수정은 북한 지원을 받아 개발되었고 북한 부품과 기술을 활용했다. 특히 잠수정이 살아남을 수 있는 능력에서 가장 중요한 것이 현대식 공기불요추진 시스템인데 그 장비를 개발한 몇 안 되는 나라 중 하나가 북한이라는 점에서[96] 북한 장비가 파테급에 포함되었을 가능성이 매우 크다.

서방 소식통들은 이란의 군사용과 민간용 위성 프로그램에도 북한의 ICBM 기술이 도움을 주었을 것- 이란의 위성 발사기는 북한의 화성-14 미사일에 기반한 것으로 알려졌다 -이라고 주장한다.97) 이런 주장들은 진위가 확인되지는 않았지만 상당한 가능성이 있다. 미국의 '미사일 기술 통제 시스템'에서 낸 보고서들은 무수단과 같은 북한 중거리 미사일도 이란의 우주 계획에 도움을 줄 수 있다고 지적한다.98) 미 국무부 전보는 이란 사피르 위성 발사기는 로동-1호에 크게 기반하고 있지만 2단계에서 조종 엔진은 무수단 기술에서 유래한 것이라고 기술하고 있다.99)

북한은 여타 군사 협력 방식을 통해서도 이란의 방위를 크게 강화했다. 북한은 이란의 무기 목록에서 가장 현대적 전투기인 미그-29 전투기를 작동시킬 이란 사병들에 대한 훈련을 담당했고, 비행기에 필요한 부품들을 판매했다. 미그-29기를 국내용으로 라이선스 제작해 오면서 그 설계에 고도로 익숙해졌기 때문에, 이란이 그 제트기들을 일신하고 현대화할 수 있도록 지원할 수 있었을 것이다.100) 2000년대 초반에 산 밑에 세워진 포다우(Fordow) 우라늄농축시설과 같은 이란의 핵 시설을 보강하고 강화하기 위한 활동에서도 북한의 전문적 기술이 핵심적 역할을 했다고 알려졌다. 북한이 이란의 억지력을 높이는 데 직접 영향을 미친 사례라고 볼 수 있다. 그런 방어 시설들은 반백년에 걸친 조선인민군 기술의 전문 분야였다. 북한은 이란을 위해 수만 미터 이상의 핵 기반시설과 지하 시설들을 건설했다. 미 공군의 침투폭탄(penetrative bombs) 공격에 견딜 수 있도록 천장과 문과 벽을 철근 강화 콘크리트로 만들었다고 알려졌다. 방어 시설과 지하 건설에 관한 북한의 탁월한 전문가 도명류는 2005년 이 건설 활동을 감독하기 위해 직접 이란 출장길에 올랐다고 확인되었다.[101] 미국과 그들의 동맹국들이 이란 핵 시설을 공격할 위험성이 여전히 높은 환경에서, 이란의 내구력을 강화함으로써 그들의 잠재적 공격 작전은 몹시 까다로워질 수밖에 없다.[102]

최소한 10년에 걸쳐 매우 느린 속도로 발전이 이루어지기는 했지만, 이란 핵 프로그램은 북한의 지원에 크게 힘입었다. 북한이 핵에너지에서도 핵무기에서도 거의 완전한 자급자족을 이루어냈기 때문에 그런 지원을 제공할 수 있는 유리한 위치에 서게 되었다.[103] 두 가지 프로그램의 비밀스러운 성격으로 인해, 양국의 협력과 관련해서는 극히 제한된 세부사항만이 드러나 있다. 2011년 평양은 이란에 핵 개발을 지원하기 위해 컴퓨터 프로그램과 복잡한 소프트웨어를 공급했고, 그 소프트웨어를 사용하는 이란 방위 전문가들을 훈련하기 위해 같은 해 대표단이 평양에서 테헤란으로 출장을 떠났다고 알려졌다.[104] 〈워싱턴포스트〉가 그해 유엔 관리들에게 제공된 정보를 인용해 보도했다. 북한이 이란에 "매우 중요한 기술"을 제공했고, 그것이 "이란이 핵 능력 확보의 출발점까지 나아가게 했다… 이란은 이론적 설계 활동에 필요한 수학 공식과 코드를 공급해주는 외국인 전문가들에 의존했다."고 확인한 것이다. 〈포스트〉가 인용한 "외교관들과 무기 전문가들"은 그 외국인 전문가들이 제공했다는 것은 모두 "북한에서 고안되었다"고 말했다.[105]

2011년 남한의 〈조선일보〉가 외교 소식통을 인용해 "북한 과학자와 엔지니어 수백 명이 나탄즈(Natanz)를 포함한 이란 내 약 10개의 핵과 미사일 시설에서 활동하고 있다."[106]고 보도했다. 미국과 그들의 동맹국들이 그 활동을 중단시키기 위해 막대한 경제적 압박에서부터 이란 과학자들에 대한 수차례의 암살에 이르기까지 어떤 일도 서슴지 않던 시점에,[107] 이란의 핵 개발 속도를 높이는 일은 중동에서 미국의 이익을 매우 위태롭게 하는 것이었다. 서방 전문가들도 이란이 플루토늄 원자로를 개발하는 활동에 북한이 지원했다고 평가했다. 그것은 만약 테헤란이 그런 방침을 밀고 나가기로 했다면 우라늄 프로그램과 더불어 핵무기 개발로 가는 두 번째로 더 어려울 수 있는 길이었다.[108]

북한은 이란 억지력 강화 프로그램을 포괄적으로 지원했다. 북한의 기술 이전과 부품, 설계, 지원이 아니었다면 오늘날 실전 배치된 거의 모든 이란 탄도 미사일의 목록은 존재할 수 없었을 것이다. 그뿐 아니라, 2015년을 앞둔 시점에 이란의 핵 프로그램이 가속화되지도 못했을 것이다. 이란 핵 시설 역시 방어 시설을 갖추지 못함으로써, 1981년 이라크의 오시라크 원자로와 마찬가지로 예방 타격(preventive strike)에 상대적으로 취약한 표적이 되었을 것이다. 아래 설명과 같이, 탄도 미사일 외에 이란의 가장 귀중한 군사 역량– 고도로 훈련된 무장 의용군들과의 협력 –도 광범위한 북한의 지원과 이들을 위한 훈련이 없었다면 크게 손상되었을 것이다. 따라서 강대국 지위를 향한 이란의 포부는 북한이 지원함으로써 가능해진 것이라고 말해도 결코 과장이 아니다. 그것이 없었더라면, 이란이 억지력과 현재의 정책을 밀고 나가는 데 필요한 자국 안보에 대한 자신감도 없었을 것이고, 2015 포괄적 공동행동계획(JCPOA)에 따라 양보 없는 협상을 추진하는 데 필요한 핵 개발의 급속한 진전도 없었을 것이다. 북한 무기 거래에 관한 미국인 전문가 브루스 벡톨은 이렇게 썼다. "오늘날까지 시험되었거나 전투에서 사용되는 이란의 탄도 미사일 대다수가 북한에서 유래했고, 북한의 지원과 부품들로 만들어졌으며, 여전히 테헤란의 미사일 프로그램의 핵심적인 구성 요소로 남아있다."109) 군사 분석가들이 널리 주목하고 있듯이, 탄도 미사일 능력 없이는 이란이 미국이라는 적이 가진 방대한 재래식 무기의 위력에 균형을 유지할 수 없었을 것이다. 탄도 미사일 능력을 확보하지 못했다면, 자국의 이익을 분명히 내세우기보다는 훨씬 더 자제하는 정책을 채택할 수밖에 없었을 것이다.110)

이란과의 유대는 이데올로기적 연대에 그치지 않았다. 비록 산유국의 구매로 북한 자체 무기 프로그램에 도움을 주거나 더 크고 더 효율적인 핵심적 플랫폼들에 필요한 생산라인들을 가동하게 해줄 만큼 이익을 주지는 않았다 해도, 북한이 해외에서 미국의 이익을 손상시킬 수 있는 수단을 쥐여준 것은 분명하다. 이란은 북한의 진보한 기술- 특히 탄도 미사일 기술 -에 접근함으로써, 무기 목록이 빈약한 상태에 견주어111) 서방과 그들의 동맹국들의 이익이 충돌하는 중동 지역 내 힘의 균형에 중대한 변화를 가져올 수 있었다.

리비아

리비아가 북한과 맺은 방위 및 경제 동반자 관계는 1980년대 리비아가 서방 진영의 가장 중요한 적으로 등장한 시기로 거슬러 올라간다.

당시 리비아군과 미군 사이에서는 군사적 격돌이 드물지 않았다.112) 시드라만(Gulf of Sidra) 상공에서 미국과 리비아 전투기들이 격돌한 지 1년 후 1982년 11월 트리폴리는 북한과 친선 및 협력에 관한 조약을 조인했다. 특히 ZPU-4 고사포, 곡사포, BM-11 로켓포 시스템을 포함한 북한 무기 상당량을 리비아에 공급한다는 것과 군사 자료 및 전문가와 장비를 교환한다는 내용을 조약에 명기했다.113) 2011년 나토 지원을 받아 무장한 반정부 민병대들을 상대로 이 무기들 대부분을 사용했다.114)

북한과 리비아 사이에서는 방위 유대 관계보다 건설이나 의료와 같은 다른 부문에서 협력이 월등했다. 리비아 경제는 지나치게 이자 생활자가 중심이었고, 이로 인한 한계 상황에 북한 노동력은 매우 고마운 자산이 되었다. 높은 석유 가격으로 활력을 얻은 1980년대 리비아 건설 붐으로 새로운 아파트 건물에서부터 병영생활관에 이르는 프로젝트에 북한 노동자들이 계약을 체결했다. 남한 노동 인력들이 아랍의 친서방 걸프 국가들에서 꽤 큰 성금을 보낼 때, 리비아는 북한 노동자들에게 매우 매력적으로 보였다. 필자가 만난 한 부부는 둘 다 의사였고, 리비아의 병원에서 2000년대 중반까지 6년 넘게 일했다. 부부는 그곳에서 번 돈으로 이집트를 비롯한 이웃 나라들로 정기 휴가를 떠나고 2년에 한 번씩 북한으로 가족 방문길에 나설 수 있었다. 리비아에서 일하는 북한 노동자들은 수만 명을 헤아렸고, 그 가운데 수천 명이 의료 분야 종사자였다. 그런 유대 관계는 양국 모두에 크게 도움이 되는 것으로 드러났다.

북한은 리비아 탄도 미사일 프로그램에서 핵심적 역할을 했는데, 화성-6호115)와 로동-1호 시스템들을 공급했다. 그 장비들은 소련 스커드-B 앞선 모델들을 능가하는 것이었다. 다수의 남한과 서방 보고서들이 2000년 7월 로동-1호가 처음 수송되었고, 리비아 군대에 유럽 내 표적들을 타격할 수 있는 능력을 제공함으로써 전략적 억지력을 강화했다고 언급하고 있다.116) 리비아가 탈냉전기에 군사 현대화에 전반적으로 소홀했음에도 불구하고, 이를 통해 소련 붕괴 후 안보에 대해 어느 정도 대비할 수 있었다. 그러나 이 억지력은 2000년대 중반 미국이 리비아에 경제 제재를 완화하는 대신 일방적으로 무장을 해제하고 미사일 무기고를 넘기라고 압박했을 때, 이에 합의한 후 무력화되었다. 테헤란과 평양117)이 모두 나서서 그런 방침을 밀고 나가지 말라고 경고했지만, 리비아는 이를 모두 무시했다. 훗날 2011년 서방이 공세에 착수했을 때 리비아 지도부는 나라를 거의 무방비 상태로 방치하고 있었던 자신들의 가장 큰 실수는 무장을 해제한 것과 군사 현대화를 방치한 것, 그리고 서방의 선의에 대한 믿음이었다고 시인했다.118) 리비아가 북한에서 도입한 억지력은 리비아에서 레짐체인지를 실현하고자 했던 미국과 그들의 동맹국들의 기획을 가로막고 있었다. 억지력이 제거되어 군사적 균형이 깨지고 나서야, 리비아에 서방의 폭탄과 크루즈 미사일이 아무런 보복의 두려움 없이 빗발치듯 퍼부어질 수 있었다.119)

아프리카 남부(Southern Africa) : 1970년대와 1980년대

냉전기 동안 북한은 아프리카 남부 지역 민족주의 집단들의 유력한 지원자로서, 그 지역에 대한 서방 지배력의 기반을 바로 위태롭게 했다. 앙골라해방인민운동(MPLA)은 1980년대 미국과 남아프리카가 지지하는 독립앙골라국가연합(UNITA)에 맞서 내전을 벌였다. 북한은 그 전쟁이 벌어지는 동안 MPLA의 가장 중요한 후원자였다. 1975년 포르투갈의 식민 통치가 끝난 후, 미국은 자원이 풍부한 앙골라에 친서방·반소련 정부를 일으켜 세우고자 했고, 이를 위해 UNITA를 지지했다. 미국이 UNITA에 엄청난 물질적 지원을 제공하는 동안, 당시 아파르트헤이트 체제 아래서 유럽 정착민 상류층 집단이 통치하고 있던 남아프리카 공화국 군대가 자신들의 이익을 뒷받침하기 위해 직접 앙골라에 개입했다.

MPLA는 소련의 물적 지원을 받기는 했지만 쿠바와 북한의 인력 지원에 크게 의지했다. 쿠바 군대는 전쟁이 한창일 때 앙골라에 3만5천 명 이상의 병사를 파견했고,[120] 쿠바가 작전을 벌인 미그-23 전투기들은 앙골라 하늘에서 남아공 공군의 유럽제 전투기들과 수차례 전투를 벌였다. 조선인민군은 직접적 전투 임무를 위한 파견은 하지 않았지만, 1986년 1,500명의 인력을 MPLA 의용군을 위한 군사고문과 훈련 임무로 파견했다.[121] 북한 요원들은 아프리카민족회의(ANC)와 남서아프리카인민기구(SWAPO)가 남아공 정부에 맞서 벌이는 작전을 지원하는 활동 무대로 앙골라를 활용하고자 했다고 알려졌다. 일부 보고서들은 1984년까지 북한 정규부대 3천 명과 군사고문 1천 명이 앙골라에 주둔했다는 사실을 보여준다. 아파르트헤이트 통치에 반대하는 이 운동이 미국에서는 대체로 테러리스트 운동으로 묘사되었다. 따라서 북한이 벌인 지원 활동 역시 해외 테러리즘 활동을 후원한다며 북한을 비난하는 구실로 이용되었다.[122] 짐바브웨아프리카국가해방군(ZANLA)이 로디지아 부시 전쟁(Rhodesian Bush War)에서 서방의 지원을 받은 세력과 대결할 때도, 북한인들이 훈련을 도왔다. 남아공 내 아파르트헤이트 통치와 ANC 간의 투쟁과 앙골라 내전은 북한과 미국이 주요 분쟁마다 상대편에 상당한 지원을 제공한 사실을 보여주었다. MLPA, ANC, ZANLA의 종국적 승리는 아프리카 지역에 출범한 세 나라의 새 정부들과 북한 사이에 긴밀한 유대를 위한 강력한 기초를 놓았다. 북한은 앙골라에 여전히 대사관을 계속 유지하고 있고, 두 나라는 방위, 보건, 건설, 그리고 정보기술 분야에서 긴밀한 유대를 지속시키고 있다.[123] 북한은 아파르트헤이트 통치의 종식 후 프레토리아에도 대사관을 열었고, 두 나라 관계는 남아공이 북한의 대의에 지속적인 연대를 표하면서 유지되고, 특히 ANC 청년동맹과의 관계는 여전히 굳건하다.[124] 독립 후 서방의 경제 제재 대상이기도 했던 짐바브웨와 북한의 관계는 짐바브웨군 훈련에 조선인민군이 중요한 역할을 맡고 서방 제재를 피하기 위해 양국 간 굳건한 물물교환 시스템을 수립하면서 특별히 더 굳건하다.

남부 레바논과 헤즈볼라 : 1980년대와 2020년대

남부 레바논의 무장투쟁조직이자 정당인 헤즈볼라와 북한 간 방위 연대는 1980년대 초에 처음 수립되었다. 사무총장 하산 나스랄라, 안보와 정보 수장 이브라힘 아킬, 방첩 작전 수장 무스타파 바드레딘을 포함한 헤즈볼라 핵심 지도부 대다수가 북한에서 훈련을 받았다. 의용군의 정보 공유와 함께, 오늘날 지휘 구조와 안보 기구들이 모두 그 영향을 반영하고 있다.

헤즈볼라의 방위 원칙과 이념, 조직에 관해서는, 그들의 주요 후원자인 이란에 비해 지나치게 단순화하는 경우가 많다. 하지만 헤즈볼라가 결성된 이래 북한과 맺어온 긴밀한 유대를 분석해보면, 상황은 다소 다르게 나타난다. 헤즈볼라는 이웃 나라 이스라엘이 현지 레바논 주민들의 큰 지지를 받은 남부 레바논을 합병하려고 하자 이에 맞선 저항운동으로 결성되었다. 정황상, 일본의 점령에 맞선 게릴라 저항운동에서 기원하여 나중에는 1950년부터 미수에 그친 미국의 침공에 대한 저항으로 현대적 정체성을 구축한 조선인민군과 매우 흡사하다. 헤즈볼라의 중요한 재정적 후원자 이란은 레바논이나 북한과 달리 혁명전쟁을 수행해 본 적이 없다. 레바논과 북한 양측이 직면한 비슷한 환경, 즉, 적들이 극도로 가까이 존재하고, 적들이 사용하는 무기와 전술이 유사하고, 지형도 유사하다는 점이 헤즈볼라 군사조직의 진화를 사실상 작은 조선인민군의 재탄생으로 이끌었다.

2006년 이스라엘-헤즈볼라 전쟁 후, 북한과 레바논의 방위 협력 수준을 보여주는 몇몇 정황들이 나타났다. 다시 말해, 헤즈볼라 무장조직이 전쟁을 수행하는 수단에 북한이 강한 영향을 미쳤다는 징후를 볼 수 있었다. 이스라엘 전문가들은 헤즈볼라의 전쟁 활동을 "북한의 노선을 따라 조직된 방어형 게릴라군"으로 묘사하면서 이렇게 결론지었다. "군수품 임시창고, 식량 비축분, 부상자를 위한 진료소를 포함한 모든 지하 시설들이 주로 2003년에서 2004년 사이에 북한 교관들의 감독 아래 들어갔다."[125] 여타 정보 당국들은 조선인민군이 지상에 군대를 배치했다고 언급하면서, 헤즈볼라가 "북한의 군사고문들이 제공한 지원에 힘입은 것으로 보인다"[126]고 결론지었다. 훨씬 더 결정적인 요소는 헤즈볼라의 규율이 높은 수준으로 유지되고 지휘와 통제가 효율적으로 이루어진다는 점이었다. 이는 이스라엘이 과거에 대결했던 무질서한 아랍 군대들과 강하게 대비되는 모습이었다. 조선인민군이 헤즈볼라 특수 부대와 장교단을 훈련할 때 이런 요소들에 크게 중점을 두었다고 전해졌고, 그것이 헤즈볼라가 아랍 군대 중에서는 상대할 대상이 없을 만큼 북한 군대와 비슷한 수준으로 기능하게 된 요인이었다.[127]

남부 레바논은 1980년대 이래 병영국가로 만들어져 왔다. 이는 주로 헤즈볼라 치하에서 자치로, 레바논의 나머지 지역과는 다른 정체성을 보였다. 북한과 마찬가지로, 안보를 이처럼 강조하는 이유는 엄청난 규모의 적군이 침공에 나서기 위한 만반의 태세를 갖추고 국경에 자리 잡은 채 목전에서 위협하고 있다는 인식 때문이었다. 두 나라 모두 점령당한 역사적 기억에 대한 해석이 그런 정체성을 구축하고 저항하는 국가를 유지하는 데서 중심 역할을 한다. 이것은 점령을 알지 못하는 훨씬 더 규모가 큰 관계자로서 사회가 같은 방식으로 개조되는 것을 본 적이 없는 이란에서는 발견될 수 없는 특성이다. 38선 이북을 점령했던 미국이나 서방 동맹국들보다는 한층 더 인간적인 점령자인 이스라엘 방위군의 존재 덕분에, 남부 레바논의 점령 경험은 북한보다 확실히 훨씬 덜 극단적이었다. 그러나 그것은 점령에 대한 기억이 더 최근의 것이라는 점에서 어느 정도 상쇄된다.

1953년 한국전쟁 휴전 협정 이래 조선인민군은 상당한 양의 기갑부대, 공중방어, 포병부대, 공격 잠수정, 전투기를 개발할 수 있었기 때문에, 북한이 처음으로 헤즈볼라와 유대 관계를 수립할 때는 탄도 미사일로 무기고를 완성하기 시작하던 시점이었다. 그에 반해, 레바논의 무장투쟁조직은 당시 휴대용 무기 수준을 넘어서는 장비가 거의 없는 형편이었다. 로켓 추진 유탄 발사기와 박격포가 무기 목록의 맨 끝에 있었다. 따라서 헤즈볼라의 전략은 한국전쟁의 인천상륙작전 직후 단계의 전략을 빈틈없이 반영해 진전되었다. 그리하여 이스라엘이 육·해·공에서 압도적으로 우세함에도 불구하고, 점령에 맞서 비대칭 저항을 해나갈 수 있었다. 하지만 주목할 만한 차이점들이 있었다. 이스라엘 방위군은 인구 밀집 지역에 소이탄 공격을 한 적이 없고, 민간인을 짐승처럼 대한 적도 없고, 미국과 연합국이 하듯이 전쟁을 무차별적으로 벌이지도 않았으며, 민간인 사망자를 최대화하기보다는 피하려는 조치들을 취했다. 그 결과, 민간인 사상률이 북한에서보다 두세 자리가 낮은 수치 **였다.[128]

** 빈번한 전쟁이 70년 넘게 지속되는 동안 IDF에 의해 살해된 민간인들의 숫자는 미국 주도 동맹이 코리아에서 전쟁 중 매주 사망한 평균 인원보다 적다. 액면 그대로 가장 과장된 주장을 받아들인다 해도 이스라엘의 전쟁범죄는 서방 진영이 저지른 범죄의 규모와 잔인

남부 레바논에서 헤즈볼라의 틈새 없는 보안망이 가진 효율성, 병사들이 이동하고 탄약을 저장하고 탐지되거나 공습받지 않은 채 적의 영토에 안전하게 잠입하기 위한 정교하고 때로는 무척 깊은 지하 터널과 벙커 망 이용에 대한 강조, 보다 최근에는 로켓포와 탄도 미사일의 방대한 병기고의 배치, 이 모두가 북한의 영향― 뿐 아니라 적극적인 북한의 지원 ―을 빈틈없이 반영한다. 조선인민군 고문들은 2006년 승리의 핵심으로 여겨지는 복잡한 터널 기반시설을 건설하는 데서 헤즈볼라를 지원했다고 전해진다. 그 후 이스라엘이 자국 영토 지하에서 전시 침투를 꾀하는 군사 땅굴을 발견했고, 이것은 북한에서 오는 땅굴들을 남한이 발견한 사건을 정확히 연상시킨다.[129] 남부 레바논에 있는 터널 망 배치는 두 한국 사이 비무장지대 북쪽에 있는 것들을 완전히 거울처럼 잘 보여준다.[130]

북한이 남부 레바논에 건설한 터널과 벙커 망이 어느 정도 규모이고 얼마나 요새화가 잘 되어 있는지, 약간의 지표를 제시할 수 있다. 리타니 강 남쪽 지역에만 8미터 이상 내려가는 지하에 ― 다진 콘크리트를 사용해 40미터 깊이에 건설한 요새화가 더 잘 된 사령부 벙커들과 함께 ― 6백 개가 넘는 탄약과 무기 벙커가 있다.[131] 이것들은 미국의 핵 공격을 수차례 견딜 수 있도록 설계된 북한 내 벙커들만큼 깊지는 않다. 그러나 이스라엘 병기고 내 어떤 무기에도, 당시 서방 진영이 실전에 배치했다고 알려진 어떤 비핵 벙커버스터에도 충분히 견딜 수 있다. 남부 레바논에 지어진 방어망은 길이가 25km로, 전쟁이 끝난 후

함에 비할 수 없다. 그들이 코리아에서 저지른 범죄는 더 극단적인 사례들 가운데 하나다.

훨씬 더 확장되었다고 알려졌다. 북한이 건설한 터널과 벙커 망이 남부 레바논에 최소한 10개에, 터널마다 여러 개의 방으로 구분된 수십 개의 지휘 벙커를 갖고 있다.132) 벙커 망은 이스라엘 내 표적들을 향해 미사일과 포격 개시를 할 수 있도록 효과적인 엄호 기능도 한다.133) 헤즈볼라 로켓포의 전술 탄도 미사일 무기 대부분이 – 이스라엘 보고서에 따르면 – 북한제 시스템들로 이루어졌다. 이것들이 북한에서 직접 구매한 것인지, 아니면 북한제 부품들을 사용해 라이선스 생산으로 이란에서 조립한 북한 시스템들인지는 불분명하다.134) 로켓포 시스템들은 강화벽으로 보강하고 모래주머니와 단열재로 덮은 1피트 두께의 콘크리트 골격을 갖춘 5미터 깊이의 발사 구덩이에서 사용되는 경우가 많았다. 이 발사 구덩이들은 로켓의 열 신호를 최소화함으로써 이스라엘의 공습에도 발사 지점들이 신속한 복원력을 갖도록 만들었다.135)

헤즈볼라가 북한이 제공한 터널 망, 정보 망, 고도의 훈련, 혹은 미사일 자산이 없었다면, 이스라엘 정부가 애초에 예측했던 대로 2006년 여름에 즉각적이고 전면적인 패배에 직면했을 가능성이 매우 크다. 통신망과 요새화된 무기고들, 특히 터널 망과 벙커 망은 모두 조선광업개발회사(KDMTC)가 건설했다고 전해진다. 이런 것들은 모두 이스라엘이 헤즈볼라가 접근권을 갖고 있다는 사실을 알지 못했던 자산들로,136) 미국과 이스라엘 소식통들은 이스라엘의 전쟁 목표를 좌절시키는 데서 *** 결정적이었다고 널리 평가한다.137) 이스라엘의 상당한 정

***   IDF가 북한이 건설한 헤즈볼라의 터널과 벙커 망을 해체하거나 DPRK가 레바논 민병

보 수집 능력에도 불구하고 바로 그 이스라엘 국경에서 그 같은 대규모 건설 작전을 비밀리에 유지할 수 있었다는 점에서 헤즈볼라 자체 정보요원들과 보안망- 북한이 훈련한 전문가들, 그들 중에서도 선봉에 선 이들이 이브라힘 아킬과 무스타파 바드레딘이다 -에 한층 더한 명예를 부여한다.

비록 북한 군대가 적대행위에 직접 참여했다고 알려지지는 않았지만, 2006년 이스라엘-헤즈볼라 전쟁은 미국의 이익을 저지하는 조선인민군 해외 개입의 가장 의미심장한 경우일 것 같다. 북한-헤즈볼라 동반자 관계는 동맹의 군사 편제가 조선인민군을 면밀하게 모델로 삼은 전형을 보여준다. 레바논 무장조직 헤즈볼라가 1980년대 결성 이래 북한의 노선에 전적으로 기반한 전투 부대로 처음부터 다시 시작하여 건설되었기 때문이다. 따라서 오늘날 헤즈볼라의 무기 목록에서 수적으로 가장 많은 장비는 직접 혹은 시리아나 이란을 통했거나 어느 쪽이건 북한에 제공한 것들이다. 대표적 사례로, 대거 배치된 122밀리 로켓 포대, 헤즈볼라의 중심을 차지하는 대전차 무기인 레이저 유도의 불새-3호- 러시아산 코넷 미사일138) 공급을 대체한 **** -를 들 수 있고, 심지어 화성-9호 탄도 미사일은 시리아에서 제작되었다.139) 북한

대를 위해 설치한 지휘 통제 시스템을 파괴하는 데 성공하지 못했다는 점은 주목할 만하다. 그 시스템은 이스라엘 신호정보부대 8200의 감청 활동이 침투하지 못한 채 유지되고 있다고 알려진다.

**** 이스라엘은 2006년에 군용장비에 크게 손상을 입은 후 코넷 마사일을 중동에 수출하지 않도록 러시아에 상당한 압력을 가했다. 만약 북한이 역설계 제조를 통해 크게 개선된 것으로 알려진 이형을 시리아와 헤즈볼라에 공급하지 않았다면, 코넷 미사일에 크게 의존하는 헤즈볼라로서는 그들의 대전차 능력이 심각하게 방해받을 수 있었다.

이 헤즈볼라를 지원한 것은 미국이 가장 중시하는 동맹국 중 하나와 싸우는 전쟁의 결과를 판가름하는 데서 핵심적 역할을 했다. 헤즈볼라가 군사적 승리를 거둠으로써 나타난 파급효과로 미국과 서방의 이익이 위협을 받고 그 지역 전반에 영향을 미쳤다. 이스라엘의 승리에 서방의 근본적 이익이 걸려 있고 방대한 미국 무기가 원조 프로그램에 따라 이스라엘에 공급되었으며, 북한이 헤즈볼라를 지원했고 그것이 전쟁의 흐름을 바꿔놓은 게 분명하다는 점을 고려할 때, 그것은 미국의 이익을 저지하는 대리전쟁으로 해석할 수 있다.*****

***** 헤즈볼라의 군사조직은 이스라엘과 일본을 비롯한 다수의 아랍 국가들은 물론이고, 스위스, 노르웨이, 아이슬란드를 제외한 모든 서방 국가들(미국, EU, 캐나다, 호주, 뉴질랜드)에 의해 테러리스트 조직으로 지목받고 있다. 유엔이 테러 조직으로 분류하지 않은 헤즈볼라는 레바논에서 상당한 대중적 지지를 받고 있고 의회에 의석도 갖고 있으며, 중국, 쿠바, 러시아를 포함한 여러 국가들과 긴밀한 유대를 유지하고 있다.

1. Bechtol Jr., Bruce E., North Korean Military Proliferation in the Middle East and Africa, Lexington, University Press of Kentucky, 2018 (pp. ix, 1)
2. Ibid. (p. 139)
3. North Korean Intentions and Capabilities with Respect to South Korea, Special National Intelligence Estimate, Number 14.2-67, Central Intelligence Agency, September 21, 1967 (p. 6).
4. 'Record of Conversation between Premier Kim and the Chinese Friendship Delegation,' August 20, 1965, PRC FMA 106-01479-05, 46–51.
5. Pyongyang's Attitudes Towards The Conflict in Vietnam," 7 June, 1967, Asie Océnie, Coré du Nord Péiode 1956–1967, série 11, Politique étrangère, Carton 11-23-1, vol. 4 (3), Politique étrangère: Fichier général-Conflit du Vietnam, French Ministry of Foreign Affairs. Housed at National Institute of Korean History, Gwacheon, South Korea, Box MU0000540.
6. Military History Institute of Vietnam, Lich su khang chien chong My, cuu nuoc, 1954–1975, Tap V: tong tien cong va noi day 1968 [History of the Resistance War Against the Americans to Save the Nation, 1954–1975, Volume V: The 1968 General Offensive and Uprising], People's Army Publishing House, Hanoi, 2001 (p. 271).
7. Tuoi Tre Weekend Edition, 17 August 2007 (http://tuoitre.vn/Tuoi-tre-cuoituan/273979/14-chien-binh-Trieu-Tien-trenbau-troi-Viet-Nam.html). Nguyen, Kham and Park, Ju Min, 'From comrades to assassins, North Korea and Vietnam eye new chapter with Trump-Kim summit,' Reuters, February 15, 2019.
8. Kim, Jiyul, 'North Korea in the Vietnam War,' in: Sorley, Lewis and Yarborough, Tom and Celeski, Joseph, Year of the Cock—1969, Houston, Radix Press, 2017 (pp. 106–145). Số công tác của Đại tướng Văn Tiến Dũng [General Van Tien Dung's Work Notebook], General Staff Headquarters, Historical Review Section, vol. 20, no. 59.
9. Nguyen, Kham and Park, Ju Min, 'From comrades to assassins, North Korea and Vietnam eye new chapter with Trump-Kim summit,' Reuters, February 15, 2019.
10. Toperczer, István, MiG-17 and MiG-19 Units of the Vietnam War, Oxford, Osprey, 2001 (pp. 14–19).
11. El-Shazly, Saad, 'The Crossing of the Suez,' American Mideast Research, 2003 (p. 83).
12. Schlight, Colonel John, The War in South Vietnam: The Years of the Offensive, 1965–1968, Washington D.C., Air Force History and Museums Program, 1999 (p. 53).
13. Kim, Jiyul, 'North Korea in the Vietnam War,' in: Sorley, Lewis and Yarborough, Tom and Celeski, Joseph, Year of the Cock—1969, Houston, Radix Press, 2017 (pp. 106–145).
14. Nguyen, Kham and Park, Ju Min, 'From comrades to assassins, North Korea and Vietnam eye new chapter with Trump-Kim summit,' Reuters, February 15, 2019.
15. Writer's visit to the Victorious Fatherland Liberation War Museum, May 25, 2016.
16. 'Telegram from Pyongyang to Bucharest, no. 76.247,' July 6, 1967, Romanian Foreign Ministry Archive.
17. Kim, Jiyul, 'North Korea in the Vietnam War,' in: Sorley, Lewis and Yarborough, Tom and Celeski, Joseph, Year of the Cock—1969, Houston, Radix Press, 2017 (pp. 106–145).
18. 'Cable from the Chinese Embassy in North Korea to the Foreign Ministry, "On the Transportation of North Korea's Material Aid for Vietnam,"' November 2, 1965, PRC FMA 109-02845-03, 33. 'Cable from the Chinese Embassy in North Korea, "Supplement to the Cable of 25 September 1965,"' September 26, 1965, PRC FMA 109-02845-01, 4.
19. Lê Thanh Nghị, 'Report on Meetings with Party Leaders of Eight Socialist Countries,' 1965.
20. Ibid.

21 Rodong Sinmun, April 6, 1965. 'Call for Resolute Action: Kim Ok Sun,' The Pyongyang Times, July 29, 1965.

22 Rodong Sinmun, April 6, 1965.

23 Telegram, From AmEmbassy, Moscow to SecState, Subject: North Korea, November 14, 1967. Folder POL 7, KOR N, 1/1/67. Box 2262. RG 59: General Records of the Department of State, Central Foreign Policy Files 1967–1969, Political and Defense, POL 7 KOR N to POL 7 KOR N. NARA II.

24 Central Intelligence Agency, United States of America, Directorate of Intelligence, Intelligence Report, The Sino-Soviet Dispute on Aid to North Vietnam (1965–1968), Reference Title ESAU XXXIX. Abrams, A. B., 'Power and Primacy: The History of Western Intervention in the Asia-Pacific,' Oxford, Peter Lang, 2019 (pp. 563–564).

25 Nguyen, Kham and Park, Ju Min, 'From comrades to assassins, North Korea and Vietnam eye new chapter with Trump-Kim summit,' Reuters, February 15, 2019.

26 Gills, Barry K., Korea versus Korea: A Case of Contested Legitimacy, London, Routledge, 1996 (p. 64).

27 El-Shazly, Saad, The Crossing of the Suez, American Mideast Research, 2003 (pp. 81–83).

28 Leone, Dario, 'An unknown story from the Yom Kippur war: Israeli F-4s vs North Korean MiG-21s,' The Aviationist, June 24, 2013.

29 El Shazly, Saad, The Arab Military Option, London, Mansel, 1986 (pp. 84–85, 124). Cenciotti, David, 'Declassified Top Secret: SR-71 Blackbird Mission Over the Middle East,' The Aviationist, September 1, 2013.

30 'Egypt's Missile Efforts Succeed with Help from North Korea,' Wisconsin Project on Nuclear Arms Control, September 1, 1996.

31 Bechtol, Bruce and Maxwell, David, 'North Korean Military Proliferation in the Middle East and Africa: A Book Launch' Presentation at the Korea Economic Institute of America, September 25, 2018.

32 El Shazly, Saad, The Arab Military Option, London, Mansel, 1986 (pp. 189–190).

33 Marcus, Jonathan, 'The Politics of Israel's Security,' International Affairs, vol. 65, no. 2, Spring 1989 (p. 233).

34 Berger, Andrea, Target Markets, North Korea's Military Customers in the Sanctions Era, Abingdon, Routledge, 2017 (pp. 64–65).

35 El Shazly, Saad, The Arab Military Option, London, Mansel, 1986 (pp. 109, 124).

36 Bechtol, Bruce and Maxwell David, 'North Korean Military Proliferation in the Middle East and Africa: A Book Launch' Presentation at the Korea Economic Institute of America, September 25, 2018. McCarthy, David, The Sword of David: The Israeli Air Force at War, New York, Skyhorse, 2014 (p. 9).

37 Mansourov, Alexandre, 'North Korea: Entering Syria's Civil War,' 38 North, November 25, 2013.

38 Kaplan, Fred, 'Assad's Situation; Syria's Military Machine May be Hollow—ut it Isn't' Harmless,' Slate, April 15, 2003.

39 Ibid.

40 Berger, Andrea, Target Markets, North Korea's Military Customers in the Sanctions Era, Abingdon, Routledge, 2017 (p. 65).

41 Bechtol Jr., Bruce E., North Korean Military Proliferation in the Middle East and Africa, Lexington, University Press of Kentucky, 2018 (p. 20).

42 KN-02 Short Range Ballistic Missile, Missiles, Military Today (http://www.military-today.com/missiles/kn_02.htm).

43 Borger, Julian and Arie, Sophie, 'US equips Israel with Patriot missile batteries,' The Guardian, January 17, 2003.

44 Nagel, Jacob and Schanzer, Jonathan, 'US-Israeli missile defense cooperation sends clear message to foes,' The Hill, August 5, 2019.

45 'Missile Technology Control Regime (MTCR): North Korea's Submitted Pursuant to Resolution 2050 (2012),' S/2013/337, 11 June 2013. Hughes, Robin, 'SSRC: Spectre at the Table,' Jane's Defence Weekly, 22 January 2014.

46 Kaplan, Fred, 'Assad's Situation; Syria's Military Machine May be Hollow—ut it Isn't' Harmless,' Slate, April 15, 2003. Gordon, Philip H., 'After Iraq: Is Syria Next?,' Brookings Institute, April 25, 2003.

47 The Military Balance, Volume 110, International Institute for Strategic Studies, 2010 (Chapter 5, 'Middle East and North Africa').

48 Crail, Peter, 'U.S. Shares Information on NK-Syrian Nuclear Ties,' Arms Control Today, vol. 38, no. 4, May 2008. 'Syria Had Covert Nuclear Scheme,' BBC News, 25 April 2008.

49 Reynolds, Paul, 'Will Syrian site mystery be solved?,' BBC, June 23, 2008. Broad, William J. 'Syria Rebuilds on Site Destroyed by Israeli Bombs,' New York Times, January 12, 2008.

50 Lovelace Jr., Douglas C., Terrorism: Commentary on Security Documents, Volume 145, The North Korean Threat, Oxford, Oxford University Press, 2017 (pp. 129–130).

51 Katz, Yaakov and Hendel, Yoaz, Israel Vs. Iran: The Shadow War, Dulles, Potmac Books, 2012 (Chapter Three: Operation Orchard).

52 Marcus, Jonathan, 'US Syria claims raise wider doubts,' BBC News, April 25, 2008.

53 Berger, Andrea, Target Markets, North Korea's Military Customers in the Sanctions Era, Abingdon, Routledge, 2017 (pp. 67–69).

54 Black, Ian, 'UK: Syrian opposition "sole legitimate representative" of the people,' The Guardian, November 20, 2012. Kalman, Aaron, 'US, France recognize Syrian opposition as "legitimate representative" of the people,' Times of Israel, November 13, 2012.

55 'Most Syrian rebels sympathise with Isis, says think tank,' The Guardian, December 20, 2015. Peralta, Eyder, '60 Percent Of Syrian Rebels Are Islamist Extremists, Think Tank Finds,' NPR, December 20, 2015.

56 'Arms supplied by U.S., Saudi ended up with Islamic State, researchers say,' Reuters, December 14, 2017. Sanger, David E., 'Rebel Arms Flow Is Said to Benefit Jihadists in Syria,' New York Times, October 14, 2012.

57 Schneider, Barry R., and Post, Jerrold M., Know Thy Enemy: Profiles of Adversary Leaders and Their Strategic Cultures, Montgomery, United States Air Force Counterproliferation Centre, 2003 (p. 224). Bensahel, Nora and Byman, Daniel, The Future Security Environment in the Middle East: Conflict, Stability, and Political Change, Santa Monica, CA, RAND Corporation, 2004 (pp. 154–155).

58 'DPRK Ambassador affirms his country's readiness to support health sector in Syria,' Syrian Arab News Agency, July 25, 2016.

59 'Syria names park in capital after N Korea Founder,' Al Jazeera, August 31, 2015.

60 'Bechtol, Bruce E., Military Proliferation to the Middle East in the Kim Jong-un Era: A National Security and Terrorist Threat, Presentation at Shurat HaDin Law Center, March 5, 2016.

61 Gady, Franz-Stefan, 'Is North Korea Fighting for Assad in Syria?' The Diplomat, March 24, 2016. Mansourov, Alexandre Y., 'North Korea Coming to Assad's Rescue,' The Korea Times, June 13, 2013.

62 Gady, Franz-Stefan, 'Is North Korea Fighting for Assad in Syria?' The Diplomat, March 24, 2016.

63 Bechtol, Bruce and Maxwell, David, 'North Korean Military Proliferation in the Middle East and Africa: A Book Launch' Presentation at the Korea Economic Institute of America, September 25, 2018.

64 Bermudez, Joseph S., North Korean Special Forces, Coulsdon, Jane's Publishing, 1988 (p. 2).

65 Ibid. (p. 2).

66 Fitzpatrick, Mark, North Korean Security Challenges: A Net Assessment, London, International Institute for Strategic Studies, 2011 (p. 50).

67 McDowall, Angus, 'Long reach of U.S. sanctions hits Syria reconstruction,' Reuters, September 2, 2018. Spyer, Jonathan, 'Trump's Syria Policy Is Working,' Foreign Policy, July 1, 2020. Website of the U.S. Department of State, Under Secretary for Economic Growth, Energy, and the Environment, Bureau of Economic and Business Affairs, Counter Threat Finance and Sanctions, Economic Sanctions Policy and Implementation, Syria Sanctions (https://2009-2017.state.gov/e/eb/tfs/spi/syria/index.htm).

68 'Report: North Korea wants to help Syria rebuild,' Washington Post, May 1, 2019.

69 Statement by former NSC official Howard Teicher to the U.S. District Court, Southern District of Florida, January 31, 1995.

70 Galbraith, Peter W. 'The true Iraq appeasers,' The Boston Globe. August 31, 2006. Statement by former NSC official Howard Teicher to the U.S. District Court, Southern District of Florida, January 31, 1995.

71 Dowell, William, 'Iraqi-French nuclear deal worries Israel,' Christian Science Monitor, July 31, 1980.

72 Drury, Tom, 'How Iraq built its weapons programs, with a little help from its friends,' St. Petersburg Times, March 16, 2003.

73 Friedman, Alan, Spider's Web: The Secret History of How the White House Illegally Armed Iraq, New York, Bantam Books, 1993. Cushman Jr., John H., 'U.S. Strikes 2 Iranian Oil Rigs and Hits 6 Warships in Battles Over Mining Sea Lanes in Gulf,' New York Times, April 19, 1988.

74 Armstrong, Charles, Tyranny of the Weak: North Korea and the World, 1950–1992, Ithica, NY, Cornell University Press, 2013 (pp. 185–196).

75 'World's Biggest Guns; North Korea's Massive Koksan Howitzers and the Evolution of the Country's Strike Capabilities,' Military Watch Magazine, June 15, 2018.

76 Trade Registers, Arms Transfer Database, Stockholm International Peace Research Institute (Retrieved August 13, 2019). 'Chonma Ho; How North Korea Developed and Has Extensively Modernised its First Indigenous Battle Tank,' Military Watch Magazine, June 14, 2019.

77 Trevithick, Joseph, 'Why These Really Strange North Korean Guns Are Turning Up Almost Everywhere,' National Interest, November 7, 2018. Mitzer, Stijn, 'N. Korean Arms Found in Vessel Intercepted Off Coast of Oman,' NK News, March 16, 2016.

78 Kubota, Yoko, 'Israel Says Seized North Korean Arms Were for Hamas, Hezbollah,' Reuters, 12 May 2010.

79 'Leader Meets with Chairman of North Korean Assembly,' Khamenei.ir, September 1, 2012. Shim, Elizabeth, 'North Korea's Kim Yong Nam leaves for 10-day Iran trip,' UPI, August 1, 2017.

80 Segal, Udi, IDF Radio (Tel Aviv), March 22, 1994.

81 Worldwide Intelligence Review, Hearing Before the Select Committee on Intelligence of the United States Senate, One Hundred Fourth Congress, First Session on Worldwide Intelligence Review, January 10, 1995 (p. 105).

82 Hume, Tim, 'Iran Test-Fires New Generation Long-Range Ballistic Missiles, State Media Report,' CNN, October 11, 2015. Lennox, Duncan, Jane's Strategic Weapons Systems, Issue 50, Surrey, Jane's

Information Group, 2009 (p. 78).

83 'Iran Launches Missile Strike into Syria in Response to Tehran Attacks,' Times of Israel, June 18, 2017.

84 'Iran shows strong hand with strike + impact video,' Press TV, June 19, 2017.

85 Bechtol Jr., Bruce E., North Korean Military Proliferation in the Middle East and Africa, Lexington, University Press of Kentucky, 2018 (p. 88). Spencer, Richard, 'N Korea "Tests New Missile in Iran,"' The Telegraph, May 17, 2007.

86 Broad, William J. and Glanz, James and Sanger, David E., 'Iran Fortifies its Arsenal with the Aid of North Korea,' New York Times, November 28, 2010.

87 Uria, Daniel, 'Iran conducts successful test of Khorramshahr ballistic missile,' UPI, September 23, 2017.

88 Broad, William J. and Glanz, James and Sanger, David E., 'Iran Fortifies its Arsenal with the Aid of North Korea,' New York Times, November 28, 2010.

89 Berger, Andrea, Target Markets, North Korea's Military Customers in the Sanctions Era, Abingdon, Routledge, 2017 (p. 76). Crail, Peter, 'Iran Lauds Development of Solid Fuel Missile,' Arms Control Today, vol. 38, no. 1, January/ February 2008. 'Iran-Bound Rocket Fuel Component Seized in Singapore,' Iran Watch, September 1, 2010.

90 Binnie, Jeremy, 'Iran shows submarine-launched missile,' Janes, February 27, 2019.

91 'Iran attempts submarine cruise missile launch—S officials,' RT, May 3, 2017.

92 Bechtol Jr., Bruce E., North Korean Military Proliferation in the Middle East and Africa, Lexington, University Press of Kentucky, 2018 (p. 95).

93 Episkopos, Mark, 'Iran's Islamic Revolutionary Guard Corps Are Some of the Toughest Fighters in the World,' National Interest, August 15, 2019.

94 Episkopos, Mark, 'Behold: Iran's Mini-Submarine Force Is Dangerous (Partly Thanks to North Korea),' National Interest, May 26, 2019.

95 Shahla, Arsalan and Nasseri, Ladane, 'Iran Raises Stakes in U.S. Showdown with Threat to Close Hormuz,' April 22, 2019.

96 Gao, Charlie, 'China Will Be Mad: Did North Korea Offer to Help Taiwan Build Submarines?,' National Interest, April 20, 2019.

97 Nagasawa, Tsuyoshi and Tanaka, Takayuki, 'Could Iran be behind North Korea's nuclear, missile advances?,' Nikkei Asian Review, September 26, 2017.

98 'Missile Technology Control Regime (MTCR): Iran's Ballistic Missile Program,' cable #08STATE105013, October 1, 2008 (accessed via Wikileaks on June 10, 2019).

99 'Update concerning Conversion of Space Launch Vehicles to Ballistic Missiles,' US State Department, February 24, 2010 (published on Wikileaks).

100 Berger, Andrea, Target Markets, North Korea's Military Customers in the Sanctions Era, Abingdon, Routledge, 2017 (p. 72). Ait, Abraham, 'Is North Korea's MiG-29 Fleet Growing?,' The Diplomat, November 29, 2018. Joo, Sung Ho and Kwak, Tae Hwan, 'Military Relations Between Russia and North Korea,' The Journal of East Asian Affairs, vol. 15, no. 2, Fall/Winter 2001 (pp. 287–323).

101 Hughes, Robin, 'Tehran Takes Steps to Protect Nuclear Facilities,' Jane's Defence Weekly, January 25, 2006 (pp. 4–5). Niksch, Larry A., North Korea's Nuclear Weapons Development and Diplomacy, Congressional Research Service, 2010 (p. 25).

102 Katz, Yaakov, 'It's up to Israelis to stop Iran's nuclear program. Here's how they did it before,' Washington Post, May 14, 2019. Keck, Zachary, 'US Tests Iran "Bunker Buster" Bomb…So What?,'

The Diplomat, June 12, 2013. 'Iran nuclear sites may be beyond reach of "bunker busters,"' Reuters, January 12, 2012.

103 Pearson, James, and Park, Ju-min, 'North Korea overcomes poverty, sanctions with cut-price nukes,' Reuters, January 11, 2016

104 'North Korea Supplied Nuclear Software to Iran: German Report,' Reuters, August 4, 2011.

105 Warrick, Joby, 'IAEA Says Foreign Expertise Has Brought Iran to the Threshold of Nuclear Capability,' Washington Post, November 6, 2011

106 'Hundreds of N. Koreans Working at Iran Nuke Facilities,' Chosun Ilbo, November 14, 2011.

107 Bergman, Ronen, 'When Israel hatched a secret plan to assassinate Iranian scientists,' Politico, March 6, 2018.

108 Solomon, Jay, 'Iran Seen Trying New Path to a Bomb,' Wall Street Journal, August 5, 2013. Asculai, Ephraim, 'The Plutonium Track: Implications for the Completion of Iran's Heavy Water Reactor at Arak,' Discussion Meeting, International Institute for Strategic Studies, London, Arundel House, September 11, 2013.

109 Bechtol Jr., Bruce E., North Korean Military Proliferation in the Middle East and Africa, Lexington, University Press of Kentucky, 2018 (p. 93).

110 'France's Intervention in the Persian Gulf—hy Restricting Iran's Missile Program is Critical for the West to Maintain a Favourable Balance of Power in the Region,' Military Watch Magazine, November 13, 2017.

111 'Poor Deterrent? Of Iran's Seventeen Fighter Squadrons, Only Two Retain Long Range Air to Air Capabilities,' Military Watch Magazine, May 14, 2019. Cordesman, Anthony H., Iran's Military Forces in Transition: Conventional Threats and Weapons of Mass Destruction, London, Praeger, 1999 (pp. 70–71). Childs, Nick, 'Iran sanctions cripple ageing military,' BBC News, July 28, 2010.

112 Hersh, Seymour M., 'Target Qaddafi,' New York Times, February 22, 1987.

113 Oliemans, Joost and Mitzer, Stijn, 'North Korea and Libya: friendship through artillery,' NK News, January 5, 2015.

114 Risen, James and Mazzetti, Mark and Schmidt, Michael S., 'U.S. Approved Arms for Libya Rebels Fell Into Jihadis' Hands,' New York Times, December 5, 2012. 'MPs attack Cameron over Libya "collapse,"' BBC, September 14, 2016.

115 Missile Defense Project, "Hwasong-6 ('Scud C' Variant),'' Missile Threat, Center for Strategic and International Studies, August 8, 2016, last modified June 15, 2018 (https://missilethreat.csis.org/missile/hwasong-6/).

116 'N, Korea sells missiles to Libya,' Dong-A Ilbo, September 25, 2000. Seth, Michael, J., North Korea: A History, London, Red Globe Press, 2018 (p. 211). Ramsey, Syed, Tools of War: History of Weapons in Modern Times, New Delhi, Alpha Editions, 2016 (Chapter 4: Ballistic Missile).

117 'Gaddafi's son: Libya like McDonald's for NATO—ast war as fast food,' RT, Interview with Saif Al Islam Published on July 1, 2011.

118 Ibid.

119 Ibid.

120 Trainor, Bernard E., 'South Africa's Strategy on Angola Falls Short, Enhancing Cubans' Role,' New York Times, July 12, 1988.

121 James III, W. Martin, A Political History of the Civil War in Angola: 1974–1990, New Brunswick, Transaction Publishers, 2011 (p. 207–214, 239–245).

122 Bechtol, Bruce E., 'North Korea and Support to Terrorism: An Evolving History,' Journal of Strategic Security, vol. 3, no. 2, Summer 2010 (p. 47).

123 'Angola/North Korea relations considered excellent,' Agencia Angola Press, November 18, 2013.

124 Young, Benjamin R., 'North Korea: Opponents of Apartheid,' NK News, December 16, 2013.

125 'Hezbollah a North Korea-Type Guerilla Force,' Intelligence Online, no. 529, August 25–September 7, 2006. 'Hezbollah As A Strategic Arm of Iran,' Intelligence and Terrorism Information Centre at the Centre for Special Studies, September 8, 2006.

126 'North Koreans Assisted Hezbollah with Tunnel Construction,' Terrorism Focus, The Jamestown Foundation, vol. III, issue 30, August 1, 2006.

127 Dilegge, Dave and Bunker Robert J. and Keshavarz, Alma, Iranian and Hezbollah Hybrid Warfare Activities: A Small Wars Journal Anthology, Amazon Media, 2016 (p. 258).

128 Gabriel, Richard A., Operation Peace for Galilee, The Israeli-PLO War in Lebanon, New York, Hill & Wang, 1984 (pp. 164, 165).

129 'North Koreans Assisted Hezbollah with Tunnel Construction,' Terrorism Focus, The Jamestown Foundation, vol. III, issue 30, August 1, 2006. Staff, Toi and Ari Cross, Judah, 'IDF reveals "longest most significant" Hezbollah tunnel on northern border,' Times of Israel, May 30, 2019. Hancocks, Paula, 'Is North Korea still digging tunnels to the South?,' CNN, November 2, 2014.

130 Spyer, Jonathan, 'Behind the Axis: The North Korean Connection,' Jerusalem Post, May 22, 2010.

131 Dilegge, Dave and Bunker Robert J. and Keshavarz, Alma, Iranian and Hezbollah Hybrid Warfare Activities: A Small Wars Journal Anthology, Amazon Media, 2016 (p. 261). 'Iranian officer: Hezbollah has commando naval unit,' Sharq al-Awsat, July 29, 2006.

132 Dilegge, Dave, Bunker, Robert J. and Keshavarz, Alma, Iranian and Hezbollah Hybrid Warfare Activities: A Small Wars Journal Anthology, Amazon Media, 2016 (pp. 260–261).

133 'The Hezbollah Challenge . . . An Alternate Paradigm?' Assistant Deputy Chief of Staff for Intelligence (DCSINT), U.S. Army Training and Doctrine Command, Fort Monroe, VA, No Date. Tira, Ron, interview by Matt M. Matthews, 23 September 2007.

134 Mohammed, Arshad, 'North Korea may have aided Hezbollah, LTTE—S. report,' Reuters, December 13, 2007. Moon, Chung-in, 'The Syrian Nuke Connection,' Joongang Ilbo, November 26, 2007.

135 Blanford, Nicholas and Shaab, Alma, 'Inside Hizballah's Hidden Bunkers,' Time, March 29, 2007. Dilegge, Dave, Bunker, Robert J. and Keshavarz, Alma, Iranian and Hezbollah Hybrid Warfare Activities: A Small Wars Journal Anthology, Amazon Media, 2016 (pp. 260–261).

136 Lenny Ben-David, 'Mining for Trouble in Lebanon,' Jerusalem Post, October 29, 2007,

137 Blanford, Nicholas and Shaab, Alma, 'Inside Hizballah's Hidden Bunkers,' Time, March 29, 2007.

138 'Bulsae-3 in South Lebanon: How Hezbollah Upgraded its Anti-Armour Capabilities with North Korean Assistance,' Military Watch Magazine, September 3, 2019.

139 Binnie, Jeremy, 'IDF corroborates Hizbullah "Scud-D" claims,' IHS Jane's 360, March 2, 2015. Harel, Amos and Issacharoff, Avi, 'Syria Is Shipping Scud Missiles to Hezbollah,' Haaretz, April 12, 2010. Badran, Tom, Hezbollah's Growing Threat Against U.S. National Security Interests in the Middle East, Hearing before House Foreign Affairs Committee Subcommittee on Middle East and North Africa, Washington D. C., March 22, 2016.

11장
주한 미군

"해방": 미군정과 인민공화국 해체

북한과 미국, 즉 저항 국가와 제국주의 패권국 간 관계의 성격을 이해하려면, 남한과 미국 사이에 존재하는 평행하면서도 마주 보는 관계, 즉 종속국과 과거의 지배자 간 관계를 잘 이해하는 것이 무엇보다 중요하다. 한미(U.S-ROK) 관계의 역사와 본질을 평가할 때, 전체로서 하나의 민족 집단으로서 코리아에 대한 미국의 기획이 무엇인지, 평양이 70년 넘도록 간절히 피하고자 했던 운명이 어떤 것인지에 관해 많은 것이 밝혀진다.

미군의 한반도 첫 상륙을 위한 환경을 조성하기 위해, 더글러스 맥아더 장군의 명령에 따라 미군 비행기가 1945년 9월 1일을 기점으로 연속해서 나흘간 남한 상공에 3천 장의 전단을 뿌렸다. 그들은 "코리아의 인민들"이라고 부르며 다음과 같이 선포했다.

> 일본군의 항복을 받고, 항복 조건을 실행하고, 질서 있는 행정부와 나라의 재건을 보장할 목적으로 미국의 군대가 곧 코리아에 도착할 것이다. 확고한 통제 아래 이런 임무가 수행될 것이지만, 운이 나빴던 인민들에

게 온정을 품어온 오랜 민주주의의 유산을 가진 나라에 의해 인도될 것이다. 이런 과제들이 얼마나 잘 수행되고, 얼마나 신속하게 수행될 것인지는 코리안들 자신들에게 달렸다.1)

두 번째 포고령은 조금 더 위협적이었고, 9월 7일 맥아더 장군의 개인 연설을 담아 같은 방식으로 공표되었다. 자신을 "태평양 방면 미국 육군부대 총사령관"으로 지칭하면서 선포했다.

> 태평양 방면 미국 육군부대 총사령관인 나에게 부여된 권한으로, 누구든 항복 문서의 조항이나 포고, 명령, 지시를 어기는 자, 혹은 미국이나 연합국의 인명이나 재산의 안전, 명령이나 생명의 특권에 반하여 행동하는 자, 혹은 법 집행을 방해하거나 공공의 평화와 질서를 어지럽히기 위해 계산된 행동을 하는 자, 혹은 고의로 연합군에 적대적인 행위를 하는 자는 누구라도 군사 점령 법정의 판결을 받게 될 것이며, 법정이 정하는 대로 사형이나 기타 처벌을 받을 것이다.2)

코리안들이 사형을 받을지 처벌을 받을지는 그들의 새 주인의 뜻에 따라 얼마나 행동하는가에 달려 있었다. 군정을 실시하면서 미국은 절대적 복종을 기대했다. 하지만 당시 남한 대중들은 이미 조선인민공화국 아래서 선출된 임원들과 인민위원회를 통해 스스로 통치하고 있었다. 따라서 남한인들은 그들과 협의 없는 군정 실시를 질서 회복 시도가 아니라 외국의 이익을 주장하는 침략이나 다름없다고 여겼다. 군정이 실시되는 방식은 군부의 어법에 나타난 일관성 부재로 인해 - 첫 번째 포고령에 표현된 은혜로운 해방자의 페르소나와 두 번째 포고령에서 자신의 의지를 강요하는 침략자의 페르소나가 대비되면서 – 많은 의문을 갖게 했다. 미국은 현존하는 정부를 강제적으로 해체하고, 죽음을 불사하고 그들의 뜻에 따르지 않겠다는 남한인들을 위협했다. 그런 미국이 과연 남한을 점령하는 동시에 "해방한다"는 주장을 할 수 있었을까? 영향력 있는 법학자이자 미군정에서 수석 고문으로 활동한 어네스트 프랜켈은 자신이 관찰한 것들을 토대로 미군정의 성격을 이렇게 요약했다. "'해방된 나라'에 대한 군대의 점령은 기본적으로 자가당착이다."3) 냉전기간 중 "해방"은 점차로 어떤 나라를 서반구 세력권 내로 끌어들이는 일에 대한 완곡 어구– 혹은 조만간 서방의 지배라는 성격을 은폐하기 위해 "자유 세계"라고 불리기 시작한 표현 –가 되었다. "해방"의 의미를 이처럼 새롭게 정의하는 것은 흔한 일이 되었고 오늘날에도 여전히 마찬가지다.4)

서방 관찰자들이 "완전히 질서정연하고 평화적"이라고 묘사했던 미국의 통치에 맞선 저항이 광범위하게 일어나면서, 외국의 권한을 강요하거나 자치를 훼손하는 일이 환영받을 수 없다는 사실을 분명히 했다. 남한 내 독립 단체들은 미군정이 항의 시위와 대중 집회를 금지하자 이를 성토했다. 일반 대중의 태도는 미국인들에게 잘 알려져 있었다.5) 하지(John R. Hodge) 중장이 목격했듯이, "코리안들은 그들의 독립을 무엇보다도 원하고 있으며, 그것도 지금 즉시 원했다."6)

점령이 확립되는 시점에 코리아에 도착한 어네스트 프랜켈은 그 당시 형세를 꿰뚫어 보는 설명을 들려준다. 한반도는 지구상에 몇 안 되는, 서방 군대가 점령한 적 없는 곳에 해당했다. 따라서 흔히 말하는 서방의 문화적 영향이 비교적 없는 편이었다. 프랜켈이 묘사한 남한 서민들의 삶은 서방 점령자들의 삶과 "완전히 다른 별개의 세계"였다. 그것은 코리아 음식을 맛볼 일은 "꿈에서나 가능할 뿐인" 점령자들의 사고방식을 간파한 표현이었다. 프랜켈은 미군정과 그 통치를 받게 되는 사람들 사이에 존재하는 엄청난 차이에 기반해 이렇게 질문을 던졌다.

"미국, 유럽, 일본에서 교육받은 적 있는 한 줌의 지식인들을 제외하면, 그들과 어떤 계약이라도 체결하는 게 가능할까?… 우리가 지금 시도하려는 일은 우리가 전혀 알지 못하고 아마도 결코 이해하지 못할 사람들을 통치하는 것이다. 우리는 법령을 제정하고 심지어 헌법도 제정하고 전적으로 서양식 사고에 기반한 기관들을 설립하고 우리의 전통과 문명 체제에서만 의미가 있는 관념을 이 나라 정부에 적용한다."[7]

독일인 법학자 프랜켈에 따르면, 그가 일하고 있던 미군정의 목표는 한반도 남쪽을 미국인의 형상대로, 즉 미국의 물질적·정치적 이익과 무한대로 밀접한 관계가 있는 "적의에 찬 반공산주의" 국가로 개조하려는 것이었다.[8]

미군 관료들이 남한 주민들을 대하는 태도는 특히 형편없어서, 당시 동맹세력인 유럽의 주민들을 대하는 태도와 극명하게 대비되었다. 이것은 두 나라 사이 관계의 본질을 보여주는 또 다른 예증이었다. 그것은 미국인들이 자신들의 지배를 실행하기 위한 구실로 주장하는 해방군과 해방된 자 간의 관계와는 전혀 거리가 멀었다. 하지 사령관의 군정청에서 직접 논평했듯이, "미국인들은 마치 남한인들이 해방된 국민이 아니라 정복된 민족인 양 행동한다."9) 미국 국영 매체들은 제국주의 일본과 벌인 태평양 전쟁을 인종 전쟁으로, "동양 사상과 서양 사상 사이에서 계속될 수밖에 없는 전쟁"의 일부이자 서방에 의한 문명화를 위한 성전으로 흔히 묘사했고, 그처럼 만연한 태도로 인해 미국인들이 남한인들을 – 일본의 비자발적 식민지가 아니라 – 일제 치하에서 서방의 지배에 맞섰던 동아시아인으로 인식하게 되었을 수 있다.10) 전쟁 중에, 해외 일본 제국군에게 강제로 끌려간 코리아의 위안부들이 미국인 병사들에게 일본인 여성과 마찬가지로 강간의 대상– 그들 사이에 어떠한 구분도 없었다 –이었던 점은 주목할 만하다.11) 일본 제국이 "백인들에 맞서 아시아 주민들을 하나로 통합했다"12)는 인식이 아시아 주민들에 대한 인식에 크게 영향을 미쳐 그들을 향한 적대감을 자극했을 것이다.13) 남한인들의 저항으로 그 적대감은 커갈 뿐이었고, 인민공화국은 세계 공산주의에 가맹한 지부로 묘사되었다. 일본이 항복하기도 전부터 서방의 프로파간다에서는, 미국과 서방 세계의 새로운 대적으로서 태양의 제국 일본을 세계 공산주의가 대체하기 시작했다.14)

하지 장군의 군정청은 점령기와 관련해 이렇게 논평했다. "미국인들은 코리아의 풍습에 무지하고, 코리아의 예술이나 문화에 공감하지 못하고 코리아 고유의 것들에서 좋은 점들을 찾을 수 있다는 생각을 공공연하게 조롱한다."15) 남쪽 코리아에서 복무한 로버트 H. 호이어 하사는 이렇게 말했다. "전쟁 전에, 코리안들은 우리를 또 다른 점령자로 간주했다. 그리고 1948년 선거 후 우리는 안전상의 이유로 3인 이상으로 무리를 이루어야 구역을 벗어나는 게 허용되었다. 그들은 우리를 좋아하지 않았다."16) 실제로, 전쟁 전에 미국화되었다고 여겨진 남한인 가운데 대다수, "미국에 유학했고 양담배를 피우고 영어로 말하는" 사람들조차 미국의 점령을 혐오하는 것 같았고 한국전쟁에서 조선인민군의 편을 들기 시작했다.17)

남한인들이 미국인들을 향해 보인 반감은 단지 그들의 공화국을 강제로 해체하고 일본의 제국주의 체제를 유지하면서 부역자들을 보호하는 데서 나온 것만은 아니었다. 남한 민간인들을 향한 미국인 병사들의 모욕적인 태도도 크게 작용했다. 남한인들에 대한 인식과 태도는 점령기에도, 그 후 수십 년이 흐르는 동안에도 비교적 일관되게 유지되었다. 1951년 미 8군은 미군 병사들이 남한 주민들을 잔인하게 괴롭히는 일에 가담한 사건, 즉 명백한 가학적 쾌락 관련 사건을 보고했다. 병사들은 "민간인들을 겁먹게 만드는 일에서 비뚤어진 즐거움"을 찾고, 일부러 "자동차로 코리안들을 도로 밖으로 내몰아 도랑에"18) 처박았다. 미군 병사들은 그들을 위해 일하는 남한의 평범한 민간인들을 멸시할 뿐 아니라 폭력적이고 굴욕감을 주는 모욕적 행위를 자주 저질렀다.19) 남한 내 미국인들 사이에 널리 퍼져 있는 표현을 사실상 요약해주는 발언으로, 미 해병대 병사가 이렇게 말했다. "그들은 국스(gooks, 아시아인들을 비하하는 표현=역자)일 뿐이에요. 누가 그런 사람들의 감정에 신경을 쓰나요?"20) 역사가 로이드 루이스는 전쟁에서 동아시아 지역에 파견되기 전 미군 병사들이 받는 교화와 관련해 썼다. "모든 병사들이 다들 똑같은 주입을 받는다고 말한다. 즉, 우리의 적은 동양인(Oriental)이고 그들은 열등하다."21) 미군을 초대한 남쪽 코리아의 주민들을 비롯해 다른 동아시아 국가 주민들은 이 같은 상황을 견뎌야 했다.

1960년대 미국이 남한과 서독에서 조사를 실시했고, 그 조사는 미군이 파견된 나라에서 미군이 어떤 태도로 주민들을 대하는가에 따라 미군에 대한 주민들의 인식이 어떻게 달라지는지 보여 주었다. 남한에서는 질문을 받은 사람 가운데 오직 13%만이 미국인들이 "자신들을 좋아한다"고 답했던 반면, 서독에서는 70%가 미국인들을 좋아할 뿐 아니라 "친구로"[22] 여긴다는 태도를 보였다. 미국인들이 독일 주민들을 적으로 간주해 함부로 다룰 역사적 근거가 훨씬 더 많았는데도, 서방 주민들에 대한 태도가 늘 동아시아 민족을 향한 것보다 훨씬 더 공손한 이유는 문화적이고 인종적인 요인이 작용했다는 것을 의미했다. 미군 자체 출판물에서 그 차이가 공식적으로 확인되었다. 성곽 같은 문화 유적지를 탐방하고 새로운 나라를 알아나갈 기회로 독일 파견을 홍보한 데 반해, 코리아로 병사들을 끌어모으는 데는 대조적으로 노예와 같은 위안부들에 대한 손쉬운 접근성을 활용했다. 사실, 홍보할 가치가 있다고 할 만한 문화가 존재한다고 여기지도 않았다.[23] 미국과 남한이 맺은 관계의 성격을 잘 설명해 주는 것이 남한 위안부들에 대한 미국의 광범위한 활용이었다. 위안부 제도는 미군의 직접 통치 아래에서 확립되었고, 그 후로도 오래도록 유지되었다. 미군 대령 도널드 포트웨이는 남한에서 미군정의 가장 중요한 기능과 관련해 "미군정은 그 기본 취지로 향연과 선물, 그리고 여성 접대부를 두고 있었다."[24]고 결론지었다. 이러한 결론에 도달한 사람이 그 대령 하나만은 아니었다.

미군에 봉사하는 남한 위안부들

미군 신문 〈성조기〉는 남한에 배치되면 따라오는 특전을 묘사하면서, 노예근성을 가진 남한 여성들에게 접근할 수 있다는 매력을 특별히 강조했다. 그들을 단호하게 상품 취급함으로써 독자들에게 그런 인식을 부추기면서, 신문은 이렇게 썼다. "지금까지 신이 창조한 가장 사랑스러운 생명체 서넛이 당신 주위를 맴돌며 노래하고 춤추고 당신에게 음식을 먹여준다. 그들이 직접 먹여주는 막걸리와 맥주를 먹어치우면 일제히 입을 모아 '당신이 최고예요'라고 말하게 하는 광경을 상상해보라. 이것이 당신이 들었던 '동방(Orient)'이고 발견하게 될 동방이다." 신문은 미군 병사들에게 코리아의 "야간 활동"에 가담하라고 부추기고, 그것을 "궁극의 체험"이라 부르며 부추겼다. 신문이 '궁극의 체험'이라는 표현으로 암시하는 것은 – 대다수가 어쩔 수 없이 영업에 나선 – 호객하는 매춘부들이 너무 흔한 미군기지 인근 캠프타운이었다.[25]

코리아에 파견된 미국인들의 약 84%가 위안부를 사용했다고 조사에서 인정했다. 코리아에 파견된 한 미군 대위는 사병들 사이에 매춘부를 찾아가야 한다는 저항하기 힘든 문화적 압박이 있었고, 처음에는 그 생각에 반대했던 이들도 결국 가담하게 된다고 말했다.[26] 미 해군 함정들이 필리핀이나 코리아에 정박할 때면, 장교들이 "마치 홀마크 카드나 되는 양 남자들에게 콘돔을 던졌다." 장교들이 부하들에게 매춘은 동아시아인들에게는 생활양식이고 아시아인들은 매춘을 좋아한다고 말하면서 매춘을 "열렬히 홍보했다"고 알려졌다.[27] 설사 이것이 코리아 여성들에 대한 착취를 합리화하기 위해 사용되었다고는 하지만, 순결에 두는 가치와 혼외정사나 매춘을 혐오하는 수준으로 치자면 코리아 사회는 세계에서 견줄 만한 상대가 거의 없는 곳이었다. 카트리나 메인즈 교수는 코리안의 순결과 관련한 인식 변화 연구에서, 존경받고 좋은 평가를 받는 여성에게 순결이 얼마나 필수적인지를 거듭 강조했다.

> 존경할 만한 여성들… 은 항상 자신의 순결을 유지할 거라는 기대를 받는다. 처녀성은 가장 중요한 자산이고 명예로운 결혼의 핵심이다. 그들은 목숨을 걸고 순결을 지키라고 가르침을 받고, 강간을 당했을 때는 차라리 자살이 더 낫다고 배운다. 존경받는 여성들은 순결을 입증함으로써, 살아서나 죽어서나 남편을 떠받듦으로써 자신들의 명예를 증명할 수 있다.28)

사실이 그렇다 해도, 그들의 병사들이 혹시라도 주어지는 기회를 맘껏 활용하는 것에 대해 느낄 수도 있는 양심의 가책을 떨쳐 버리도록 코리안들은 "매춘을 좋아한다"고 묘사하는 것이 미국의 노선에 완벽하게 부합했다.

기록에 따르면, 미군들이 위안부 여성을 사용하게 된 것은 미군 병사들이 한반도에 처음 상륙하자마자 일본 제국군을 위해 일했던 위안부 여성들이 미국인들에게 강간을 당하면서 시작되었다.29) 또다시 해방자로서 미국과 실제 미국인들의 태도- 유별나게 악랄한 정복자의 태도 -에서 나타나는 차이는 명백했다. 일본의 위안소 제도는 나중에 미국의 통치 아래서 방대하게 확대되었고, 여성들은 박봉을 받았다. 미군을 상대로 일하는 매춘 1세대 중 다수가 실제로 이전에 일본 제국군을 상대로 – 놀랍도록 유사한 제도 아래서 – 일했던 위안부였다.30) 미군은 서울 시내 중심부에 일본군을 위해 지어진 640에이커의 용산 주둔지를 점령했다. 인근 지역은 곧 미군 병사들을 상대하는 사창가 가옥들로 채워졌고, 미군들은 그 지역을 "후커힐(Hooker Hill)"이라 불렀다. 전문가인 미국인 교수 아리사 오(Arissa Oh)는 위안부 제도의 기원에 주목했다. "미국의 점령 기간(1945-1948) 동안 남한 곳곳의 미군 기지 주변에 캠프타운, 혹은 기지촌이 갑자기 속속 들어섰다. 미군 상대 매춘 제도는 일제 총독부가 확립한 기반 위에 세워졌다."31) 위안부 여성 제도에 대한 상세한 조사를 수행한 학자들인 마리아 혼과 문성숙은 그것이 미군을 대상으로 설립되었다는 점에 주목했다.

[일본] 식민통치에 종말이 왔다고 해서 남한 내 외국인 병사들을 위해 여성이 성노예로 활용되는 것을 끝내지는 못했다. 미군은 코리안들에게 민주주의를 가르치는 "은혜로운 해방자"로 자신들을 투사하면서, 코리아 점령의 여명부터 다양한 형태로 매춘에 깊이 연루되었다… 미군이 인도하는 이른바 탈식민화 과정은 서울, 아스콤, 대전, 광주, 부산 등에서 은밀하고 규제받지 않는 매춘(사창)의 급속한 성장을 위한 비옥한 토양을 계속 제공했다. 급료가 좋은 미군 병사들은 성적 서비스를 받기 위해 공격적으로 현지 여성들을 찾아 나섰다. 미군들은 코리안들을 향한 인종주의와 결부된 인종차별적 문화 차이라는 맥락에서 코리아 여성들의 꽁무니를 쫓아다녔다… 군 당국은 군대 예절, 규율, 체면, 훈련의 저하라는

만연한 문제들에 대처해야 했다. 예절의 영역에서, 군 당국은 인종차별적 비속어인 "국스(gooks)"라는 표현의 사용, 신체적 폭행, 무모한 운전을 비롯해 코리안들에 대한 불필요한 체포에서부터 코리아 여성들에게 포즈를 취하는 것에 이르기까지 코리안들을 향한 광범위한 인종차별에 대해 고심했다… 미군들은 유럽 식민주의 앞잡이들이 식민지 유색인 여성들을 향해 그랬듯이, 결혼이라는 지위를 갖지 않은 코리아 여성들에 대한 성적 접근을 그들의 권리로 여겼다.32)

마찬가지로 서방이 점령한 당시의 일본에서도 그랬듯이,33) 1945년 9월 초 미군정 초기부터 위안부 제도 밖에서 일어나는 미군들의 강간에 대한 광범위한 보고들이 있었다. 군정이나 차후에 들어선 이승만 정부나 모두 그것들을 기록으로 남기는 데 아무런 관심을 보이지 않았기에 개별적인 강간 사례들에 대한 기록은 거의 없지만, 남한인 피해자들의 증언을 포함해 강간이 만연했다는 남한과 미국의 소식통들이 전하는 중요한 증거들이 존재한다. 미국의 국립기록관리처에 따르면, 남한 사람들이 미군이 창녀들과 맺는 관계는 견딜 수밖에 없었다 해도 그 제도 바깥의 여성들에 대해 만연한 강간에 대해서는 불만을 호소했다.34) 인터뷰에 응한 한 남한 병사는 다음과 같은 취지로 이야기했다. "나는 남한군으로 징집되어 미국인 거물의 집에서 보초 근무를 서야 했다. 그들은 매일 밤 우리 코리아 처녀들을 그곳에 데리고 와서 강간했다. 당신들의 '자유 세계'라는 거, 나한텐 필요 없다."35) 점령 시기에 대한 전문가인 아리사 오 교수는 이러한 사건들과 관련해 언급했다. "현지 여성들에 대한 강간이 대체로 기록되지는 않았지만 남한 관리들로부터 불평을 촉발할 만큼 만연했다." 아시아 전역에 파견된 미군 병사들이 여성들에 대한 집단 강간을 저지르는 것- 일본에서 1945년부터,36) 그리고 이후에 베트남에서도37) 마찬가지로 극히 흔한 행동 -은 다른 어디에서도 일치되는 그들의 태도였다.

이승만 대통령의 아내인 프란치스카 도너는 코리아 여성들이 미군들에게 봉사하는 위안소 설치는 반드시 필요한 일이라고 주장하면서, 미군들은 이전부터 계속해서 자신들이 원하는 여성이라면 누구라도 "취했다- 만연한 강간을 일컬음 -"는 근거를 들었다.38) 이는 미군이 엄선한 결과로 남편이 권좌에 올랐고 점령을 강력히 지지한 여성이 직접 시인함으로써 성범죄가 어느 정도로 저질러졌는지 보여주는 것이었다. 집단 강간 피해자와 그들의 가족들에 의한 보고들은 너무 광범위하고 만연해서 남한 관료들조차 미국 지휘관들에게 불평할 정도였다.39) 위안소가 마치 미군들에게 코리아 여성에 대한 통제된 접근권을 제공함으로써 강간을 방지해줄 방안처럼 보였다. 탐욕스러운 정복자가 아니라 은혜로운 민주화의 구원자로 보이기 위해서는 위안소가 미군 점령에서 반드시 필요한 것이었다고 말들 하지만, 당시 기록들은 탐욕스러운 정복자가 그들의 진실에 훨씬 더 가깝다는 것을 보여준다.

미군정 이후 위안부 여성들

1948년 남한에서 미군정이 공식적으로 종료되고 이승만의 통치 아래 대한민국이 출범했을 때, 정부는 위안부 여성들이 계속 미군들에게 봉사하도록 했다. 미국이 세운 정부는 위안부 여성 제도를 계속 유지하도록 장려하는 데서 직간접적으로 핵심적 역할을 했다. 문성숙과 마리아 혼 두 교수는 위안부 여성 제도에 관한 연구에서, 이승만 정부가 경제 운용에 무능한 결과로 외화를 공급하기 위해 매춘 산업에 의존했다고 결론지었다. "심각한 전시 빈곤에 직면하여, 남한 정부는 매춘을 국민을 먹여 살릴 불가피한 수단으로 여겼다."40) 과거 창녀였던 김 씨는 정부 정책과 관련해 인터뷰하면서 이렇게 회고했다. "그들은 우리를 '달러 버는 애국자들'이라고 추어올리며, 미군들에게 가능한 한 많이 팔라고 했습니다."41) 1960년대 초까지 남한 정부는 그 나라 GNP의 24%− 일본 제국군에 대한 봉사보다 비중이 더 크다 −를 차지하는 위안부 제도에 의존했다.42) 역시 과거에 창녀였던 58세의 김애란은 2009년 인터뷰에서 이렇게 말했다. "우리 정부는 미군을 위한 대형 포주(one big pimp)였습니다."43)

이승만 정부 12년 동안 국가 차원의 경제 정책이 전혀 도입되지 않았고 대한민국은 경제적 진전도 사회적 진전도 거의 없었다. 허욱과 테렌스 로리그 두 교수는 남한의 정치사에 관한 연구에서, 부패가 횡행했을뿐더러 "이승만 역시 경제 발전에 대해서는 전문성도 관심도 없다시피 했고, 경제부처의 장관들도 마찬가지로 경제 정책 수립에 경험이 없을뿐더러 훈련되지도 않았다."고 평가했다.44) 위안부 제도를 뒷받침하는 일은 이승만 정부에 외화벌이의 수단을 제공하면서, 그들의 경제적 무능을 보완해주었다.

남한에서 위안부 제도에 대한 정부 개입과 관련한 조사연구는 거의 이루어지지 않았다. 〈뉴욕타임스〉가 수십 년이 지나 과거에 창녀로 일했던 사람들에 대한 연구조사와 인터뷰를 진행할 수 있었을 뿐이다. 인터뷰에 응했던 이들은 정부가 수십 년 동안 성 산업과 미군에 대한 공급과 관련해 인신매매에 연루되었다고 주장했다. 조사원들은 남한과 미국의 문서들을 검토하고, 문서들이 "그 여성들의 주장 대부분이 사실임을 뒷받침한다"고 결론지었다. 남한 정부는 그 사안에 여전히 침묵으로 일관하고 있지만, 2006년에 정부 관리이자 미군과의 연락 담당을 맡았던 김기조가 텔레비전 인터뷰에서 시인했다. "우리가 그들에게 매춘에 종사하라고 적극적으로 강하게 권장하지는 않았지만, 우리는, 특히 지역 관청 소속의 관리들은 그들에게 그것이 나라를 위해서도 나쁜 일이 아니라고 종종 말했습니다."[45]

2018년 2월 8일 서울고등법원의 판결에서, 미군을 상대로 일하는 위안부 시스템을 국가가 적극적으로 장려한 것이 사실로 확인되었다. 이 정책은 군사동맹 강화와 외화벌이 두 마리 토끼를 모두 잡겠다며 채택한 것이었다. 법정은 이렇게 판단을 내렸다. "캠프타운 내 여성의 성적 자기결정권으로 보아도, 국가적 목표 달성의 수단으로 자신들의 성을 통해 역할을 하는 원고의 성격으로 보아도 국가는 그들의 인권을 존중해야 할 의무를 위반했다." 나아가 판결은 이렇게 기록했다. "보건복지부 공식 문서에 따르면, [국가는] 군 캠프타운 내 여성들에게 외국인 병사들이 '긴장을 풀고' 그들과 '성적 서비스를 즐길' 수 있게 해주는 매춘에 적극적으로 나서라고 장려했다."[46]

여성들을 위안부 제도로 밀어 넣어 미군들에게 성적 서비스를 제공하게 하고자 수많은 방법이 활용되었다. 매우 중요한 한 가지 설득 방법은 미군과 이승만 정부의 정책이 낳은 생활고였다. 전시 초토화 작전—

코리아 전역에서 도시와 농촌을 가리지 않고 파괴하고 사람들이 대를 이어 의존해 온 농작물과 생계수단들을 불태워버렸다 —은 주민 대다수를 가진 것도 없고 스스로를 부양할 아무런 수단도 없는 상태로 만들었다. 보수적으로 추정하더라도, 전쟁은 남한에 2백만 명의 피난민을 낳았고, 전쟁이 끝났을 때 인구의 20~25%가 생계를 꾸릴 수 없었다.47) 이것이 이승만의 경제적 무능, 군비 확장에 대한 집착, 징집을 가능하게 해주는 저임금, 빈약한 사회복지 등과 결합되어 수많은 남한인 가족들이 매우 심각한 극빈 상태에 직면했다. 따라서 전쟁 중에도, 수십만 명의 미 주둔군이 남아 있게 되는 전쟁 후에도, 수많은 여성, 특히 부양할 식구가 있는 엄마들은 위안부 시스템으로 내몰리는 것 외에는 선택지가 없었다. 따라서 위안부 제도가 합의에 기반했다는 주장은 남한과 미국의 자료들에서 입수할 수 있는 증거들과 전적으로 모순된다.

아리사 오 교수는 자신의 연구에서 이렇게 결론지었다. "수많은 여성이 종이 한 장으로 접대부(hostess)와 성노동자(sex worker)를 나누는 다방, 식당, 술집 등 미심쩍은 취업 말고는 다른 선택지를 거의 찾지 못했다. 또 다른 여성들은 헛된 약속에 꼬임을 당하거나 강간당했다. 과부들은 아이들을 부양하기 위해 성노동에 의지했다."48) 여성들이 서방 군인들에게 몸을 팔거나 그렇지 않으면 아이들이 굶는 모습을 지켜봐야 했던 것이 실제 현실인 경우가 많았다. 한국전쟁 마지막 해인 1952년에, 미 국무부는 서방 군인들을 위해 일하는 창녀들을 일컫는 "유엔 아줌마들"에 대해 보고했다. 그중 절반이 과부였다. 이 통계만으로도 전시와 전후 남한 내 매춘의 실체와 그 일에 들어선 사람들

이 절망적인 처지에 대해 시사하는 바가 크다.49)

문성숙과 마리아 혼은 한국전쟁 이후 미군들에게 필요한 위안부 여성들을 구하는 데 사용된 방법에 관한 연구조사 결과를 발표했다.

> 일부 여성들이 강요와 속임수를 통해 인신매매되었던 반면, 대다수 빈곤한 코리아 여성들은 결혼 여부와 상관없이 주로 당국으로부터 비밀리에 허가받은 개인 사업에 고용되었던 것으로 보인다. 유엔 위안소에서 일한 여성들 대부분은 기혼자였고, 이는 성노동이 아이들과 가족을 먹여 살리려는 절박한 시도였음을 시사한다. 극도로 비참한 가난과 죽음, 장애, 한국전쟁 중 남성들의 지역 이동이 끼친 영향은 생존을 위해 스스로 매춘을 해야 했던 여성들의 숫자를 한층 더 증가시켰다.50)

그런 환경에 대한 분석에 기초해 보면, 이른바 합의라는 것이 실제로 합의된 것과는 거리가 멀었다는 점이 명백하고, 과부와 기혼여성이 주된 노동력이었다는 점이 이를 강하게 시사한다. 여성들을 강제로 매춘으로 내몰았던 환경을 초래한 것은 절박한 상황에 내몰린 엄청난 수의 남한 여성들에게 접근함으로써 이익을 취한 바로 그 외부 세력이었다.

위안부 제도에 관한 다수의 다른 연구들이 서방 군인들에게 성적 서비스를 할 수밖에 없었던 여성들의 이른바 "합의"와 관련해 유사한 결론에 도달했다. 워싱턴 D.C.에 있는 아메리칸 대학의 조교수이자 외교 및 군사정책 전문가인 데이비드 바인은 그 제도와 일제 치하에서 더 작은 규모로 이루어졌던 제도 사이의 연속성을 언급하면서, 자신의 연구에서 이렇게 결론지었다. "미 당국은 코리아 관리들의 지원으로 공식적인 노예는 없었을지라도, 여성들로서는 지나치게 선택이 제한된 조건으로 끌려 들어가는 그 제도를 지속시켰다."51)
노동 이민에 관한 전문가인 이진경 교수는 미군 병사들에게 서비스를 제공하는 남한 여성들의 "합의'의 성격과 관련해 그것이 가치가 있다고 보기 어려운 용어라고 언급했다. 실제로 그것은 규모가 훨씬 방대해졌을 뿐 일본이 운용한 "위안부 여성" 제도와 매우 유사했다. 그녀는 남한에서 매춘의 성격과 관련해 이렇게 결론지었다.

> 매춘은 대체로 그들에게 빠듯한 호구지책과 생존의 문제로 강요되는 직업 "선택"이다… 매춘은 상업화를 통한 성폭력의 제도화이다. 따라서 성노동자와 고용주와 고객 사이의 불평등한 사회적, 경제적 관계로부터 "합의"가 강제적으로 날조되는 방식이다. 달리 말하면, 나는 매춘에 포함된 이러한 내재적인 강제성과 구조적 폭력을 고려해, 매춘을 또 다른 형태의 신정치적 노동(necropolitial labour)으로 개념화하고자 한다.

"신정치적 노동(necropolitial labour)"은 폭력이나 죽음의 상당한 위험이 따르는 강제 노동을 위해 그녀가 만들어낸 용어로, 미군들에 의해 살해당하거나, 그렇지 않으면 죽는 것에 대한 대안으로서 심각한 피해를 입은 수많은 창녀가 이를 입증한다.52)
일레인 킴 Elaine Kim은 "매춘 방지와 법 개정을 위한 조사"에서, 전시의 파괴 행위로 가족들을 갈라놓고 고아와 과부들을 만들어낸 한국전쟁과 양국 간 한미상호방위조약이 위안부 시스템을 위한 기초를 놓았다고 결론지었다. 이 시스템은 여성들과 어린 소녀들이 집도 생계수단도 없는 상태로 만들어 놓음으로써, 위안부 제도 속으로 진입하거나 아니면 굶는 것 말고는 선택의 여지가 없는 여성들을 "양산했다."[53] 집중 폭격과 초토화 작전으로 수백만 명의 생계수단을 고의로 파괴하고 이승만처럼 부패하고 무능한 지도부를 강제로 세운 일은 여성들을 성노예의 길로 몰아넣은 간접적인 방법이 아니었을까? 인민의 삶과 그들이 스스로 생계를 부양할 능력을 파괴함으로써, 그들은 무력한 상태로 남겨졌고, 이후로는 미국의 자원에 대한 의존이 조장되었다. 이 자원들은 성을 서비스하는 위안부 여성들을 희생시킨 대가로 돌아왔다. 미국인 사회학자 캐슬린 배리는 남한에서 전통적인 제국주의 정복자들의 손아귀에 붙잡힌 여성들에 대한 성적 착취가 일어났다고 분석하고, 남한 내 "성의 산업화"와 성적 착취의 규모 사이에서 유사점을 관찰한 여러 학자 중 한 명이다.[54] 캘리포니아 대학 이진경 교수도 코리아 여성들에 대한 접근권을 확실하게 보장하게 한 미국의 처리 방식이 "일본 제국의 위안부 제도로부터" 같은 목적을 가진 새로운 제도로 단순히 "바뀐 것"에 불과했다고 평가했다.[55]

남한 여성들이 매춘에 진입하게 되는 방법과 관련해서는, 강압과 속임수도 채용의 흔한 수단이었다. 인신매매범들과 포주들은 시골에서 올라오는 어린 소녀들을 기차역과 버스 정류소에서 기다리는 경우가 많았고, 그들에게 취업과 머물 곳을 약속했다. 대체로 일자리를 찾아 시골을 떠나온 이 소녀들은 그 후 강간을 통해 처음으로 일을 "개시"했다.[56] 그런 다음 그들은 성노동에 종사하게 되거나 캠프타운의 사창가로 팔려갔다. 웨이트리스, 상점 종업원, 가수와 같은 직업을 제시하는 광고들도 여성들을 그들의 "개시 의례"로 꾀어내는 데 활용되는 경우가 매우 잦았고, 그 후 그들은 충격과 강간에 대한 사회적 수치심에 심리적으로 무너져 매춘으로 팔려나가게 되었다. 일단 어떤 소녀나 여성이 그러한 시스템의 지배 아래 놓이게 되면, 그녀가 빠져나오기는 극도로 어려웠다. 이제 그들은 타락한 여성으로 간주되어 엄청난 사회적 낙인과 고립에 직면하게 되므로, 문화적·심리적 이유가 중요한 요인이었다. 또한, 여성들에게 매춘을 강제한 포주들과 사창가 소유주들은 여성들의 수입을 압수해 빚을 지게 만들고, 어떤 규칙 위반에도 폭력으로 응징하면서 부채 담보(debt-bond) 시스템을 광범위하게 활용했다.[57] 여성들이 수입의 80% 이상을 사창가 주인에게 넘겨야 하는 일이 드물지 않아서, 부채를 청산한다는 것은 거의 불가능했다.[58]

이승만 시절에 부패로 악명이 높았던 남한 경찰은 직접 마약 거래는 물론이고 위안부 제도에 여성들을 인신매매하는 일에도 연루되었다고 알려졌다. 루카츠 카미엔스키 교수의 탁월한 연구에 따르면, "경찰은… 여성들을 인신매매하고, 사창가로 그들을 몰래 넘기는 일에 적극적으로 개입하여, 지하 성매매와 마약 거래 경제 전반에 대한 엄호와 보호를 제공했다." 경찰이 여성들의 인신매매에 심하게 연루되어 있었으므로, 위안부 제도가 합의에 기반했다고 주장하기는 어렵다. 이러한 기록들에 대해 언급한 사람이 카미엔스키만은 아니다.[59]

캐서린 H.S. 문 교수의 조사연구는 여성들이 외국인 병사들에게 마지못해 서비스하게 되는 현실과 강압적으로 여성들을 망가뜨려 결국 그들이 미군들에게 성적 서비스를 하게 되는 과정을 기술했다.

대다수 여성이 미군들과 정욕을 나누겠다는 기꺼운 마음과 "접대하는 기술"을 갖춘 채 클럽에 오지 않는다. 클럽 상황에 처음인 여성들에게는, 종종 신고식이 일어나고는 한다. 일부 여성들은 그들의 포주/관리자에게 강간을 당했다고 증언한다. 다른 여성들은 클럽 주인에게서 특정한 군인과 잠자리를 가지라는 지시를 받았고, 또 다른 이들은 스스로 미군들과 비틀거리며 침대에 들었다고 했다. 경험 많은 창녀들로부터 피해야 하는 유형(폭력적인 성향)에 관한 조언을 받는다고도 했다.[60]

상당수의 위안부 여성들과 진행한 인터뷰는 그들이 일했던 위안부 시스템에서 "합의"의 실체가 어떤 것인지 보여주었다. 71세 전직 성노동자 전 씨는 2009년 〈뉴욕타임스〉와 인터뷰했다. 전쟁 중 18세에 고아가 된 그녀는 미군 병사들에게 서비스하기 위해 최전방 인근 동두천 캠프타운 내 위안부 제도에서 일을 시작해야 했다. "내 인생에 대해 생각하면 할수록, 내 나라가 미국인들과 맺은 동맹을 위해 가장 큰 희생양은 나 같은 여자들이었다는 생각이 듭니다. 되돌아보니, 내 몸뚱이는 내 것이 아니라 정부와 미군 소유였습니다."라고 그녀는 말했다. 전 씨는 1960년대에 아들을 하나 낳았는데 아이가 13세 되었을 때 포기했다. 미국 가정에 혼혈아들을 파는 일이 당시 위안부 여성들에게는 흔히 있는 일이었고, 그들 중 대부분이 아이들을 직접 키울 형편이 되지 않았다. 인터뷰할 당시, 전 씨는 생계를 위해 폐물을 주워 팔며 근근이 살아갔다.[61]

위안부 제도 내 또 다른 여성— "존스턴의 엄마"라는 가명을 썼다 —은 서울의 북쪽에 있는 도시 의정부 송산에서 살았고 인터뷰하던 당시 이

십 대 후반이었다. 인터뷰어는 그녀가 살던 곳을 "골목을 벗어난 쇠퇴한 시멘트 건물 전면에… 갈색 시멘트벽으로 이루어진 작고 어두운 방, 그리고 솥과 냄비 몇 개가 있는 부엌"으로 묘사했다. 그녀에게는 각기 다른 미군에게서 낳은 두 아들이 있었고, 두 소년 중 누구의 아버지도 아닌 미군 병사가 얼마 전까지 그들과 함께 살고 있었다. 캠프타운에서 흔한 "계약 동거"로, 성적 서비스 대가로 그가 식량을 제공했다. 그녀는 아들들을 파는(유럽인을 닮은 아이 1인당 50~200달러에 팔렸다) 걸 견딜 수 없어서 아이들을 먹여 살리기 위해 어쩔 수 없이 창녀로 다시 일을 시작했다. 인터뷰어는 "존스턴의 엄마"가 "계약"에 따라 달리 갈 데가 없는 아이들이 있는 방에서 그 미군 병사와 정기적으로 성관계를 갖는다는 것을 알게 되었다. 이것은 위안부 여성들이 미군 병사들과 맺는 수많은 관계 중에 특별히 예외적인 경우도 아니었다. 너무 흔한 것이 그 같은 가난, 타락, 착취였다.[62]

위안부 여성과 한-미 관계

위안부 제도는 한미 관계에서 중심을 차지하기에 그것이 지닌 중요성과 상징성은 하나의 민족집단으로서 코리아를 향한 미국의 태도와 의지의 본질을 보다 분명하게 해준다. 한편, 북한은 미국 주도 질서에 통합될 수밖에 없는 운명에 맞서 계속 저항함으로써 그들의 주민들을 어떻게든 지켜냈다는 증거를 내놓고 있다. 실제로, 위안부 문제만으로도 어떤 희생을 치르더라도 자신들의 주권을 위해 싸우겠다는 북한의 결정이 정당한 것으로 판명된다. 또한, 한-미 관계에 기반해 미국의 의도를 파악한다면 미국의 패권적 야망에 맞선 북한의 굳건한 저항을 부추기는 데 이바지할 수도 있다. 캐서린 H.S. 문 교수는 이렇게 썼다. "양키 침입자들에 의한 1백만 남한 여성에 대한 성적 지배는 사회적 불명예"로서,[63] 남한 문화에서 순결과 민족적 자부심이 차지하는 중요성을 고려할 때, 남한이 자존심이 있는 완전한 주권국이라면 이를 방지하기 위해 전력을 다했을 것이다.

저명한 동아시아 역사가이자 미국인 교수로 한반도 전문가인 브루스 커밍스는 한미 관계에서 위안부 시스템이 수행한 중심적 역할과 그 관계의 총체적 성격과 관련해 그것이 갖는 상징성에 대해 아래와 같이 논평했다.

> 한미 관계에서 하나의 요소는 부단히 이어졌다. 바로 미국인 남성들에 대한 성적 서비스와 여성의 육체에 대한 거래 요구에, 세대를 거듭하며 여성들이 계속 종속되었다는 점이다. 그리고 이는 결코 과장이 아니다. 누군가가 미군 일병이건, (특수한 소속을 유지하는) 방한 중의 의원이건, 혹은 국제평화지원단 교사이건 간에, 이것은 한미 간 상호작용의 가장 흔한 형태이다… 마치 귀가 들리지 않고 말을 하지 못하고 눈이 보이지 않는 사람들이 그 거래에 보호자로 동반하기라도 하듯, 그것은 가장 조용한 교역이기도 하다… 남한 여성들의 쓰임새 때문에, 말 그대로일 리가 없는 어떤 관계, 즉 민주주의와 반공주의에 전념하는 두 독립 국가 간의 자유 협정이라는 관계는 지울 수 없는 인상을 남겼다. 내가 처음 코리아에 살았을 때를 생각하면 가장 먼저 그것이 떠오른다.[64]

코리아에 머물렀던 국제평화지원단 자원봉사자로서 캠프타운에서 벌어지는 일들과 함께, 코리아 사회와 그곳의 여성들을 바라보는 미국인들의 태도를 직접 목격한 커밍스의 설명은 특별히 도움이 된다. 다음은 그가 관찰한 것이다.

> 누군가가 만약 진탕 마시며 난잡하게 노는 술판에 주의를 촉구한다면 어떨까. 아니면 서울에서 기차를 내리자마자 사창가로 내던져진 시골 소녀들의 희미한 울음소리를 줄이기 위해 늘 쏟아붓는 브롬에, 그도 아니면 미국인들의 수중에 떨어진 수많은 어린 소녀들의 굴욕에 대한 하찮은 정당화에… 그리고 미국인들을 위한 쾌락의 대상으로서 모든 코리아 여성의 사회적 구성에 주의를 촉구한다면 어떨까 말이다. 이것이 바로 코리아에서 복무 경험이 있는 젊은 미국인 세대들에게 모든 관계의 가장 중요한 측면이자 코리아에 대한 주된 기억이다… 내가 나이든 "코리안 조력자"에게 배우자와 함께 서울에 갈 것이라고 말했을 때, 그가 이렇게 대꾸했다. "왜 만찬에 샌드위치를 가져가죠?"(65)

커밍스는 미군 기지 인근 "윤락촌(whoring district)"을 묘사하면서, 자신이 본 광경을 이렇게 기록했다. "우스꽝스럽게 화장한 남한 소녀들 – 대부분 매우 어리다 – 이 문밖을 응시한다. 자신에게 매달리는 두 아이와 함께 어떤 중년 여성이 거리 한가운데서 내게로 오더니 침대로 '뛰어들라'고 청했다." 커밍스는 더 지켜보았다. "얼빠져 보이는 어리석은 병사들이 어린 소녀에 불과한 – 아주, 아주 어린 소녀들 – 창녀들과 팔짱을 끼고 걷는다. 이 남자들은 이것을 자신들에게 어떻게 정당화하는가… [남한인들은] 그야말로 그들[미국인들]을 혐오하고 자신들에게 늘 존재하는 욕망에 영합함으로써 생존한다… 성인들은 당신들이 그들을 보면 눈을 피한다. 그렇지 않은 경우라면, 측정할 수 없는 증오심으로 당신들을 노려본다. 한국말을 하는 미국인은 그들에게 불쾌감을 줄 뿐이다."66)

커밍스에 따르면, 어린이들을 포함해 모든 연령대의 남한 창녀들이 위안부 제도 아래서 팔렸다. 그는 기억을 떠올려 이렇게 말했다. "서울에서는 거의 모든 구역에서 – 목욕탕, 마사지룸, 식당, 혹은 시내 곳곳 어디에나 있는 다방에서 – 여자들을 구할 수 있다. 너무 어려서, 아마도 열두 살쯤밖에 안 되는 아이들도 구할 수 있다. 이 아이들은 빈농인 가족들을 도우려고 일자리를 찾아 시골에서 타고 온 기차에서 내리는 순간 유괴되어 일종의 노예가 된다. 포주들에게 납치되어 집단 강간을 당하고 구타당하는 동안에 꼭 필요한 영어 몇 마디를 익히고 나서 일주일도 안 돼 길거리로 나설 채비를 갖춘다."67) 그가 사용한 용어 "노예"는 이른바 합의에 의한 섹스 산업이라는 이미지를 훼손한다. 합의에 의한 섹스 산업이라는 표현은 비판의 방향을 미국과 이승만 정부에서 돌려 위안부 제도의 존재를 어느 정도 정당화하기 위해 사용되었기 때문이다.

1950년대 남한 인구는 1천9백만 명에 불과했다. 그중 여성이 절반 이상이었고(1956년 현재 성 100 대비 남성 96.1),68) 다시 그 절반가량이 어린 여성들이었다. 남한에 파견된 미군 병사들, 엄밀히 말하면 휴전 협정으로 인해 전투 지대로 파견된 미군 병사들은 1년 정도의 짧은 기간으로 교대를 했고, 아내가 있는 사람들은 데리고 오는 것을 단념했다. 짧은 교대 기간과 큰 규모로 병사들이 파견되었다는 것은 1950년에서 1971년 사이에 6백만 명의 미국 병사들이 코리아에서 복무했다는 의미가 된다. 이 시기에 약 1백만 명의 코리안 여성들이 위안부 제도에서 일한 것으로 추정된다.69) 이것은 일본군에서 일했던 숫자의 최소한 5배였다. 최대 추정치는 "20만 명에 이르렀는데, 대부분이 코리안이었지만 다른 아시아 국가 출신들도 있었다."70) 1백만 명이라는 숫자도 1945년 이후로 위안부 제도 외부에서 미군이나 다른 외국인 병사들에게 강간당한 상당한 수의 여성들은 배제한 것이다. 강간당한 숫자는 정부나 경찰에 의해 기록되지 않았기 때문이다. 실제로 강간이 벌어졌고 그것도 매우 광범위하게 일어났다는 – 하지만 정확한 숫자는 존재하지 않는 – 앞서 언급된 증언에 의한 증거만이 있을 뿐이다.

21세기 한미 관계와 한일 관계를 관찰할 때, 일본이 20만 명 이하의 코리안 위안부 여성들을 포획한 것(가장 높은 추산으로 그 20만 명의 대다수가 모두 아시아 출신들이었다)은 정치인들과 활동가들에 의해 빈번히 쟁점화되고 있고, 그것이 널리 알려진 범죄라는 사실은 주목할 만하다. 하지만 그와 동시에 보다 근래에 남한에서, 끔찍한 조건으로, 많은 경우 강간은 물론이고 매우 미심쩍은 동의 아래 1백만 명의 위안부 여성들이 사용되는 상황은 언급되지도 않고 다루어지지도 않는다. 남한은 일본 정부의 사과를 요구하고, 위안부 여성들을 기리는 조각상을 세우고, 도쿄의 배상이 이루어지고 있다. 반면에, 더 최근에 더 큰 규모로 미국이 저지른 유사한 범죄에 대해 서울은 거의 언급하지 않는다.

그러는 사이, 대한민국에서 미군들에게 봉사하기 위해 위안부 여성을 인신매매하는 일은 엄청난 규모로 계속되었다. 물론 이제는 다수가 해외에서, 특히 필리핀 출신이거나 경매로 팔려 오기도 한다.71) 해외에서 오는 여성들은 계속 직장을 제시받고 난 후에는 미군들에게 봉사할 수밖에 없다. 이런 식으로 실질적으로 노예가 된 여성들의 숫자가 수천 명 단위에 이른다.72) 미 국무부의 한 보고서는 2000년대에 인신매매로 끌려가 대한민국에서 일하고 있는 필리핀 여성들이 얼마나 절망적이고 굶주렸는지 미군 병사들에게 빵을 가져다 달라고 간청했다는 사실을 확인했다.73) 2007년에 전문적인 연구조사원 3인이 수행한 한 연구는 대한민국 내 미군 기지들이 "아시아-태평양 지역과 유라시아, 남한 출신 여성들을 미국으로 데려가는 초국적 인신매매를 위한 허브"였다고 유사하게 결론지었다.74) 이는 남한의 규탄이 일관성을 잃었다는 점에서 심각한 문제를 제기한다.

미군 지배 아래서 훨씬 대규모로 벌어진 상황을 일제에 의해 군사적 목적의 성 노동을 강요받았던 상황과 비교하는 목적은 후자의 책임을 면제하려거나 코리아의 인민들을 향한 탐욕에 대해 경시하려거나 그 범죄의 본질을 훼손하려는 것이 아니다. 오히려, 더 최근의 미군 범죄를 고려함으로써 일본을 향한 남한 주장에 내재하는 이중 기준을 조명하려는 것이다. 이러한 이중 기준에 대한 한 가지 설명은 미국이 대한민국에 매우 큰 영향력을 행사하고 있으며, 서울이 군사적·경제적 지원이라는 측면에서 미국의 선의에 기댈 수밖에 없는 상태라는 것이다. 코리아에서 친일 부역자들이 일본 제국의 위안부 사용에 문제를 제기하거나 그들의 고통을 사람들에게 알리거나, 혹은 자신들의 동포 여성들을 위해 보상을 요구하지 않았던 것과 유사하게, 미국과 긴밀하게 정치적 입장을 맞추어 가는 남한 정부가 미국의 유죄를 입증할 논거를 제기할 것 같지는 않다. 두 번째 이유는, 당시 코리아의 위안부 여성들은 많은 경우 일본으로부터 보수가 지급되지 않았고, 본질상 노예였다는 점에 있다.* 반면에 미국에 봉사하는 여성들은 경제적 이익을 위해 합의에 따라 성 노동을 선택했다고 묘사되는 경우가 더 많다는 점이다. 첫 번째가 타당해 보이는 설명이라면, 남한 여성들이 자신들을 미군 병사들에게 팔겠다고 합의했다는, 따라서 미군이 위안부 여성들을 얻기 위해 사용하는 방법들이 근본적으로 일본 제국이 사용한 방법들과는 다르다는 통념은 대체로 사실이 아닌 것으로 드러난다.

미군 병사들에게 봉사하는 위안부 여성들을 끌어모으기 위해 사용하는 방법들에는 혼란에 빠뜨리고 길들이기 위한 강간과 폭력이 수반되었다. 나중에 그들은 미군을 위한 성 노동에 "합의"하는 것 외에 선택의 여지가 없었다. 코리아에서 일본은 유사한 방법을 사용하는 중개인

---

* 미국의 전쟁정보국이 미얀마에서 일본군에게 봉사한 20인의 코리아 위안부 여성들과의 인터뷰에 기반해 보고한 바에 따르면, 그들은 가족들에게 도움을 줄 수 있고, 가족의 빚을 갚을 수 있으며, 고되지 않은 일로 싱가포르에서 새로운 삶을 찾을 수 있는 기회를 얻거나 많은 돈을 벌 수 있다는 유혹을 받았다고 했다. 많은 코리아 여성들이 이런 약속들을 믿고 해외 근무에 적극적으로 지원했고 수백 엔의 선금을 지급받기도 했다. 그 여성들은 빚을 갚을 때까지 해외에 남아 있어야만 했고, 다수가 그 후에야 코리아에 돌아올 수 있었다. 이것이 일본군에게 봉사한 모든 코리아 여성들이 모집된 방식은 아닐지라도, 미군에 봉사하게 된 여성들이 모집되는 방식과 비교해 볼 만한 의미심장한 내용을 담고 있다. (<http://www.exordio.com/1939-1945/codex/Documentos/report-49-USA-orig.html>).

을 고용하는 경우가 많았다. 미군을 위해 여성들을 모아들이는 포주들은 간호사나 공장 노동자로 직업을 홍보하는 경우가 많았고 여기에 응답한 여성들을 그 후 억지로 성 노예로 만들었다. 한 가지 중요한 차이점은 일본인들은 위안부 여성을 병사들의 만족을 위한 전시의 일시적 방침으로 여겨 전시에 대규모로 여성들을 끌어모으기 시작했으며, 그들은 제국을 위해 목숨을 건 남자들에게 특별한 휴식 및 여가활동이 요구된다고 믿었다는 점이다. 하지만 위안부 여성을 모으는 일이 평시로도 이어지는 영구적인 현상으로 의도한 것은 결코 아니었다. 이에 반해, 1953년부터 20년 넘도록 코리아에서 전쟁이 일어나지는 않았는데도, 미군은 이 기간 내내 수없이 많은 위안부 여성들을 끌어 모았다. 실제로, 남한에서 매춘 산업은 전쟁이 끝나고 그해 한미상호방위조약이 체결된 후 크게 확대되었다.[75] 역사를 통틀어 수많은 군대가 위안부 여성에 대한 접근권을 남자들의 목숨을 건 대가이자 전투 스트레스와 탈진을 견딘 대가를 보상하는 수단으로 간주해왔다 해도, 제국주의 일본이 사용한 다소 미약한 이 구실조차 남한 내 미군의 행위에 대한 핑계로 내세워질 수는 없었다.[76] 일본의 경우와는 달리, 미군의 위안부 여성에 대한 접근권은 전시의 필요악으로 여겨질 수 없었다. 실제로 그것은 평화시에도 계속된 무기한의 상시적 현상이었다.

미군의 폭격과 초토화 작전으로 한층 더 피폐해진 데다 이승만 정부 아래서 초라한 대한민국 경제 사정으로 인해, 평화시에도 남한 여성들은 자신을 팔아야 할 유인으로서 굶주림에 시달렸다. 일본 제국은 그들이 정복한 아시아 인민들을 평화시에 굶어 죽게 버려두지 않았고, 오히려 자신들의 해외 영토에서 농업 산출량[77]과 산업 생산량[78]을 증대시키기 위해 매우 생산적으로 공을 들였다. 댐 건설을 비롯한 여타 중요한 기간시설에 대한 대규모 투자 덕분에, 조선의 농업 산출량은 일본 통치 아래서 다방면에 걸쳐 증대되었다.[79]

만약 미국이 세운 이승만 정부가 그랬던 것처럼, 마찬가지로 초토화 작전과 같은 미국의 전시 방침이 악화시킨 것처럼, 조선총독부가 코리안들을 기아 상태로 만들어 놓았더라면, 아마도 제국군은 위안부 여성들을 강제로 끌어모을 필요가 없었을지도 모른다. 직접 주민들을 극빈과 기아로 내몰고 무능한 관리자를 세우는 것은 일본의 방식이 아니었다. 성적 서비스에 대한 대가로 근근이 살아갈 박봉을 지급한 것은 미국식이었다. 정말로 이것이 미국식 위안부 제도를 더 "합의적"이고 "자발적"으로 만들었을까? 만약 일본이 기간시설에 투자하거나 생활 수준을 개선하는 대신 인민들의 생계수단을 파괴하기 위해 조선을 소이탄으로 공격하고 초토화 작전을 실행했다면, 아마도 더 많은 코리아 여성들이 미국식 위안부 제도에서처럼 극빈 상태에서 벗어나기 위해 "합의에 따른" 성 노동으로 끌려 들어갔을지도 모른다. 일본인들을 상대한 여성들을 몇 배나 능가하는 숫자로 미군들에게 봉사하는 코리아 여성들의 "합의"는 얼마나 진정한 합의일 것이며, 미국의 행위가 일본 제국의 행위보다 더 도덕적일까? 아니면 훨씬 더 부도덕하고 타락했다고 간주해도 될까?

외국인 병사들이 남한 여성들을 자신의 권력 아래 두었을 때 그들을 다루는 태도와 관련해 모든 정보들이 거의 만장일치로 보여주는 것은, 미군 병사들에게서 보이는 잔인함의 수위가 일본인들의 경우보다 더 심하지는 않았을지라도 유사한 수준이었다는 것이다. 미군들에게 성적 서비스를 제공한 243명의 남한 위안부 여성들을 상대로 한 독립적 조사에서, 3분의 2를 훨씬 넘기는 답변자들이 미군 병사들 수중에서 "지시를 거절할 때는, 빈번하게 구타, 성폭력, 절도와 강도"를 경험했다고 말했다.80) 인터뷰 당시 익명의 응답자가 말한 대로, "일부 미군들은, 그들이 술에 취했을 때는 특히 상스럽고 끔찍했다… 최악의 경우는 불운하게도 어떤 여성이 자신을 폭행하고 살해하는 미군을 만나게 되는 일이다." 코리아 여성들을 대하는 미군의 태도는 다른 많은 아시아-태평양 지역의 국가들에서와 마찬가지로, 그들이 열등한 민족들을 대하고 있다는 관념에 강하게 영향을 받았다. 서방인들이 전 세계에 걸쳐 제국의 파견지에서 복무하면서 한때 아프리카 대륙,81) 아메리카 대륙,82) 기타 곳곳에서 정복된 국가의 성 노예들을 "소유"했던 것처럼 군인들이 코리아 여성들을 소유물로 보는 경향이 있다고 언급한 한 미군 사제의 말이 미 시사주간지 〈타임〉에 인용되었다. 그는 이렇게 말했다. "그들 중 일부는 자신들의 소녀를 '소유'한다… 코리아를 떠나기 전에, 그들은 이제 막 새로 들어오는 남자에게 일괄적으로 팔아넘긴다."83) 또 다른 사람은 미군 병사들 사이에서는 흔한, 동아시아 여성들에 대한 태도와 관련하여 언급했다. "그들은 소유물이고, 물건이고, 노예다… 인종차별, 성차별이 그곳에 모두 있다. 남자들은 그 여성들을 인간으로 보지 않는다. 그들은 내다 버려야 할 구역질 나는 것들이다… 그들은 그 여성들에 대해 아주 작다고 말한다."84) 미국인들은 코리안들에게 학대를 가하고 성적 호의를 요구할 수 있는 대상으로 보는 것을 포함해, 자신들이 원하는 대로 즐길 수 있게 해줄 하나의 문화로 여기고, 그런 사람들로 여긴다. 인터뷰에 응한 한 위안부 여성에 따르면, 미군들이 – 마치 자신들의 행위를 정당화하듯이 – 미국에서 자신들은 절대 여성을 때리지 않겠지만, 코리아에 와 있는 지금은 맘대로 코리아 여성들을 때릴 수 있다고 말했다. 코리아 여성들이 술에 취한 병사들에게 심하게 구타당하는 일은 다반사였고, 인터뷰에 응했던 다른 여성들 가운데는 시종일관 똑같은 그림을 계속 그리는 경우도 있었다.[85]

틀림없이 오늘날 남한은 미군정 아래서 구축된 위안부 제도에 의해 일본 제국 지배 아래서 실행된 제도보다 여전히 훨씬 더 깊이 영향을 받고 있다. 캐서린 H.S. 문은 그 결과로 남한에서 일어난 사회적 변화와 관련하여 이렇게 언급했다. "점차로 코리안들은 매춘의 역사와 함께 섹스 관광이라는 현대적 형태를 외국이 그 나라를 지배하는 징후로 여긴다."[86] 나아가 그녀는 남한에 있는 다수가 위안부 제도를 "미국의 남한 정치에 대한 지배의 전형으로 간주하고, 지속적인 미군 기지들의 존재를 미국의 신식민지로서 남한의 지위를 항구화하는 것"으로 간주한다.[87]

남한의 경제적 부흥에 따라 1970년대 후반부터 그 나라에 들어와 있는 미군 장병들이 어쩔 수 없이 동남아시아에서 인신매매로 들어온 여성들에게 점차로 의지하게 되면서, 위안부 제도는 가까스로 감소하기 시작했다.[88] 그 제도는 – 성매매(sex trade)의 정상화(normalization)를 포함한 – 상당한 문화적 유산을 남겼다. 1989년이 되자, 남한에 성적 서비스를 제공하는 시설이 40만 개에 이르고 성을 파는 남한 여성이 120만 명에서 150만 명에 이르면서 나이트클럽, 술집, 유흥 부문이 국민총생산(GNP)의 5%를 차지했다. 이는 15세에서 29세 사이 여성

전체의 5분의 1에 해당한다. 많은 수의 고객들을 만족시킬 수 있도록 지저분한 여인숙에서 고급 호텔까지 다양한 장소에서 다양한 서비스가 제공되었다.89) 2010년대 초반, 남한의 성매매는 GDP의 4%로, 어업과 농업 부문을 합한 것만큼 차지했다.90) 15세에서 29세 사이 남한 여성의 5분의 1이 - 1백만 명이 넘는 여성이다 - 생애 어느 시점에 성 산업에 종사한다는 것이다.91) 미 국무부가 2008년에 공개한 보고서에는 상당한 숫자의 남한 출신 어린 소녀들과 여성들이 서방 국가들로의 인신매매 피해자가 되는 것으로 나타났다. 여기에는 일본뿐 아니라 서유럽, 캐나다, 호주, 뉴질랜드, 미국이 포함된다.92)

남한에서 유지·확장된 위안부 제도와 다양한 상황을 통해 어쩔 수 없이 갖게 된 경험들은 북한과 미국 사이에서 진행 중인 갈등에 매우 중요한 맥락을 제공한다. 평양은 1945년부터 위안부 제도를 폐지했을 뿐만 아니라 매춘의 불법화와 여성에 대한 공식적인 법적 평등의 제도화 또한 엄격하게 실시했다. 북한은 오늘날까지도 성적으로 매우 보수적인 상태로 남아 있어, 간통이 여전히 법률상 심각한 범죄이고 심지어 이혼도 흔치 않고 반대 여론도 강하다.

평양이 서방의 압력에 굴복했다면, 혹은 전쟁 중 무조건 항복하라는 미군 총사령관의 요구를 수용했다면, 북한의 여성들과 어린 소녀들이 미군의 손으로 저질러지는 대규모로 성폭력을 포함하여 더 심한 처우까지는 아닐지라도 매우 유사한 처지에 놓였을 게 거의 확실하다. 북한은 소이탄 공격과 악마화에서부터 70년이라는 장기간에 걸친 가혹한 경제 제재에 이르기까지 서방 주도의 질서에 맞서 저항하면서 대가를 치렀다. 하지만 그 나라의 존엄, 자부심, 자결에 대한 권리와 함께 그 나라 여성들의 권리는 침해받은 적이 없다. 위안부 여성 문제와 만연한 강간뿐 아니라 서방의 극심한 문화적 영향력의 강요 같은 요소들, 고비용의 기한 없는 미군 주둔, 심지어 국가 정책에 지속해서 미치는 미국의 영향력까지 포함해 미국의 종속국으로서 남한의 운명은, 가혹한 대안에 가해지는 극심한 외부 압력에 맞서서 저항을 선택한 북한에 정당성을 부여한다. 2017년에 미군의 간섭에 관한 논의 중에 북한 외무성의 성명이 밝힌 대로, "강력하기로 말하자면 우리가 세계에서 제일가는, 바로 그 존엄의 차원에서라면, 필요한 경우 3백만 명의 인민이 전쟁에 자원한다. 우리는 바로 그 존엄과 주권을 지키기 위해 죽을 것이다."[93]

남한 내 미국화 현상

미군 점령기에 등장해 남한 사회를 형성하고 한-미 관계를 규정하는 데 영향을 미친 것으로, 위안부 여성 시스템과 나란히 나타난 또 하나의 현상이 있다. 남한 사회의 현저한 미국화(Americanisation)와 서구화(westernisation) 현상이다. 다시 이것은 미국이 두 코리아와 맺는 관계에 뚜렷한 차이를 낳았고, 북-미 갈등의 본질을 파악할 수 있는 맥락을 제공한다.

미군정기 초반부터 남한 사회를 서구화하여 연성 권력의 기반으로 발전시키려는 미국의 활동은 주목할 만했다. 이는 미 공보원이 "우리가 작업을 진행하고 있는 다른 어느 나라와도 비교할 수 없는 가장 포괄적인 국가 프로그램"으로 보고한 데서도 알 수 있다. 남한의 저개발 상태를 고려한다면 미국의 다른 종속국들과 비교해 엄청난 투자였다. 공보원은 남한에 9개 센터를 두고 영화와 출판을 비롯해 그 방면의 다른 서비스를 포괄하는 미국의 문화 아이템들을 제공했다.[94] 미국이 연성 권력을 활용한 초기 단계에 대해서는 1950년 전쟁 발발 직전에 대한민국에 머물렀던 영국 공사 비비안 홀트가 묘사한 바 있다. 홀트는 자신이 목격한 것을 이렇게 적었다. "'미국의 영향력'이 거대한 10층짜리 반도 호텔로부터 퍼져나가 정부 모든 부서에 관철된다. 다시 엄청난 자금을 쏟아부어 이를 뒷받침한다." 미국에서 공부할 수 있는 장학금, 선교 교파, 미국 영화를 상영하는 이동 영화관과 극장들, '미국의 소리' 방송, 야구와 같은 스포츠를 통해 문화적 영향력이 퍼져나갔다. 홀트 공사는 이런 문화적 영향력이 "지나칠 정도로 위력적"이어서 그 결과, "미국은 꿈의 나라"라는 관념이 코리안들 가운데 급증했다고 말했다. 그것은 미국에 대한 우상화가 점점 더 커가는 현상을 암시했다.[95]

코리아 전문가 로버트 저비스 교수는 미국의 대동아시아 관계 저널에 기고한 논문에서 이렇게 언급했다.

> 전쟁이 남긴 무형의 효과는 남한사회로 강력하게 침투한 미국 사상과 가치였다. 3년간의 미군점령기(1945-1948)는 이미 남한사회의 미국화에 필요한 기반을 다졌다. 그러나 전쟁으로 수십만 명의 미군 병사들이 한반도에 들어오고 남한에 미국 상품, 책, 영화가 밀어닥쳐, 남한과 미국과의 연결고리를 다방면에 걸쳐 크게 확대함으로써, 미국화의 속도가 높아

지고 범위가 확장되었다. 이것의 옳고 그름에는 논쟁의 여지가 있다.[96]

남한 내 미국의 연성 권력은 동아시아의 다른 종속국들과 마찬가지로 근대화가 진행될수록 점점 더 영향력이 높아갔다. 박성원 교수는 〈미래학 저널〉에 실린 연구 논문 "남한 내 미국화의 현재와 미래"에서 이렇게 언급했다. "남한에서는 1950년대부터 미국화를 제한하려는 노력이 전혀 없었다. 세계화 시대에 접어들면서 남한 사회는 경제적, 정치적, 정신적 측면에서 미국의 영향력이 더욱 강화되었다." 박 교수는 남한이 크게 세 가지 방식으로 미국의 영향을 받았다고 지적했다.

> 1) 대학과 정부 내 미국 박사 학위 숫자, 2) 미국식 생활양식을 채택하는 경향, 3) 미국 영화와 텔레비전 프로그램의 높은 시장 점유율. 이 범주들은 지식, 생활, 재미— 요컨대, 문화 —에 해당한다. 세 범주로 구분하여 조사한 결과는 믿기 어려울 정도인데, 남한에 미친 미국인들의 영향이 심대하기 때문이다. 1945년에 일본 식민지에서 벗어났지만, 이제 남한은 경제, 정치, 문화 영역에서 미국의 식민지나 마찬가지다.[97]

남한 사회를 비롯해 서방 진영 세력권 안에 있는 다수 동아시아 국가들에 미친 가장 뚜렷한 영향 중 하나는 심미감(asthetics), 즉 서방의 신체적 특징을 이상적이라고 생각하는 관념일 것이다. 미국인 연구자 크리스토퍼 프레이저는 하와이 대학에서 게재한 "역동적인 아름다움 : 문화적 영향과 변화하는 인식—더 예뻐지기 혹은 자기 고유의 문화 지우기"라는 제목의 논문에서 이렇게 말한다. "어떤 문화에서 신체적 외모에 대한 관념은 역동적이다. 외부 문화와의 접촉을 통해, 특히 외부 문화가 지배하게 되면 변화가 일어난다. 이처럼 달라진 미의 기준은 일종의 거꾸로 된 자문화 중심주의를 의미하는 걸까?" 계속해서 프레이저는 자신들의 외모를 "유럽인처럼 만드는" 동아시아 인구 집단 사이에 성형 수술을 비롯해 그렇게 만들어주는 수단들의 대규모 성장을 언급하면서, 이렇게 말한다. "위에서 언급한 모든 경향은 현실 제국주의에서부터 대중매체를 통한 현대의 문화적 식민주의까지 서방의 문화적 지배의 영향력이 점점 더 커가는 현상을 분명히 보여주는 것 같다."[98]

미 시사주간지 〈타임〉에 실린 리사 다케우치 컬런의 기사 "바뀌는 얼굴들"은 서방과 동맹 관계인 동아시아 국가들에서 더 서구적으로 보이기 위한 외모 개조가 점점 더 인기를 얻고 그런 추세가 더욱더 강해지는 현상을 다뤘다. 컬런은 동아시아인들이 서방인들의 용모를 닮아가게 만든 영향력과 관련해 이렇게 언급했다.

> 오늘날 문화적으로 위험을 안고 있는 이슈는 더 코카서스 인종처럼 보이기 위해 자신들을 개조하는 일에 기대를 거는 아시아인의 숫자이다. 할리우드, 위성 TV, 매디슨가의 가차 없는 폭격 아래 아시아의 미적 이상이 급격하게 바뀌어 간다는 것에 딴지를 걸 사람은 거의 없겠지만, 혐의를 인정하는 사람도 거의 없다.[99]

〈미의 과학 : 가장 예쁜 유전자만 살아 남는다〉의 저자인 하버드 대학 심리학 교수 낸시 에트코프도 같은 취지로 논평했다. "궁극적으로 미는 진화하는 것이다… 갈수록 더 아시아인들은 의사들에게 더 큰 눈과 더 긴 코, 더 풍만한 가슴, 전형적인 아시아인이 아닌 용모를 요청하고 있다." 미의 개념은 시간이 흐름에 따라 변화하고 바람직해 보이는 것— 지배하는 민족이나 신분의 특성들 —을 반영한다. 서방의 세력권 아래서, 서방의 이상화를 고취하는 매체들 중에서도 "할리우드, 위성 TV, 매디슨가의 가차 없는 폭격 아래" 미의 개념이 바뀌어 지배적인 권력의 미학을 이상화한다.100)
미 시사주간지 〈타임〉에 실린 것처럼, 남한에서 외모를 "유럽인처럼 보이게 하는" 흔한 수술들은 얼굴의 이목구비를 넘어섰다.

아시아인의 얼굴에 특별한 수술이 요구되는 것처럼, 그들의 몸은 점차로 보편적 기준이 되어 온 형태, 즉 길고 마르고 가슴이 큰 서구적 이상형에 이르기 위한 획기적인 수술을 요구한다. 서울의 외과 전문의인 서인석 박사는 코리안들이 무다리라 부르고 일본인들이 다이콘아시(daikon-ashi)– 무 모양의 종아리 –라 부르는 불행의 원인을 바로잡는 최적의 방법을 찾기 위해 애써 왔다. 지방보다는 근육이 대부분을 차지하는 아시아인들에게 통통한 서양인들의 다리에 효과적인 지방흡입술은 효과가 없다. 서 박사는 근육을 깎아내려는 초기 시도가 고통을 주고 걷는 것을 힘들게 했다고 말한다. "나중에 나는 무릎 뒤쪽 신경을 절단함으로써 근육이 위축되었다는 사실을 알게 되었습니다." 서 박사는 그 원인에 대해 "40%까지 사이즈를 감소시킨 것 때문"이었다고 말했다. 그는 1996년부터 한 수술이 6백 회를 넘었다. 잠시 사라졌다가 라면 국수 가락을 다 진 것처럼 보이는 유동체를 담은 병 하나를 갖고 돌아왔다. 그는 환자들

의 잘라낸 신경을 알코올에 담가 보관했다. "이건 지난 11월의 것이죠." 그가 자랑스럽게 말했다.101)

남한의 서구화 현상은 앞서 언급한 수술과 서방의 심미감을 이상화하는 현상으로 나타났다. 박성원 교수는 그렇게 나타나는 현상에 대해 이렇게 결론지었다. "남한인들이 미국의 가치를 내면화하고 있고, 미와 신체의 측면에서 코리아의 고유성을 경시한다는 것을 알 수 있다."102) 코리아에서 "유럽인처럼 보이는" 수술의 기원은 일찍이 미군 주둔과 밀접한 관련이 있다. 이는 남한의 근대 문화를 서방이 지배한 징후이자 그 문화가 서구화된 결과를 보여준다. 유명한 미국인 성형외과 의사 데이비드 랄프 밀러드는 전후 1954년부터 남한에서 미군을 대상으로 일하면서 사람들의 눈 모양을 "동양인에서 서양인으로(Oriental to Occidental)" 외과적으로 개조할 방도를 탐색했다. 자신의 아시아적 외모 때문에 함께 일하는 미국인들이 불신한다고 느끼는 어떤 코리안 통역사가 밀러드를 찾아왔다. "동그란 눈을 갖기"를 바란다는 말에 공감했다며 밀러드는 이렇게 썼다. "그것이 일부분 사실이었기 때문에, 나는 내가 해줄 수 있는 것을 하기로 했다."103) 코리아에서 서방인들은 우월한 계급으로서 지위를 누린다. 그에 따른 서방의 이상화는 "유럽인을 닮으려는" 수술의 인기가 급등하는 것으로 나타났다. 밀러드는 눈꺼풀을 고치는 것뿐만 아니라 콧등도 올리고 눈도 키우는 다른 수술도 추가로 창안하고자 했다. 그 통역자는 수술 덕분에 종종 자신이 이탈리아인이나 멕시코인이라는 생각이 들기도 한다며, 지위가 상승했다고 느껴지는 수술 결과에 매우 흡족해했다.

서방의 영향력이 커가면서, "아시아적인 것"과 코리아적인 용모는 갈수록 더 열등하다는 것과 결부되었다.104)

밀러드는 자신의 방법으로 현지 의사들을 계속 훈련했고, 그 주제에 관해 "동양 편력"과 "동양의 눈꺼풀과 그것의 외과적 개조"라는 제목의 논문 두 편을 발표했다. 두 편 모두 인종차별적인 기조가 농후했다. 1990년대가 되자, "유럽인을 닮기 위한" 수술이 광범위하게 이루어져 현대적인 남한 문화의 일부가 되었다. 이것은 코리안들의 인종적 열등감을 드러내는 데 그치지 않고 열등감을 고착화하기에 이르렀다. 나디아 Y. 김 교수가 언급한 대로, "미군과 [밀러드]는 자신들의 백인종 신체에 대한 코리안들의 열등감을 공고히 하고 있었다."105) 모발 이식을 제외하고 현재까지 가장 인기가 높은 성형 수술은 쌍꺼풀과 눈 확대 수술, 코에 높은 콧대를 넣어 유럽인들의 코처럼 얼굴에서 훨씬 더 돌출되게 해주는 데 사용되는 융비술과 유럽인들의 이마처럼 얼굴에서 이마가 돌출되게 하는 이마 확대를 포함해, 모두 "유럽인을 닮기 위한" 수술들이다. 그 밖에 임플란트나 필러를 사용해 얼굴이 서구적 스타일로 더 각지게 보이게 하는 턱 확대와 같은 효과를 주는 V-라인 턱 축소 수술이 있다. 남한에서 이런 수술들은 여전히 인기가 높다.106)

밀러드 박사를 찾아온 코리안 통역사가 미국인 상관들로부터 차별당하지 않기 위해 자신의 용모를 유럽인처럼 보이기 원했다고 하지만, 남한 사회는 코리아적인 용모가 그들 사이에서 널리 경시될 정도로 서방의 가치와 패러다임을 내면화해 온 것 같다. 남한 작가 캐롤 유진 박이 캐나다 잡지 바시티(The Varsity)에서 언급했듯, "자신들이 의식하는지 아닌지에 상관없이, 많은 코리안이 '서구적' 이목구비를 부러워하고 우상화한다. 아마도 그것은 서방 우월적인 미디어 때문이거나 남한 사회가 맹목적일 정도로 미국을 받들어 모시기 때문일 것이다. 그 이유가 무엇이든, 당대의 남한 사회는 서구적 미를 지향하는 성향(bias)을 깊이 내면화했다. 따라서 '서구적' 용모를 갖추지 않은 남한인들은 직장과 일상에서 종종 편견에 직면하곤 한다." 캐롤 박은 세계에서 1인당 성형 수술 비율이 가장 높은 남한의 성형 수술에 대한 명성은, 미적 수준이 높아서가 아니라 – 미군정 시절까지 거슬러 올라가는 – 서방에 대한 심각한 우상화[107]에 기인한다고 보는 많은 이들 가운데 한 명이다.[108]

식민지 시대에 서유럽 지도자들은 식민지 주민들 사이에 열등감 콤플렉스를 주입하고 서방의 인종적 우월성을 역설하는 것이 서방의 지도력을 유지하는 데서 중요하다는 점을 빈번히 암시했다.[109] 그런 유행이 남한에만 나타나는 것은 아니어서 탈식민 시대 전반을 통해 관찰할 수 있다. 에리카 엥스트롬 박사는 "렛토칸: 당대 미디어와 문화에서 서방에 대한 일본의 열등감 콤플렉스"라고 제목을 단 자신의 논문에서, 미국이 점령한 시기에 대다수 일본인들이 "일본이 경제력뿐만 아니라 인종적으로도 열등하다"고 믿기 시작했다고 언급했다. 이것은 "열등감"으로 번역 가능한 "렛토칸"으로 발전했다. 엥스트롬의 연구에 따르면, 일본의 생활수준과 경제가 서방 세계 대부분을 넘어선 후에도 '렛토칸'이 지배했다.[110]

심미감은 미국과 서방의 영향력이 남한에 어떤 효과를 미쳤는지와 관련해 뚜렷한 사례를 보여주지만, 서방을 이상화하고 과도하게 떠받드는 더 큰 현상을 나타내는 지표가 되기도 한다. 남한 국회의원 최순영은 2007년 미국이 교육을 통해 그 나라에 미친 주목할 만한 영향을 보여주는 데이터를 제시했다. 그녀는 코리아 사회가 다른 어느 나라보다 더 미국 교육 기반을 중시한다고 지적했다. 실제로, 유수 대학들에 재직하는 교수 대다수는 외국 박사 학위의 80% 이상으로 미국의 박사 학위를 소지했다.[111] 유사한 경향들이 남한 정치 엘리트 사이에서도 관찰된다. 1948년부터 1968년까지 남한 지도부 대다수는 일본에서 받은 고등교육을 자랑했다. 그것은 과거 한반도를 점령한 제국 권력으로서 교육을 통해 조선의 엘리트 집단에 큰 영향력을 가졌다. 이 같은 일본의 영향력이 서서히 물러나면서 차츰 미국의 영향력으로 교체되었다. 그리고 1968년부터 2001년까지 대한민국 장관의 71%가 미국 학위를 소지했다.[112] 이는 과거 일본을 향해 그랬던 것처럼 단지 새로운 패권국과의 긴밀한 유대 관계를 위한 긍정적 관점에 그치지 않는다. 오히려 미국식 사고가 남한 학계와 정치 담론에 지속적으로 큰 영향력을 갖도록 보장한다. 앞서 언급한 박성원이 수행한 연구에 따르면, 이처럼 깊이 뿌리 내린 영향력은 미국에서 교육받은 전문가들을 우월한 계급으로 자리 잡게 함으로써 미국식 교육을 받지 않은 사람들에 대한 차별로 이어진다.[113]

이런 흐름을 이해할 때, 미국이 남한을 비롯한 동아시아의 다른 종속국들과 맺고 있는 관계의 본질뿐 아니라 그런 관계들과는 현격한 대비를 보이는 북한과 미국이 벌이는 갈등의 본질도 제대로 이해할 수 있다. 북한은 서방 세력에게 예속되거나 점령된 적 없는 몇 안 되는 나라 중 하나로서, 과거에 미국이나 유럽의 통치를 받은 수많은 나라에 공통으로 나타나는 서방의 문화적 영향력이나 서방을 이상화할 수 있는 식민지 시대의 토대가 없다. 북한인들은 자신들의 조국에서 이등 시민이었던 적이 없다. 그런 경험이 서방의 문화적 영향력이 미치지 않은 데다 이것이 미디어와 교육을 통해 영속시킨 강력한 민족주의적 "코리아 우선"이라는 정체성114과 결합해, 북한 주민들이 – 심미감 혹은 다른 형태로도 – 서방의 형상대로 자신들을 개조하거나 서방을 우상화하는 방향으로 바뀔 가능성을 차단한다. 남한을 비롯한 다른 아시아 종속국들에서 서방이 얼마나 깊고 넓게 영향력을 갖는지 살펴볼 때, 조선민주주의인민공화국 치하 저항이라는 운명에 대한 대안으로서의 남한 주민들의 삶은 최고의 가치를 자신들의 조국, 문화, 사상에 두는 대신 서방 패권국의 영향 아래 그들을 우상화하는 체제에서 살아간다는 것을 의미한다. 이것이 지니는 함의가 70년에 걸쳐 미국이 이끄는 서방 진영과 북한의 대결에서 중심적 역할을 해 왔다.

1. Mi Kunjongch'ong kwanbo: Official Gazette, United States Army Military Government in Korea, Seoul, Wonju Munhwasa, Proclamation No. 1.
2. Mi Kunjongch'ong kwanbo: Official Gazette, United States Army Military Government in Korea, Seoul, Wonju Munhwasa, Proclamation No. 2.
3. Fraenkel, Ernst, 'Entry 24 January 1946: Augzeichnungen vsm 15. Vis 30. Januar 1946 uber Fraenkels Ankunftzeit in Korea,' in: Franker, Ernst, Gesammelte Schriften, Baden Baden, Nomos Verlagsgesellschaft, 1999.
4. One prominent example in East Asia is Singapore's National Museum—hich similarly and somewhat ironically refers to the restoration of British colonial rule in 1945 as 'liberation' (National Museum of Singapore, Surviving Syonan Gallery, Level 2, accessed March 8, 2018).
5. 'Message to U.S.A. Citizens,' G-2 Weekly, October 30, 1945.
6. Letter from Commander in Chief, U.S. Army Forces, Pacific to Joint Chiefs of Staff, December 16, 1945. Folder: Papers of Harry S. Truman, SMOF: Selected Records on Korean War, Pertinent Papers on Korea Situation; Box 11, SMOF, National Security Files, Papers of Harry S. Truman, Harry S. Truman Library.
7. Fraenkel, Ernst, 'Entry 24 January 1946: Augzeichnungen vsm 15. Vis 30. Januar 1946 uber Fraenkels Ankunftzeit in Korea,' in: Franker, Ernst, Gesammelte Schriften, Baden Baden, Nomos Verlagsgesellschaft, 1999.
8. Kim, Monica, The Interrogation Rooms of the Korean War: The Untold History, Princeton, NJ, Princeton University Press, 2019 (pp. 47, 49–51).
9. 'Report on Standards of Living Conditions, Military Courtesy Discipline, and Training,' April 29, 1946; 'Deterioration of Standards,' May 3, 1946; 'Courtesy Drive,' November 6, 1946; 'Message from the Commanding General, USAFIK,' January 17, 1947; 'Instructions to Courtesy Patrol Officers,' July 21, 1948; 'Personal Conduct,' August 27, 1948, all in NARA, RG 554, box 50. Hohn, Maria, and Moon, Seungsook, eds., Over There: Living with the U.S. Military Empire from World War Two to the Present, Chapel Hill, NC, Duke University Press, 2010 (p. 43)
10. Dower, John, War Without Mercy: Race and Power in the Pacific War, New York, Pantheon, 1986 (p. 7).
11. Schrijvers, Peter, The GI War Against Japan: American Soldiers in Asia and the Pacific During World War II, New York, New York University Press, 2005 (p. 212).
12. Diary of Admiral William Leahy, October 20, 1942 (quoted in Thorne, Christopher, Allies of a Kind: The United States, Britain and the War Against Japan, 1941–1945, Oxford, Oxford University Press, 1978 (p. 157)).
13. Stueck, William and Yi, Boram, '"An Alliance Forged in Blood": The American Occupation of Korea, the Korean War, and the US–South Korean Alliance,' The Journal of Strategic Studies, vol. 33, no. 2, April 2010 (pp. 177–209).
14. Defty, Andew, Britain, America and Anti-Communism: The Information Research Department, Abingdon, Routledge, 2007.
15. Schrijvers, Peter, Bloody Pacific: American Soldiers at War with Japan, London, Palgrave Macmillan, 2010 (p. 211).
16. Moyer, Robert H., enlisted on August 13, 1947, Korean War Veterans' Survey Questionnaire, Military History Institute Archives, Carlisle, Pennsylvania.
17. Lisiewski, Joseph Vincent, [Sgt. 7th Div. 32nd Inf Rgt.], enlisted in anticipation of the draft on 3-4-51: Korean War Veterans' Survey Questionnaire, Military History Institute Archives, Carlisle,

Pennsylvania.

18 Voorhees, Melvin B., Korean Tales, Franklin Classics, 2011 (p. 150).

19 Steinberg, David I., Korean Attitudes Toward the United States: Changing Dynamics, Abingdon, Routledge, 2015 (p. 234).

20 Hastings, Max, Korean War, London, Pan Books, 2012 (Chapter 12: The Stony Road, Part 3: The Cause).

21 Lewis, Lloyd B., The Tainted War: Culture and Identity in Vietnam Narratives, Santa Barbara, CA, Praeger, 1985 (p. 55).

22 Moon, Katherine H. S., Sex Among Allies, New York, Colombia University Press, 1997 (p. 119).

23 Ibid. (pp. 33, 36).

24 Portway, Donald, Korea: Land of the Morning Calm, London, George G. Harrap, 1953 (p. 291).

25 Moon, Katherine H. S., Sex Among Allies, New York, Colombia University Press, 1997 (p. 33).

26 Ibid. (p. 37).

27 Nyen Chan, Emily, 'Engagement Abroad: Enlisted Man, U.S. Military Policy and the Sex Industry,' Notre Dame Journal of Law, Ethics and Public Policy, vol. 15, issue 2 'Symposium on International Security,' Article 7, 2012 (pp. 631–632). Moon, Katherine H. S., Sex Among Allies, New York, Colombia University Press, 1997 (pp. 33, 37).

28 Maynes, Katrin, 'Korean Perceptions of Chastity, Gender Roles, and Libido; From Kisaengs to the Twenty First Century,' Grand Valley Journal of History, vol. 1, issue 1, article 2, February 2012.

29 Schrijvers, Peter, The GI War Against Japan: American Soldiers in Asia and the Pacific During World War II, New York, New York University Press, 2005 (p. 212).

30 Moon, Katherine H. S., Sex Among Allies, New York, Colombia University Press, 1997 (p. 46).

31 Oh, Arissa, To Save the Children of Korea: The Cold War Origins of International Adoption, Stanford, CA, Stanford University Press, 2015.

32 Hohn, Maria, and Moon, Seungsook, eds., Over There: Living with the U.S. Military Empire from World War Two to the Present, Chapel Hill, NC, Duke University Press, 2010 (p. 43).

33 Dower, John, Embracing Defeat, Japan in the Wake of World War II, New York, W. W. Norton & Company, 2000 (p.579). Sims, Calvin, '3 Dead Marines and a Secret of Wartime Okinawa,' New York Times, June 1, 2000. Takemae, Eiji, Allied Occupation of Japan, New York, Continuum International Publishing Group, 2002 (p. 67). Tanaka, Yuki and Tanaka, Toshiyuki, Japan's Comfort Women: Sexual Slavery and Prostitution During World War II, Abingdon, Routledge, 2003 (p. 163).

34 Association with Korean Women, January 25, 1947, National Archives and Records Administration, RG 554, box 50.

35 Winnington, Alan, and Burchett, Wilfred, Plain Perfidy, The Plot to Wreck the Korea Peace, Britain-China Friendship Association, 1954 (p. 129).

36 Abrams, A. B., Power and Primacy: The History of Western Intervention in the Asia-Pacific, Oxford, Peter Lang, 2019 (Chapter 6: Vietnam's Thirty Years of War).

37 Ibid. (Chapter 2: The War Against a Defeated Japan: Elimination of a Threat to Western Hegemony in Asia).

38 Moon, Katherine H. S., Sex Among Allies, New York, Colombia University Press, 1997.

39 Hanley, Charles J. and Choe, Sang Hun and Mendoza, Martha, The Bridge at No Gun Ri: A Hidden Nightmare from the Korean War, New York, Henry Holt and Company, 2001 (p. 189).

40 Lee, Na Young, 'The Construction of U.S. Camptown Prostitution in South Korea: Trans/Formation and Resistance,' (Thesis, Ph.D.), University of Maryland, Department of Women's Studies, 2006.

41 Choe, Sang-Hun, 'After Korean War, brothels and an alliance,' New York Times, January 8, 2009.

42 Moon, Katherine H. S., Sex Among Allies, New York, Colombia University Press, 1997 (p. 44).

43 Choe, Sang-Hun, 'After Korean War, brothels and an alliance,' New York Times, January 8, 2009.

44 Heo, Uk, and Roehrig, Terence, South Korea Since 1980, Cambridge, Cambridge University Press, 2010 (p. 18). Henderson, Gregory, Korea: The Politics of Vortex, Cambridge, MA, Harvard University Press, 1968 (pp. 348–349).

45 Choe, Sang-Hun, 'After Korean War, brothels and an alliance,' New York Times, January 8, 2009.

46 Kim, Min-Kyung, 'Court Finds that South Korean Government Encouraged Prostitution Near U.S. Military Bases,' Hankyoreh, February 9, 2018.

47 Koh, B. C., 'The War's Impact on the Korean Peninsula,' The Journal of American-East Asian Relations, vol. 2, no. 1, Spring 1993 (p. 58). Nathan, Robert R., An Economic Programme for Korean Construction, Washington D.C., United Nations Korean Reconstruction Agency, 1954 (p. 22).

48 Oh, Arissa, To Save the Children of Korea: The Cold War Origins of International Adoption, Stanford, CA, Stanford University Press, 2015 (p. 49).

49 Ibid. (p. 49).

50 Hohn, Maria, and Moon, Seungsook, eds., Over There: Living with the U.S. Military Empire from World War Two to the Present, Chapel Hill, NC, Duke University Press, 2010 (p. 52).

51 Vine, David, Base Nation, How U.S. Military Bases Abroad Harm America and the World, New York, Henry Holt and Company, 2015 (p. 164).

52 Lee, Jin-Kyung, Service Economies: Militarism, Sex Work, and Migrant Labor in South Korea, Minneapolis, University of Minnesota Press, 2010 (p. 82).

53 Kim, Elaine, 'Research for the Reform of Law and the Prevention of Prostitution,' The Women's Studies Quarterly, vol. 8, issue 1, Spring 1990 (p. 89).

54 Barry, Kathleen, The Prostitution of Sexuality, New York, New York University Press, 1996.

55 Lee, Jin-Kyung, Service Economies: Militarism, Sex Work, and Migrant Labor in South Korea, Minneapolis, University of Minnesota Press, 2010 (p. 79).

56 Moon, Katherine H. S., 'South Korean Movements against Militarized Sexual Labor,' Asian Survey, vol. 39, no. 2, March–April 1999 (pp. 310–327).

57 Hye Seung Chung, Kim Ki-duk, Champaign, University of Illinois Press, 2012 (p. 34). Moon, Katherine H. S., 'South Korean Movements against Militarized Sexual Labor,' Asian Survey, vol. 39, no. 2, March–April 1999 (pp. 310–327). Mal Magazine, vol. 26, August 1988 (p. 108). Lee, Diana S. and Lee, Grace Yoonkyung, 'Camp Arirang,' Third World Newsreel, (Documentary), 1995. Moon, Katherine H. S., Sex Among Allies, New York, Colombia University Press, 1997 (pp. 19–20, 23, 24, 132).

58 Ibid. (p. 131). Moon, Katherine H. S., 'South Korean Movements against Militarized Sexual Labor,' Asian Survey, vol. 39, no. 2, March–April 1999 (pp. 310–327).

59 Kamienski, Lukasz, Shooting Up: A History of Drugs in Warfare, London, C. Hurst & Co. Publishers, 2016 (p. 148).

60 Moon, Katherine H. S., Sex Among Allies, New York, Colombia University Press, 1997

61 Choe Sang Hun, 'After Korean War, brothels and an alliance,' New York Times, January 8, 2009.

62 Moon, Katherine H. S., Sex Among Allies, New York, Colombia University Press, 1997. Hye Seung Chung, Kim Ki-duk, Champaign, University of Illinois Press, 2012 (p. 34).

63 Moon, Katherine H. S., Sex Among Allies, New York, Colombia University Press, 1997.

64 Pollock, Sandra, Let the Good Times Roll: Prostitution and the U.S. Military in Asia, New York, New Press, 1992.

65 Ibid. (p. 170).

66 Ibid. (p. 171).

67 Ibid. (p. 173).

68 Hohn, Maria, and Moon, Seungsook. eds. Over There: Living with the U.S. Military Empire from World War Two to the Present, Chapel Hill, NC, Duke University Press 2010 (p. 351).

69 Moon, Katherine H. S., Sex Among Allies, New York, Colombia University Press, 1997.

70 'Japan PM urges S. Korea to remove "comfort woman" statue,' The Korea Herald, January 8, 2017.

71 Enriquez, J., 'Filipinas in prostitution around U.S. Military Bases in Korea: A recurring nightmare,' Coalition Against Trafficking in Women, 1996. Vine, David, Base Nation, How U.S. Military Bases Abroad Harm America and the World, New York, Henry Holt and Company, 2015 (pp. 167–169). Irvine, Reed, and Kincaid, Cliff, 'The Pentagon's Dirty Secret,' Media Monitor, August 7, 2002.

72 Lee, June, A Review of Data on Trafficking in the Republic of Korea, International Organisation for Migration, 2002. Mary Jacoby, 'Does U.S. Abet Korean Sex Trade?,' St Petersburg Times, December 9, 2002. 'Human trafficking severe in Korea :US,' Korea Times, June 17, 2010

73 Demick, Barbara, 'Off-Base Behavior in Korea,' Los Angeles Times, September 26, 2002.

74 Hughes, Donna M. and Chon, Katherine Y. and Ellerman, Derek P., 'Modern-Day Comfort Women: The U.S. Military, Transnational Crime, and the Trafficking of Women,' Violence Against Women, vol. 13, no. 9, 2007 (p. 918).

75 Seungsook Moon, Regulating Desire, Managing the Empire: U.S. Military Prostitution in South Korea, 1945–1970, Durham, Duke University Press, 2010.

76 Mikaberidze, Alexander, Atrocities, Massacres, and War Crimes: An Encyclopedia, Santa Barbara, CA, ABC-CLIO, 2013 (p. 7).

77 Hsiao, Mei-Chu W. and Hsiao, Frank S. T., Taiwan in the Global Economy—Past, Present and Future in: Chow, Peter C., Taiwan in the Global Economy: From an Agrarian Economy to an Exporter of High-Tech Products, Westport, Praeger, 2002 (Section V: 'Taiwan in the Global Economy During the Japanese Period').

78 '朝鮮總督府統計年報 昭和17年 [Governor-General of Korea Statistical Yearbook 1942],' Governor-General of Korea, March 1944.

79 Williams, Christopher, Leadership Accountability in a Globalizing World, London, Palgrave Macmillan, 2006 (p. 185).

80 Hohn, Maria, and Moon, Seungsook, eds., Over There: Living with the U.S. Military Empire from World War Two to the Present, Chapel Hill, NC, Duke University Press, 2010 (p. 351).

81 Klotz, Marcia, White women and the dark continent: gender and sexuality in German colonial

discourse from the sentimental novel to the fascist film, Thesis (Ph.D.), Stanford University, 2010 (p. 72). Grobler, John, 'The tribe Germany wants to forget,' Mail & Guardian, March 13, 1998.

82 Rankin, John, Letters on American slavery, addressed to Mr. Thomas Rankin, merchant at Middlebrook, Augusta County, Va, Boston, Garrison and Knapp, 1833 (pp. 38–39).

83 'South Korea: A Hooch is Not a Home,' Time, October 9, 1964 (p. 48).

84 D'Amico, Francine J. and Weinstein, Laurie L., Gender Camouflage: Women and the U.S. Military, New York, New York University Press, 1999 (p. 212).

85 Hanley, Charles J. and Choe, Sang Hun and Mendoza, Martha, The Bridge at No Gun Ri: A Hidden Nightmare from the Korean War, New York, Henry Holt and Company, 2001 (p. 214).

86 Moon, Katherine H. S., Sex Among Allies, New York, Colombia University Press, 1997 (pp. 46–47).

87 Ibid. (p. 9).

88 Hughes, Donna M. and Chon, Katherine Y. and Ellerman, Derek P., 'Modern-Day Comfort Women: The U.S. Military, Transnational Crime, and the Trafficking of Women,' Violence Against Women vol. 13, no. 9, 2007 (p. 918).

89 Shin, Hei Soo, 'Women's Sexual Services and Economic Development: The Political Economy of the Entertainment Industry and South Korean Dependent Development,' Thesis (Ph.D.), Rutgers University, New Brunswick, NJ, 1991 (p. 58). Moon, Katherine H. S., Sex Among Allies, New York, Colombia University Press, 1997.

90 Ghosh, Palash, 'South Korea: A Thriving Sex Industry In A Powerful, Wealthy Super-State,' International Business Times, April 29, 2013.

91 Moon, Katherine H. S., Sex Among Allies, New York, Colombia University Press, 1997. Ghosh, Palash, 'South Korea: A Thriving Sex Industry In A Powerful, Wealthy Super-State,' International Business Times, April 29, 2013.

92 U.S. Department of State, Under Secretary for Civilian Security, Democracy and Human Rights, Trafficking Persons Report 2008.

93 Osnos, Evan, 'The Risk of Nuclear War with North Korea,' The New Yorker, September 18, 2017.

94 Cumings, Bruce, Korea's Place in the Sun, New York, W. W. Norton and Company, 1997 (p.255).

95 British Foreign Office, FO317, piece no. 84053, Holt to FO, May 1, 1950.

96 Jervis, Robert, 'The Impact of the Korean War,' The Journal of American-East Asian Relations, vol. 2, no. 1, Spring 1993 (pp. 57–76).

97 Park, Seong Won, 'The Present and Future of Americanisation in South Korea,' Journal of Future Studies, vol. 14, no. 1, August 2009 (pp. 51–66).

98 Fraizer, Christopher, 'Dynamic Beauty: Cultural influences and Changing Perceptions—ecoming Prettier or Erasing One's Own Culture,' Hohonu Journal of Academic Writing, vol. 4, 2006 (pp. 5–7).

99 Cullen, Lise Takeuchi, 'Changing Faces,' Time, August 5, 2002.

100 Time, July 29, 2002.

101 Cullen, Lise Takeuchi, 'Changing Faces,' Time, August 5, 2002.

102 Park, Seong Won, 'The Present and Future of Americanisation in South Korea,' Journal of Future Studies, vol. 14, no. 1, August 2009 (pp. 51–66).

103 'Eyes Wide Cut: The American Origins of Korea's Plastic Surgery Craze,' The Wilson Quarterly,

September 2015.

104   Ibid.

105   Ibid.

106   Park, Kyungmee, 'Addiction to Cosmetic Surgery,' Bokjinews, March 2007. Scanion, Charles, 'The price of beauty in South Korea,' BBC News, February 3, 2005.

107   Hu, Elise, 'In Seoul, A Plastic Surgery Capital, Residents Frown On Ads For Cosmetic Procedure,' NPR, February 5, 2018. Marx, Patricia, 'About Face,' The New Yorker, March 16, 2015.

108   Park, Carol Eugene, 'For many South Koreans, beauty standards represent a cultural struggle,' The Varsity, March 5, 2017.

109   Hotta, Eri., Pan Asianism and Japan's War 1931-945, New York, Palgrave Macmillan, 2007 (pp. 217-218).

110   Engstrom, Erika, 'Retto-kan: Japan's Inferiority Complex with the West in Contemporary Media and Culture,' Human Communication: a Journal of the Pacific and Asian Communication Association, vol. 1, no. 1, 1997 (pp. 17-23).

111   '서울대교수 52.5%가 "미국박사,"' (50.5% of Seoul National University Professors Have American Doctorates), 미디어오늘 (Media Today), January 17, 2005.

112   Park, Seong Won, 'The Present and Future of Americanisation in South Korea,' Journal of Future Studies, vol. 14, no. 1, August 2009 (pp. 51-66).

113   Ibid. (pp. 51-66).

114   'Interview: Ashton Carter,' Frontline, March 3, 2003.

약어

AEC	(미국) 원자력위원회 Atomic Energy Commission
ANC	아프리카민족회의 African National Congress
A2AD	반접근/지역거부 Anti-Access Area Denial
CFR	외교협회 Council on Foreign Relations
CIA	중앙정보국 Central Intelligence Agency
CIC	방첩부대 Counter Intelligence Corps
CIVD	완전하고 비가역적이며 검증 가능한 비핵화 Complete Irreversible Verifiable Denuclearisation
COMCON	동유럽경제상호원조회의 Council for Mutual Economic Assistance
CSIS	전략 및 국제문제연구소 Center For Strategic and International Studies
DIU	타도제국주의동맹 Down with Imperialism Union
DPRK	조선민주주의인민공화국 Democratic People's Republic of Korea
ECOSOC	유엔 경제사회이사회 United Nations Economic and Social Council
FAO	(유엔의) 식량농업기구 Food and Agricultural Organization
GDP	국내 총생산 Gross Domestic Product
GNP	국민 총생산 Gross National Product
HQ	사령부 Headquarters
IAEA	국제원자력기구 International Atomic Energy Agency
ICBM	대륙간탄도미사일 Intercontinental Range Ballistic Missile
IDF	이스라엘 방위군 Israeli Defence Force
ISR	정보, 감시 및 정찰 Intelligence, Surveillance and Reconnaissance
INF Treaty	중거리 핵미사일 협정 Intermediate Range Nuclear Forces Treaty
JCPOA	이란 핵 합의, 포괄적 공동행동계획 (이란과 미국, 중국, 러시아, 영국, 프

랑스, 독일이 2015년 체결한 이란의 핵 문제 해결방안)

Joint Comprehensive Plan of Action

JCS	(미국) 합동참모본부	
JSA	공동경비구역 Joint Security Area	
KCIA	(남한) 중앙정보부 Korean Central Intelligence Agency	
KMAG	주한미군 군사고문단 Korean Military Advisory Group	
KMDTC	조선광업개발무역공사 Korea Mining Development Trading Corporation	
KPA	조선인민군 Korean People's Army	
MAD	상호확증파괴 Mutually Assured Destruction	
MaRV	조정가능 재돌입 운반체 Manoeuvring Re-Entry Vehicle	
MENA	중동 및 북아프리카 Middle East and North Africa	
MPLA	앙골라 인민해방운동 People's Movement for the Liberation of Angola	
NATO	북대서양조약기구 North Atlantic Treaty Organisation	
NPT	핵무기비확산조약 Treaty on the Non-Proliferation of Nuclear Weapons	
NSA	국가안보국 National Security Agency	
NWYMA	서북청년단 North West Young Men's Association	
OSS	전략 사무국 (1941년 창설, CIA 전신) Office for Strategic Services	
PATRIOT Act	애국법 Providing Appropriate Tools Required to Intercept and Obstruct Terrorism Act	
PLA	인민해방군 People's Liberation Army	
POW	전쟁포로 Prisoner of War	
PPC	임시 인민위원회 Provisional People's Committee	
PRC	중화인민공화국 People's Republic of China	

PSB	심리전략위원회	Psychological Strategy Board
PVA	인민지원군	People's Volunteer Army
ROK	대한민국	Republic of Korea
ROKAF	대한민국 국군	Republic of Korea Armed Forces
SWAPO	남서아프리카인민기구	South West African People's Organization
UMDH	비대칭 디메틸히드라진 : 비점이 높고 응고점이 낮은 액체 로켓 연료로 사용 Unsymmetrical Dimethylhydrazine	
UN	유엔	United Nations
UNCOK	유엔 한국위원회	United Nations Commission on Korea
UNESCO	유네스코	United Nations Educational, Scientific and Cultural Organization
UNICEF	유엔 아동기금	United Nations Children's Fund
UNITA	앙골라 완전독립을 위한 전국연합 National Union for the Total Independence of Angola	
UNSC	유엔 안전보장이사회	United Nations Security Council
US	미국	United States
USAMGIK	주한미군정청	United States Army Military Government in Korea
USFJ	주일미군	United States Forces Japan
USFK	주한미군	United States Forces Korea
USSR	소비에트사회주의공화국연합, 소련	Union of Soviet Socialist Republics
WHO	세계보건기구	World Health Organisation
WIDF	국제여성민주연맹	Women's International Democratic Federation
WMD	대량파괴무기	Weapons of Mass Destruction
ZANLA	짐바브웨 아프리카 국가해방군	Zimbabwean African National Liberation Army

용어

아시아-태평양 지역
Asia-Pacific
동아시아와 동남아시아를 총칭함.

중국
China
별도로 기술하지 않는 경우, 정치적 맥락에서 1949년부터는, 중화민국(Taipei-based Republic of China)이 아니라 중화인민공화국(Beijing-based People's Republic of China)을 지칭한다. 중화민국은 1949년부터는 대만으로 지칭할 것이다.

동아시아
East Asia
대만, 두 한국, 일본을 포함해 중국을 포괄하는 지역. 지리적으로 말하면, 러시아의 극동지역을 포함하기도 한다.

코리아
Korea
이 저작은 기본적으로 조선민주주의인민공화국(Democratic People's Republic of Korea)과 미국 간의 분쟁을 다루기 때문에, 별도로 기술하지 않는 한 1945년 분단 이후의 "코리아Korea"를 지칭하므로 대한민국(Republic of Korea)이 아니라 DPRK를 지칭한다.

동남아시아
Southeast Asia
브루나이, 캄보디아, 동티모르, 인도네시아, 라오스, 말레이시아, 미얀마, 파푸아뉴기니, 필리핀, 싱가포르, 태국, 베트남을 포함하는 동남아시아국가연합(ASEAN)의 회원국 및 옵서버 국가.

소비에트 진영
Soviet Bloc
소련 자체와 몽골인민공화국은 물론이고 바르샤바조약기구 회원국 불가리아, 체코슬로바키아, 동독, 헝가리, 폴란드, 루마니아를 포함한 사회주의 국가들로 이루어진 소련 주도의 동맹.

서방 진영
Western Bloc
냉전 초기에 자리 잡았으며, 미국이 주도한 주요 서방 세력들의 연합체. 벨기에, 영국, 캐나다, 덴마크, 프랑스, 독일, 이탈리아, 노르웨이, 네덜란드, 룩셈부르크, 포르투갈, 미국을 포함한 대서양조약기구의 초기 회원국들이다. 캐나다, 룩셈부르크, 노르웨이 외에 모두가 중심적인 식민지 세력들이었다. 이들 세 나라는 오랫동안 더 큰 유럽 제국들의 일부로 포함되어 있었다.